칸트전집

Immanuel Kant

Immanuel Kants Logik ein Handbuch zu Vorlesungen
Immanuel Kant über Pädagogik

논리학
교육론

칸트전집 13

임마누엘 칸트

한국칸트학회 기획 | 이엽 · 김창원 · 박찬구 옮김

한길사

『칸트전집』을 발간하면서

칸트는 인류의 학문과 사상 발전에 지대한 영향을 미쳤으며, 지금도 그 영향력이 큰 철학자다. 칸트철학은 여전히 전 세계적으로 가장 많이 논의되며, 국내에서도 많은 학자가 전문적으로 연구하고 있다. 이를 반영하듯 영미언어권에서는 1990년대부터 새롭게 칸트의 저서를 번역하기 시작하여 『케임브리지판 임마누엘 칸트전집』(*The Cambridge Edition of the Works of Immanuel Kant*, 1992~2012) 15권을 완간했다. 일본 이와나미(岩波書店) 출판사에서도 현대 언어에 맞게 새롭게 번역한 『칸트전집』 22권을 출간했다. 국내에서는 칸트를 연구한 지 이미 100년이 훨씬 넘었는데도 우리말로 번역된 칸트전집을 선보이지 못하고 있었다.

물론 국내에서도 칸트 생전에 출간된 주요 저작들은 몇몇을 제외하고는 여러 연구자가 번역해서 출간했다. 특히 칸트의 주저 중 하나인 『순수이성비판』은 번역서가 16종이나 나와 있다. 그럼에도 칸트 생전에 출간된 저작 중 '비판' 이전 시기의 대다수 저작이나, 칸트철학을 이해하는 데 많은 도움을 줄 수 있는 서한집(Briefwechsel), 유작(Opus postumum), 강의(Vorlesungen)는 아직 우리말로 번역되지 않았다. 게다가 이미 출간된 번역서 중 상당수는 관련 분야에 대한 전문성이 부족해 번역이 정확하지 못하거나 원문을 글자대로만 번역해 가독성이 낮아 독자들이 원문의 의미를 제대로 이해하기가 쉽지 않다. 번역자가 전문성을 갖추었다 해도 각기 다른 번역용어를 사용해 학문 내에서 원활하게 논의하고 소통하는 데 장애가 되고 있다. 이 때문에 칸트를 연구하는 학문 후속세대들은 많은 어려움에 빠져 혼란을 겪고 있다. 이런 상황에서 '한국칸트학회'는 학회에 소속된 학자들이 공동으로 작업해 온전한 우리말 칸트전집을 간행할 수 있기를 오랫동안 고대해왔으며, 마침내 그 일부분을 이루게 되었다.

『칸트전집』 번역 사업은 2013년 9월 한국연구재단의 토대연구 분야 총서학 지원 사업에 선정되어 '『칸트전집』 간행사업단'이 출범하면서 본격적으로 시작되었다. 이 사업은 영남대학교 '인문과학연구소' 주관으로 '한국칸트학회'에 소속된 전문 연구자 34명이 공동으로 참여해 2016년 8월 31일까지 진행되었으며, 수정과 보완작업을 거쳐 지금의 모습으로 결실을 맺게 되었다. 이 전집은 칸트 생전에 출간된 저작 중 『자연지리학』(*Physische Geographie*)을 비롯해 몇몇 서평(Rezension)이나 논문을 제외하고는 거의 모든 저작을 포함하며, 아직까지 국내에 번역되지 않은 서한집이나 윤리학 강의(Vorlesung über die Ethik)도 수록했다. 『칸트전집』이 명실상부한 전집이 되려면 유작, 강의, 단편집(Handschriftliche Nachlass) 등도 포함해야 하지만, 여러 제한적인 상황으로 지금의 모습으로 출간하게 되었다. 아쉽지만 지금의 전집에 실리지 못한 저작들을 포함한 완벽한 『칸트전집』이 후속 사업으로 머지않은 기간 내에 출간되길 기대한다.

『칸트전집』을 간행하면서 간행사업단이 세운 목표는 1) 기존의 축적된 연구를 토대로 전문성을 갖춰 정확히 번역할 것, 2) 가독성을 최대한 높일 것, 3) 번역용어를 통일할 것, 4) 전문적인 주석과 해제를 작성할 것이었다. 이를 위해 간행사업단은 먼저 용어통일 작업에 만전을 기하고자 '용어조정위원회'를 구성했다. 위원회는 오랜 조정 작업 끝에 칸트철학의 주요한 전문 학술용어를 통일된 우리말 용어로 번역하기 위해 「번역용어집」을 만들고 칸트의 주요 용어를 필수 용어와 제안 용어로 구분했다. 필수 용어는 번역자가 반드시 따라야 할 기본 용어다. 제안 용어는 번역자가 그대로 수용하거나 문맥에 따라 다른 용어를 사용할 수 있는 용어다. 다른 용어를 사용할 경우에는 번역자가 다른 용어를 사용한 이유를 옮긴이주에서 밝혀 독자의 이해를 돕도록 했다. 사업단이 작성한 「번역용어집」은 '한국칸트학회' 홈페이지에서 확인할 수 있다.

번역용어와 관련해서 그동안 칸트철학 연구자뿐 아니라 다른 분야 연구자와 학문 후속세대를 큰 혼란에 빠뜨렸던 용어가 바로 칸트철학의 기본 용어인 transzendental과 a priori였다. 번역자나 학자마다 transzendental을 '선험적', '초월적', '선험론적', '초월론적' 등으로, a priori를 '선천적', '선험적' 등으로 다양하게 번역해왔다. 이 때문에 일어나는 문제는 참으로 심각했다. 이를테면 칸트 관련 글에서 '선험적'이라는 용어가 나오면 독자는 이것이 transzendental의 번역어인지 a priori의 번역어인지 알 수 없어 큰 혼란을 겪을 수밖에 없었다. 이런 문제점을 해소하기 위해 간행사업단에서는 transzendental과 a priori의 번역용어를 어떻게 구분해야 하는지를 중요한 선결과제로 삼고, 두 차례 학술대회를 개최해 격렬하고도 심도 있는 논의를 진행했다. 하지만 a priori를 '선천적'으로, transzendental을 '선험적'으로 번역해야 한다는 쪽과 a priori를 '선험적'으로, transzendental을 '선험론적'으로 번역해야 한다는 쪽의 의견이 팽팽히 맞서면서 모든 연구자가 만족할 수 있는 통일된 번역용어를 확정하는 일은 거의 불가능한 것처럼 보였다. 이런 상황에서 '용어조정위원회'는 각 의견의 문제점에 대한 다양한 비판을 최대한 수용하는 방식으로 합의를 이끌어내기 위해 오랜 시간 조정 작업을 계속했다. 그 결과 a priori는 '아프리오리'로, transzendental은 '선험적'으로 번역하기로 결정했다. 물론 이 확정안에 모든 연구자가 선뜻 동의한 것은 아니었으며, '아프리오리'처럼 원어를 음역하는 방식이 과연 좋은 번역 방법인지 등은 여전히 숙제로 남아 있다. 그럼에도 이 안을 확정할 수 있도록 번역에 참가한 연구자들이 기꺼이 자기 의견을 양보해주었음을 밝혀둔다. 앞으로 이 용어가 사용되기 시작하면 이와 관련한 논의가 많아지겠지만, 어떤 경우든 번역용어를 통일해서 사용하는 방향으로 진행되길 기대한다.

간행사업단은 전문적인 주석과 해제작업을 위해 '해제와 옮긴이주위원회'를 구성하여 전집 전반에 걸쳐 균일한 수준의 해제와 전문적인 주석 작업을 할 수 있도록 '해제와 옮긴이주 작성 원칙'을 마련했다. 이 원칙의 구체적인 내용도 '한국칸트학회' 홈페이지에서 확인할 수 있다. 번역자들은 원문의 오역을 가능한 한 줄이면서도 학술저서를 번역할 때 허용하는 범위 내에서 가독성을 높일 수 있도록 번역하려고 많은 노력을 경주했다. 이를 위해 번역자들이 번역 원고를 수차례 상호 검토하는 작업을 거쳤다. 물론 '번역은 반역'이라는 말이 있듯이 완벽한 번역이란 실제로 불가능하며, 개별 번역자의 견해와 신념에 따라 번역 방식도 차이가 날 수밖에 없다. 따라서 번역의 완성도에 대해서는 전적으로 독자의 판단에 맡기겠다. 독자들의 비판을 거치면서 좀더 나은 번역으로 거듭날 수 있는 기회가 있기를 바랄 뿐이다.

『칸트전집』 간행사업단은 앞에서 밝힌 목적을 달성하려고 오랜 기간 공동 작업을 해왔으며 이제 그 결실을 눈앞에 두고 있다. 수많은 전문 학자가 참여하여 5년 이상 공동 작업을 수행한다는 것은 우리 학계에서 그동안 경험해보지 못한 전대미문의 도전이었다. 이런 이유로 간행사업단은 여러 가지 시행착오와 문제점에 봉착했으며, 그것을 해결하는 일은 결코 쉽지 않았다. 그럼에도 이견을 조정하고 문제점을 해결해나가면서 길고 긴 공동 작업을 무사히 완수할 수 있었던 것은 『칸트전집』 간행을 성공적으로 마무리하여 학문 후속세대에게 좀더 정확한 번역본을 제공하고, 우리 학계의 학문연구 수준을 한 단계 끌어올려야겠다는 '한국칸트학회' 회원들의 단결된 의지 덕분이었다. 이번에 출간하는 『칸트전집』이 설정한 목표를 완수했다면, 부정확한 번역에서 비롯되는 칸트 원전에 대한 오해를 개선하고, 기존의 번역서 사이에서 발생하는 용어 혼란을 시정하며, 나아가 기존의 칸트 원전 번역이 안고 있는 비전문성을 극복하여 독자가 좀더 정확하게 칸트의 작품을 이해하게 될 것이다. 물론 『칸트전집』이 이러한 목표를 달성했는지는 독자의 판단에 달려 있으며, 이제 간행사업단과 '한국칸트학회'는 독자의 준엄한 평가와 비판에 겸허히 귀를 기울일 것이다.

끝으로 『칸트전집』을 성공적으로 간행하기 위해 노력과 시간을 아끼지 않고 참여해주신 번역자 선생님 모두에게 진심으로 감사하는 마음을 드린다. 간행사업단의 다양한 요구와 재촉을 견뎌야 했음에도 선생님들은 이 모든 과정을 이해해주었으며, 각자 소임을 다했다. 『칸트전집』은 실로 번역에 참여한 선생님들의 땀과 노력의 결실이라 할 수 있다. 또 한국연구재단의 지원 아래 『칸트전집』 간행사업을 진행할 수 있도록 큰 도움을 주신 '한국칸트학회' 고문 강영안, 이엽, 최인숙, 문성학, 김진 선생님께도 감사의 말씀을 전한다. 『칸트전집』 간행 사업을 원활하게 진행할 수 있었던 것은 무엇보다도 공동연구원 아홉 분이 활약한 덕분이다. 김석수, 김수배, 김정주, 김종국, 김화성, 이엽, 이충진, 윤삼석, 정성관 선생님은 번역 이외에도 용어 조정 작업, 해제와 옮긴이주 원칙 작성 작업, 번역 검토 기준 마련 등 과중한 업무를 효율적이고도 성실하게 수행해주었다. 특히 처음부터 끝까지 번역작업의 모든 과정을 꼼꼼히 관리하고 조정해주신 김화성 선생님께는 진정한 감사와 동지애를 전한다. 사업을 진행하기 위해 여러 업무와 많은 허드렛일을 처리하며 군말 없이 자리를 지켜준 김세욱, 정제기 간사에게는 그저 고마울 따름이다. 그뿐만 아니라 열악한 출판계 현실에도 학문 발전을 위한 소명 의식으로 기꺼이 『칸트전집』 출판을 맡아주신 한길사 김언호 사장님과 꼼꼼하게 편집해주신 한길사 편집부에도 심심한 감사의 말씀을 드린다.

2018년 4월
『칸트전집』 간행사업단 책임연구자
최소인

『칸트전집』 일러두기

1. 기본적으로 칸트의 원전 판본을 사용하고 학술원판(Akademie-Ausgabe)과 바이셰델판(Weischedel-Ausgabe)을 참조했다.

2. 각주에서 칸트 자신이 단 주석은 *로 표시했고, 재판이나 삼판 등에서 칸트가 직접 수정한 부분 중 원문의 의미 전달과 상당한 관련이 있는 내용은 알파벳으로 표시했다. 옮긴이주는 미주로 넣었다.

3. 본문에서 [ ] 속의 내용은 독자의 이해를 돕기 위해 옮긴이가 넣었다.

4. 본문에 표기된 'A 100'은 원전의 초판 쪽수, 'B 100'은 재판 쪽수다. 'Ⅲ 100'는 학술원판의 권수와 쪽수다.

5. 원문에서 칸트가 이탤릭체나 자간 늘리기로 강조 표시한 부분은 본문에서 고딕체로 표시했다.

6. 원문에서 독일어와 같이 쓴 괄호 속 외래어(주로 라틴어)는 그 의미가 독일어와 다르거나 칸트의 의도를 파악하는 데 도움이 될 경우에만 우리말로 옮겼다.

7. 칸트철학의 주요 용어에 대한 우리말 번역어는 「번역용어집」(한국칸트학회 홈페이지 kantgesellschaft.co.kr 참조할 것)을 기준으로 삼았지만 문맥을 고려해 다른 용어를 택한 경우에는 이를 옮긴이주에서 밝혔다.

차례

교육론

일러두기

『논리학』(*Immanuel Kants Logik ein Handbuch zu Vorlesungen*) 번역은 원전을 대본으로 사용했고, 학술원판(*Immanuel Kant's Logik Ein Handbuch zu Vorlesungen*, in: *Kant's gesammelte Schriften*, Bd. IX, pp.1-150, Herausgegeben von der Königlich Preußischen Akademie der Wissenschaften, Berlin und Leipzig, 1923)과 바이셰델판(*Immanuel Kants Logik ein Handbuch zu Vorlesungen*, in: *Immanuel Kant Werke in zehn Bänden*, Bd. 5, pp.419-582, Herausgegeben von Wilhelm Weischedel, Darmstadt, 1983)을 참조했다.

임마누엘 칸트의 A I ; IX 1

논리학

강의용 교재

쾨니히스베르크,

프리드리히 니콜로피우스[1] 출판,

1800

A III 프로이센 왕국의 국무장관이자 법무장관이시며,
개신교 루터교파의 교회, 학교, 건축물, 사원과
가톨릭의 종교 업무를 관장하시는 종교부의 장이시며,
개신교 루터교파의 상급 종교위원회의 최고의장이시며,
대학의 상급 감독관 등이신

에버하르트 율리우스 에른스트 폰 마소브[2] 각하께

공경하는 마음으로 바칩니다.

편집자

고틀로프 벤야민 예셰[3]

쾨니히스베르크대학교의 박사 및 사강사,[4]
오더강변의 프랑크푸르트학술원 회원

머리말 A V; IX 3

칸트가, 논리학 수업에서 수강생에게 강의한 그대로, 그의 논리학
을 출판할 수 있게끔 작업해줄 것을 그리고 이를 간결한 교재 형태로
간행해줄 것을 나에게 부탁한 지 이미 일 년 반이나 되었다. 나는 이
를 위해 그에게서 그가 강의에서 사용했던 수기[1]를 받았다. 그는 내
가 그의 사상 체계 전반에 관한 기본원리를 잘 알기에 여기서 그의 A VI
생각이 어떻게 전개되는지를 별 어려움 없이 이해할 것이며 그의 생
각을 왜곡하거나 날조하지 않고 분명하고 정확하게 서술할 뿐만 아
니라 수기를 적절하게 정리할 것이라는, 각별하고도 명예로운 신뢰
의 말과 함께 수기를 나에게 넘겨주었다. 이처럼 명예롭게 맡겨진 일
을 하게 되면서 나는 경애하는 선생이자 벗인 존경하는 철학자의 바
람과 기대에 부응해서 이 일을 내가 할 수 있는 최선을 다해 수행하
고자 힘썼다. 그래서 서술과 관련된 모든 것, 즉 그의 사상을 표현하
고 설명하고 열거하고 정리하는 것이 마땅히 내가 해야 할 일이라고
생각했다. 그 이유에 대해 칸트의 새로운 저서의 독자에게 상세한 설
명을 덧붙이고자 한다.

1765년[2] 이래 칸트 교수는 논리학 강의 교재로 일관되게 마이어[3] A VII
의 저서(『논리학 발췌본』,[4] 할레: 게바우어[5] 출판, 1752)를 사용했다.

그 이유에 관해서는 그가 1765년에 발행한 강의 공고안[6]에서 설명
IX 4 한 바 있다. 그는 자기 강의에서 사용했던 모든 교재에 쪽마다 백지를 끼워넣었다.[7] 그리고 그는 교재에 나오는 각 항[8]에 관해 일반적인 것뿐만 아니라 전문적인 의견과 설명을 끼워넣은 백지와 교재 가장자리 여백에 적어놓았다. 교재의 여기저기에 그가 적어놓은 의견과 설명을 합치면 상당한 **자료의 보고**(寶庫)가 된다. 칸트는 이 자료에 기초해 강의를 했다. 자료는 때때로 새로운 생각으로 말미암아 늘
A VIII 어났고, 또 다양한 개별 자료가 끊임없이 교정되거나 개선되었다. 따라서 자료의 보고에는 마이어 교재에 대한 유명한 해설가인 그가 자유로운 방식으로 행한 논리학 강의에서 전하고자 했던, 그리고 기록할 가치가 있다고 여겼던 내용의 요점이 담겨 있다고 할 수 있다.

이제 이 저서의 전체 체계를 말하고자 한다. 나는 이 위대한 학자의 사상과 원칙을 최대한 정확하게 나타내려면 저서 전체의 간결화와 구조에 관한 한 그의 명확한 설명을 따라야만 한다고 생각했다. 그의 설명이란 논리학 본연의 영역 그러니까 **요소론**에 주요 사고 기능인 **개념**, **판단**, **추리**에 관한 이론 이외에는 그 어떤 것도 포함시켜
A IX 서는 안 된다는 것이다. 따라서 인식 전반과 인식의 논리적 완전성에 관한 모든 논의는 마이어의 교재에서는 개념에 관한 학설 앞에 나오며 전체 교재의 거의 절반을 차지하는데, 이는 마땅히 서론에 해당하는 것으로 보아야 한다. 칸트는 마이어가 개념에 관한 학설을 다룬 제8절이 시작되는 곳에 다음과 같이 적었다. "이 절 이전은 논리학의 입문으로 인식 전반에 관해 다루었다. 지금부터 논리학 그 자체가 이어진다."[9]

이러한 분명한 지침에 따라 나는 제8절에 선행하는 모든 것을 서론에 포함시켰고, 따라서 서론은 다른 논리학 교재보다 분량이 많이 늘어났다. 그리고 그 결과 [요소론과 더불어] 또 다른 주요부에 해당

하는 방법론은 오늘날 논리학자들이 당연히 방법론 영역에 집어넣었 A X; IX 5
을 내용을 이미 서론에서 다루었을 경우, 그 분량만큼 짧게 줄여야
했다. 이를테면 증명에 관한 학설 등은 제외했다. 단지 충분하지 않
은 것을 충분하게 만들기 위해 그리고 모든 것을 자신이 소속된 위치
에 배열하기 위해, 이러한 내용을 다시 한번 제자리에서 언급한다는
것은 불필요할뿐더러 적절하지 못한 반복일 뿐이다. 하지만 나는 마
이어 교재에서 개념에 관한 요소론에 해당하는 제8절에 나오는 정의
에 관한 학설과 개념의 논리적 분류는 제자리[방법론]에 배열했다. 칸
트 또한 강의에서 이러한 배열을 변경하지 않고 그대로 두었다.

철학의 위대한 개혁가, 특히 이론 철학 분야에서 논리학의 간결화 A XI
와 형태에 관한 위대한 개혁가인 칸트가 자신의 건축술적 계획에 따
라 (이러한 계획의 본질적 개요는 『순수이성비판』에서 대략 설명한 바
있는데) 논리학을 다루었을 거라는 점은 실로 당연한 일일 것이다.
만약 이 일이 그의 마음에 들고 본래 철학의, 즉 실재적 진실과 확실
성의 철학의 전 체계를 학문적으로 정초하는 그의 작업이 — 이 일
은 한없이 중요하고도 어려운 것이라고 할 수 있고, 또 그만이 자신
의 독창성을 발휘해서 수행할 수 있는 작업인데 — 논리학을 자기 자
신의 일로 생각하는 것을 받아들였다면 말이다. 그렇지만 그는 이 일
을, 논리학을 진정으로 목적에 맞게끔 그리고 잘 정돈되도록 작업하
는 데 통찰과 편견 없는 판단을 통해 그의 건축술적 이념을 적용할
수 있었던 다른 사람들에게 잘 넘겨줄 수 있었다. 이러한 작업은 우 A XII
리 독일 철학자들 중 철저하고도 편견 없는 몇몇 철학자에게서 기대
될 수 있었다. 이러한 기대를 칸트와 그의 철학의 벗들은 실망시키지
않았다. 논리학에 관한 몇몇 새로운 교재는 많든 적든 논리학 전체의
간결화와 구성 측면에서 볼 때 논리학에 관한 칸트 이념의 산물로 간
주할 수 있다. 그 결과 논리학은 실로 개선되었다. 논리학은 그 내용

이 더 풍부해지거나 견고해진 것도 또 그 자체로 근거가 더 확실해진 것도 아니지만, 모든 이질적 요소와 여러 불필요한 상세함 그리고 변증론적 책략에 불과한 것이 제거되고 한층 정화되었다. 그리고 논리학은 한층 체계적으로 되었으며 동시에 방법이 학문적으로 엄격해졌음
IX 6 에도 한층 단순해졌다. 이에 관해서 논리학의 본래 성격과 정당한 한
A XIII 계에 대해 올바르고도 분명한 개념을 지닌 사람은 칸트의 원칙에 따라 작성된 새로운 논리학 교재와 이전 것을 아주 잠깐만 비교해보더라도 분명하게 납득할 수 있다. 그러니까 이전의 논리학 교재 중 꽤 많은 것이 아무리 방법에 관한 학문적 엄격함에서, 설명에 관한 명료함·명확함·정밀함에서, 또 증명에 관한 적절성과 명증성에서 두드러진다고 할지라도 이것들 중 예비학 영역, 그리고 독단적[10] 영역과 기술적 영역, 순수한 영역과 감각경험적[11] 영역 등 넓은 범위의 일반 논리학에 속하는 다양한 영역의 경계가 서로 겹치고 중복되지 않는 것이 거의 없다. 따라서 하나의 영역을 다른 영역과 확실하게 구별할 수 없다. 야콥[12] 씨는 논리학 제1판 머리말에서 다음과 같이 말하기는 했다. "볼프[13]는 일반 논리학의 이념을 탁월하게 이해하고 있
A XIV 다. 이 위대한 인물이 만약 순수 논리학을 완전히 분리해서 설명하고자 했더라면, 그는 자신의 체계적인 두뇌를 사용해서 분명 걸작을 내놓았을 테고 우리는 이러한 종류의 일을 더는 할 필요가 없게끔 되었을 것이다." 하지만 볼프는 이러한 이념을 실현한 적이 없으며 그의 후계자 중 그 누구도 그러한 이념을 이룬 바 없다. 볼프학파가 철학적 인식을 위한 논리적 그러니까 형식적 완전성에 기여한 바가 아무리 크고 또 인정할 만한 것이라 하더라도, 이러한 이념을 이루지는 못했다.

순수하고 단지 형식적인 명제를 감각경험적이거나 실재적인 또는 형이상학적인 명제에서 분리하는 것으로 외형적 측면에서 논리학을

완전하게 하는 것과 관련해서 아직도 무엇을 할 수 있고 또 해야만 하는가 하는 문제는 일단 제쳐놓자. 다만 학문으로서 논리학의 실질적 내용을 평가하고 규정하는 문제에 관한 것이라면, 이 점에 관한 칸트의 판단은 의심할 여지가 없다. 그는 이에 관해 여러 번에 걸쳐 분명하고도 명확하게 다음과 같이 설명한 바 있다. 논리학은 그 자체로 존립하는 그리고 그 자체로 근거 있는 독립된 학문으로 간주되어야만 할 것이다. 이런 까닭에 또한 논리학은 성립된 이래 그러니까 아리스토텔레스[14]가 처음으로 완성한 이래 우리 시대에 이르기까지 학문적 근거를 확보하는 데 실제로 아무것도 획득할 수 없었다. 자신의 이러한 주장에 따라 칸트는 동일률과 모순율이라는 논리적 원리를 더 높은 원리를 통해 근거를 확보하려 하지 않았고, 또 판단의 논리적 형식에 관한 연역도 시도하지 않았다. 그는 모순율을 그 자체로 명증성을 지닌 그래서 더 높은 원칙에서 연역할 필요가 없는 명제로 인정하고 취급했다. 다만 그는 이 원리의 사용, 즉 유효성을 제한했다. 그는 독단주의가 이 원리를 유효한 것으로 만들려고 했던 형이상학의 영역에서 이 원리를 사용하는 것을 금지했고, 그 사용을 단지 논리적 이성 사용에서만 타당한 것으로 제한했다.

A XV

IX 7

A XVI

그런데 실제로 동일률과 모순율이라는 논리적 명제가 그 자체로 그 이상 연역이 불가능한지 아닌지 또 불필요한지 아닌지는 물론 다른 문제다. 그리고 이 문제는 모든 인식과 학문의 절대적 제일 원리가 존재하는지 아닌지 또 그러한 원리가 가능하며 발견할 수 있는지 아닌지와 같은 의미심장한 문제로 이어지게 된다.

지식학은 그러한 원리가 순수한 절대적 자아 안에서 발견되었다고, 그리고 이 원리에 의해 전 철학적 지식이 형식뿐만 아니라 내용에서 근거를 완전히 확보했다고 믿었다. 그리고 지식학은 이러한 절대적으로 유일하고 무제약적인 원리의 가능성과 필연적 타당성을 바탕으

A XVII 로 또한 수미일관하게 동일성과 모순의 논리적 원칙, 그러니까 A = A
와 −A = −A라는 명제를 무제약적으로 타당한 것으로 허용하지 않
는다. 다만 지식학 최상의 명제인 자아가 존재한다에 의해 비로소 증
명되고 규정될 수 있으며 또 그래야만 하는 종속된 명제로 선언한다
(『지식학의 토대』, 13쪽 이하 참조). 마찬가지로 수미일관하게 셸링[15]
도 그의 『선험적 관념론의 체계』에서 논리적 원칙을 무제약적인 것
으로, 즉 상위의 원칙에서 도출될 필요가 없는 것으로 전제하는 것
에 반대한다고 선언한다. 왜냐하면 논리학은 일정한 명제의 추상으
로만, 그리고 논리학이 학문적 방법으로 성립하는 한에서는 지식의
최상의 원칙의 추상으로만 성립될 수 있기에, 지식의 이러한 최고 원
칙과 이와 더불어 지식학 자체를 이미 전제하기 때문이라고 한다. 그
러나 한편으로는 지식의 이러한 최고원칙은 원칙으로 볼 수 있는 만
A XVIII 큼 필수적으로 논리적 형식을 이미 전제하기에 바로 여기에서 순환
이 발생한다. 이 순환은 학문적으로 해결할 수는 없지만 다음과 같은
방식으로 해명할 수는 있다. 그것은 형식과 내용에 관한 철학의 (형
식적 그리고 실질적) 제일 원리를 인정하는 것이다. 이 제일 원리에서
IX 8 형식과 내용은 서로서로 조건과 근거가 된다. 그렇게 되면 주관적인
것과 객관적인 것이, 또 동일한 지식과 종합적인 지식이 하나이자 같
은 것이 되는 지점이 이 원리에 있을지도 모른다.

그러한 원리를 의심할 여지도 없는 존엄한 것으로 간주한다면, 논
리학은 다른 모든 학문처럼 지식학과 지식학의 원리에 종속되지 않
으면 안 될 것이다.

A XIX 그러나 어떤 경우가 되었든 다음 내용은 이론의 여지가 없다. 모든
경우에 논리학은 그 영역 내에서 본질적인 사항에 관해서는 변함이
없다는 것이다. 그리고 논리적 명제가 상위의 절대적 원리에서 도출
될 수 있는지 없는지 또 그러한 도출이 필요한지 아닌지 하는 선험적

물음은 논리학 자체와 그 법칙의 타당성과 명증성에 아무런 영향을 미칠 수 없다는 것이다. 그것은 어떻게 수학에서 아프리오리[16]한 종합적 명제는 가능한가 하는 선험적 과제가 순수 수학에 대해 그 학문적 내용에서 아무런 영향을 미칠 수 없는 것과 같다. 수학자가 수학자로서 하는 것처럼 논리학자는 논리학자로서 그의 학문 영역 밖에 놓인 어떻게 순수 수학이나 순수 논리학이 학문으로서 가능한가 하는 선험 철학자와 지식학자가 제기하는 선험적 물음을 걱정할 필요 없이, 그의 학문 영역 내에서 설명하고 증명하는 일에서 자기 작업을 묵묵히 그리고 확실하게 진행할 수 있다.

일반 논리학의 정당성이 이처럼 일반적으로 인정되기에 철학적 A XX
지식의 궁극적 근거를 둘러싼 회의론자와 독단론자의 논쟁도 결코 논리학의 영역에서가 아니라 (모든 이성적 회의론자는 독단론자와 똑같이 논리학의 규칙을 타당한 것으로 인정한다) 항상 형이상학의 영역에서 일어났다. 어찌 다른 상황이 벌어질 수 있겠는가? 철학 본래의 최상의 과제는 결코 주관적 지식이 아니라 객관적 지식과, 또 동일한 지식이 아니라 종합적 지식과 관련되어 있다. 이러한 과제와 논리학 그 자체는 아무런 관련이 없다. 단순한 논리학의 영역 내에서 실재적인 철학적 지식의 최종 근거를 찾고, 그리고 단순한 논리학의 명제 A XXI
그 자체에서 실재적 객관을 끄집어내려는 것은 비판[철학]에서뿐만 아니라 지식학에서도 그리고 선험적 관점과 논리적 관점을 분명하게 구별할 수 있는 철학 어디에서도 전혀 생각할 수 없는 일이다.

단순히 형식적인 학문 그러니까 다만 사고 그 자체에 관한 학문인 IX 9
본래의 (일반) 논리학과 선험 철학, 즉 유일한 실질적이거나 실재적인 순수 이성의 학문이자 본래의 지식에 관한 학문인 선험 철학 간의 엄청난 차이를 분명하게 주목하고 결코 이 차이를 간과하지 않을 사람이라면, 바르딜리[17] 씨가 최근에 (그의 『제1논리학 개요』에서) 기획

한 새로운 시도를 어떻게 여겨야 할지를 손쉽게 판단할 수 있을 것이
다. 그는 탐구 과정에서 "그것(단지 논리학)에 의해 정립되고 다른 방
식으로는 전혀 정립될 수 없는 실재적 객관을, 그리고 그것[논리학]
A XXII 을 통해 주어지는 자연의 본질에 관한 단시(이것 없이는 어떠한 논리
학이나 철학도 불가능할 것이다)"를 발견할 것을 기대하면서, 논리학
그 자체에 그의 우선성을 보장하려고 시도했다. 그러나 우리는 바르
딜리 씨가 어떤 가능한 방법으로 그가 정한 논리학의 우선성에서 그
러니까 사고의 절대적 가능성에 관한 원리에서 실재적 객관을 발견
해낼 수 있을지 진실로 알 수 없는 노릇이다. 이 원리에 따르면 우리
는 하나인 것을 하나이자 같은 것으로 ([내용적으로] 다양한 것이 아니
라) 여럿인 것에서 무한히 반복할 수 있다고 한다. 그러나 새로이 발
견되었다는 이러한 논리학의 우선성은 명백히, 옛날부터 오랫동안
인정되어왔던 그리고 논리학 영역 내에 있으면서 이 학문의 선두에
서 있는 동일률 이상의 것도 이하의 것도 아니다. 동일률이란 내가 사
고하는 것을 나는 사고하는 것이고, 그밖의 다른 것이 아닌 바로 이것
을 내가 지금 바로 무한히 반복해서 사고할 수 있다는 것이다. — 도
대체 누가 동일률이라는 잘 이해되는 논리학의 명제에서 다양한 것
을 생각하고 단순히 여럿인 것을 생각하지 않겠는가? 여럿인 것은 물
A XXIII 론 하나의 그리고 동일한 사고를 단순히 반복하는 것으로 그러니까
A=A=A라고 반복해서 정립하고 이를 무한히 계속하는 것으로 성
립하며, 이와 다른 방식으로는 성립할 수 없다. 따라서 바르딜리 씨가
택한 길에서 그리고 그가 거기서 사용한 발견적 방법으로 철학하는
이성에 중요한, 이성이 그의 탐구를 출발하고 또 되돌아갈 수 있는,
시작점과 종착점을 발견하기란 힘들 것이다. 칸트와 그의 철학하는 방
법에 대한 바르딜리 씨의 가장 주된 그리고 중요한 반박은 논리학자
인 칸트라기보다는 선험 철학자이자 형이상학자인 칸트에 대한 것이라

할 수 있다. 이런 까닭에 우리는 그의 반박을 일괄해서 적합한 장소 IX 10
에서 다루도록 할 수 있을 것이다.

마지막으로 나는 여기서 언급하고자 한다. 나는 칸트의 형이상학 A XXIV
에 관한 수기를 이미 지니고 있으며, 시간이 나는 대로 같은 방식으로 작업해서 칸트 형이상학을 간행할 것이다. 1800년 9월 20일, 쾨니히스베르크에서.

고틀로프 벤야민 예셰,
쾨니히스베르크대학교의 철학박사 및 사강사,
오더강변의 프랑크푸르트학술원 회원

서론 A 1; IX 11

I. 논리학이란

무기체의 세계든 유기체의 세계든 자연의 모든 것은 비록 우리가 이 규칙들을 항상 알지는 못할지언정 **규칙**에 따라 행해진다. 물은 중력의 법칙에 따라 떨어지고, 동물도 규칙에 따라 걷는다. 물속의 물고기와 공중의 새도 규칙에 따라 움직인다. 모든 자연은 실제로는 규칙에 따른 현상들이 연결되어 있는 것일 뿐이다. 어디에도 **무규칙성**은 없다. 만약에 우리가 그러한 것을 발견했다고 생각한다면, 이 경우 우리는 다만 우리에게 그 규칙이 [이제껏] 알려지지 않았다고 말할 수 있을 뿐이다.

또한 우리가 능력을 행사할 때도 특정한 규칙에 따라 행한다. 우리 A 2
는 처음에는 이 규칙을, 우리 능력을 오랫동안 사용하거나 행하면서 그것을 점차 인식하게 되기 전까지는, **의식하지 못한 상태에서** 따른다. 물론 나중에는 이 규칙을 추상적으로[따로 떼어내서] 사고하기 위해서는 많은 수고를 기울여야 할 정도로 이것에 익숙하게 된다. 이를테면 일반 문법 그러니까 언어 형식 일반이 그러한 것이다. 우리는 문법을 모르고도 이야기할 수 있다. 그러나 문법을 모르면서 이야기하는 그 누군가는 실제로는 문법을 소유하고 있고 규칙을 의식하지 못할 뿐 규칙에 따라 이야기하는 것이다.

이처럼 우리의 모든 능력은 빠짐없이, 그중에서도 특히 지성의 활동은 규칙과 결부되어 있다. 우리는 이 규칙을 탐구할 수 있다. 지성은 규칙 일반을 사고하는 원천과 능력으로 간주될 수 있다. 왜냐하면 감성은 직관의 능력이고, 지성은 사고의 능력 그러니까 감각 능력의 표상을 규칙에 종속시키는 능력이기 때문이다. 따라서 지성은 규칙
IX 12 을 찾기를 바라며, 만약 이것을 발견하게 되면 만족하게 된다. 여기서 우리는 다음과 같은 물음을 제기할 수 있다. 지성은 규칙의 원천일 텐데, [그렇다면] 지성 자체는 어떤 규칙에 따라 활동하는가?

우리가 특정한 규칙에 따라서가 아니라면 사고할 수도 없고 또 우리 지성을 이와는 다르게 사용할 수도 없다는 것은 어떠한 의심도 허
A 3 용하지 않기 때문이다. 우리는 이 규칙을 이제 다시 그 자체로 사고할 수 있다. 즉 우리는 그것의 사용을 도외시하거나 아니면 추상적으로 사고할 수 있다. 이 규칙은 어떤 것인가?

*　　*　　*

지성이 활동하면서 따르는 모든 규칙은 필수적이거나 우연적이다. 전자는 그것 없이는 지성의 사용이 전혀 불가능한 규칙이다. 후자는 그것 없이는 어떤 특정한 지성이 사용되지 않게 될 규칙이다. 인식의 특정한 대상에 딸린 우연적 규칙은 이 대상 자체만큼이나 다양하다. 그러니까 이를테면 수학, 형이상학, 도덕 등에서 지성을 사용한다. 언급한 학문에서 지성을 사용하는 데 따르는 특수한 그리고 특정한 규칙은 우연적이다. 왜냐하면 내가 이러한 특수한 규칙이 관계하

는 대상 중 어떤 것을 사고할지는 우연적이기 때문이다.

만약 우리가 이제 대상에서 차용해야만 하는 모든 인식을 제거하고 단지 지성의 사용 일반을 숙고한다면, 우리는 사고의 특수한 모든 대상을 고려하지 않고 모든 목적에 필수적인—우리는 이 규칙 없이는 전혀 사고하지 못하게 되기에—지성 사용의 규칙을 발견하게 된다. 이 규칙은 따라서 아프리오리한, 즉 모든 경험에서 독립적인 것으로 간주될 수 있다. 왜냐하면 이 규칙은 대상의 차이를 도외시하고 다 A 4
만 지성의 사용(이것은 순수한 것일 수도 있고 감각경험적인 것일 수도 있는데) 일반에 관한 조건을 포함하기 때문이다. 여기서 사고 일반의 보편적이고 필수적인 규칙은 다만 사고의 형식과 상관될 수 있는 것이지 결코 사고의 질료와 관련될 수 있는 것이 아니라는 결론이 도출된다. 따라서 이러한 보편적이고 필수적인 규칙을 그 내용으로 하는 학문은 단지 우리의 지성 인식과 사고의 형식에 관한 학문이다. 그리고 우리는 그러한 학문이, 다만 언어 일반의 형식 이외의 그 어떤 것도 그러니까 언어의 질료에 속하는 단어를 포함하지 않는 일반 문법의 경우에서처럼 가능하지 않겠느냐고 생각해볼 수 있다. IX 13

우리는 이러한 학문, 그러니까 지성과 이성 일반의 필수적 법칙에 관한 학문을, (같은 말이지만) 사고 일반의 단지 형식에 관한 학문을 논리학이라고 부른다.

* * *

논리학은 사고의 질료에 해당하는 대상은 고려하지 않은 채 모든 사고 일반과 관련되어 있는 학문으로

1) 다른 모든 학문을 위한 기초이자 지성의 모든 사용에 관한 예비학으로 간주될 수 있다. 그러나 논리학은 모든 대상을 전적으로 도외

시한다. 바로 그런 까닭에

2) 학문의 기관일 수는 없다.

A 5 우리는 그러니까 기관을 특정한 인식을 어떻게 완성해야 하는지에 관한 지침으로 이해한다. 여기에는 내가 특정한 규칙에 따라 산출해야 할 인식 대상을 이미 알고 있다는 것이 전제되어 있다. 학문의 기관은 학문의 대상과 원천에 관한 정확한 지식을 전제하므로 단지 논리학이 아니다. 그러니까 이를테면 수학은 특정한 이성 사용에서 우리 인식을 확장하는 기반이 되는 학문으로, 우수한 기관이다.[1] 반면 논리학은 모든 지성과 이성 사용 일반의 예비학으로 학문에 관여하거나 학문의 질료를 선취해서는 안 된다. 다만 인식 일반을 지성의 형식에 맞게 만드는 보편적인 이성의 기술(에피쿠로스의 규준학[2])일 뿐이다. 따라서 논리학은 단지 다음과 같은 한에서 기관이라고 (그러니까 이 기관이 다만 우리 인식의 확장이 아니라 인식의 판정과 정정에 이바지하는 한에서) 불릴 수 있을 뿐이다.

3) 사고의 필수적 법칙에 관한 학문으로서 논리학은 어쨌든 규준이다. 그러니까 지성의 올바른 사용에 관한 필수적 법칙과 조건이다. 이러한 사고의 필수적 법칙 없이는 지성과 이성의 사용은 불가능하다. 이 법칙은 결국 조건인데, 이 조건하에서 지성은 그 자체하고만
A 6 일치할 수 있고 또 일치해야 한다. 따라서 지성과 이성의 규준으로서 논리학은 또한 원리를, 그 어떤 학문에서도 그리고 그 어떤 경험에서도 빌려서는 안 된다. 논리학은 오직 필수적인 그리고 지성 일반에
IX 14 관한 아프리오리한 법칙을 지녀야만 한다.

몇몇 논리학자는 심리학적 원리를 논리학에서 내세우기는 하나 그러한 원리를 논리학에 도입하는 것은 도덕을 삶에서 취하는 것만큼이나 앞뒤가 맞지 않는 것이다. 우리가 심리학에서, 즉 우리의 지성에 관한 관찰에서 원리를 취한다면, 우리는 어떻게 사고가 일어나

고 또 사고가 여러 가지 주관적 장애와 제약을 받을 때 어떠한지를 다만 보게 될 것이다. 이를 통해 우리는 다만 우연적 법칙을 인식하게 될 것이다. 그러나 논리학에서는 우연적 규칙이 아니라 필수적 규칙이 문제가 된다. 어떻게 우리가 사고하는지가 아니라 어떻게 사고해야 하는지가 문제 된다. 따라서 논리학의 규칙은 우연적 지성의 사용에서가 아니라 일체의 심리학 없이 우리 안에서 발견하게 되는 필수적 지성의 사용에서 취해야만 한다. 우리는 논리학에서 지성이 어떠한 것이고 어떻게 사고하는지 그리고 지성이 이제껏 사고에서 어떻게 행해왔는지가 아니라, 지성이 사고에서 어떻게 행해야만 하는지를 알기 원한다. 논리학은 우리에게 올바른, 즉 그 자체와 일치하는 지성의 사용을 가르쳐야 할 것이다.

* * *

논리학에 관해 [앞에서] 주어진 설명에서 이제는 이 학문의 그밖의 본질적 특성을 도출할 수 있다. 요컨대 논리학은 A 7

4) 단지 형식이 아니라 질료에 관한[3] 이성의 학문이다. 왜냐하면 이 학문의 규칙은 경험에서 획득된 것이 아니며 이 학문은 이성을 그 대상으로 하기 때문이다. 따라서 논리학은 지성과 이성의 자기 인식이다. 그러나 대상과 관련된 지성과 이성의 능력에 관한 것이 아니라 다만 형식에 관한 자기 인식이다. 나는 논리학에서 다음과 같이 묻지 않을 것이다. 지성은 무엇을 인식하고 얼마나 많은 것을 인식할 수 있는가, 그리고 지성 인식은 어디까지 미칠 수 있는가? 왜냐하면 이러한 것은 지성의 질료적 사용에 관한 자기 인식일 것이고, 따라서 형이상학에 속하는 것이기 때문이다. 논리학에서는 다만 다음과 같은 물음이 있을 뿐이다. 어떻게 지성은 자신을 인식할 것인가?

질료와 형식에 대해 이성적인 학문으로서 논리학은 결국

5) [구속력이 있는] 학설[4]이고 증명된 이론이다. 왜냐하면 논리학은 일반인들의 지성이나 이성 사용 그러니까 그런 것으로서 단지 감
IX 15 각경험적인 지성이나 이성 사용을 다루는 것이 아니라, 단지 보편적이고 필수적인 사고 일반의 법칙을 문제 삼기 때문이다. 즉 논리학은 아프리오리한 원리(이 원리에서 이성의 모든 인식이 일치해야만 하는 논리학의 모든 규칙이 도출되고 증명될 수 있는 원리)에 그 근거를 두기 때문이다.

A 8 논리학은 아프리오리한 학문으로 그리고 지성과 이성 사용의 규준에 관한 [구속력이 있는] 학설로 간주될 수 있기에 미학과는 본질적으로 구별된다. 미학은 단지 취미의 비판으로, 규준(법칙)이 아니라 일반적 일치에 관한 규범(표본이나 단지 판정의 기준)만 지닌다. 그러니까 미학은 감성의 법칙과 인식의 일치에 관한 규칙을 포함한다. 반면 논리학은 지성과 이성의 법칙과 인식의 일치에 관한 규칙을 포함한다. 전자는 다만 감각경험적 원리를 지녔고 따라서 결코 학문이거나 학설, 여기서 학설을 아프리오리한 원리로부터의 독단적[5] 지침으로 이해하는 한에서 그러한 학설일 수 없다. 학설에서 모든 것은 경험에서 획득된 지식 없이 지성을 통해서만 탐구된다. 그리고 학설은 규칙을 — 이 규칙을 준수하면, 요구되는 완전성을 이루게 하는 그러한 규칙을 — 제공한다.

많은 사람, 특히 연설가와 시인이 취미에 관해 궁리해보았다. 그러나 이에 관해서 그들은 결단코 최종 판단을 내릴 수 없었다. 프랑크푸르트의 철학자 바움가르텐[6]은 학문으로서 미학을 구상했다. 단지 흄[7]만이 비교적 옳게 미학을 비판이라고 했다. 왜냐하면 미학은 논리학처럼 판단을 충분히 규정하는 아프리오리한 규칙을 제공하는 것
A 9 이 아니라 아포스테리오리[8]한 규칙을 취하기 때문이다. 그리고 우

리가 (아름다움의) 더 완전치 못함과 더 완전함을 인식하는 기준인 감각경험적 법칙은 다만 비교를 통해 더 일반적인 것으로 되기 때문이다.

따라서 논리학은 단순한 비판 이상의 것이다. 논리학은 규준이다. 나중에서야 비판으로, 즉 모든 지성 사용의 일반에 관한 판정 원리로 — 물론 논리학은 일반 문법의 경우처럼 기관이 아니기에 비록 다만 형식에 관한 지성 사용의 올바름에 관한 것이기는 하지만 — 이바지하게 된다.

지성의 모든 사용 일반에 관한 예비학으로서 일반 논리학은 또한 동시에 다른 한편으로는 선험 논리학과도 구별된다. 선험 논리학에서 대상은 다만 지성의 대상으로 제시된다. 반면 일반 논리학은 모든 대상 일반을 다룬다.

이제 논리학이라는 개념에 관한 상세한 규정에 속하는 모든 본질 IX 16
적 특징을 요약한다면, 우리는 논리학에 대해 다음과 같은 개념을 정립해야만 할 것이다.

논리학은 단지 형식이 아니라 질료에 관한[9] 이성의 학문이다. 그러니까 특수한 대상이 아니라 모든 대상 일반에 대한 사고의 필수적 법칙에 관한
아프리오리한 학문이다. — 따라서 논리학은 (주관적으로, 즉 지성이 어떻게 A 10
사고하는가 하는 감각경험적 (심리학적) 원리에 따르는 것이 아니라 객관적으로, 즉 지성이 어떻게 사고해야 하는가 하는 아프리오리한 원리에 따르는) 지성과 이성의 올바른 사용 일반에 관한 학문이다.

II.
논리학의 주요 분류—강의—이 학문의 유용성—논리학사 개요

논리학은

1) 분석론과 변증론으로 분류된다.

분석론은 분해를 통해 우리가 사고할 때 행하는 이성의 모든 활동[의 요소]을 발견하고자 한다. 이것은 지성과 이성의 형식에 관한 분석론이며 당연히 진리의 논리학이라고 불린다. 왜냐하면 분석론은 모든 (형식적) 진리의 필수적 규칙을 포괄하기 때문인데, 이것 없이는 우리의 인식은 대상을 고려하지 않고도 자체적으로 참이 아니게 된다. 그러므로 분석론은 또한 (인식의 형식적 올바름의) 판결을 위한 규준 이외의 다른 것이 아니다.

만약 이러한 다만 이론적이고 보편적인 학설을 실사용적[10] 기술
A 11 로, 즉 기관으로 사용하면 분석론은 변증론이 된다. 변증론은 분석론의 오용에서 발생하는 가상의 논리학(궤변술, 논박술)이다. 이 경우, 참된 인식의 징표는 대상과의 일치에서 그러니까 내용에서 취해야만 하는 것임에도 단지 논리적 형식에 따라 참된 인식의 가상이 꾸며진 것이다.

지난 시대에는 변증론을 아주 열심히 연구했다. 이 기술은 진리의 가상에 매인 상태에서 잘못된 원칙을 이야기했고, 이러한 원칙에 따라 가상에 기반을 둔 사물들을 주장하고자 했다. [고대] 그리스에서
IX 17 변증론자는 법률가와 연설가였다. 이들은 국민을 가상에 의해 기만할 수 있었기에 국민을 자신들이 원하는 방향으로 이끌 수 있었다. 그러므로 변증론은 당시에는 가상의 기술이었다. 논리학에서 변증론은 또한 얼마 동안 논쟁술이라는 이름으로 가르쳤고, 그 기간에는

모든 논리학과 철학은 온갖 가상을 꾸며대는 수다스러운 두뇌들의 문화였다. 그 어떤 것도 그러한 기술로 이루어진 문화보다 철학자의 품위를 더 떨어뜨릴 수 없을 것이다. 따라서 변증론은 이러한 이유에서 완전히 없어져야 하며, 그 대신 논리학에는 이러한 가상의 비판이 도입되어야 한다.

따라서 논리학은 두 부분을 갖게 될 것이다. 그것은 진리의 형식적 기준을 가르치게 될 **분석론**, 비록 그 어떤 것이 진리의 형식적 기준 A 12 과 합치하는 것처럼 보이지만 그 어떤 것이 그러한 기준과 합치하지 않는다는 것을 인식할 수 있게 하는 징표와 규칙을 포함하는 **변증론**이 그것이다. 이런 의미에서 변증론은 지성의 **정화제**로 매우 쓸모가 있다.

더 나아가 사람들은 논리학을

2) **자연적** 또는 **대중적** 논리학과 **인공적** 또는 **학문적** 논리학[11)]으로 분류하곤 한다.

그러나 이러한 분류는 적절하지 않다. 왜냐하면 자연적 논리학 또는 일상적 이성의(상식의) 논리학은 원래 논리학이 아니라 인간학적 학문이기 때문이다. 즉 추상적으로 의식되는 것이 아니라 구체적으로 인식되는, 자연적 지성과 이성의 사용 규칙에 관해 논하는 다만 감각경험적 원리를 지닌 인간학적 학문이기 때문이다. — 그러므로 인공적 또는 학문적 논리학만이 자연적 지성과 이성의 구체적 사용과는 독립적으로 아프리오리하게 인식될 수 있고 또 인식되어야 하는, 사고의 필수적이고 보편적인 규칙(비록 이 규칙은 처음에는 다만 저 자연적 사용에 대한 관찰을 통해 발견할 수 있는 것처럼 보이지만)에 관한 학으로서 논리학이라는 이름을 지닐 수 있다.

3) 논리학에 관한 또 다른 분류는 **이론적** 논리학과 **실사용적** 논리학 A 13 으로 나누는 것이다. 그렇지만 이 분류 또한 옳지 못하다.

모든 대상을 떼어내며 추상하는 순전한 규준으로서의 일반 논리학에는 실사용적인 부분이 있을 수 없다. 만일 그럴 수 있다면 이는 형용 모순일 것이다. 왜냐하면 실사용적 논리학은 자신이 적용되는 일정한 종류의 대상에 관한 지식을 전제하기 때문이다. 그렇기 때문
IX 18 에 우리는 모든 각각의 학문을 **실사용적 논리학**으로 불러도 괜찮다. 왜냐하면 우리는 모든 각각의 학문에서 생각함의 형식을 가지고 있어야 하기 때문이다. 그러므로 실사용적이라고 간주될 때의 일반 논리학은 **학식 일반의 기술** 외에 다른 것일 수 없다. 즉, **학문적 방법의 기관**일 수밖에 없다.

이러한 분류에 따른다면 논리학은 **독단적인**[12)]부분과 **기술적인** 부분을 가지게 되는데 전자는 **요소론**, 후자는 **방법론**이라고 할 수 있다. 논리학의 실사용적 또는 기술적 부분은 지성의 활동을 수월하게 하기 위한 정리와 논리적 전문어와 분류에 관한 논리적 기술일 것이다.

그러나 기술적인 부분과 독단적인 부분 두 부분에서 대상뿐만 아니라 사고의 주관에 최소한의 관심도 기울여서는 안 될 것이다. 사고 주관과 관련해서 논리학은

A 14 4) **순수 논리학**과 **응용 논리학**으로 분류될 수 있다. 순수 논리학에서 우리는 지성을 그밖의 마음의 능력에서 분리해서 지성이 그 자체로 단독으로 활동하는 것을 고찰한다. 응용 논리학은 지성의 활동에 영향을 행사해서 지성을 왜곡된 방향으로 나아가게 하는 마음의 다른 능력과 지성이 혼합되어 있는 경우, 지성을 고찰하는 것이다. 이 경우 지성은 자신이 스스로 옳다고 확실하게 인식한 법칙에 따라 활동하지 못하게 된다. 응용 논리학은 본래 논리학이라고 해서는 안 된다. 우리 사고가 어떻게 행해져야 하는지가 아니라 어떻게 행해지곤 하는지 고찰하는 것은 심리학이다. 심리학은 종국에는 여러 주관적 장애와 한계 속에서 지성을 올바로 사용하기 위해 우리가 무엇을 해

야만 하는지 이야기하기는 한다. 또한 우리는 심리학에서 무엇이 올바른 지성의 사용을 증진하는지와 그러한 사용의 방책 그리고 논리적 잘못과 오류에 대한 치유 수단을 배울 수도 있다. 그러나 심리학은 결코 예비학이 아니다. 왜냐하면 응용 논리학이 그곳에서 모든 것을 얻어야만 하는 심리학은 철학적 학문의 한 부분이고, 논리학이 이러한 학문을 위한 예비학이기 때문이다.

사람들은 학문을 구축하는 기술이나 방식은 응용 논리학에서 논의되어야 한다고 이야기하기는 한다. 그러나 이러한 것은 쓸데없는 것이고 게다가 해롭기까지 하다. 사람들은 이 경우 질료를 가지기 이 A 15
전에 구축하기를 시작하고 형식을 내놓을 것이다. 그러나 여기에는 내용이 결여되어 있다. 기술은 각각의 학문에서 논의되어야만 한다.

마지막으로

5) 논리학을 **일상적** 지성의 논리학과 **사변적** 지성의 논리학으로 분 IX 19
류하는 것과 관련해서, 우리는 이 학문은 결코 이렇게 분류할 수 없다고 말하고자 한다.

논리학은 사변적 지성의 학문일 수 없다. 왜냐하면 논리학은 사변적 인식이나 사변적 이성 사용의 논리학으로는 다른 학문의 기관이지, 지성과 이성의 가능한 모든 사용에 관계해야 할 예비학은 아니기 때문이다.

마찬가지로 논리학은 **일상적 지성의 산물**일 수 없다. 일상적 지성은 인식의 규칙을 구체적으로 파악하는 능력이다. 그러나 논리학은 추상적 견지에서 사고의 규칙에 관한 학문이어야만 한다.

하지만 사람들은 보편적 인간 지성을 논리학의 대상으로 채택할 수 있고, 이 경우 논리학은 사변적 이성의 특수한 규칙을 도외시할 것이기에 **사변적 지성의** 논리학과는 구별될 것이다.

*　　*　　*

A 16 논리학 강의에 관해 말할 경우, 강의는 학문적이거나 대중적일 수 있다.

강의가 논리적 규칙에 관한 인식을 학문으로 다루기를 원하는 사람의 지식욕과 능력 그리고 육성에 적합한 경우, 그 강의는 학문적이다. 그러나 강의가 논리학을 학문으로 연구하려는 것이 아니라 지성을 계발하기 위해서 단지 논리학을 이용하기를 원하는 사람의 능력과 필요에 맞추어졌다면, 그 강의는 대중적이다. 학문적 강의에서 규칙은 보편적이거나 추상적으로, 반면 대중적 강의에서 규칙은 개별적이거나 구체적으로 서술되어야만 한다. 학문적 강의는 대중적 강의의 기초가 된다. 왜냐하면 더 근본적으로 진술될 수 있는 것이 대중적인 방식으로도 진술될 수 있기 때문이다.

그밖에 우리는 여기서 강의를 방법과 구별한다. 방법은 이것이 적용될 특정한 대상을 완전하게 인식하는 방식이라고 할 수 있다. 방법은 학문 자체의 본성에서 도출되어야 하며, 이를 통해 확정된 그리고
IX 20 필연적인 사고 규칙으로 변경될 수 없다. 강의는 학설을 이해시키기 위해 자기 생각을 다른 사람에게 전달하는 단지 방식을 의미한다.

*　　*　　*

A 17 우리가 논리학의 본질과 목적에 관해 이제껏 이야기한 것에서, 이제 이 학문의 가치와 이 학문 연구의 유익함을 올바르고 명확한 척도에 따라 평가해볼 수 있다.

논리학은 진리에 관한 보편적 발견술과 기관은 아니다. 이를테면 숨겨진 진리를 발견할 수 있게 도와주는 대수학과 같은 것이 아니다.

하지만 논리학은 인식에 관한 하나의 비판으로 유용하고도 필수적이다. 그러니까 논리학은 이성을 가르치기 위해서가 아니라 단지 이성을 올바른 것으로 그리고 자신과 일치하는 것으로 만들기 위한 일상적일 뿐만 아니라 사변적인 이성의 판정에 유익하고도 없어서는 안 되는 것이다. 진리의 논리적 원리는 지성이 자신의 보편적 법칙과 일치하는 것이기 때문이다.

*　　　*　　　*

마지막으로 논리학의 역사에 관해 우리는 다만 다음과 같은 것을 언급하고자 한다.

현재의 논리학은 아리스토텔레스의 분석론에서 유래한다. 이 철학자는 논리학의 아버지로 여길 수 있다. 그는 논리학을 기관이라고 하면서 분석론과 변증론으로 분류했다. 그의 교수법은 매우 학문적이었고, 논리학의 기초가 되는 가장 보편적인 개념을 설명했다. 그의 교수법은 그동안 쓸모없는 것이 되어버렸다. 왜냐하면 사람들이 이 교 A 18
수법에서 지성의 상이한 활동에 관한 전문용어를 획득한 것을 제외하고는, 그동안 거의 모든 것이 다만 너무 세밀한 것으로 되어버렸기 때문이다.

논리학은 아리스토텔레스 이후 내용이 많이 늘어나지는 않았다. 그것은 논리학의 본성상 될 수 없는 것이다. 하지만 논리학은 정밀하고, 정확하고, 명료해질 수는 있을 것이다. — 더 이상 변화되지 않는 항구적 상태를 실현할 수 있는 학문이 몇몇 있다. 이러한 것에 논리학과 형이상학도 포함된다. 아리스토텔레스는 지성의 어떠한 요소도 누락하지 않았다. 우리는 논리학에서 좀더 정밀하고, 방법적이고, 체계적일 뿐이다.

Ⅸ 21 람베르트의 기관[13]에 대해 사람들은 이것이 논리학의 내용을 대단히 증대했다고 믿었다. 그러나 그것은 다만 세밀한 분류 이외의 그 어떤 것도 포함하지는 않았다. 이러한 분류는 모든 정확한 세밀성이 그러하듯이, 지성을 예리하게는 하겠지만 본질적인 사용과는 상관이 없다.

근대 철학자 중 일반 논리학을 진전시킨 두 사람이 있다. 라이프니츠[14]와 볼프다.

말브랑슈[15]와 로크[16]는 본래 논리학을 다루지 않았다. 그들은 인식의 내용과 개념의 원천에 관해 다루었다.

볼프의 일반 논리학이 우리가 소유하고 있는 가장 최고의 것이다. 몇몇 사람은 볼프의 일반 논리학을 아리스토텔레스의 것과 결합했는데 한 예로 로이슈[17]를 들 수 있다.

A 19 바움가르텐은 볼프 논리학과 관련해서 공적이 많은 사람으로 볼프의 논리학을 집약했다. 그리고 마이어는 다시 바움가르텐에 주석을 달았다.

근대 논리학자에는 크루지우스[18]도 포함된다. 그러나 그는 논리학이 어떤 것이어야 하는지를 고려하지 않았다. 그의 논리학은 형이상학적 원칙을 포함하고 있으며, 이 점에서 이 학문의 한계를 넘어서고 있다. 더욱이 그의 논리학은 기준일 수 없는 것을 진리의 기준으로 제시했고, 이 점에서 모든 비이성적 몽상을 방임했다.

오늘날 유명한 논리학자는 현존하지 않는다. 그리고 우리는 논리학을 위해 새로운 발명을 필요로 하지도 않는다. 논리학은 다만 사고의 형식을 포괄하기 때문이다.

III.
철학이라는 개념—학술 개념에 따라 그리고 세상 사람들의 개념에 따라 고찰한 철학—철학함의 본질적 필요와 목적—철학의 가장 보편적인 그리고 최상의 과제

한 학문의 정의를 설명하는 일은 때때로 힘들다. 그러나 한 학문을 확실한 개념으로 확정하게 되면, 이 학문은 명확성을 얻게 되면서 사 A 20
람들이 이 학문을 이것과 유사한 학문과 구별하지 못해서 생겨나는 많은 과오를 분명한 근거에 따라 범하지 않게 될 것이다.

그런데 우리는 철학에 관한 정의를 내리려고 시도하기 전에 우선 IX 22
상이한 인식 그 자체의 특성을 탐구해야 한다. 그리고 철학적 인식은 이성적 인식에 속하기에 우리는 특히 이러한 이성적 인식이 무엇인지를 설명해야만 한다.

이성적 인식은 **정보 기록적**[19] 인식과 반대되는 것이다. 전자는 **원리**에 의한 인식이고, 후자는 **사실**[주어진 것]에 의한 인식이다. — 그런데 인식이 이성에 의해 성립되기는 하지만 그럼에도 정보 기록적일 수 있다. 이를테면 학자가 다른 사람의 이성의 산물을 배우는 경우를 들 수 있다. 그러한 이성의 산물에 관한 그의 인식은 다만 정보 기록적이다.

우리는 인식을 다음과 같이 구분할 수 있다.

1) 인식의 **객관적** 근원에 따라, 즉 인식이 발생하는 원천에 따라. 이러한 관점에서는 모든 인식은 **이성적**이거나 **감각경험적**이다.

2) 인식의 **주관적** 근원에 따라, 즉 사람들이 인식을 획득하는 방식에 따라. 이러한 관점에서 생각해보면, 인식 자체가 어떤 식으로 발 A 21
생했다 하더라도 인식은 **이성적**이거나 **정보 기록적**이다. 따라서 **주관적으로는** 다만 정보 기록적 인식인 것이 **객관적으로는** 이성적 인식일 수 있다.

몇몇 이성적 인식에서는 이것을 그저 정보 기록적으로 아는 것이 해롭지만, 이와 반대로 다른 이성적 인식에서는 상관없다. 예를 들면 항해사는 항해 규칙을 도표에서 정보 기록적으로 알지만, 그것으로 충분하다. 그러나 만약 법학자가 법학을 그저 정보 기록적으로 안다면, 그는 진정한 법관으로서 더 나아가 입법자로서 매우 부적격한 사람이다.

앞에서 제시된 객관적으로 이성적인 인식과 주관적으로 이성적인 인식 간의 차이에서, 철학함을 할 수 없어도 우리가 어떤 점에서는 철학을 배울 수 있다는 것이 또한 밝혀진다. 따라서 참된 철학자가 되고자 하는 자는 이성을 자유롭게 사용하는 것을 스스로 훈련해야만 한다. 그리고 단지 모방하는 이성 사용을, 이른바 기계적인 이성 사용을 하지 않도록 스스로 훈련해야만 한다.

* * *

우리는 이성적 인식을 원리에 의한 인식이라고 언명했다. 이러한 언명에서 이성적 인식은 아프리오리해야만 한다는 결론이 나온다.
A 22; IX 23 그런데 둘 다 아프리오리하지만 서로 매우 현저한 차이를 보이는 두 종류의 인식이 있다. 그것은 수학과 철학이다.

사람들은 흔히 수학과 철학은 대상에 따라 서로 구별된다고, 즉 전자는 양을 그리고 후자는 질을 다룬다고 주장해왔다. 그러나 이 주장은 모두 틀렸다. 두 학문의 차이는 대상에서 기인할 수 없다. 왜냐하면 철학은 모든 것을 문제 삼기에 또한 분량도 문제 삼으며, 수학도 모든 것이 크기를 지닌 한 어느 부분에서는 그렇게 하기 때문이다.[20] 단지 수학과 철학에서의 이성적 인식 또는 이성 사용에 관한 상이한 방식만이 두 학문 사이의 독특한 차이를 만든다. 그러니까 철학은 개념에 의한 이성적 인식인 반면 수학은 개념의 구성에 의한 이성적 인식이다.

우리가 개념을 직관에서 경험[의 도움] 없이 아프리오리하게 그려내거나 또는 개념에 상응하는 대상을 직관에서 그려낸다면, 우리는 개념을 구성하는 것이다.—수학자는 결코 단지 개념에 따라서, 그리고 철학자는 결코 개념의 구성에 의해서 이성을 사용할 수 없다.—수학에서 사람들은 이성을 구체적으로 사용한다. 하지만 직관은 감각경험적인 것이 아니다. 사람들은 수학에서 그 어떤 것을 아프리오리하게 직관의 대상으로 삼는다.

우리가 알듯이 수학은 철학보다 유리한 점을 지니는데, 그것은 수 A 23
학적 인식은 직관적 인식인 반면 철학적 인식은 개념적[21] 인식이기 때문이다. 그리고 우리가 수학에서 크기를 더 많이 연구하는 것은, 크기는 직관에서 아프리오리하게 구성할 수 있는 반면 질은 직관에서 그려낼 수 없기 때문이다.

* * *

따라서 철학은 철학적 인식 체계 또는 개념에 의한 이성적 인식 체계다. 이것이 이 학문에 관한 학술 개념[22]이다. 세상 사람들의 개념[23]에 따르면, 철학은 인간 이성의 최종 목적에 관한 학문이다. 이러한
고차원적 개념이 철학에 품위, 즉 절대적 가치를 부여한다. 그리고 단 IX 24
독으로 내적 가치를 지니면서 다른 모든 인식에 가치를 처음으로 부여하는 것이 실제로 또한 철학이다.

하지만 사람들은 마지막에는 늘 다음과 같은 질문을 던진다. 철학함과 철학함의 최종 목적은, [그리고] 학술 개념에 따른 학문으로서

철학 그 자체는 무엇에 이바지하는가?

학문적 의미에서 철학은 다만 기량[24]과 관련이 있지만, 세상 사람들의 개념과 연관된 철학은 유익함과 상관이 있다. 따라서 전자의 관
A 24 점에서 철학은 기량의 학설이다. 반면 후자의 관점에서 철학은 지혜의 학설이다. 즉 이성의 입법자다. 그리고 철학자는 이러한 관점에서는 이성의 기술자가 아니라 입법자다.

이성의 기술자, 소크라테스[25]의 표현을 빌리면 억견을 사랑하는 자는 오직 사변적 앎에만 매진한다. 그는 앎이 인간 이성의 궁극적 목적에 어느 정도 기여하는지에 관해 관심을 기울이지 않는다. 그는 온갖 종류의 임의의 목적을 위한 이성 사용의 규칙을 제공하고 있[을 뿐이]다. 실천 철학자, 즉 학설과 예로 지혜를 가르치는 교사가 본래의 철학자다. 왜냐하면 철학은 인간 이성의 궁극적 목적이 우리에게 제시하는 완전한 지혜에 관한 이념이기 때문이다.

학술 개념에 따른 철학에는 두 가지가 있다.

하나는 이성적 인식을 충분하게 모으는 것이다. 다른 하나는 이러한 인식의 체계적 연결 또는 전체 이념 안에서의 이러한 인식의 결합이다.

철학은 그러한 엄정한 체계적 연결을 허용할 뿐만 아니라 매우 엄밀한 의미에서 체계적 연결을 갖추고 다른 모든 학문에 체계적 통일을 부여하는 유일한 학문이다.

A 25 세상 사람들의 개념에 따른 철학과 관련해 철학은 우리 이성 사용의 최상의 준칙에 관한 학문이라고 말할 수 있다. 여기서 준칙은 상이한 목적들 사이에서 선택의 내적 원리를 의미한다. 왜냐하면 세상 사람들의 개념에 따른 철학은 인간 이성의 최종 목적에 관한 모든 인식과 이에 관한 이성의 사용과 관련된 학문이기 때문이다. 이러한 가장 상위의 목적인 최종 목적에 다른 모든 목적이 종속되어 있으며, 다른

모든 목적은 이러한 최종 목적 안에서 하나로 통일되어야만 한다.

이러한 세계 시민적 의미의 철학의 범위는 다음 물음으로 나타낼 수 있다. IX 25

1) 나는 무엇을 알 수 있는가?

2) 나는 무엇을 행해야만 하는가?

3) 나는 무엇을 희망해도 좋은가?

4) 인간이란 무엇인가?

첫째 물음은 형이상학이, 둘째 물음은 도덕이, 셋째 물음은 종교가, 넷째 물음은 인간학이 그 답을 준다. 앞의 세 물음은 마지막 물음을 염두에 두고 행해졌기에 실제로는 모든 물음을 인간학에 관한 물음이라고 여길 수 있다.

그러므로 철학자는 다음을 규정할 수 있어야만 한다.

1) 인간 지식의 원천

2) 모든 지식의 가능한 그리고 유용한 사용 범위, 그리고 최종적으로는

3) 이성의 한계

마지막 것이 가장 필요하고 또한 가장 어려운 것이다. 그러나 억견을 사랑하는 자는 이것에 관심을 두지 않는다. A 26

철학자에게는 무엇보다도 다음 두 가지가 필요하다. 1) 재능과 기량을 다양한 목적에 사용하기 위해 연마하는 것, 2) 모든 수단을 임의의 목적을 위해 사용하는 데 숙달되는 것. 이 둘은 하나로 결합되어야만 한다. 왜냐하면 지식 없이는 결코 철학자가 되지 못하지만, 또한 지식만으로 — 모든 인식과 기량이 합목적적으로 결합되어 통일되는 데 이르지 못한다면, 그리고 이것들과 인간 이성의 최상의 목적과의 일치에 관한 통찰에 도달하지 못한다면 — 결코 철학자가 되지도 않을 것이기 때문이다.

철학함을 할 수 없는 사람을 결코 철학자라고 칭할 수는 없다. 철학함은 오직 이성의 훈련을 통해서 그리고 이성을 스스로 사용함으로써 배울 수 있다.

철학을 배우는 것이 어떻게 가능하겠는가? — 철학자는 다른 철학자의 이른바 폐허 위에 자신의 고유한 업적을 쌓는다. 그러나 결코 모든 부분에서 항구적이라고 할 수 있는 업적은 없었다. 따라서 우리는 [항구적] 철학이 아직 주어지지 않았다는 이유만으로도 철학을 배울 수 없다. 설사 그러한 철학이 실제로 주어져 있다고 가정하더라도,
A 27 그것을 배운 그 누구라도 자기가 철학자라고 말할 수는 없을 것이다. 그것에 관한 그의 지식은 언제나 주관적으로 정보 기록적일 따름이기 때문이다.

IX 26 수학에서는 사정이 다르다. 사람들은 이 학문을 어느 정도 잘 배울 수 있다. 증명이 여기서는 명증적이기에 누구나 이것에 관해 확신할 수 있기 때문이다. 수학은 그 자체의 명증성으로 인해 확실하고 항구적인 학설로, 말하자면 간직될 수 있다.

반면 철학함을 배우기를 원하는 사람은 철학의 모든 체계를 다만 이성의 사용에 관한 역사로 그리고 자신의 철학적 재능을 연습하는 대상으로 여겨야 한다.

진정한 철학자는 스스로 사고하는 자로서 자신의 이성을 자유롭고 독자적으로 사용해야만 하고, 결코 맹종적으로 모방하는 방식으로 사용해서는 안 된다. 또한 변증론적 사용을, 즉 인식에 진리와 지혜에 관한 가상을 제공하는 것만 목적으로 삼는 그러한 사용을 해서도 안 된다. 이것은 다만 소피스트가 하는 행위에 불과하다. 지혜에 관한 전문가이자 교사인 철학자의 품위에는 전적으로 맞지 않는다. 학문은 오직 지혜의 기관으로서 내적이고 진정한 가치를 지니기 때문이
A 28 다. 그러나 지혜의 기관으로서 학문은 지혜를 위해서도 필수불가결

하다. 그래서 우리는 학문이 결여된 지혜는 우리가 결코 도달하지 못할 완전함의 실루엣일 뿐이라고 주장해도 좋다.

학문을 미워하지만 그만큼 지혜를 사랑하는 사람을 우리는 **이론혐오자**라고 한다. 이론에 대한 혐오는 일반적으로 학문적 지식의 결핍과 이에 결부된 일종의 자만심에서 기인한다. 처음에는 기뻐하며 아주 열심히 학문에 진력했으나 결국 자신의 지식 전반에서 아무런 만족도 얻지 못한 자가 때때로 이론을 혐오하는 잘못을 범하기도 한다.

철학은 우리에게 이러한 내적 만족을 줄 수 있는 유일한 학문이다. 왜냐하면 철학은 이를테면 학문 전체의 계통을 완성해주며, 철학을 통해 비로소 학문이 질서와 연결을 확보하기 때문이다.

그러므로 우리는 스스로 사고하는 또는 철학함을 하는 훈련을 하기 위해서 우리의 이성 사용에 관한 **방법**에 우리가 이러한 방법으로 도달하는 명제 자체보다 더 많은 관심을 가져야만 한다.

IV. 철학사에 관한 짧은 개요

A 29; IX 27

어디서 **일상적** 지성의 사용이 종료되고 **사변적** 지성의 사용이 시작되는지, 그러니까 어디서 일상적 이성 인식이 철학이 되는지 그 경계를 규정하기는 쉽지 않다.

그럼에도 양자를 구별하는 데 꽤 확실한 징표가 있는데 그것은 다음과 같다.

보편적인 것을 추상적으로 인식하는 것이 **사변적** 인식이고, 보편적인 것을 구체적으로 인식하는 것이 **일상적** 인식이다. — 철학적 인식은 사변적 이성 인식이므로 일상적으로 사용되던 이성이 보편적인 것을 추상적으로 인식하려고 시도하면서 철학적 인식이 시작된다.

이성의 일상적 사용과 사변적 사용의 차이에 관한 이러한 규정을 근거로, 우리는 이제 어떤 민족에서 철학함이 시작되었다고 해야 하는지를 판정할 수 있다. 모든 민족 중에서 그리스인이 처음으로 철학함을 시작했다. 왜냐하면 그들은 처음으로 이성 인식을, 형상을 길잡이로 해서가 아니라 추상적으로 개발하고자 했기 때문이다. 반면 다른 민족은 개념을 언제나 오직 형상을 통해 구체적으로 설명하고자
A 30 했다. 오늘날에도 이런 민족이 있는데, 중국인과 인도인 일부는 오직 이성에서 유래한 것, 예를 들면 신, 영혼의 불멸성 등을 논하기는 하나, 이러한 대상의 본성을 개념과 규칙에 따라 추상적으로 구명하려고 하지는 않는다. 그들은 이성을 구체적으로 사용하는 것과 추상적으로 사용하는 것을 구분하지 않는다. 페르시아인과 아랍인의 경우 사변적 이성 사용이 약간 있기는 하다. 그러나 그들은 이러한 사용의 규칙을 아리스토텔레스에게서 얻었다. 그러니까 그리스인에게서 차용한 것이다. 조로아스터[26)]의 젠드아베스타[27)]에서는 철학에 관한 그 어떤 흔적도 발견할 수 없다. 이러한 것은 칭송되던 이집트인의 지혜에도 해당된다. 이집트인의 지혜는 그리스 철학과 비교할 때 다만 어린애의 장난에 불과한 것이었다.

철학에서 그랬던 것처럼 수학에서도 그리스인이 최초였다. 그들은 각각의 명제를 원리에 의해 증명함으로써 사변적이고 학문적인 방법에 따라 이성 인식의 한 부분인 수학을 개발했다.

IX 28 철학의 정신이 그리스인 사이에서 언제 그리고 어디서 처음으로 생겨났는지를 엄밀하게 규정할 수는 없다.

사변적 이성의 사용을 처음 소개한 인물, 그에게서 우리는 학문적

인 문화를 위한 인간 지성의 첫걸음을 찾는데, 그는 이오니아학파의 A 31
창시자 탈레스[28]다. 탈레스는 일반적으로 수학이 언제나 철학에 선행하기에 수학자로 통했지만 자연학자라는 별명도 있었다.

그런데 최초의 철학자들은 모든 것을 형상으로 표현했다. 사상을 형상으로 표현하는 운문이 산문보다 오래되었기 때문이다. 그래서 사람들은 처음에는 오직 순수 이성의 대상인 사물들마저 형상 언어와 운문체로 표현해야 했다. 페레퀴데스[29]가 최초의 산문 저술가였다고 한다.

이오니아학파에 이어 엘레아학파가 뒤를 잇는다. 엘레아 철학과 이 철학의 창시자 크세노파네스[30]의 근본 명제는 다음과 같다. 감각 능력에는 기만과 가상이, 그리고 오직 지성에만 진리의 원천이 자리 잡고 있다.

이 학파에 속한 철학자들 중에는 대단히 총명하고 명민하며 세밀한 변증론자인 제논[31]이 단연 뛰어났다.

변증론은 처음에는 모든 감성과 분리된 추상적 개념에 대해, 순수 지성을 사용하는 기술을 의미했다. 따라서 고대 그리스인은 이 기술을 대단히 찬양했다. 나중에 감각 능력의 증언을 전적으로 배척했던 A 32
철학자들이 이러한 주장을 하면서 불가피하게 자주 세밀성에 빠져들 수밖에 없게 되자, 변증론은 각각의 명제를 주장하고 논박하는 기술로 타락하게 된다. 그래서 변증론은 모든 것을 헐뜯으려 하고 가상을 진리처럼 꾸미며 검은 것을 희다고 우기는, 소피스트를 위한 단지 훈련이 되어버렸다. 이런 까닭에 소피스트라는 이름도 전에는 사람들이 이 이름에서 모든 사항에 관해 이성적으로 그리고 현명하게 이야기할 수 있는 사람을 생각했으나 지금은 혐오스럽고 경멸스러운 것이 되어버렸고, 이 이름 대신에 철학자라는 명칭이 도입된다.

*　　*　　*

이오니아학파 시대 무렵 남부 이탈리아에서 기이한 천재가 등장
IX 29 한다. 그는 학파를 창립했을 뿐만 아니라 이전에는 전혀 존재하지 않았던 구상을 기획하고 성사시켰다. 이 사람은 사모스에서 태어난 피타고라스[32]였다. 그는 비밀 엄수의 규칙을 통해 하나로 결합된 철학자들의 단체를 결성했다. 그는 자기 강의를 듣는 사람을 두 등급으로 분류했는데, 다만 듣기만 해야 하는 청취자와 질문을 해도 되는 청강자가 그것이다.

그의 학설에는 그가 전체 민중을 상대로 강의했던 약간 공개적인
A 33 것이 있었다. 나머지 것은 비밀스럽고 비교적(祕敎的)인 학설로, 그 단체의 구성원들을 위한 것이었다. 그는 이 구성원들 중 약간 명을 가장 신뢰하는 친교 집단에 수용했고, 나머지 사람들과는 완전히 분리했다. 그는 자신의 비밀스러운 학설을 전하는 수단으로 자연학과 신학을, 그러니까 가시적인 것과 비가시적인 것에 대한 학설을 만들었다. 또한 그는 추측하건대 피타고라스학파 사람들이 상호 의사를 소통하기 위해 사용했던 일종의 기호인 다양한 상징을 지녔다.

그 단체의 목적은 종교를 민중의 망상에서 정결하게 하고 전제 정치를 완화하며 더 많은 합법성을 국가에 도입하는 것 이외의 다른 것이 아니었다고 여겨진다. 그러나 이 단체는 전제 군주들이 이 단체를 두려워하기 시작하면서 피타고라스가 죽기 직전에 파괴되었다. 이 철학 단체는 일부는 처형되고 일부는 도주하고 대다수는 추방됨으로써 해체되었다. 아직 남아 있는 몇몇은 초심자였다. 이들은 피타고라스의 고유한 학설에 관해 많이 알지 못했다. 그래서 사람들은 이 학설에 대해 확실하고 명확한 그 어떤 것도 이야기할 수 없다. 나중에 사람들은 많은 학설을, 그나저나 대단한 수학적 두뇌를 지녔던 피타고라

스의 것이라고 주장했는데, 이것은 분명 날조된 것에 불과하다.

*　　*　　*

그리스 철학에서 가장 중요한 시기는 결국 소크라테스와 더불어 시작한다. 그는 철학적 정신과 사변적 두뇌에 전적으로 새로운 실사용적 노선을 제시한 인물이었다. 또한 그는 모든 사람 중 자신의 행동이 현자의 이념에 가장 근접한 거의 유일한 인물이었다. A 34

소크라테스의 제자 중에는 그의 실사용적 가르침에 주로 몰두했던 플라톤[33]이 가장 유명하다. 그리고 플라톤의 제자 중에는 사변적 철학을 다시 번성하게 한 아리스토텔레스가 가장 유명하다. IX 30

플라톤과 아리스토텔레스에 이어 에피쿠로스주의자와 스토아주의자가 등장한다. 이들은 서로 상대방에 대해 단호히 반대했다. 에피쿠로스주의자는 최고선을 즐거운 마음이라고 규정했다. 그들은 이것을 쾌락이라고 일컬었다. 스토아주의자는 최고선을 오로지 사람들이 이를 위해 삶의 모든 안락함을 포기할 수 있어야 하는 영혼의 숭고함과 강건함에서 찾았다.

그런데 스토아주의자는 사변 철학에서는 변증론적이었고, 도덕 철학에서는 독단적이었다. 도덕 철학의 실사용적 원리에서 그들은 비범한 품위를 보여주었고, 이러한 원리를 통해 그들은 이제껏 존재하지 않았던 숭고한 마음가짐을 위한 씨앗을 뿌렸다. 스토아학파 창립자는 키티온의 제논[34]이었다. 그리스 철학자들 가운데 이 학파에 속하는 가장 유명한 사람들로 클레안테스[35]와 크리시포스[36]가 있다. A 35

에피쿠로스학파는 스토아학파가 누렸던 명성에 결코 다다를 수 없었다. 하지만 사람들이 에피쿠로스주의자에 관해 무슨 말을 하든 다음과 같은 점은 확실하다. 즉 그들은 즐거움과 관련해서 최대의 절제를 논증했고 그리스의 모든 사상가 중 최고의 자연 철학자들이었다.

그밖에 우리는 여기서 그리스의 가장 중요한 학파들이 지녔던 고유한 명칭을 소개하고자 한다. 플라톤 학파는 아카데미아, 아리스토텔레스학파는 리게이온이라고 불렸다. 스토아학파는 회랑, 즉 지붕이 있는 통로(여기에서 스토아라는 이름이 유래했다)라고 불렸다. 에피쿠로스학파는 정원이라고 불렸다. 에피쿠로스가 정원에서 가르쳤기 때문이다.

플라톤의 아카데미아를 그의 제자들이 세운 다른 아카데미아 세 개가 계승한다. 첫째 것은 스페우시포스[37]가, 둘째 것은 아르케실라오스[38]가, 셋째 것은 카르네아데스[39]가 설립한다.

이 아카데미아들은 회의주의로 기울었다. 스페우시포스와 아르케실라오스 모두 그들의 사고방식을 회의론에 적합하도록 조율했다. 그리고 카르네아데스는 이 점에서 한층 더 나아갔다. 이런 까닭에 세밀하고 변증론적 철학자인 회의주의자는 아카데미아학파의 사람이라고도 불렸다. 그러니까 아카데미아학파 사람들은 최초의 위대한 회의주
A 36 의자인 피론[40]과 그의 후계자를 따랐다. 이렇게 된 동기는 그들의 스승 플라톤이 제공했다. 왜냐하면 플라톤은 자신의 많은 학설을 문답체로 진술하면서, 자신이 — 다른 부분에서는 그는 대단히 독단적[41]이었지만 — 찬반을 결정하지 않은 채 찬성과 반대의 근거를 제시했기 때문이다.

IX 31 회의주의의 시대가 피론에서 시작된다고 보면 회의론자 전 학파를 망라하게 된다. 회의론자는 철학함에 관한 사고방식과 방법에서 독단론자와는 다음과 같은 점에서 본질적으로 구별된다. 그들은 외관상 아무리 진리처럼 보일지라도 판단을 유보하는 것을 철학함과 관련된 모든 이성 사용의 제일 준칙으로 삼았다. 그리고 그들은 철학은 판단의 균형에서 존립해야 하며 잘못된 가상을 밝히는 것을 우리에게 가르쳐

야 한다는 원리를 세웠다. — 이러한 회의주의자에 관해서는 섹스투스 엠피리쿠스[42]가 모든 회의를 집약해놓은 저서 두 권 이외에는 아무것도 우리에게 남아 있지 않다.

*　　*　　*

철학은 그리스인에게서 로마인으로 넘어가고 나서는 확장되지 못한다. 로마인은 언제나 다만 문하생으로 머물렀기 때문이다.

키케로[43]는 사변 철학에서는 플라톤의 제자였고, 도덕에서는 스토아주의자였다. 스토아학파에는 가장 유명한 인물로 에픽테토스,[44] 철학자 안토니우스[45][마르쿠스 아우렐리우스] 그리고 세네카[46]가 있다. A 37
로마인 중에는 자연에 관한 기술을 남긴 소(小) 플리니우스[47] 이외에는 자연학자가 없었다.

마침내 문화가 로마인 사이에서도 사라졌다. 그리고 아랍인이 6~7세기에 학문에 힘쓰고 아리스토텔레스 철학을 다시 꽃피울 때까지 야만 상태가 지속되었다. 어쨌든 서양에서 학문은 다시 번성했고, 특히 아리스토텔레스의 권위는 다시 올라갔다. 사람들은 아리스토텔레스의 권위를 맹종하는 방식으로 추종했다. 11~12세기에 스콜라 철학자들이 등장했다. 그들은 아리스토텔레스를 해석했고, 그의 세밀성을 끝없이 추구했다. 그들은 순전히 추상적인 것에 지니지 않는 것에 몰두했다. — 사이비 철학함의 스콜라적 방법은 종교개혁 시대에 축출된다. 이제는 철학에서 절충주의자[48]가 나타났다. 그들은 스스로 사고하는 자들로, 학파를 신봉하는 것이 아니라 진리를 탐구하고, 그것을 발견했을 때 수용했다.

근대에 철학이 개선된 것은 부분적으로는 자연에 대한 더 많은 연구, 부분적으로는 수학과 자연과학의 결합 덕분이었다. 이러한 학문들

Ⅸ 32 의 연구로 성립한 사고 체계는 또한 본래 철학의 특수한 분과와 부분
A 38 을 넘어서까지 확산되었다. 근대 최초의 그리고 가장 위대한 자연 연구자는 베이컨[49]이다. 그는 자기 연구에서 경험이라는 길에 발을 들여놓았고, 진리를 발견하기 위한 관찰과 실험의 중요성과 불가피성에 대한 주의를 환기했다. 사변 철학의 개선이 본래 어디에서 유래하는지를 이야기하기는 어렵다. 이에 대한 적지 않은 공로는 데카르트[50]가 세웠는데, 그는 자신이 정한 인식의 명석 판명함이라는 진리의 기준을 통해 사고에 명료성을 부여하는 일에 많은 기여를 했다.

가장 위대하고 공헌이 많은 우리 시대의 철학 개혁자로 라이프니츠와 로크를 꼽을 수 있다. 로크는 인간의 지성을 분석하고자 했으며, 정신의 어떤 능력과 어떤 활동이 이런 또는 저런 인식에 속하는지를 보여주고자 했다. 그러나 그는 연구 활동을 완성하지는 못했다. 그의 방식은 정신의 본성을 더 잘 그리고 더 근본적으로 연구하는 일을 사람들이 시작하게 하는 데 기여했음에도 불구하고 독단적이었다.

라이프니츠와 볼프 특유의 독단적 철학함의 방법에 관해 말한다면,
A 39 이것은 매우 잘못된 것이었다. 이 방법에는 미혹하는 것이 많기에 모든 방식을 중단하고 그 대신 다른 방식인 비판적 철학함의 방법을 시작하는 것이 물론 필요하다. 이 방법은 이성 자체의 방식을 탐구하고, 인간의 모든 인식능력을 분석하며, 이 능력의 한계가 어디까지인지 조사하는 것으로 이루어져 있다.

우리 시대는 자연 철학이 매우 번성한 상태이며, 자연 연구자들 가운데에는 위대한 인물, 예를 들면 뉴턴[51]이 있다. — 근대 철학자들의 경우는 모든 것이 말하자면 유동적이어서 탁월하고 영원하다고 할 만한 인물은 현재 없다. 한 사람이 구축하면 다른 사람이 허물어 버린다.

도덕 철학에서 우리는 고대 그리스인보다 앞으로 나아가질 못했

다. 형이상학에 관해 말한다면, 우리는 형이상학적 진리의 탐구에 대해 의심을 품기 시작한 것처럼 보인다. 지금은 이 학문에 대한 일종의 무관심주의가 등장했다. 여기서는 형이상학적 탐구를 그저 파고들기만 하기라고 경멸스럽게 이야기하는 것이 명예로운 일로 여겨진다. 하지만 형이상학이야말로 본래의 진정한 철학이다!

우리의 시대는 비판의 시대이고, 사람들은 우리 시대의 비판적 시 IX 33
도가 철학, 특히 형이상학과 관련해서 어떤 결과를 가져오게 될지를 A 40
주목해야만 한다.

V.
인식 일반—직관적 인식과 개념적 인식: 직관과 개념 그리고 특히 그것들의 차이—인식의 논리학적 완전성과 감성학적 완전성

우리의 모든 인식은 이중적 관계를 갖는다. 첫째로 대상에 대한 관계, 둘째로 주관에 대한 관계다. 첫째 관계에서 인식은 표상과 관련되어 있고, 둘째 관계에서는 모든 인식 일반의 보편적 조건인 의식과 관련되어 있다. — (원래 의식이란 어떤 다른 표상이 내 안에 있다는 표상이다.)

모든 인식에서 재료와 형식은 구별되어야 한다. 즉 대상과 그 대상을 우리가 인식하는 방식은 구별되어야 한다. — 예를 들어 집을 사용할 줄 모르는 야만인이 멀리서 집을 본다면, 그가 집을 인간이 거주하기 위한 것으로 알고 있는 사람과 마찬가지로 눈앞에서 동일한
대상을 표상하더라도, 그 동일한 대상에 대한 둘의 인식은 형식상 서 A 41
로 다르다. 한쪽에서는 한갓된 직관이지만 다른 쪽에서는 직관이자 동

시에 개념이다.

인식 형식의 상이성은 모든 인식에 동반되는 조건에, 즉 의식에 근거한다. 내가 표상을 의식하고 있다면 그 표상은 분명하고,[52] 표상을 의식하고 있지 않다면 그 표상은 불분명하다.[53]

의식은 인식의 모든 논리학적 형식의 본질적 조건이므로, 논리학은 분명한 표상만 다루어야지 불분명한 표상을 다루어서는 안 된다. 논리학에서 우리는 어떻게 표상이 생겨나는지가 아니라, 어떻게 표상이 논리학적 형식과 일치하는지를 볼 뿐이다. — 게다가 논리학은 한갓된 표상이나 표상의 가능성에 대하여 전혀 논할 수도 없다. 그러한 일은 논리학이 형이상학에 위임한다. 논리학은 모든 사고가 개념과 판단과 추리를 통해 일어난다는 점에서 개념, 판단, 추리에서의 사고 규칙만 다룰 뿐이다. 물론 표상이 개념이 되기 이전에 무엇인가
IX 34 가 선행하기는 한다. 그것 또한 우리는 나중에 해당하는 곳에서 언급할 것이다. 그러나 우리는 어떻게 표상이 생겨나는지를 조사하지는 않을 것이다. — 논리학은 인식함에 대해서도 다루기는 한다. 인식할 때 이미 사고가 행해지기 때문이다. 하지만 표상은 아직 인식이 아니다. 오히려 인식은 항상 표상을 전제한다. 그런데 이 후자는 전혀 설
A 42 명될 수 없다. 왜냐하면 우리는 표상이 무엇인가를 언제나 다시금 또 다른 표상을 통해 설명해야 하기 때문이다.

모든 분명한 표상 — 여기에만 논리학적 규칙이 적용될 수 있다 — 은 명료함[54]과 불명료함[55]을 고려하여 구분할 수 있다. 전체 표상을 의식하지만 그 속에 포함된 갖가지[56]를 의식하지 못한다면, 그 표상은 불명료하다. — 이를 설명하기 위해 우선 예를 하나 들어보자.

우리가 멀리서 시골집 한 채를 바라본다고 해보자. 바라본 대상이 집이라는 것을 의식한다면 우리는 필연적으로 창문, 문 등 그 집의

여러 상이한 부분들에 대한 표상도 갖고 있어야 한다. 왜냐하면 만약 그 부분들을 보지 못했다면 우리는 집 자체도 보지 못했을 것이기 때문이다. 그런데 우리는 그 집의 갖가지 부분에 대한 그와 같은 표상을 갖고 있다고 의식하지는 못한다. 따라서 언급했던 대상 자체에 대한 우리의 표상은 불명료한 표상이다.

더 나아가 개념의 경우에서 불명료함에 관한 예를 들어 보면, 아마도 아름다움 개념이 도움이 될 것이다. 누구나 아름다움에 관하여 분명한 개념을 갖고 있다. 그렇지만 이 개념 안에는 여러 상이한 징표들[57]이 있다. 특히 그중에서도 아름다운 것이란 1) 눈에 띄고, 2) 일반적으로 마음에 드는 어떤 것이어야 한다. 그런데 만일 우리가 아름다운 것의 이런저런 징표들의 갖가지를 서로 구별해낼 수 없다면, 아 A 43
름다운 것에 대한 우리 개념은 아직도 불명료한 것이다.

불명료한 표상을 볼프의 제자들은 혼란한[58] 표상으로 일컫는다. 그렇지만 이 표현은 적합하지 않다. 왜냐하면 혼란의 반대는 명료함이 아니라 질서이기 때문이다. 명료함은 질서의 결과이고, 불명료함은 혼란의 결과이기는 하다. 또 그래서 모든 혼란한 인식은 불명료한 인식이기도 하다. 하지만 이 명제는 역으로는 유효하지 않다. — 모든 불명료한 인식이 혼란한 인식은 아니다. 왜냐하면 갖가지 것이 들어 있지 않은 인식에서는 질서가 생기지 않고, 또 혼란도 생기지 않기 때문이다.

이러한 사정은 모든 단순한 표상에 해당된다. 그 표상에서 혼란을 IX 35
찾을 수 없다는 이유에서가 아니라, 갖가지 것을 찾을 수 없다는 이유에서 단순한 표상은 결코 명료하게 되지 않을 것이기 때문이다. 그러므로 그것은 불명료하다고 일컬어야지 혼란하다고 일컬어서는 안 된다.

불명료함은 종종 징표들의 갖가지가 구별될 수 있는 복합적 표상에서조차 혼란에 기인하지 않고 의식의 미약함에 기인한다. 말하자면 어떤 것은 형식에 따라서는 명료할 수 있다. 즉 나는 표상에서 갖가지 것을 의식할 수는 있다. 그러나 질서가 다 갖추어져 있더라도 의식의
A 44 정도가 더 낮게 된다면 재료에 따라서는 명료함이 감소할 수 있다. 추상적인 표상이 그러한 경우다.

명료함 자체는 이중적인 것일 수 있다.

첫째, 감성적 명료함. — 이 명료함은 직관하는 가운데 갖가지 것을 의식하는 데에 있다. 예를 들어 나는 은하수를 흰빛을 띤 줄무늬로 본다. 틀림없이 은하수에 들어 있는 개별적인 별들의 빛은 내 눈에 다다랐어야 한다. 하지만 은하수에 대한 그러한 표상은 단지 분명할 뿐이었고, 망원경에 의해 비로소 명료하게 될 것이다. 왜냐하면 그제야 나는 저 은하수에 들어 있는 개별적인 별들을 보기 때문이다.

둘째, 지성적 명료함 — 개념에서 명료함 혹은 지성 명료함. — 이 명료함은 개념 안에 포함되어 있는 갖가지 것을 고려하여 개념을 분석하는 것에서 비롯한다. — 예를 들어 도덕적 용기[59]라는 개념에는 1) 자유의 개념, 2) 규칙에 (의무에) 따른다는 개념, 3) 경향성이 저 규칙에 저항할 때 경향성의 힘을 제압한다는 개념이 포함되어 있다. 그래서 그런 식으로 도덕적인 용기 개념을 개별 구성 요소들로 분해한다면 바로 이런 분석에 의해 우리는 그 개념을 우리 자신에게 명료하게 만든다. 그러나 이와 같이 명료하게 만드는 것 자체로 우리가 그 개념에 어떤 것을 더 덧붙이는 것은 전혀 아니다. 우리는 단지 그 개념
A 45 을 설명할 뿐이다. 그러므로 개념들은 명료하게 될 때 재료에 따라서가 아니라 단지 형식에 따라서만 더 나아질 뿐이다.

*　　*　　*

감성과 지성이라는 본질적으로 다른 두 기본 능력 — 여기에서 우리 인식은 생겨난다 — 과 관련시키면서 우리 인식을 되짚어[60]본다면, 우리는 그 점에서 직관과 개념의 차이와 만나게 된다. 말하자면 IX 36
그런 관점에서 고찰할 때 우리의 모든 인식은 **직관**이거나, 아니면 **개념**이다. 원천을 전자는 **감성** — 직관 능력 — 에, 후자는 **지성** — 개념 능력 — 에 둔다. 이것이 지성과 감성의 **논리학적** 차이이며, 이 차이에 따를 때 후자는[감성은] 오직 직관만을, 이와 반대로 전자는[지성은] 개념만을 제공한다. — 물론 두 기본 능력은 다른 면에서 고찰될 수도 있고, 또 다른 식으로 정의될 수도 있다. 요컨대 감성은 **수용성**[61]의 능력으로, 지성은 **자발성**[62]의 능력으로 정의될 수도 있다. 하지만 이러한 정의 방식은 논리학적이지 않고 **형이상학적**이다. — 또한 사람들은 감성을 **하위의** 능력으로, 반대로 지성을 **상위의** 능력으로 부르기도 한다. 이는 감성이 사고를 위한 한갓된 재료를 제공하지만, 지성은 이 재료를 처리하고 또 그것을 규칙이나 개념 아래로 가져온다는 이유에서일 것이다.

여기서 제시된 **직관적**[63] 인식과 **개념적**[64] 인식의 차이, 혹은 직관 A 46
과 개념의 차이에 인식의 **감성학적 완전성**[65]과 **논리학적 완전성**[66]의 차이가 근거한다.

인식은 감성의 법칙에 따라 완전할 수 있거나, 아니면 지성의 법칙에 따라 완전할 수 있다. 전자의 경우에 인식은 **감성학적으로** 완전하며, 후자의 경우에는 **논리학적으로** 완전하다. 따라서 양자, 즉 감성학적 완전성과 논리학적 완전성은 서로 다른 종류의 완전성이다. — 전자는 감성과 관련되며, 후자는 지성과 관련된다. — 인식의 논리학적 완전성은 인식과 대상의 일치에 근거한다. 즉 **보편타당한** 법칙들에 근거한다. 그러므로 그 완전성은 아프리오리한 기준에 따라서도 판정될 수 있다. 감성학적 완전성은 인식과 주관의 일치됨에 있고, 그래서 인간의 특별한 감성에 기반을 두고 있다. 그러므로 감성학적 완전성의 경우에는 그 완전성이 모든 사고하는 존재자 일반에게 보편적으로 타당한 방식으로 아프리오리하게 판정될 수 있게 해주는 객관적으로 타당하고 보편적으로 타당한 법칙들이 생기지 않는다. 하지만 객관적으로는 타당하지 않더라도, 그래서 모든 사고하는 존재자 일반에게는 타당하지 않더라도 주관적으로 전 인류에게는 타당한 감성의 보편적 법칙들도 존재하는 한, 주관적이면서도 보편적인
A 47; IX 37 만족[67]의 근거가 들어 있는 감성학적 완전성도 생각해볼 수 있다. 이것이 바로 **아름다움**이다. 즉, 직관될 때 감각능력에 좋게 받아들여지는 것, 그래서 직관의 법칙들이 감성의 보편적 법칙들이라는 바로 이 이유로 보편적 만족의 대상일 수 있는 것인 아름다움이다.

이렇게 감성의 보편적 법칙들과 일치한다는 점에 의해 본래의 **아름다운 것**, **독자적으로 아름다운 것** — 이것의 본질은 **한갓된 형식**에 있다 — 은 **좋게 느껴지는 것**[68]과 종류상 구별된다. 좋게 느껴지는 것은 자극이나 감동에 의해 오직 감각에서만 좋게 받아들여진 것이고, 또 그런 까닭에 단지 사적인 만족의 근거만 될 수 있기 때문이다.

이 본질적인 감성학적 완전성이야말로 다른 어떤 완전성보다도 논리학적 완전성과 어울리는 완전성이며, 또한 그것과 가장 잘 결합될 수 있는 완전성이기도 하다.

이런 측면에서 볼 때 감성학적 완전성은 저 본질적으로 아름다운 것과 관련하여 논리학적 완전성에 득이 될 수 있다. 그러나 다른 관점에서는 손해가 될 수도 있다. 우리가 감성학적 완전성과 관련하여 그저 **비본질적으로** 아름다운 것 — 단지 감각될 때 감각 능력에 좋게 받아들여지고 그래서 순전히 감성의 형식에만 관계하지 않고 재료

에 관계하는 자극적인 것과 감동적인 것 — 만 주시한다면 그렇다. 왜 A 48
냐하면 자극과 감동은 우리가 인식하거나 판단할 때 논리학적 완전성을 가장 많이 상하게 할 수 있기 때문이다.

물론 대체로 우리 인식의 감성학적 완전성과 논리학적 완전성 사이에는 완전히 없앨 수 없는 일종의 저항이 늘 남아 있다. 지성은 가르쳐지지 않으면 안 되고, 감성은 활기를 띠게 하지 않으면 안 된다. 지성은 통찰을 원하고, 감성은 평이함을 원한다. 인식을 가르친다고 한다면, 그런 한에서 인식은 근거에 의해 뒷받침되어야 한다. 또한 동시에 인식을 즐긴다고 한다면, 인식은 아름답기도 해야 한다. 만일 강의가 아름답지만 깊이가 없다면, 그 강의는 단지 감성에만 좋게 받아들여질 뿐 지성에는 좋게 받아들여질 수 없다. 거꾸로 강의가 근거에 의해 뒷받침되지만 무미건조하다면, 그 강의는 단지 지성에만 좋게 받아들여질 뿐 감성에는 좋게 받아들여질 수 없다.

그럼에도 인간 본성의 욕구와 인식의 대중성이라는 목적은 우리로 하여금 두 완전성을 함께 하나로 만들려고 애쓰도록 요구하므로, 대체로 감성학적으로 완전해질 가능성이 있는 인식에 감성학적 완전성을 마련해주고, 또 학술적으로 바르며 논리학적으로 완전한 인
식을 감성학적 형식에 의해 대중적으로 만드는 데도 우리는 마음을 IX 38
써야 한다. 그런데 우리의 인식에서 감성학적 완전성과 논리학적 완전성을 결합하려고 노력할 때는 다음과 같은 규칙들에 주의하지 않으면 안 된다. 요컨대

1) 논리학적 완전성은 나머지 모든 완전성의 기초여서 다른 완전 A 49
성에 전적으로 뒤떨어지거나 희생되어서는 안 된다는 점. 2) 특히 형식적인 감성학적 완전성(한 인식이 직관의 법칙들과 일치됨)이 주시된다는 점. 왜냐하면 바로 여기에 논리학적 완전성과 가장 잘 하나가 될 수 있을 본질적으로 아름다운 것이 있기 때문이다. 3) 자극과 감

동—이것들로 인식은 감각에 영향을 미치고 감각에 대한 관심을 자라게 한다—에 매우 조심해야 한다는 점. 왜냐하면 그것들로 인하여 주의가 대상에서 주관 쪽으로 매우 쉽게 옮겨갈 수 있고, 이로부터 그다음에는 분명히 인식의 논리학적 완전성에 매우 불리한 영향이 생길 수밖에 없기 때문이다.

*　　*　　*

인식의 논리학적 완전성과 감성학적 완전성 사이에서 일어나는 본질적 차이를 단순히 일반적 측면에서가 아니라 여러 개별적 측면에서 좀더 분명하게 나타내기 위하여, 인식의 완전성을 평가할 때 중요한 양, 질, 관계, 양상이라는 네 가지 주요 계기를 고려하여 두 완전성을 서로 비교하려 한다.

한 인식은 1) 그 인식이 **보편적**이면 양에 따라 완전하며, 2) **명료하**
A 50 **면** 질에 따라, 3) **참**이면 관계에 따라, 4) **확실하면**[69] 양상에 따라 완전하다.

따라서 이러한 관점에서 고찰할 때, 한 인식에 객관적 보편성(개념이나 규칙의 보편성)이 있다면 그 인식은 양에 따라 논리학적으로 완전하게 되며,—객관적 명료함(개념에서의 명료함)이 있다면 질에 따라,—객관적 진리가 있다면 관계에 따라,—객관적 확실함이 있다면 양상에 따라 논리학적으로 완진하게 된다.

그런데 이러한 논리학적 완전성들에는 저 네 가지 주요 계기와 관련하여 다음과 같은 감성학적 완전성들이 상응한다. 요컨대

IX 39 1) **감성학적 보편성**—이것은 다량의 대상들에 대한 인식의 적용 가능성에 있으며, 이때 이 대상들은 그 인식을 적용할 수 있는 예로 사용되고, 또 동시에 이에 의해 그 인식은 대중성이라는 목적을 위해

쓸모 있게 된다.

2) 감성학적 명료함 — 이것은 직관의 명료함이며, 이때에는 추상적으로 사고된 개념이 실례에 의해 구체적으로 표현되거나 설명된다.

3) 감성학적 진리 — 이것은 단지 인식이 주관과 또 감각 가상의 법 A 51
칙들과 합치하는 데에 있을 뿐인, 따라서 일반적 가상과 다를 바 없는 순전히 주관적 진리다.

4) 감성학적 확실함 — 이것은 감각 능력의 증언에 따른다면 불가피한 것, 즉 감각과 경험에 의해 확인되는 것에 근거한다.

*　　*　　*

방금 언급했던 완전성들에는 서로 조화롭게 하나로 되면서 완전성 일반을 만들어내는 두 가지 사항이 항상 나타난다. 요컨대 갖가지임과 단일성이다. 지성에는 개념에서의 단일성이 있으며, 감각 능력에는 직관에서의 갖가지임이[70] 있다.

단일성 없는 한갓된 갖가지는 우리를 만족시킬 수 없다. 그런 까닭에 무엇보다도 진리가 가장 주된 완전성이다. 왜냐하면 진리는 — 이때 우리 인식은 대상과 관계를 맺기 때문에 — 단일성의 근거이기 때문이다. 또한 진리는 감성학적 완전성의 경우에서조차 항상 필수불가결한 조건, 즉 가장 중요한 부정 조건 — 이 조건을 충족하지 못한 것은 일반적으로 취미에 맞을 수 없다 — 으로 남아 있다. 그러므로 자신의 인식에서 논리학적 완전성을 기초로 놓지 않았다면 그 누구도 아름다움의 학문들[71]에서 진보할 것이라고 기대해서는 안 된다. 가르침을 주어야 하고 또 동시에 즐거움을 주어야 하는 그런 지식과 관련하여 논리학적 완전성과 감성학적 완전성이 최고도로 일치할 A 52
수 있을 때, 천재의 특성과 기량이 실제로 드러나기도 한다.

IX 40

VI.

인식의 특수한 논리학적 완전성

A) 양에 따른 인식의 논리학적 완전성 —양—외연적 양과 내포적 양—인식의 광범위함과 철저함 또는 중요성과 생산성—우리 인식 지평의 규정

인식의 양은 이중적 의미에서 생각될 수 있다. 즉, 외연적[72] 양으로 생각될 수 있거나 아니면 내포적[73] 양으로 생각될 수 있다. 전자는 인식 범위[74]에 해당한다. 따라서 외연적 양은 인식의 많음과 갖가지임에 있다. 후자는 한 인식이 많고 중대한 결론들의 근거로 여겨지는 경우에 (개수상 많음이 아니라 내용상 많음), 그 인식의 많은 타당성이나 논리학적 중요성 및 생산성에 관계되는 함량[75]에 해당한다.

외연적 양에 따라 우리 인식을 확장하거나 완전하게 할 때, 한 인식이 어느 정도까지 우리의 목적과 능력에 합치하는지를 어림 계산
A 53 하는 것이 좋다. 이러한 고려는 우리 인식의 지평을 규정짓는 것과 관련되며, 이때 인식의 지평이란 주관의 능력과 목적에 전체 인식의 양이 걸맞은 것으로 이해될 수 있다.

지평[76]은 다음과 같은 식으로 정해질 수 있다.

1) 논리학적으로, 즉 지성의 관심에 관계된 인식력이나 능력에 따라 규정될 수 있다. 이와 관련해서는 어디까지 우리가 인식할 수 있는지, 어디까지 인식해야 하는지, 어느 정도까지 특정한 인식들이 논리학적 의도에서 이런저런 주요 인식(우리의 목적)을 위한 수단으로 이용되는지를 평가해야 한다.

2) 감성학적으로, 즉 감정의 관심에 관계된 취미에 따라 규정될 수 있다.—자신의 지평을 감성학적으로 규정짓는 사람은 학문을 대중

의 취미에 따라 정리하려고, 즉 학문을 **대중적으로** 만들려고 하거나 혹은 오로지 일반적으로 전달될 수 있고 또 비학자 계층도 좋게 받아들이고 흥미를 가질 그런 인식들만 얻으려고 한다.

3) **실사용적으로,**[77] 즉 **의지의 관심**과 관련하여 **쓸모**에 따라 규정될 수 있다. 실사용적 지평은 한 인식이 우리의 윤리성에 미치는 영향에 따라 정해질 경우에는 **실천적**[78] 지평이며 또 가장 중요한 지평이다. Ⅸ 41 A 54

그러므로 지평은 인간이 알 수 있는 것, **알 필요가 있는 것, 알아야 하는 것**을 평가하고 규정짓는 일과 관련된다.

* * *

그런데 특히 이론적으로나 논리학적으로 정해진 지평에 관해서 — 그리고 이런 지평에 관해서는 오직 여기 논리학에서만 논의될 수 있다 — 우리는 그 지평을 **객관적** 관점에서 고찰할 수 있거나, 아니면 **주관적** 관점에서 고찰할 수 있다.

대상에 관계된 지평은 **정보 기록적**이거나 아니면 **이성적**이다. 전자는 후자보다 훨씬 더 넓고, 더군다나 헤아릴 수 없이 크다. 왜냐하면 우리의 정보 기록적 인식은 경계가 없기 때문이다. 그에 반해 이성적 지평은 고정적으로 정해질 수 있다. 예를 들면 수학적 인식이 확장해 들어갈 수 없는 대상의 종류는 정해질 수 있다. 철학적 이성 인식과 관련해서도 그럴까? 이때 이성은 어느 정도까지 아프리오리하게 아무런 경험 없이 잘해나갈 수 있을까?

주관에 관계된 지평은 **보편적**이고 **절대적**인 지평이거나 아니면 특수하고 **조건적**인 지평(개인 지평)이다.

절대적이고 보편적인 지평이란 인간과 관련된 모든 완전성 일반의 경계와 인간 인식의 경계의 일치로 이해될 수 있다. 그래서 여기 A 55

서는 인간은 무릇 인간으로서 무엇을 알 수 있는지를 묻게 된다.

개인 지평의 규정은 여러 가지 감각경험적 조건들, 그리고 예를 들어 나이나 성별이나 신분이나 생활방식 등과 같은 특수한 고려사항들에 좌우된다. 그리므로 각각의 모든 특별한 인간 부류는 그 부류의 특수한 인식능력, 목적, 관점과 관련하여 나름대로 특별한 지평을 갖고 있다. — 개개인은 자신의 힘, 자신의 관점의 개별성에 비례하여 자기 고유의 지평을 갖고 있다. 마지막으로 우리는 건강한 이성의 지평과 학문의 지평도 생각해볼 수 있다. 후자에는 우리가 무엇을 알 수 있고 무엇을 알 수 없는지를 규정하기 위한 원리들이 필요하다.

IX 42 우리가 알 수 없는 것은 우리의 지평 너머에 있으며, 우리가 알지
않아도 되는 것이나 알 필요가 없는 것은 우리의 지평 밖에 있다. 그렇
지만 이 후자의 것은 이런저런 특별한 개인 목적과 관련하여 단지 상
대적으로만 지평 밖에 있는 것으로 여겨질 수 있다. 어떤 인식들은 그
런 개인 목적을 달성하는 데 전혀 기여하지 못할 수도 있고, 심지어
방해가 될 수도 있기 때문이다. 왜냐하면 비록 우리가 인식의 유용성
을 항상 통찰할 수 있는 것은 아니지만, 그럼에도 어떠한 인식도 단
적으로 또 모든 점에서 무익하고 쓸모없지는 않기 때문이다. — 그런
A 56 까닭에 힘겹게 부지런히 학문을 연구하는 훌륭한 사람들에게 시답
잖은 정신을 가진 이들이 "그게 무슨 쓸모가 있겠느냐?"라고 물으면서
비난을 가하는 것은 현명하지도 않을뿐더러 정당하지도 않다. — 누
구든지 학문을 하려고 한다면 결코 그와 같은 질문을 단 한 번일지라
도 던져서는 안 된다. 설령 한 학문이 단지 모종의 가능한 대상을 해
명할 수 있을 뿐이라고 가정한다 해도, 그 학문은 바로 그 점 때문에
이미 충분히 유용할 것이다. 논리학적으로 완전한 모든 개개의 인식
은 비록 우리에게는 지금까지 알려지지 않았다 하더라도 우리 후세에
서 발견하게 될지도 모를 그 어떤 가능한 유용성을 어쨌든 가지고 있

다. — 만일 사람들이 학문을 육성할 때 늘 물질적 이득이나 그것의 유용성만 바라보았더라면 우리에게는 산술학과 기하학이 없었을 것이다. 게다가 우리 지성은 한갓된 통찰에서 만족을 발견하게끔, 또한 통찰에서 나오는 유용성보다 그 통찰에서 더 큰 만족을 발견하게끔 그렇게 갖추어져 있기도 하다. 이 점을 이미 플라톤은 깨닫고 있었다. 인간은 통찰에서 자신의 고유한 탁월함을 느끼며, 지성을 갖고 있다는 것이 무엇을 의미하는지를 감지한다. 그것을 감지하지 못하는 인간은 동물을 부러워해야 한다. 논리학적 완전성에 의하여 인식이 갖게 되는 내부적 가치는 그것의 외부적 가치 — 적용될 때의 가치 — 와 비교가 되지 않는다.

우리의 지평 밖에 놓여 있는 것을 우리 의도에 따라 알지 않아도 되는 경우에는, 그것이 우리에게는 없어도 되는 것이라고 상대적 의미 A 57
에서 이해하듯이, 우리의 지평 아래에 놓여 있는 것도, 그것을 알지 말아야 하는 경우에는, 그것이 우리에게는 해로운 것이라고 단지 상대적 의미에서만 이해해야 하며, 결코 절대적 의미에서 이해해서는 안 된다.

* * *

우리 인식의 확장과 경계지음에 관하여 다음과 같은 규칙이 추천될 수 있다.

1) 자신의 지평을 이른 시기에 정해야 하긴 하지만 다만 스스로 할 IX 43
수 있을 때 비로소 정해야 하며, 이는 보통 스무 살 전에는 행해지지 않는다.

2) 자신의 지평을 쉽게 또는 자주 변경해서는 안 된다(한 지평이었다가 다른 지평이었다가 해서는 안 된다).

3) 다른 사람의 지평을 자기 지평에 의거해서 평가해서는 안 되며, 우리에게 쓸모없다고 해서 그것을 쓸모없는 것으로 여겨서는 안 된다. 다른 이들의 지평을 정하려는 것은 무모한 일일 것이다. 왜냐하면 우리는 그들의 능력도, 의도도 충분히 알지 못하기 때문이다.

4) 자신의 지평을 너무 넓혀서도 안 되고, 또 너무 제한해서도 안 된다. 왜냐하면 너무 많은 것을 알려고 하는 사람은 결국 아무것도 모를 테고, 반대로 몇몇 일이 자신과 전혀 상관없다고 믿는 사람은,
A 58 예를 들어 철학자가 역사는 자신에게 굳이 필요하지 않다고 믿을 때처럼 종종 잘못 생각하기 때문이다.

또한

5) (이미 지난 시대와 앞으로 다가올 시대에 따른) 전 인류의 절대적 지평을 미리 정하려고 시도해야 한다. 아울러 특히

6) 전체 인식의 지평 안에서 우리의 학문이 차지하는 위치도 규정하려고 시도해야 한다. 이를 위해 학문들의 보편도면[79](세계지도)으로서 보편백과사전[80]이 유용할 것이다.

7) 자기 자신의 개별적 지평을 규정짓는 경우에는 그 인식의 어느 분야에서 자신이 제일 큰 능력과 호감을 갖고 있는지, — 일정한 의무들과 관련하여 많든 적든 무엇이 필요한지, — 필수적인 의무들과 무엇이 공존할 수 없는지를 주의 깊게 조사해야 한다. 마지막으로

8) 될 수 있는 대로 자신의 지평을 좁히기보다는 더 넓히려고 시도해야 한다.

달랑베르[81]가 인식의 확장에 관하여 염려하는 것은 전혀 염려되지 않는다. 그런 부담이 우리를 압박하는 것이 아니라 오히려 우리의 인식을 위한 여지의 용량이 우리를 움츠러뜨리기 때문이다. 이성의
A 59 비판, 역사의 비판, 정보 기록적 저술들의 비판, 즉 단순히 세부적 차원에서가 아니라 큰 틀에서 인간 인식을 향해 가는 보편적 정신은 언

제나 내용에서는 조금도 축소시키지 않으면서 범위를 더 작게 만들 것이다. 단순히 슬래그가 금속에서 떨어져 나가는 것이고, 아니면 얼마 동안 필요했던 껍질, 별 가치가 없는 수단이 떨어져 나가는 것이다. 자연사, 수학 등이 확장됨에 따라 낡은 것을 줄일, 또 많은 서적을 IX 44 불필요하게 만들 새로운 방법들을 찾아낼 것이다. 그와 같은 새로운 방법들과 원리들의 발명에 의거하여 우리는 기억력을 성가시게 하지 않으면서 그것들의 도움으로 모든 것을 마음대로 스스로 알아낼 수 있게 될 것이다. 그러므로 언제까지나 지속될 수 있는 이념들로 그런 방법들과 원리들을 담아내는 이는 천재처럼 역사를 위해 공헌할 것이다.

*　　*　　*

범위를 고려할 때 인식의 논리학적 완전성과 반대되는 것은 **무지**[82]다. 지성의 제한들 때문에 우리 인식에서 떼려야 뗄 수 없이 남아 있는 **소극적** 불완전성 혹은 **부족**이라는 불완전성이다.

우리는 무지를 **객관적** 관점에서, 또 **주관적** 관점에서 살펴볼 수 있다.

1) 객관적으로 보면 무지는 **재료적** 무지이거나, 아니면 **형식적** 무지다. 전자는 정보 기록적 인식의 부족에 있고, 후자는 이성적 인식의 부족에 있다. — 누구든지 어떠한 분야라도 전적으로 무지해서는 안 A 60 된다. 그러나 이성적인 앎에 좀더 치중하기 위하여 정보 기록적 앎을 제한할 수도 있고, 그 반대로 할 수도 있다.

2) **주관적** 의미에서 무지는 학술적, **학문적** 무지이거나 아니면 **평범한** 무지다. 인식의 제한들을 명료하게 통찰하는 사람, 따라서 무지의 영역이 어디서 시작되는지를 명료하게 통찰하는 사람, 예를 들면 황

금의 구조에 관하여 필요한 데이터의 부족으로 말미암아 우리가 얼마나 알 수 없는지를 증명하며 통찰하는 철학자는 기술적으로, 혹은 학문적인 방식으로 무지하다. 이와 반대로 무지의 경계에 대한 근거를 통찰하지도, 또 그것에 관심을 두지도 않으면서 무지한 사람은 평범한 방식으로 또 학문적이지 않는 방식으로 무지하다. 그와 같은 이는 그가 전혀 모른다는 것조차 모른다. 왜냐하면 장님이 시력을 얻기 전까지는 어둠을 떠올릴 수 없는 것과 같이, 누구든 학문을 통해서가 아니라면 결코 다른 식으로 자신들의 무지를 떠올릴 수 없기 때문이다.

따라서 자신의 무지에 대한 앎은 학식을 전제하며 또 동시에 학식을 겸손하게 만든다. 이와 반대로 주제넘은 앎은 학식을 부풀린다.
IX 45 그처럼 소크라테스의 모름은 명예로운 무지였으며, 실제로는 그 자신 스스로의 인정에 따른 모름의 앎이었다. — 그러므로 매우 많은
A 61 지식을 소유하고 있지만 그럼에도 모르는 것이 많아서 놀라게 하는 사람들을 향해 무지하다고 비난할 수 없다.

인식할 때 우리로 하여금 우리의 지평을 넘어가게끔 하는 것들에 대한 무지는 결코 비난받을 수 없다. 또한 우리 인식능력의 사변적 사용과 관련하여, 이때 대상들이 우리의 지평 너머가 아니라 지평 밖에 있다면, 그러한 무지는 (비록 상대적 의미에서일지언정) 허용될 수 있다. 그러나 우리가 꼭 알아야 하고 또 쉽게 알 수 있는 것들에 대한 무지는 부끄러운 일이다.

어떤 것을 모르는 것과 무시하는 것, 즉 그것에 주목하지 않는 것에는 차이가 있다. 알아서 우리에게 좋을 것 없는 것들은 많이 무시하는 것이 좋다. 이 둘과 차이 나는 것이 더 있는데, 그것은 추상하는 것이다. 만일 한 인식의 적용이 무시된다면, 그 인식은 추상되는 것이다. 이로써 그 인식은 추상적으로 얻어지며, 또 그렇게 될 때 일반적으로

원리로서 더 잘 여겨질 수 있다. 그와 같이 어떤 것을 인식할 때 우리의 의도에 속하지 않는 것에서 떼어내 추상하는 것은 유용하고 또 칭찬할 만하다.

대개 논리학 선생들은 정보 기록적 지식과 관련하여 무지하다.

일정한 경계가 없는 정보 기록적 앎은 **박식**[83]이다. 이것은 우쭐거리게 한다. **박학**[84]은 이성 인식과 관련된다. 이 둘, 즉 일정한 경계가 A 62
없이 확장된 정보 기록적이며 이성적인 앎은 **범지학**[85]으로 일컬을 수 있다. — 학식의 도구들에 관한 학문은 정보 기록적인 앎에 속한다. 책이나 언어에 대한 비판적 지식(문학과 언어학)을 담은 **문헌학**이 거기에 해당한다.

한갓된 박식은 거인 **키클롭스**와 같은 학식이어서 눈이 하나 없다. 철학의 눈이다. 그래서 수학자, 역사학자, 자연학자, 문헌학자, 언어학자로서 키클롭스는 이 부분들 모두에서 위대하지만, 이것들에 대한 모든 철학을 없어도 되는 것으로 여기는 학자다.

옛사람들에 대한 지식을 의미하는 인문학[86]은 문헌학의 한 부분을 이룬다. 이것은 **학문과 취미의 통일**을 북돋우고, 거칢을 다듬어내고, 소통[87]과 세련됨[88] — **인문**[89]은 여기에 있다 — 을 북돋운다.

그러므로 인문학은 취미의 육성[90]에 쓰이는 것들을 옛사람들의 IX 46
본에 따라 가르치는 일에 해당한다. 예를 들면 고전적인 저자들의 작품에서 화술, 시, 독서지식 등이 거기에 속한다. 이 모든 인문학적 지식은 취미 육성을 우선적 목적으로 삼는 문헌학의 **실사용적** 분과에 속한다고 볼 수 있다. 그러나 우리가 순전한 문헌학자와 인문주의자를 더 분리한다면, 전자가 옛사람들한테서 학식의 도구를 찾는 반면, A 63
후자는 **취미 육성**[91]의 도구를 찾는다는 점에서 그 둘은 서로 차이가 난다고 할 수 있겠다.

순문학가[92]나 재사[93]는 살아 있는 언어들로 동시대의 본에 따르는 인문주의자다. 따라서 그는 학자가 아니다. 왜냐하면 지금은 단지 죽은 언어들만이 학술적 언어이기 때문이다. 오히려 그는 옛사람들을 필요로 하지 않는, 유행에 따른 취미인식의 순전한 애호가[94]다. 그는 인문주의자의 모방자로 일컬을 수도 있겠다. — 박식가는 문헌학자로서는 언어학자이고 문학자여야 하며, 인문주의자로서는 고전작가이고 고전 주석자여야 한다. 그는 문헌학자로서는 육성되었고,[95] 인문주의자로서는 교양이 길러졌다.[96]

*　　*　　*

학문과 관련하여 넘쳐나는 취미의 두 가지 변종이 있다. 현학적인 것[97]과 유행 좇음[98]이 그것이다. 첫째 것은 한갓 학교를 위해서만 학문을 추진하고, 또 그럼으로써 학문을 그것의 사용 면에서 가두어놓으며, 둘째 것은 단지 사회적 교류나 세상 사람을 위해서만 학문을 추진하고, 또 그럼으로써 학문을 그것의 내용 면에서 제한한다.

현학자는 학자로서 처세에 밝은 사람과 대비되며, 또 그런 점에서 세상에 대한 지식이 없는, 즉 자신의 학문을 사람들에게 전달하는 방
A 64 식에 대한 지식이 없는 교만한 학자이거나, 아니면 일반적으로 기량이 뛰어난 사람이되, 다만 형식적인 것들에서일 뿐 본질과 목적에 따라서는 그렇지 않은 사람으로 여길 수 있다. 후자의 의미에서라면 그는 꼬치꼬치 형식만 따지는 사람[99]이다. 그는 문제의 핵심에 관하여 꽉 막힌 채 단지 외관과 껍질만 중히 여긴다. 그는 학술방법적 두뇌의 실패한 모조품이거나 캐리커처다. — 그런 까닭에 현학적인 것이란 파고들기만 하는 극도의 면밀함이나 격식에서의 불필요한 정확성(미물학)으로도 일컬을 수 있다. 또한 학교를 벗어난 학술방법의 그와
IX 47 같은 격식은 단지 학자나 학계에서만 마주칠 수 있는 것이 아니라 다

른 계층이나 일에서도 마주칠 수 있다. 궁전에서의 의례, 일상의 인간관계에서 의례 — 이것들이 격식만 추구하고 따지는 것이 아니라면 도대체 무엇이겠는가? 군대에서는, 비록 그렇게 보일지라도, 전적으로 그렇지는 않다. 그러나 대화에서는, 옷 입는 것에서는, 먹는 것에서는, 종교에서는 종종 현학적인 것들이 넘쳐난다.

격식에서의 합목적적 정확성은 **철저성**(교과서적, 스콜라적 완전성)[100]이다. 그래서 현학적인 것은 **짐짓 꾸며진** 철저성[101]이며, 이와 마찬가지로 칭찬을 얻으려는 한갓된 창녀와도 같은 유행 좇음은 짐짓 꾸며진 대중성과 다르지 않다. 왜냐하면 유행 좇음은 다만 독자들이 자신에게 호의를 가지게 만들려고, 또 그래서 독자에게 결코 무거운 말로 불쾌감을 주지 않으려고만 애쓰기 때문이다.

현학적인 것을 피하기 위해서는 학문 자체 안에서뿐만 아니라 학 A 65
문의 사용과 관련해서도 널리 알려진 지식들이 요구된다. 그런 까닭에 오직 참된 학자만이 편협한 두뇌의 특징이기 마련인 현학적인 것에서 벗어날 수 있다.

짐짓 꾸며진 철저함과 짐짓 꾸며진 대중성이라는 앞서 고찰했던 오류들에 빠지지 않은 채, 우리 인식이 스콜라적 철저함이라는 완전성과 대중성이라는 완전함을 동시에 갖추도록 노력할 때, 우리는 무엇보다도 먼저 우리 인식의 스콜라적 완전성 — 철저함의 교과서적 형식 — 을 중히 여겨야 한다. 그리고 그다음에 비로소 어떻게 우리가 학교에서 일정한 방법에 따라 체계적으로 배운 인식을 진짜 대중적으로 만들지, 즉 다른 사람들에게 쉽고 또 일반적으로 전달될 수 있게, 하지만 그럼에도 철저함이 대중성에 의해 배제되지 않을 정도로 전달될 수 있게 만들지에 마음을 써야 한다. 왜냐하면 스콜라적 완전성이 없다면 모든 학문이 놀이나 장난과 다름없으므로, 대중적 완전성을 위해, 일반인의 마음에 들기 위해 그것이 희생되어서는 안 되기 때문이다.

그런데 참된 대중성을 배우기 위해서는 옛사람들, 예를 들어 키케로의 철학적인 글, 호라티우스[102]와 베르길리우스[103] 등과 같은 시인들, 최근의 인물 가운데는 흄,[104] 섀프츠베리[105] 등과 같은 이들을 읽
A 66 어야 한다. 이들은 모두 훌륭한 세상 사람들과 교류를 많이 한 인물들로, 그런 교류가 없다면 누구든 대중적이 될 수는 없을 것이다. 참된 대중성은 세상과 인간에 대한 많은 실사용적 지식, 그리고 인간의 개념과 취미와 경향성에 대한 지식을 요구하기 때문이며, 또 이런 지식들은 서술을 할 때, 심지어 대중성에 딱 들어맞는 적절한 표현을 선택할 때조차 끊임없이 고려되어야 하기 때문이다. — 그와 같이 독자 대중의 수용력과 익숙한 표현으로까지 내리는 것(자기 낮춤),[106]
IX 48 그럼에도 스콜라적 완전성을 경시하지 않고 다만 골격(저 완전성에서 교과서적이고 기술적인 부분)이 보이지 않게 — 마치 연필로 선을 긋고 그 선에 맞추어 글씨를 쓴 다음 선을 지워버리는 것처럼 — 생각에 옷만 입히는 것, 인식의 이러한 진정한 대중적 완전성은 사실상 학문에 대한 뛰어난 통찰을 보여주는 위대하고도 드문 완전성이다. 또한 이 인식의 완전성은 다른 많은 공적 외에도 그것이 한 사항을 완벽하게 통찰한다는 점을 증명하여 내보일 수 있다는 공적도 갖고 있다. 왜냐하면 한 인식을 단순히 스콜라적으로만 검사할 때는 '이 검사는 편파적이지 않을까?', '그 인식은 정말 모든 사람에게서도 인정받을 수 있는 가치를 가지고 있을까?'라는 의혹이 여전히 남아 있기 때문이다. — 상식과 마찬가지로 학교도 자신의 편견을 갖고 있다. 바로 이 부분에서 한쪽이 다른 쪽을 개선시킨다. 그러므로 학교에 집착하지 않고 생각하는 사람들에 맞추어 인식을 검사하는 것은 중요하다.

A 67 인식의 이와 같은 완전성 — 이를 통해 인식은 쉽게 일반적으로 전

달될 수 있는 자격을 얻는다—은 인식이 외부적으로 많은 사람 사이에 퍼져 있는 경우에 인식의 외적 광범위함 혹은 인식의 외연적 양[107]으로도 불릴 수 있겠다.

*　*　*

그토록 많은 갖가지 인식이 있으므로, 사람들은 자신들의 목적에 가장 잘 들어맞게, 또 이 목적 달성을 촉진하는 식으로 학문들을 정돈할 계획을 세우게 될 것이다. 모든 인식은 어떤 일정한 방식으로 자연적으로 서로 연결되어 있다. 그런데 사람들이 인식을 확장하려고 노력하면서 이러한 연관관계를 보지 않는다면, 아무리 많은 지식이라 할지라도 그것은 한낱 랩소디에 불과할 것이다. 그러나 사람들이 핵심적인 학문 하나를 목표로 두고 다른 모든 인식을 그 학문에 도달하는 수단으로만 여긴다면, 사람들의 지식은 모종의 체계적 특성을 부여받게 된다. — 그래서 자신의 인식을 확장할 때 그와 같이 잘 정리된, 또 목적에 맞는 계획에 따라 일을 처리하려면 인식들의 상호 연관관계를 배우려고 노력해야 한다. 이를 위한 안내는 학문의 건축학이 해준다. 학문의 건축학은 이념들에 따른 체계이며, 여기에서 IX 49
는 인류가 관심을 갖는 인식의 전체 안에서 학문들끼리 맺는 친족관계 및 A 68
체계적인 결합과 관련하여 학문들이 고찰된다.

*　*　*

그리고 이제 특히 인식의 내포적 양, 즉 인식의 함량[108] 혹은 많은 타당성과 중요성—이것은 위에서 살펴보았듯이 인식의 한갓된 광범위함,[109] 즉 외연적 양과는 본질적으로 구별된다—에 관해서는 다음과 같은 몇 가지 언급만 덧붙이고자 한다.

1) 큰 것에 관련된 인식, 즉 지성 사용에서의 전체에 관련된 인식은 작은 것에서의 치밀함(미물학)과 구별되어야 한다.

2) 논리학적 완전성을 형식상으로 촉진하는 인식, 예를 들어 개개의 수학적 명제, 개개의 분명하게 통찰된 자연 법칙, 개개의 올바른 철학적 정의는 모두 다 논리학적으로 중요한 인식으로 불릴 수 있다. — 실사용적 중요성은 예견될 수 없고, 기다려야 한다.

A 69 3) 중요성은 어려움과 혼동하지 말아야 한다. 한 인식은 중요하지 않으면서 어려울 수 있으며, 그 역일 수도 있다. 그러므로 어려움은 한 인식의 가치와 중요성에 긍정적인 결정적 요소도 아니고, 부정적인 결정적 요소도 아니다. 한 인식의 중요성은 결론들의 양이나 다수성에 기인한다. 한 인식의 결론이 더 많거나 더 클수록, 한 인식이 사용될 가능성이 더 많을수록, 그 인식은 그만큼 더 중요하다. — 중요한 결론들이 없는 인식은 파고들기만 하기[110]로 불린다. 예를 들면 스콜라 철학이 그와 같았다.

VII.

B) 관계에 따른 인식의 논리학적 완전성 — 진리 — 재료적 진리와 형식적 혹은 논리학적 진리 — 논리학적 진리의 기준들 — 거짓과 오류 — 오류의 원천으로서 가상 — 오류를 피하기 위한 수단

인식의 으뜸가는 완전성은, 심지어 모든 완전성의 본질적이며 서
IX 50 로 떨어질 수 없는 조건은 진리다. — 진리는 인식과 대상의 일치에

있다고 사람들은 말한다. 그러므로 이러한 순전히 언어상의 정의에 따를 때 내 인식은 진리로 여겨지기 위해 대상과 일치해야 한다. 그런데 나는 내가 대상을 인식함으로써 대상을 단지 나의 인식에만 대조 A 70 할 수 있을 뿐이다. 따라서 나의 인식이 진리임은 자체적으로 판명되어야 한다. 하지만 이는 진리에 한참 미치지 못한다. 왜냐하면 대상은 내 밖에 있고 인식은 내 안에 있으므로, 나는 언제나 단지 대상에 관한 나의 인식이 대상에 관한 나의 인식과 일치하는지만 판정할 수 있기 때문이다. 정의를 내릴 때 그와 같이 돌고 도는 것을 옛사람들은 순환논법[111]이라고 했다. 그리고 실제로 회의론자들은 논리학자들이 이러한 잘못을 저지른다고 늘 비난했다. 회의론자들은 진리에 대한 그러한 정의가, 어떤 사람이 법정에서 진술하면서, 아무에게도 면식이 없지만 자신을 증인으로 소환한 이가 정직한 사람이라고 주장함으로써 자신을 믿게 만들려는 증인을 내세우는 것과 사정이 똑같다는 것을 알아차렸던 것이다. — 물론 그 고발은 근거 있는 일이었다. 다만 앞서 살펴보았던 문제의 해결이 전혀 그리고 모든 인간에게 가능하지 않을 뿐이다.

요컨대 여기서 문제로 삼는 것은 안전하고 보편적이며 또 실제로 적용해서 사용할 수 있을 진리 기준이 있을까, 또 어느 정도로 있을까 하는 점이다. — 왜냐하면 '진리란 무엇인가?'라는 물음은 그 점을 의미해야 하기 때문이다.

이 중요한 물음에 대해 결정을 내리려면 우리 인식에서 재료에 속하는 것, 그러니까 대상에 관련되는 것과 한 인식이 인식이기 위하여 절대로 없어서는 안 되는 조건으로서 한갓된 형식에 관련되는 것을 A 71 우리가 잘 구별하지 않으면 안 된다. — 그러므로 우리 인식에서 객관적, 재료적 관계와 주관적, 형식적 관계 사이의 이와 같은 구별을 고려함으로써 위의 물음은 두 개의 개별적 물음으로 쪼개진다.

1) 진리의 보편적인 재료적 기준이 있는가?

2) 진리의 보편적인 형식적 기준이 있는가?

진리의 보편적인 재료적 기준은 가능하지 않다. — 더욱이 그것은 자체 모순이다. 왜냐하면 모든 대상 일반에 타당해야 할 보편적 기준으로서는 그것이 대상들의 모든 차이에서 떼어내 추상되어야 할 테지만, 동시에 재료적 기준으로서는 한 인식이 그 어떤 대상 — 이런 대상은 원래 아무런 의미가 없다 — 과 일치하는지를 규정하기 위해
IX 51 서가 아니라 그 인식이 관계하는 바로 그 대상과 일치하는지를 규정하기 위해서 대상들의 모든 차이와 관련되기도 해야 할 것이기 때문이다. 그러나 재료적 진리는 한 인식과 그 인식이 관계하는 특정한 대상과의 이러한 일치에 있을 수밖에 없다. 왜냐하면 한 대상에 관하여 참인 인식은 다른 대상들과 관련해서는 거짓일 수 있기 때문이다. 그러므로 대상들의 모든 차이에서 떼어내 추상해야 하고 또한 추상
A 72 하지 말아야 하기도 하는 진리의 보편적인 재료적 기준을 요구하는 것은 터무니없는 일이다.

그러나 이제 질문이 진리의 보편적인 형식적 기준에 대한 것이라면, 당연히 그와 같은 것이 있을 수 있다고 여기서 결정적으로 대답하는 것은 쉽다. 왜냐하면 형식적 진리는 오로지, 모든 대상을 남김없이 떼어내며 또 대상들 사이의 모든 차이를 떼어내며 추상한 상태에서, 인식이 자기 자신과 합치하는 것에 있을 뿐이기 때문이다. 그러니까 진리의 보편적인 형식적 기준은 인식이 자기 자신과 일치한다는 것을 알려주거나 혹은 — 같은 말이지만 — 인식이 지성과 이성의 보편적 법칙들과 일치한다는 것을 알려주는, 보편적인 논리학적 징표들과 다름이 없다.

이 형식적, 보편적 기준들은 객관적 진리가 되기에 충분치는 않지만, 그럼에도 진리의 불가결의 조건으로 여겨질 수는 있다.

왜냐하면 우리는 인식이 대상과 합치하는지를 묻기에 앞서, 인식이 자기 자신과 (형식에 따라) 합치하는지를 먼저 묻지 않으면 안 되기 때문이다. 그리고 그것은 논리학이 관계하는 일이다.

논리학에서 다루는 진리의 형식적 기준들은

1) **모순율**[112]

2) **충족이유율**[113]이다. A 73

전자에 의해서는 인식의 **논리학적 가능성**이, 후자에 의해서는 인식의 **논리학적 사실성**[114]이 정해진다.

말하자면 인식의 논리학적 진리에는

첫째, 논리학적으로 가능하다는 것, 즉 **자체적으로 모순되지 않는다**는 것이 속해 있다. 그런데 **내부적인** 논리학적 진리를 알려주는 이 표시는 단지 **소극적** 표시일 뿐이다. 왜냐하면 자체적으로 모순되는 인식은 거짓이지만, 인식이 자체적으로 모순되지 않을 경우에 그 인식은 매번 참이지는 않기 때문이다.

둘째, **논리학적으로 근거**가 있다는 것, 즉 a) 그 인식이 근거들을 품고 있고 또 b) 거짓 결론들을 품고 있지 않다는 것이 속해 있다.

이 둘째 기준, 즉 인식을 근거 및 결론과 논리적으로 연결하는 데에
관계하는, 인식의 **외부적인** 논리학적 진리의 기준, 혹은 **추론가능성**[115] IX 52
의 기준은 **적극적**이다. 그리고 이것과 관련해서는 다음 규칙들이 유효하다.

1) **결론의 참에서 근거로서 인식의 참이** 추론될 수 있다. 하지만 단지 **소극적으로** 그럴 수 있을 뿐이다. 만일 한 인식에서 거짓 결론이 한 개라도 나온다면 그 인식 자체는 거짓이다. 왜냐하면 결론은 근거
에 의해 정해지기 때문에 근거가 참이었더라면 결론 역시 참이어야 A 74
했기 때문이다.

그러나 역으로는 추론될 수 없다. 즉, 만일 한 인식에서 거짓 결론

이 나오지 않으면 그 인식이 참이라고 추론될 수는 없다. 왜냐하면 거짓 근거에서 참인 결론들이 도출될 수 있기 때문이다.

2) 만일 한 인식의 결론들이 모두 참이면 그 인식도 참이다. 왜냐하면 그 인식에 거짓된 것이 단 하나라도 있었더라면 결론도 거짓이 될 수밖에 없었을 것이기 때문이다.

따라서 결론에서 추론하여 근거에 이를 수 있지만, 그렇게 됨으로써 그 근거가 특정될 수는 없다. 오직 모든 결론의 총체에서만 어떤 특정한 근거로, 즉 이 근거가 참인 근거라고 추론될 수 있다.

첫째 추론방식—이에 따르면 결론은 단지 소극적으로 또 간접적으로 충분한 (인식의 진리의) 기준일 수 있을 뿐이다—은 논리학에서 귀류법(후건 부정식)[116]으로 불린다.

기하학에서 자주 사용되는 이 방법은 한 인식이 거짓임을 증명하기 위하여 내가 그 인식에서 단 하나의 거짓 결론만 도출해도 된다는 장점이 있다. 예를 들어 지구가 평편하지 않음을 입증하기 위하여 나는 적극적이고 직접적인 근거들을 제시하지 않고 귀류법적으로 또 간접적으로 단지 이와 같이 추론해도 된다. '만일 지구가 평편하다면 북극성은 언제나 같은 고도에 있어야 한다. 그런데 그렇지 않다. 따라서 지구는 평편하지 않다.'

A 75

둘째 추론방식, 즉 적극적이고 또 직접적인 추론방식(전건 긍정식)의 경우에는 결론들 모두가 반드시 그렇다고 여길 수밖에 없는 식으로 인식될 수 없다는 어려움이 나타나고, 또 그래서 그 추론방식으로는 다수의 결론이 참인 경우 나머지 모든 결론도 참일 수 있다는 전제에 의거하여, 단지 개연적으로 또 가정적으로 참인 인식(가설)에만 이르게 될 것이라는 어려움이 나타난다.

그러므로 우리는 여기서 진리의 보편적인 한갓 형식적, 혹은 논리학적 기준들로서 세 가지 원칙을 세울 수 있게 된다. 이는 다음과 같다.

1) **모순율**과 **동일률**(자가당착의 원칙과 동일성의 원칙[117)]). 이것에 의해 한 인식의 내적 가능성이 정해진다. **개연적**[118)] 판단들에 해당하 IX 53
는 기준이다.[119)]

2) **충족이유율**(충분한 근거의 원칙[120)]). 이것에 한 인식의 (논리학적) **사실성**이 근거한다. — 인식이 근거에 의해 뒷받침되어 있다는 기준이며, 이는 **실연적**[121)] 판단들을 위한 재료가 된다.[122)]

3) **배중률**(모순되는 둘 사이에서 중간이 배제된다는 원칙[123)]). 여기 A 76
에 한 인식의 (논리학적) 필연성이 근거한다. — 다른 식이 아니라 반드시 그와 같이 판단되지 않으면 안 된다는 기준, 즉 그 반대가 거짓이라는 기준이다.[124)] — **필연적**[125)] 판단들에 해당하는 기준이다.

* * *

진리의 반대는 **거짓**[126)]이다. 거짓이 진리로 간주되는 경우 거짓은 **오류**[127)]로 불린다. 따라서 잘못된 판단 — 왜냐하면 진리와 마찬가지로 오류도 오직 판단에 있을 뿐이기 때문이다 — 은 진리의 가상을 진리 자신으로 혼동하는 판단이다.

어떻게 진리는 가능할까? — 이는 쉽게 통찰될 수 있다. 진리인 경우 지성은 자신의 본질적 법칙들에 따라 행하기 때문이다.

그러나 오류는 (이 말의 형식상 의미에서) **어떻게 가능할까?** 즉, 어떻게 **지성에 반하는 사고 형식**이 가능할까? 이는 어떻게 그 어떤 힘이 자신 고유의 본질적 법칙들에서 어긋나야 하는지가 결코 파악될 수 없는 것과 마찬가지로, 파악되기 어렵다. — 그러므로 우리는 지성 자체와 지성의 본질적 법칙들 안에서 오류의 근거를 찾을 수 없으며, 마찬가지로 **무지**의 원인이 되기는 하지만 결코 오류의 원인이 되지는 않는, A 77

지성의 제한들[128]에서도 찾을 수 없다. 여하튼 만일 우리가 지성 이외에 가지고 있는 다른 인식능력이 없다면 우리는 오류를 저지르지 않을 것이다. 그러나 우리에게는 지성 말고도 없어서는 안 되는 또 다른 인식원천이 있다. 이 인식원천은 우리에게 사고의 재료를 제공하고 또 그때 지성과는 다른 법칙들에 따라 작용하는 감성이다. — 그러나 감성 자체로 보면 감성에서도 오류는 나오지 않는다. 왜냐하면 감각능력은 전혀 판단하지 않기 때문이다.

그러므로 모든 오류의 발생근거는 오로지 지성에 미치는, 혹은 더 정확히 말해서 판단에 미치는 감성의 인지되지 않은 영향에서 찾아져
IX 54 야만 할 것이다. 즉 이 영향으로 인하여 우리는 판단할 때 주관적 근거들에 불과한 것을 객관적 근거들로 간주하게 되고, 또 그에 따라 진리로 보이는 단순한 가상을 진리 자체로 혼동하게 되는 것이다. 왜냐하면 거기에 바로 가상의 본질이 있기 때문이다. 그런 이유로 해서 가상은 거짓 인식을 참이라고 여기게 하는 근거로 간주될 수 있다.

그러므로 오류를 가능하게 만드는 것은 가상[129]이다. 이것에 의거하여 판단할 때 한낱 주관적인 것이 객관적인 것으로 혼동되는 것이다.

어떤 의미에서는 지성이 오류를 일으킨 장본인이 되게 할 수도 있
A 78 다. 요컨대 감성의 그러한 영향을 주의할 필요가 있음에도 지성이 그렇게 하지 못해서 이로부터 발생된 가상을 통해 주관적일 뿐인 판단의 규정근거들을 객관적인 것으로 간주하게 되거나, 단순히 감성의 법칙들에 따라서만 참인 것을 지성 자신의 법칙들에 따라 참인 것으로 인정하게 되는 잘못을 저지르는 경우가 그러하다.

그러므로 지성의 제한들 안에서는 오직 무지라는 잘못만이 있다. 우리는 오류의 잘못을 우리 자신에게 두어야 한다. 자연은 우리에게 많은 지식을 허용하지 않았으며, 꽤 많은 것에 대해 우리를 피할 수

없는 무지에 내버려둔다. 하지만 자연은 오류를 야기하지는 않는다. 우리의 제한됨 때문에 판단하고 결정할 능력이 없는 곳에서도 판단하고 결정하는 우리 자신의 성벽이 우리를 오류로 잘못 들어서게 하는 것이다.

* * *

그런데 인간의 지성이 빠질 수 있는 모든 오류는 단지 **부분적**일 뿐이다. 그래서 모든 잘못된 판단에는 항상 무언가 참된 것이 있을 수밖에 없다. 왜냐하면 **전적인** 오류라는 것은 지성과 이성의 법칙들에 완전히 **반하는** 일일 것이기 때문이다. 만일 그야말로 전적인 오류라면 무슨 수로 그것이 지성에서 나올 수 있겠는가? 또 그럼에도 그것이 판단이라면 어떻게 그것이 지성의 산물이라고 생각될 수 있겠는가?

우리의 인식에서 참되거나 그릇된 것을 고려할 때 우리는 **정확한** A 79
인식을 **거친** 인식과 구별한다.

인식이 자신의 대상과 들어맞거나, 자신의 대상과 관련하여 최소한의 오류도 일어나지 않는다면, 그 인식은 정확하다. — 만일 인식의 의도에 지장을 주는 일이 없이 인식 안에 오류가 있을 수 있다면, 그 인식은 거칠다.

이 차이는 우리 인식의 **폭넓은 규정**(넓게 규정된 인식)이나 **폭 좁은** IX 55
규정(엄격하게 규정된 인식)[130]과 관련된다. — 때때로 처음에는 인식을 더 넓은 범위에서 규정하는 것(넓게 규정함)이 필요하다. 특히 정보 기록적인 것들에서 그러하다. 그러나 이성 인식에서는 반드시 모든 것이 정확히 (엄격하게) 규정되어야 한다. **폭넓게 규정**할 경우 사람들은 '인식이 대강 규정되었다'고 말한다. 인식이 거칠게 규정되어야 하는지, 아니면 정확하게 규정되어야 하는지는 언제나 인식의 의도에 달려 있다. 폭넓은 규정은 여전히 오류의 여지 — 그러나 그럼에도 이 여지에는 일정한 경계가 있을 수 있다 — 를 늘 남긴다. 특히 폭넓은 규정이 엄격한 규정으로 여겨지는 곳에서, 예를 들어 모든 것이 엄격하게 규정되어야 할 도덕성 문제에서 오류가 일어난다. 그렇게 안 하는 사람들을 영국인은 **레터튜드네리언**[131]이라고 부른다.

A 80 인식의 **주관적** 완전성으로서 **치밀함**[132]은 인식의 객관적 완전성으로서 정확성 — 이 경우 인식이 대상과 완전한 합동을 이루므로 — 과도 구별될 수 있다.

사람들이 한 사물을 인식하면서 평소에 다른 이들이 주의하지 못했던 것을 찾아낸다면, 그 인식은 치밀하다. 그러므로 치밀한 인식은 주의를 더 높게 기울이고 지성의 힘을 더 많이 쓰도록 요구한다.

많은 사람은 모든 치밀함을 다 비난한다. 자신들이 그것에 이를 수 없기 때문이다. 그러나 치밀함은 그 자체로 언제나 지성을 명예롭게 만들며, 게다가 살펴볼 가치가 있는 대상들에 적용될 경우에는 공로가 되고 또 꼭 필요하기까지 하다. — 그러나 사람들이 만일 주의를 덜 기울이고 지성을 덜 긴장시키고도 동일한 목적을 달성할 수 있음에도 더 많은 치밀함을 들인다면, 그들은 불필요하게 낭비한 것이고, 또 어렵기는 하지만 아무짝에도 쓸모없는 치밀함에 빠져든 것이다 (난해한 객소리[133]).

정확한 것에 거친 것이 반대되듯 치밀한 것에는 **투박한 것**[134]이 반대된다.

*　*　*

앞서 살펴보았듯이 오류의 개념에는 본질적 징표로서 허위 외에

진리의 가상도 포함되어 있으므로, 오류의 본성에서 우리 인식의 진 A 81
리와 관련된 다음과 같은 중요한 규칙들이 나오게 된다.

오류를 피하기 위하여 — 그런데 잘못할 위험이 있을 때조차 판단 IX 56
한다는 것은 우리에게 불가피하므로 비록 오류가 각 상황에 따라 불가피하다고 할 수는 있지만, 오류는 적어도 절대적으로 혹은 단적으로 불가피하지는 않다 — , 그러니까 오류를 피하기 위하여 우리는 오류의 원천, 즉 가상을 찾아내고 해명하려 애써야 한다. 그런데 그와 같이 했던 철학자는 거의 없다. 철학자들은 오류가 발원하는 가상을 알려주지 않고 단지 오류 자체만 반박하려고 애썼을 뿐이다. 그런데 가상을 찾아내고 해결하는 이 일은 오류 자체를 직접 반박하는 일보다 진리를 위하여 훨씬 더 큰 공로를 세운다. 반박만으로는 오류의 원천을 차단할 수 없고, 또 사람들이 그 가상을 식별하지 못하는 까닭에, 동일한 가상이 다른 상황에서 다시금 오류에 빠지도록 유혹하는 일을 방지할 수 없기 때문이다. 왜냐하면 설령 우리가 오류를 저질렀다고 납득되었더라도, 우리가 빠져든 오류의 기초에 놓인 가상 자체가 제거되지 않았다면 여전히 우리에게는 거리낌[135]이 남아 있고, 우리는 그것을 해명할 수도 없기 때문이다.

게다가 가상을 분명히 설명해줌으로써 오류를 저지른 이도 일종의 공정함을 가지고 대하게끔 하기도 한다. 왜냐하면 아마도 명민한 사람도 속일 수 있었을 — 이렇게 되는 것은 주관적 근거에 달려 있기 때문이다 — 그 어떤 (진리의) 가상이 없었는데도 그가 오류를 저 A 82
질렀다는 것을 인정할 사람은 아무도 없을 것이기 때문이다.

보통의 지성(상식)에도 명백하게 알려진 가상 때문에 저질러진 오류는 어처구니없음[136]이나 터무니없음[137]으로 불린다. 어리석다는 질책은 언제나 개인적 비난이며, 그런 비난은 누구든 삼가야 한다. 특히 오류를 반박할 때 그러하다.

왜냐하면 터무니없는 것을 주장하는 사람에게는 이 명백한 거짓의 기반이 되는 가상조차도 명백하지 않기 때문이다. 우선 사람들은 그가 이 가상을 명백히 알게 만들어야 한다. 그런 다음에도 그가 여전히 고집을 부린다면 확실히 그는 어처구니없는 사람이다. 그렇다면 그 사람과 할 수 있는 것이 아무것도 없다. 그렇게 함으로써 그는 자신을 더는 어떠한 꾸짖음과 반박도 가능하지 않은 사람으로 만들었을 뿐만 아니라, 그럴 만한 자격도 없는 사람으로 만들었다. 왜냐하면 한 사람이 터무니없다는 것을 바로 그 사람에게 증명해 보이는 일은 원래 불가능하기 때문이다. 이 경우에는 어떠한 기발한 논증도 소용없다. 만일 터무니없다는 것을 증명해 보인다면, 사람들은 오류를 저지르는 사람과 대화를 나누는 것이라기보다는 이성적인 사람과 대화를 나누는 것이다. 그러나 그때는 터무니없다는 것을 드러내어 밝히는 일(터무니없음에 이르게 함)[138]이 필요하지 않다.

IX 57 어처구니없는 오류는 변명을 위해 아무것도, 심지어 가상조차 도움
A 83 이 되지 않는 오류로 불릴 수도 있으며, 마찬가지로 투박한 오류는 일반적 인식에 무지하다거나 일반적 주의를 위반한다는 것을 보여주는 오류다.

원리에서의 오류는 원리의 적용에서의 오류보다 훨씬 더 중대하다.

* * *

진리의 외부적 징표나 외부적 시금석은 우리 자신의 판단과 다른 사람들의 판단의 비교됨이다. 왜냐하면 주관적인 것은 다른 모든 사람에게 똑같은 식으로 깃들지는 않아서, 이에 의해 가상이 밝혀질 수 있기 때문이다. 그러므로 우리의 판단과 다른 이들의 판단의 불일치는 오류의 외부적 징표로 볼 수 있고, 또 우리의 판단 절차를 검사하

라는, 하지만 그렇다고 해서 그 즉시 내던져버리지는 말라는 힌트로 볼 수 있다. 왜냐하면 사람들은 단지 수법에서, 즉 전달에서 옳지 않을 뿐, 어쨌든 실제 내용에서는 옳을 수 있기 때문이다.

보통의 지성(상식) 자체도 기교적인 지성 사용의 잘못을 발견하기 위한 시금석이다. 사람들이 사변적인 이성 사용의 올바름을 판정하기 위한 시험으로 보통의 지성을 사용한다면, 이는 보통의 지성에 맞추어 사고의 방향을, 혹은 사변적인 이성 사용의 방향을 찾는 것이라고 일컫는다.[139]

* * *

오류 일반을 피하기 위한 일반적 규칙과 조건들은 1) 스스로 생각 A 84
하기, 2) 다른 사람 입장에서 생각하기, 3) 늘 자기 자신과 일치되게끔 생각하기다. — 스스로 생각하라는 준칙은 맑아진[140] 사고방식으로 부를 수 있으며, 다른 관점에서 입장을 바꿔 생각하라는 준칙은 넓혀진 사고방식으로, 늘 자기 자신과 일치되게끔 생각하라는 준칙은 귀결된 혹은 잘 연결된 사고방식[141]으로 부를 수 있다.

IX 58

VIII.

C) 질에 따른 인식의 논리학적 완전성—분명함—징표 일반의 개념—징표의 상이한 종류—한 사물의 논리학적 본질의 규정—논리학적 본질과 사실적 본질의 차이—명료함, 더 높은 정도의 분명함—감성학적 명료함과 논리학적 명료함—분석적 명료함과 종합적 명료함의 차이

인간의 인식은 지성 측면에서 보면 개념적[142]이다. 즉 다수의 사물에 공통적으로 있는 것을 인식의 근거로 삼는 표상을 통해, 그러니까
A 85 징표 자체를 통해 인간의 인식은 일어난다. — 그러므로 우리는 사물을 단지 징표를 통해서만 인식할 뿐이며, 그래서 바로 이를 일컬어 "인식하다"라고 한다. 이 말은 "식별하다"[143]에서 유래한다.

한 사물에서 그 사물의 인식의 한 부분을 이루는 것이 징표다. 혹은 — 같은 말이지만 — 한 표상 전체의 인식 근거로 여겨지는 한에서의 부분표상[144]이 징표다. — 따라서 우리의 모든 개념은 징표이고, 모든 생각함은 징표를 통한 표상 이외에 다른 것이 아니다.

모든 각각의 징표는 두 측면에서 생각될 수 있다.

첫째, 징표는 표상 그 자체로 간주될 수 있고,

둘째, 징표는 부분 개념처럼 한 사물의 전체적 표상에 속해 있는 것으로 간주될 수 있고, 또 그 때문에 이 사물 자체의 인식 근거로 간주될 수 있다.

모든 징표는 그것이 인식 근거로 여겨질 때 이중으로 사용된다. 즉, 내부적으로 사용되거나, 아니면 외부적으로 사용된다. 내부적인 사용은 도출에 있다. 인식 근거로서 징표에 의거하여 사물 자체를 인식하려

고 할 때다. 외부적인[145] 사용은 비교에 있다. 우리가 징표를 통하여 동일성이나 상이함[146]의 규칙들에 따라 한 사물과 다른 사물들을 비교할 수 있을 때다.

* * *

징표들 사이에는 여러 가지 특수한 차이가 있다. 이 차이에 기초하 A 86
여 징표는 다음과 같이 분류된다.

1) 분석적 징표와 종합적 징표 — 전자는 내가 실제로 갖고 있는 개 IX 59
념의 부분 개념들이다(이 개념들을 나는 이미 그 개념 안에서 생각한다). 이와 달리 후자는 한낱 가능한 전 개념(다수의 부분들의 종합에 의해 비로소 형성되지 않으면 안 되는 개념)의 부분 개념이다. — 전자는 모든 이성 개념이며, 후자는 경험 개념들일 수 있다.

2) 병렬적으로 정렬된[147] 징표와 종속적으로 정렬된[148] 징표 — 이 분류는 징표들이 서로 나란히 연결되거나 아래로 속하면서 연결되는 것에 관계된다.

각각의 징표가 사물의 직접적 징표로 표상되는 경우 징표들은 병렬적으로 정렬되어 있다. 그러나 한 징표가 오로지 그 사물의 다른 징표를 통해서만 표상될 경우 징표들은 종속적으로 정렬되어 있다. — 병렬적으로 정렬되어 개념 전체를 이루는 징표들의 결합은 집합체[149]로 불린다. 종속적으로 정렬된 징표들의 결합은 계열[150]로 불린다. 전자, 즉 병렬적으로 정렬된 징표들의 집합은 그 개념의 총체성을 이룬다. 그러나 개념의 총체성은 종합적인 감각경험적 개념과 관련해서는 결코 완결될 수 없으며 오히려 끝없는 직선을 닮았다.

종속적으로 정렬된 징표들의 계열은 앞부분에서, 혹은 근거들 쪽 A 87
에서 단순함 때문에 더는 분석될 수 없는 풀이 불가능한 개념들에 부뒷힌다. 이에 반하여 뒷부분에서, 혹은 결과들과 관련하여, 그 계열은 끝이 없다. 왜냐하면 우리는 가장 높은 유개념은 갖고 있지만 가장 낮은 종개념은 갖고 있지 않기 때문이다.[151)]

병렬식으로 정렬된 징표들의 집합체에서 새로운 개념이 종합될 때마다 외연적 명료함이나 폭넓은[152)] 명료함은 증대된다. 마찬가지로 종속적으로 정렬된 징표들의 계열에서 개념들이 계속 분석됨으로써 내포적 명료함이나 심도 있는[153)] 명료함은 증대된다. 이 두 번째 종류의 명료함은 인식의 철저함과 설득력[154)]을 얻기 위해 어김없이 쓰이기 때문에 주로 철학이 다루는 일에 속하며, 특히 형이상학적 탐구에서 최고도로 촉진된다.

3) 긍정적 징표와 부정적 징표 — 우리는 전자를 통해 사물이 무엇인지 인식하며, 후자를 통해 무엇이 아닌지 인식한다.

부정적 징표는 우리가 오류를 저지르지 않게 하는 데에 쓰인다. 그러므로 오류를 저지르는 것이 불가능한 곳에는 불필요하다. 그래서 단지 우리가 쉽게 빠질 수 있는 중요한 오류를 저지르지 않게 하는 경
A 88 우에만 필요하고 중요할 뿐이다. 예를 들어 신과 같은 존재자 개념을 고려할 때 부정적 징표는 매우 필요하고 중요하다.

IX 60 그러므로 긍정적 징표들에 의해서는 우리가 무언가를 이해하고자 하며, 부정적 징표들에 의해서는 — 모든 징표는 부정적 징표로 변환될 수 있다 — , 비록 우리가 그것으로 알게 되는 것이 아무것도 없다 하더라도, 단지 오해하지 않고자 하거나 오류를 저지르지 않고자 할 뿐이다.

4) 중요하고 생산적인 징표와 내용 없고 중요하지 않은 징표 —

만일 한 징표가 중대하고 수많은 결과의 인식 근거라면 — 일부는 그 징표가 자신을 통하여 사물 자체에서 매우 많은 것을 인식하는 데 충분한 경우 그 징표의 내부적 사용(도출할 때의 사용)과 관련하여 그

러하다면, 일부는 한 사물과 다른 많은 사물 사이의 유사성 및 차이를 인식하는 데 그 징표가 쓰일 경우 그 징표의 외부적 사용(비교할 때의 사용)과 관련하여 그러하다면 — , 그 징표는 중요하고 생산적이다.

어쨌든 우리는 이 경우에 논리학적 중요성 및 생산성과 실사용적 중요성 및 생산성 — 유용성 및 사용가능성 — 을 구별해야 한다.

5) 충분하고 필연적인 징표와 불충분하고 우연적인 징표 —

어느 때라도 해당 사물을 다른 모든 사물과 구별하기에 한 징표로 A 89 족하다면 그 징표는 충분하다. 그렇지 않은 경우 그 징표는 예를 들어 개의 짖음이라는 징표처럼 불충분하다. — 그런데 징표의 충분함은, 징표의 중요함과 매한가지로, 단지 한 인식에 의해 의도되는 목적과 관련하여 상대적 의미에서만 정해질 수 있을 뿐이다.

마지막으로 필연적 징표는 표상되는 사물에서 언제나 마주칠 수밖에 없는 징표다. 그와 같은 징표는 본질적 징표로도 불리며, 그래서 그 사물의 개념에서 분리될 수 있는 비본질적이고 우연적인 징표와 대립된다.

그런데 필연적 징표들 사이에는 차이도 존재한다. —

몇몇 필연적 징표들은 동일한 사물의 다른 징표들의 근거로서 그 사물에 귀속되지만, 그와 달리 다른 몇몇은 단지 다른 징표들의 결과로서 귀속될 뿐이다.

전자는 원초적이고 필수구성 요소적인(구성적이고 엄밀한 의미에서 본질적인 징표들) 징표들[155]이다. 후자는 속성(당연히 따라 나오는 것 IX 61 들, 근거에 의해 뒷받침되는 것들)[156]으로 불리며, 이것들 또한 사물의 본질에 속하기는 하지만 단지 이것들이 사물의 저 본질적인 부분들에서 비로소 도출될 수밖에 없는 한에서만 그러하다. 예를 들면 삼각형의 개념에서 세 변으로부터 도출된 세 각이라는 징표가 그와 같다.

비본질적 징표 역시 두 종류다. 비본질적 징표는 한 사물의 내부적 A 90

규정(양상)[157]에 관계되거나, 아니면 그 사물의 외부적 연관(관계)[158]에 관계된다. 그래서 예를 들어 학식이라는 징표는 인간의 내부적 규정을 표시하고, 주인임 혹은 노예임은 단지 인간의 외부적 관계를 표시할 뿐이다.

*　　*　　*

한 사물의 모든 본질적인 것 일체는 혹은 병렬적 정렬이나 종속적 정렬에 따른 징표들의 충분함은 본질(주어진 개념에 내부적으로 충분한 원초적 징표들 일체 혹은 한 개념을 원초적으로 구성하는 징표들 일체)[159]이다.

그런데 이와 같이 정의할 때 우리는 여기서 우리 능력으로는 전혀 통찰할 수 없는, 사물들의 실제 본질이나 자연 본질[160]을 생각할 필요가 없다. 왜냐하면 논리학은 인식의 모든 내용을 떼어내며 추상하므로, 따라서 사물 자체도 떼어내며 추상하므로, 이 학문에서는 오로지 사물의 논리학적 본질에 관해서만 말할 수 있기 때문이다. 그리고 이 논리학적 본질은 우리가 쉽게 통찰할 수 있다. 왜냐하면 사물의 실제 본질(사물 본질)[161]에 도달하기 위해서는 사물의 존재에 속하는 모든 것을 규정근거로서 좌지우지하는 술어들의 인식이 요구되지만, 그 대신에 논리학적 본질에서는 한 대상이 그 대상의 개념을 통해 규
A 91 정되어 있을 때 관련될 수 있는 술어들 전부의 인식 외에는 더 이상 아무것도 필요하지 않기 때문이다. — 만일 예를 들어 물체의 논리학적 본질을 규정하려 한다면 이를 위해 우리는 자연에서 데이터를 찾을 필요가 전혀 없다. — 우리는 단지 본질적인 것(필수 구성 요소들, 근거들)으로서 물체의 기본개념을 근원적으로 구성하는 징표들에만 맞추어 되짚어도 된다. 왜냐하면 논리학적 본질이야말로 한 사물의

모든 필연적 징표들의 첫째가는 기본개념 (개념 본질)[162] 외에 다른 것이 아니기 때문이다.

* * *

그러므로 질에 따른 우리 인식의 완전성의 첫째 단계는 인식의 분명함이다. 둘째 단계 혹은 더 높은 정도의 분명함은 **명료함**이다. 이것은 **징표들의 분명함**[163]에 있다. IX 62

여기서 우리는 **무엇보다 먼저** 논리학적 명료함 일반을 감성학적 명료함과 구별해야 한다. — 논리학적 명료함은 징표들의 객관적 분명함에 기인하고, 감성학적 명료함은 징표들의 주관적 분명함에 기인한다. 전자는 **개념**에 의한 분명함이고, 후자는 **직관**에 의한 분명함이다. 따라서 둘째 종류의 명료함은 한갓된 **생생함**[164]과 **이해하기 쉬움**[165]에, 즉 구체적 실례에 의한 한갓된 분명함에 있다(왜냐하면 명료하지 않은 것들 가운데에도 쉽게 이해될 수 있는 것이 많이 있고, 또 역으로 오직 긴 계열을 통해서만 직관과 연결될 수 있는 멀리 떨어진 징표까지 거슬러 가는 탓에 이해하기 어려운 것들 가운데에도 명료할 수 있는 것이 많이 있기 때문이다). A 92

종종 객관적 명료함은 주관적 애매함[166]을 야기하고, 또 그 반대가 되기도 한다. 그래서 논리학적 명료함은 드물지 않게 감성학적 명료함에 손해만 끼칠 수 있고, 또 거꾸로 감성학적 명료함은 단지 유추에 따라 취해졌을 뿐인, 정확하게 들어맞지 않는 실례나 비유에 의하여 종종 논리학적 명료함에 해를 입힌다. — 더구나 실례들 또한 결코 징표가 아니며, 또 부분들로서 개념에 속해 있지도 않으며, 오히려 직관으로서 단지 개념의 사용에만 속할 뿐이다. 그러므로 실례를 통한 명료함(한낱 이해하기 쉬움)은 징표로서의 개념을 통한 명료함과는 전혀 다른 성질의 것이다. —명석함[167]은 이 두 명료함의 결합에, 즉 감성학적 혹은 대중적 명료함과 스콜라적 혹은 논리학적 명료함의 결합에 있다. 왜냐하면 사람들은 추상적이고 철저한 인식을 보통의 지성의 파악력에 딱 들어맞게 설명하는 재능이 있는 사람을 명석한 사람이라고 생각하기 때문이다.

이제 그다음으로 특별히 논리학적 명료함에 관해 말하면, 한데 합쳤을 때 전 개념을 이루는 모든 징표가 다 분명함에까지 도달했을 경우 논리학적 명료함은 완벽한[168] 명료함으로 불릴 수 있다. — 그런데
A 93 완벽하게[169] 명료한 개념은 다시금 병렬적으로 정렬된 징표들 전체와 관련하여, 아니면 종속적으로 정렬된 징표들 전체와 관련하여 그런 개념일 수 있다. 한 개념의 외연적으로 완벽한 혹은 충분한 명료함은 병렬적으로 정렬된 징표들의 전체적 분명함에 있으며, 그런 명료함은 상세함[170]으로도 불린다. 종속적으로 정렬된 징표들의 전체적 분명함은 내포적으로 완벽한 명료함 — 심원함[171] — 을 이룬다.

IX 63 첫째 종류의 논리학적 명료함은 징표들의 분명함의 외부적 완벽함으로도 불릴 수 있고, 마찬가지로 둘째 종류의 것은 내부적 완벽함으로도 불릴 수 있다. 후자는 단지 순수한 이성 개념들로부터, 또 자기 마음대로[172] 만든 개념들로부터만 도달할 수 있을 뿐 감각경험적 개념들로부터는 도달할 수 없다.

명료함의 외연적 양은 그것이 남아돌지 않을 경우 정확함(딱 맞음)[173]으로 불린다. 딱 맞음(정확함)은 상세함(완벽함)과 더불어 적합함(사물에 적합한 인식)[174]을 이룬다. 그래서 한 인식의 (질에 따른) 완성된 완전성[175]은 외연적으로 적합한 인식(상세함과 정확함)과 결합되어 있는 내포적으로 적합한 인식(심원함)에 있다.

*　*　*

앞서 언급했듯이 분명한 개념을 명료하게 만드는 것이 논리학이 할 A 94
일이므로, 이제 문제가 되는 것은 논리학이 어떤 식으로 개념을 명료하게 만드는가 하는 점이다.

볼프학파 논리학자들은 인식의 한갓된 분석을 인식의 명료화 작업의 전부라고 생각한다. 하지만 명료함이 모두 다 주어진 개념의 분석에 의거하는 것은 아니다. 분석을 통해서는 단지 우리가 이미 개념에서 생각했던 징표들과 관련해서만 명료함이 생길 뿐이지, 한 가능한 개념 전체의 부분들로서 그 개념에 비로소 부가되는 징표들과 관련해서는 결코 명료함이 생기지 않는다.

징표들의 분석을 통해서가 아니라 종합을 통해서 생겨나는 방식의 명료함은 종합적 명료함이다. 그러므로 "한 명료한 개념을 만든다"와 "한 개념을 명료하게 만든다"는 두 문장 사이에는 본질적 차이가 존재한다.

왜냐하면 내가 한 명료한 개념을 만들 경우 나는 부분들에서 시작해서 거기서부터 전체로 나아가기 때문이다. 아직 여기에는 징표들이 없다. 나는 비로소 종합을 통해 징표들을 얻는다. 그러므로 이 종합적인 방법에서 종합적 명료함이 생기며, 이때 이 명료함은 내가 갖고 있는 개념 위에 더하여 (순수한 혹은 감각경험적) 직관을 행하는 중에 징표로서 덧붙여지는 것을 통해 나의 개념을 내용 면에서 실제로 A 95
확장한다. — 개념의 명료화 작업에서 취해지는 이와 같은 종합적 방 IX 64
법은 수학자들이 이용하며, 자연 철학자들도 이용한다. 왜냐하면 본래의 수학적 인식 및 경험 인식의 명료함은 모두 징표들의 종합을 통한 인식의 그와 같은 확장에 근거하기 때문이다.

그러나 내가 한 개념을 명료하게 만들 경우 이러한 한갓된 분석을 통해서는 내 인식이 내용 면에서 전혀 증대되지 않는다. 내용은 그대로 있으며, 단지 형식만 바뀌어 주어진 개념에 이미 놓인 것을 내가 단지 더 잘 구별할 줄 알게 되거나, 더 분명한 의식으로 인식할 줄 알게 될 뿐이다. 마치 카드 한 장에 단순히 조명을 비춤으로써는 카드 자체에 아무것도 덧붙여지지 않듯이, 징표들의 분석을 통해 단순히 개념을 해명하는 것으로는 그 개념 자체가 조금도 증대되지 않는다.

종합에는 대상의 명료화 작업이 속하며, 분석에는 개념의 명료화 작업이 속한다. 후자에서는 전체가 부분들에 앞서며, 전자에서는 부분들이 전체에 앞선다. — 철학자는 단지 주어진 개념들을 명료하게 만들 뿐이다. — 이따금 사람들은 비록 이 방식으로 명료하게 만들고자 하는 개념이 이미 주어져 있더라도 종합적인 방식을 취한다. 이런 일
A 96 은 경험 명제들의 경우에 종종 일어나는데, 주어진 개념에서 이미 생각했던 징표들로는 아직 만족하지 못하는 경우에 그렇게 된다.

명료함을 산출하는 분석적인 방법 — 이것은 논리학이 단독으로 할 수 있다 — 은 우리 인식을 명료하게 만들 때 제일 먼저, 또 가장 주요하게 요구되는 것이다. 왜냐하면 한 사물에 대한 우리의 인식이 더 명료해질수록 그 인식은 그만큼 더 강력해지고 효과적일 수도 있기 때문이다. 다만 그 분석은 대상 자체가 끝에 가서 사라져버리지 않을 정도까지만 진행되어야 한다.

만일 우리가 알고 있는 것 전부를 의식한다면 틀림없이 우리는 우리 인식의 그 거대한 양에 놀랄 수밖에 없을 것이다.

*　　*　　*

우리 인식 일반의 객관적 함량과 관련하여 다음과 같은 인식 등급을 생각해볼 수 있다. 이 등급에 따라 우리 인식은 객관적 함량 면에

서 더 높아질 수 있다.

첫째 등급: 어떤 것을 표상함.[176)]

둘째 등급: 의식하면서 어떤 것을 표상함, 또는 지각함.[177)]

셋째 등급: 어떤 것을 식별함,[178)] 또는 동일함 및 다름에 따라 어떤 IX 65
것을 다른 것들과 비교하면서 표상함.

넷째 등급: 의식하면서 어떤 것을 식별함, 즉 인식함.[179)] 동물도 대 A 97
상을 식별할 수 있지만 인식하지는 못한다.

다섯째 등급: 어떤 것을 이해함,[180)] 즉 지성으로 개념들에 의하여 인식함 혹은 개념적으로 앎.[181)] 이것은 깨달음과는 매우 다르다. 역학에서 그 불가능성이 밝혀진 영구 기관의 예처럼, 사람들은 많은 것을 깨달을 수는 없을지라도 개념적으로 알 수는 있다.

여섯째 등급: 어떤 것을 이성에 의해 인식함, 또는 통찰함.[182)] — 이 등급에까지 우리가 도달하게 된 것들은 거의 없다. 또 우리 인식을 함량의 견지에서 더 많이 완성하려고 할수록 우리 인식은 그 개수 면에서 점점 더 적어지게 된다.

마지막 일곱째 등급: 어떤 것을 깨달음,[183)] 즉 우리 의도에 충분할 정도로 이성에 의해 혹은 아프리오리하게 인식함. — 우리의 모든 깨달음은 단지 상대적일 뿐이다. 즉, 어떤 일정한 의도에 충분하게만 깨달을 뿐이다. 그런 까닭에 전적으로는 어떤 것도 우리가 깨닫지는 못한다. — 예컨대 원 안의 모든 선분은 서로 비례한다. 이를 수학자가 증명해 보이는 것보다 더 깨닫게 될 수는 없을 것이다. 하지만 그럼에도 그 수학자는 어떻게 그처럼 간단한 도형이 그런 특성을 가지게 A 98
되었는지는 깨닫지 못한다. 그러므로 이해함의 영역 혹은 지성의 영역은 깨달음의 영역 혹은 이성의 영역보다 대체로 훨씬 더 넓다.

IX.

D) 양상에 따른 인식의 논리학적 완전성—확실함—참이라고 생각함의 개념 일반—참이라고 생각함의 양상: 의견을 갖다, 믿다, 알다—확실한 납득과 남의 말에 따름—판단을 자제함과 유예함—잠정적인 판단—편견과 편견의 원천 및 주요 종류

진리는 인식의 객관적 성질이다. 어떤 것이 참이라고 표상되게 하
IX 66 는 판단—한 지성과 맺는 관계, 따라서 특정한 주관과 맺는 관계—
은 주관적으로 참이라고 생각함[184]이다.

참이라고 생각함은 대체로 두 종류다. 즉 확실하게 참이라고 생각함과 불확실하게 참이라고 생각함이다. 확실하게 참이라고 생각함 혹은 확실함[185]은 필연성의 의식과 묶여 있다. 그에 반하여 불확실하게
A 99 참이라고 생각함 혹은 불확실함은 우연함의 의식이나 반대 가능성의 의식과 묶여 있다.—후자는 다시금 주관적으로도 또 객관적으로도 불충분하게 참이라고 생각함이거나 아니면 객관적으로 불충분하지만 주관적으로는 충분하게 참이라고 생각함이다. 전자는 의견[186]으로 불리며, 후자는 믿음[187]으로 불려야 한다.

이에 따라 참이라고 생각함에는 세 종류 혹은 세 양상이 있다. 의견을 갖다,[188] 믿다, 알다[189]이다.—의견을 가진다는 것은 개연적으로[190] 판단한다는 것이고, 믿는다는 것은 실연적으로[191] 판단한다는 것이며, 안다는 것은 필연적으로[192] 판단한다는 것이다. 왜냐하면 판단할 때 나는 의식적으로 내가 단지 의견만 갖고 있을 뿐인 것을 단지 개연적이라고만 여길 뿐이고, 또 내가 믿는 것은 실연적이라고, 그렇지만 대상과 관련하여 필연적이라는 의미로 실연적이 아니라, 단지 주

관과 관련하여 필연적이라는 의미로 (단지 나에게 타당하다는 의미로서만) 실연적이라고 여기며, 끝으로 내가 아는 것은 필연적으로 확실하다고, 즉 보편적이고 객관적으로 필연적이라고 (모든 사람에게 타당하다고) — 설령 이 확실하게 참이라고 생각함이 관계하는 대상 자체가 한낱 감각경험적 진리라고 가정한다손 치더라도 그렇게 — 생각하기 때문이다. 왜냐하면 이와 같이 방금 언급한 세 가지 양상에 따라 참이라고 생각함을 구분하는 것은 단지 객관적 규칙들 아래로 한 판단을 포섭하는 주관적 기준들을 고려했을 때의 판단력에만 관계하기 때문이다.

예를 들어 영생불멸을 참이라고 생각하는 것은, 단지 마치 우리가 영생불멸한 것처럼 행동할 뿐인 경우라면 한낱 개연적일 것이고, 하지만 우리가 영생불멸한다고 믿는 경우라면 실연적일 것이며, 마지막으로 A 100
이 세상에서의 삶 이후 어떤 다른 삶이 있다고 우리 모두가 아는 경우라면 필연적일 것이다.

이런 이유에서 의견을 가짐과 믿음과 앎 사이에는 본질적 차이가 나타난다. 이 차이를 여기서 우리는 좀더 정확하고 자세하게 분석하려 한다.

1) 의견을 갖다. — 의견을 가지는 것 혹은 주관적으로도 객관적으로도 충분하지 않은 인식 근거에 의거하여 참이라고 생각하는 것은 (확실치 않은 조건하에서 임시로) 잠정적으로[193] 판단하는 것으로 간주될 수 있으며, 이런 판단 없이 지낸다는 것은 매우 어려운 일이다. 사람들은 받아들이거나 주장하기 전에 먼저 의견을 가져야 한다. 그리고 그때 의견을 한갓된 의견 이상의 것으로 여기지 않도록 조심해야 한다. — 우리에게 많은 인식이 있다고 하더라도 그 대부분은 의 IX 67
견 가짐에서 시작한다. 때때로 우리는 희미하게 진리를 예감하며, 어떤 사태는 우리에게 진리의 징표를 가진 것처럼 보인다. — 확정적인 확실함을 갖고 그것을 인식하기 이전에 이미 우리는 그것이 참임을 예견한다.

그런데 한낱 의견을 가짐은 원래 어디에서 행해지는가? — 아프리오리한 인식이 들어 있는 학문들에서는 아니다. 그러니까 수학에서도, 형이상학에서도, 도덕에서도 행해지지 않고 오직 감각경험적 인식에서만 행해진다. — 자연학, 심리학 등과 같은 곳에서다. 왜냐하
A 101 면 아프리오리하게 의견을 가진다는 것은 그 자체로 터무니없기 때문이다. 또한 예컨대 수학에서 단지 의견을 가질 뿐이라고 하는 것보다 더 우스운 일은 정말로 있을 수 없을 것이다. 여기서는 형이상학과 도덕에서처럼, 아는지 아니면 알지 못하는지가 문제될 뿐이다. — 그러므로 사람마다 의견이 다를 수 있는 문제들은 언제나 오직, 그 자체로 가능하더라도 우리 경험능력의 감각경험적인 제한과 조건에 따라 또 이 제한과 조건에 좌우되는 우리 능력 정도에 따라 단지 우리에게만 불가능한 경험인식의 대상들일 뿐일 수 있다. 예를 들어 근래 자연학자들이 말하는 에테르는 단지 의견 관련 문제일 뿐이다. 왜냐하면 이 의견에 관해서도, 마찬가지로 각 의견이 어떤 것이든 모든 의견 일반에 관해서도 나는 그 반대가 증명될 수도 있다고 통찰하기 때문이다. 따라서 이 경우 나의 참이라고 생각함은 비록 그 자체로 보면 완벽하게 될 가능성이 있다 하더라도, 객관적으로도 또 주관적으로도 불충분하다.

2) 믿다. — 믿음은 혹은 객관적으로 불충분하지만 주관적으로는 충분한 근거에 의거하여 참이라고 생각함은 이런 대상들과 관련된다. 즉 이 대상들에 대하여 우리가 전혀 알 수 없을 뿐만 아니라 아무런 의견도 가질 수 없으며 심지어 개연성을 끌어댈 수조차 없고 오히려 단지 그 대상들을 우리가 생각하는 식으로 생각하는 것이 모순되지 않는다는 것만이 확실할 수 있을 뿐인 그런 대상들이다. 이렇게

될 때 남게 되는 것은 아프리오리하게 주어진 실사용적 의도에서 필 A 102
요로 하는 자유로이 참이라고 생각함이다. — 그러니까 내가 도덕적인
근거들에 의거하여 받아들이는, 더욱이 그 반대는 결코 증명될 수 없
다고 내가 확신하는 식으로 받아들이는 것을 참이라고 생각함이다.*

---

* 믿음은 특별한 인식원천이 아니다. 믿음은 의식하면서 불완전하게 참이
라고 생각하는 것의 한 종류다. 또 (오직 믿음에만 해당되는) 특별한 종류
의 대상에만 한정된다고 간주될 경우에 믿음은 의견을 가진다는 것과 정
도 면에서 구별되지 않고, 인식으로서 행동에 대해 갖는 관계 면에서 구별
된다. 예를 들어 상인이 거래를 트기로 결정하기 위해서는 단순히 거래를
트면 이익이 될 것이라는 의견을 가지는 것만으로는 부족하며, 오히려 그 IX 68
렇게 될 것이라고 믿는 것, 즉 불확실한 것을 감행하는 데에 자신의 의견이
충분하다고 믿는 것이 필요하다. — 우리에게는 (감성적인 것에 관한) 이론
적 인식이 있다. 이 이론적 인식에서는 우리가 믿음을 확실하게 만들 수 있
으며, 이는 인간의 인식이라고 일컬을 수 있을 그 모든 것과 관련해서 가능
해야 한다. 똑같이 그런 확실한, 더욱이 전적으로 아프리오리한 인식을 우
리는 실사용적 법칙들에서 가지고 있다. 하지만 이 실사용적 법칙들은 초
감성적인, 더욱이 실천 이성의 원리로서 우리 자신 안에 있는 (자유의) 원리
에 근거한다. 그러나 이 실천 이성은 마찬가지로 초감성적 대상, 즉 감성세
계에서 우리 능력에 의해 가능하지 않은 최고선을 고려했을 때의 원인성이
다. 그렇다 하더라도 우리 이론 이성의 대상으로서 자연은 최고선과 조화
되어야 한다. 왜냐하면 이 최고선이라는 이념의 결과 혹은 성과는 감성세계
에서 마주해야 하는 것이기 때문이다. — 그러므로 우리는 이런 목적을 실
현하기 위해 행위를 해야 한다.

우리는 감성세계 안에서 솜씨 지혜의 단서들도 발견한다. 또 그래서 세계
원인이 도덕적 지혜를 가지고 최고선을 위해 작용도 한다고 믿는다. 이러
한 것은 행위를 하는 데 충분한 참이라고 생각함, 즉 믿음이다. — 그런데 A 103
이러한 믿음을 우리가 도덕적 법칙들에 따라 행위를 하기 위해 필요로 하
는 것은 아니다. 왜냐하면 이 도덕적 법칙들은 오로지 실천 이성에 의해서
만 주어지기 때문이다. 그러나 우리는 최고 지혜를 우리의 도덕적 의지의
대상으로 받아들일 필요가 있다. 우리 행위의 한갓된 정당성을 제외할 때
우리의 목적들을 그쪽을 향하여 맞추지 않을 수 없기 때문이다. 비록 이것
이 객관적으로 우리의 자의가 필연적으로 그와 같이 관련된다고 말하는 것
은 아니지만, 그럼에도 주관적으로 최고선은 필연적으로 (인간의 의지라고
할지라도) 선한 의지의 대상이며, 그래서 그것의 도달가능성에 대한 믿음
은 이를 위해 필연적으로 전제된다.

경험에 의한 (아포스테리오리한) 인식의 취득과 이성에 의한 (아프리오리한) 인식의 취득 사이에는 중간자가 없다. 그러나 한 대상을 인식하는 것과 그 대상의 가능성을 단순히 전제하는 것 사이에는 중간자가 있다. 예컨대 우리가 인식할 수 있는 대상들 이상으로 가능한 대상들의 영역이 필연적으로 확장되는 것과 관련하여 그런 대상들의 가능성을 전제하는 것을 받아들일 감각경험적이거나 이성적인 근거가 그것이다. 이 필연성은 단지 그 대상이 실사용적인 것임을, 이성에 의해 실사용적으로 필연적인 것임을 깨달을 때의 대상과 관련해서만 있게 된다. 왜냐하면 단순히 이론적 인식을 확장하기 위하여 어떤 것을 가정하는 것은 언제나 우연적이기 때문이다. — 한 대상의 실사용적으로 필연적인 이러한 전제는 자의의 대상으로서 최고선의 가능성의 전제이며, 따라서 이 가능성의 조건(신, 자유, 영생불멸)의 전제이기도 하다. 이는 꼭 필요한 의지규정 때문에 대상의 사실성을 가정해야 하는 주관적인 필연성이다. 이는 실천 이성이 자신의 불가피한 목적과 관련해 자신을 지탱할 수 있기 위하여 받아들이지 않을 수 없는 특
A 104 별한 경우이고, 그래서 여기서의 긴급 구호는 실천 이성 자신의 판단에 도
Ⅸ 69 움이 된다. — 이성은 대상을 논리학적으로 획득할 수 없고, 자신이 실사용적으로 소유하고 있는 이 이념을 사용하지 못하게 방해하는 것에 맞서 단지 홀로 저항할 수 있을 뿐이다.

이런 믿음은 한 개념(최고선 개념)의 객관적인 사실성을, 다시 말해 믿음 대상의 가능성을 자의의 아프리오리한 필연적인 대상으로 받아들여야 할 필연성이다. — 단지 행위에만 주의를 기울인다면 이런 믿음은 우리에게 필요치 않다. 하지만 행위함으로써 행위를 통해 가능한 목적을 소유하는 데까지 우리 자신을 넓히려 한다면 우리는 이 목적이 전적으로 가능하다고 받아들여야 한다. — 따라서 나는 단지 이렇게 말할 수 있을 뿐이다. "자유의 법칙들에 따른 나의 목적 때문에 세상에서 최고선이 가능하다고 내가 부득이하게 받아들이지 않을 수 없다는 것을 나는 안다. 그러나 근거에 의거하여 타인이 그렇게 부득이하게 받아들이도록 만들 수는 없다(믿음은 자유다)."

그러므로 이성믿음은 결코 이론적 인식에 해당될 수 없다. 왜냐하면 이론적 인식에서는 객관적으로 불충분한 참이라고 생각함이 단지 의견일 뿐이기 때문이다. 이성믿음은 단지 주관적인, 하지만 절대필연적인 실사용적 의도에서 이성이 전제하는 것일 뿐이다. 도덕적 법칙들에 따른 마음 씀은 순수한 이성에 의해 규정될 수 있는 자의의 대상으로 이어진다. 이 대상의 실행가능성을 받아들이는 일, 따라서 그 대상의 원인의 실재함도 받아들이는 일은 도덕적 믿음이며 혹은 자유로운 참이라고 생각함이며 혹은 믿음의 목적을 완성하려는 도덕적 의도에서 필연적인 참이라고 생각함이다.

그러므로 I) 감각경험적 인식의 대상은 믿음 관련 문제가 아니다. A 103; IX 68
그런 까닭에 이른바 정보 기록적 믿음이라는 것은 원래 믿음으로 불 A 104; IX 69
릴 수도 없으며 또 그 자체가 앎에 반대된다고 놓일 수 없다. 왜냐하 A 105
면 정보 기록적 믿음 자체는 앎일 수 있기 때문이다. 증언에 의거하여 참이라고 생각하는 것은 정도 면에서도, 종류 면에서도 직접적 경험을 통해 참이라고 생각하는 것과 다르지 않다.

II) 이성 인식(아프리오리한 인식)의 대상도 믿음 관련 문제가 아니다. 예컨대 수학이나 형이상학에서의 이론적 이성 인식의 대상도 아니고 도덕에서의 실사용적 이성 인식의 대상도 아니다.

수학적 이성 진리는 증언에 의거하여 믿을 수 있기는 하다. 왜냐하면 수학에서는 오류가 쉽사리 가능하지 않기도 하고 쉽게 발견될 수 있기도 하기 때문이다. 하지만 그런 식으로는 수학적 이성 진리를 알 수 없다. 그리고 철학적 이성 진리는 믿는 것이 아예 가능하지 않다. 철학적 이성 진리는 오로지 알아야 한다. 왜냐하면 철학은 자신 안에 그저 남의 말에 따른다는 것이 있다는 것을 용납하지 않기 때문이다.—특히 도덕에서의 실사용적 이성 인식의 대상들(정당성과 의
무)에 관한 한 이런 대상들과 관련해서는 마찬가지로 한갓된 믿음이 IX 70
란 결코 있을 수가 없다. 어떤 것이 정당한지 아니면 정당하지 않은지, 의무에 맞는지 아니면 어긋나는지, 허용되는지 아니면 허용되지 않는지는 완전히 확실히 알고 있어야 한다. 불확실함에 의거해서는
도덕적 문제들과 관련하여 아무것도 감행할 수가 없다. 법칙 위반 가능 A 106

* * *

믿음은 원래 계약에서의 신의이며 혹은 한 사람이 다른 사람에게 자기 약속을 지킬 것이라는 서로 간의 주관적 신뢰다.—신의와 믿음. 전자는 계약을 맺은 경우이고, 후자는 계약을 맺어야 하는 경우다.
유추해보면 실천 이성은 흡사 약속하는 자와 같고, 인간은 약속을 받은 자와 A 105
같으며, 행위로부터 기대되는 선은 약속된 것과 같다.

성에 의거해서는 아무것도 결정할 수 없다. 예컨대 판사가 범죄 행위로 기소된 피고인이 이 범죄 행위를 실제로 저질렀다고 단지 믿기만 하는 것은 판사에게는 충분치 않은 것이다. 판사는 그러한지를 (법률적으로) 알아야 한다. 그렇지 않다면 그는 비양심적으로 행위를 하는 것이다.

III) 오직 다음과 같은 대상들만이 믿음 관련 문제다. 참이라고 생각함이 필연적으로 자유로운 대상들, 즉 진리의 — 주관의 본성이나 관심과 무관한 — 객관적인 근거들에 의해 규정되지 않는 대상들이다.

그런 까닭에 믿음은 단지 주관적인 근거들이 있다는 이유로 해서 확실한 납득[194]이 생기게 해주지 못하기도 한다. 믿음은 앎에서 나오는 확실한 납득처럼 남에게 전달될 수도 없고 보편적으로 동의하라고 명령하지도 못한다. 나 자신은 단지 내가 실사용적으로 믿고 있다는 것의 유효성과 불변성만을 확신하고 있을 뿐이며, 한 명제의 진리나 한 사물의 실재성에 대한 나의 믿음은 그 자체가 인식이 아니라 단지 나와 관련하여 인식을 대신해주는 것에 해당될 뿐이다.

알 가능성이 없긴 하지만 도덕적으로 불가피하게 전제할 수밖에 없는 것을 받아들이지 않는 이는 도덕적으로 믿음이 없는 사람이다. 이런 종류의 믿음 없음에는 그 근저에 언제나 도덕적 관심의 결핍이 놓
A 107 여 있다. 한 사람의 도덕적인 마음 씀이 크면 클수록 도덕적 관심 때문에 실사용적으로 필연적인 의도에서 가정하고 전제해야 한다고 느끼는 것들 모두에 대한 그의 믿음도 그만큼 더 확고해지고 생동하게 된다.

*　*　*

3) 알다. — 객관적으로도 주관적으로도 충분한 인식 근거에 의거하여 참이라고 생각함 혹은 확실함은 경험(자신의 경험뿐만 아니라 전해들은 남의 경험도 포함됨)에 근거하는지, 아니면 이성에 근거하는지에 따라 감각경험적이거나, 아니면 이성적이다. 그러니까 이 구별됨은 경험과 이성이라는 두 원천 — 여기에서 우리의 모든 인식은 얻어진다 — 과 관계된다.

이성적 확실함은 다시금 수학적 확실함과 철학적 확실함으로 나뉜다. 전자는 직관적이고 후자는 개념적이다.

수학적 확실함은 명증[195]으로도 불린다. 왜냐하면 직관적 인식은 개념적 인식보다 더 분명하기 때문이다. 따라서 수학적 이성 인식과 IX 71
철학적 이성 인식이 둘 다 자체적으로 똑같이 확실하더라도,[196] 그 둘에서 확실함의 종류는 서로 다르다.

감각경험적 확실함은 내가 어떤 것에 관하여 나 자신의 경험에 의거하여 확실하게 여긴다면 원래의 (본원적으로[197]) 감각경험적인 확실함이고, 타인의 경험을 통해 그것에 관하여 확실하게 여긴다면 도출된 (파생적으로[198]) 감각경험적인 확실함이다. 후자는 정보 기록적 A 108
확실함으로도 불리곤 한다.

이성적 확실함은 이 확실함 자신과 결합되어 있는 필연성 의식에 의해 감각경험적 확실함과 구별된다. — 그러니까 이성적 확실함은 필연적 확실함이고, 그에 반해 감각경험적 확실함은 단지 실연적 확실함이다. — 이성적으로 확실히 아는 것은 아무런 경험 없이도 아프리오리하게 통찰한 것이다. 그래서 우리가 감각경험적으로 확실한 명제를 아프리오리한 원리들에 의거하여 인식한다면 우리 인식이 경험 대상들에 관계될 수 있음에도 그 확실성은 감각경험적 확실성이면서 동시에 이성적 확실성일 수 있다.

우리는 모든 것에 관하여 이성적 확실함을 얻을 수는 없다. 하지만 이성적 확실함을 얻을 수 있는 곳에서는 감각경험적 확실함보다 이성적 확실함을 우선시해야 한다.

모든 확실함은 매개된 확실함이거나 아니면 매개되지 않은 확실함이다. 즉 모든 확실함은 증명을 필요로 하거나, 아니면 증명될 수 없고 또 증명을 필요로 하지 않는다. — 비록 우리의 인식 가운데 여전히 매우 많은 것이 단지 간접적으로만, 즉 단지 증명을 통해서만 확실하더라도, 증명될 수 없는 것[199] 혹은 직접적으로 확실한 것도 약간은 있어야 하며, 또 우리의 모든 인식은 직접적으로 확실한 명제들에서 흘러나오지 않으면 안 된다.

A 109 인식의 모든 매개된 (혹은 간접적) 확실함이 의거하는 증명들은 직접적 증명이거나, 아니면 간접적, 즉 귀류법적 증명이다. — 만일 내가 한 진리를 그 진리의 근거들에 의거하여 증명한다면 나는 그것을 직접 증명하는 것이다. 만일 내가 반대가 거짓이라는 점에서 한 명제의 진리를 추론해낸다면 귀류법적으로 증명하는 것이다. 그런데 후자의 증명이 타당하려면 명제들은 서로 모순적으로 혹은 정반대로[200] 대립되어 있지 않으면 안 된다. 왜냐하면 단지 서로 역의 관계로 대립된 두 명제는 모두 거짓일 수 있기 때문이다. 수학적 확실함의 근거가 되는 증명은 보여주는 식의 증명[201]이고, 철학적 확실함의 근거가 되는 증명은 듣는 식의 증명[202]이다. 모든 증명 일반에서 본질적인 것은 증명의 재료와 형식이다. 혹은 논거[203]와 귀결됨[204]이다.

IX 72 앎에서 학문이 나오며, 이때 학문은 체계를 이루는 인식의 총괄로 생각되어야 한다. 학문은 보통의 인식에 대비된다. 즉 한갓된 집합체를 이루는 인식의 총괄에 대비된다. 체계는 부분들보다 앞서 가는 전체 이념에 의거한다. 이에 반하여 보통의 인식에서나 혹은 인식의 한갓된 집합체에서는 부분들이 전체에 앞선다. — 정보 기록적 학문이 있고 이성 학문이 있다.

한 학문에서는 우리는 종종 단지 인식만 알 뿐이지, 이 인식을 통해 표상되는 것들을 알지 못한다. 따라서 그 대상에 대한 우리의 인식이 앎이 아닌 그런 대상에 관한 학문이 있을 수 있다. A 110

* * *

참이라고 생각함의 본성과 종류에 대한 지금까지의 고찰에서 이제 우리는 일반적 결과를 끌어낼 수 있다. 즉 우리의 모든 확실한 납득이 논리학적이거나 아니면 실사용적이라는 점이다. — 말하자면 우리가 모든 주관적 근거에서 벗어나 있고 또 그럼에도 참이라고 생각하는 것이 충분하다는 것을 알 때, 우리는 확실하게 납득하고 있다.[205] 그것도 논리학적으로 또는 객관적인 근거에 의거해서 확실하게 납득하고 있다(대상은 확실하다).

그리고 실사용적인 것과 관련하여 객관적 근거만큼이나 타당한 주관적 근거들에 의거하여 완전히 참이라고 생각하는 것 역시 확실한 납득이다. 다만 논리학적인 확실한 납득이 아니라 실사용적인 확실한 납득이다(나는 확신한다). 그런데 이러한 실사용적인 확실한 납득 혹은 이러한 이성에 의한 도덕적 믿음[206]은 종종 어떠한 앎보다도 더 단단하다. 앎의 경우에 사람들은 여전히 대상들에 귀를 기울이지만, 믿음의 경우에는 그렇지 않다. 왜냐하면 여기서 문제가 되는 것은 객관적 근거들이 아니라 주관의 도덕적 관심이기 때문이다.*

---

* 따라서 이 실사용적인 확실한 납득은, 가장 본래적 의미에서 유일하게 믿음으로 불려야 하는, 또한 — 결코 앎으로까지 끌어올려질 수 없기 때문에 — 그 자체로서 전반적으로 앎이나 모든 이론적 및 논리학적인 확실한 A 111

A 111; Ⅸ 73 남의 말에 따름[207]은 확실한 납득에 반대된다. 의거하는 근거가 한낱 주관적인 것인지, 아니면 객관적이기도 한 것인지를 알지 못할 정도로 불충분한 근거에 의거하여 참이라고 생각하는 것이 남의 말에 따르는 것이다.

남의 말에 따름은 종종 확실한 납득보다 먼저 있게 된다. 우리는 많은 인식을 단지 우리 자신의 참이라고 생각함의 근거가 객관적일지 아니면 주관적일지를 판단할 수 없을 정도로 의식하고 있을 뿐이다. 그러므로 단순히 남의 말에 따르는 것에서부터 확실한 납득에 이를 수 있기 위해서는 무엇보다도 먼저 곰곰이 생각해야 한다. 즉 해당 인식이 어떤 인식능력에 속하는지를 보아야 하고, 그러고 나서 조사해야 한다. 즉 그 대상과 관련하여 근거들이 충분한지, 아니면 불충분한지를 검사해야 한다. 다수의 사람들은 남의 말에 따르는 것에 머
A 112 무른다. 약간의 사람들은 곰곰이 생각함에까지 이르게 되고, 얼마 안 되는 사람들이 조사함에까지 이르게 된다. — 그때 무엇이 확실함에 속하는지 아는 사람은 남의 말에 따름과 확실한 납득을 쉽게 혼동하지 않을 것이고, 또 그래서 쉽게 남의 말대로 따라 하지는 않을 것이다. — 객관적 근거와 주관적 근거로 함께 이루어져 있는 근거에 의

납득과 대비되어야 하는, 이성에 의한 도덕적 믿음이다. 이에 반하여 이른바 정보 기록적 믿음은 이미 언급했듯이 앎과 구별되어서는 안 된다. 왜냐하면 정보 기록적 믿음은 일종의 이론적 혹은 논리학적 참이라고 생각함으로써 그 자신 앎일 수 있기 때문이다. 우리는 감각경험적 진리를 다른 이들의 증언에 의거하여 우리 자신이 직접 경험한 사실에 의해 도달했을 때와 똑같은 확실함을 가지고 받아들일 수 있다. 먼저 든 종류의 감각경험적 앎의 경우에는 어느 정도 기만적인 데가 있을 것이다. 하지만 뒤에 든 종류의 경우에도 그렇다.

정보 기록적 앎이나 간접적인 감각경험적 앎은 증언의 신뢰성에 의거한다. 반박될 수 없는 증인의 요건에 해당하는 것은 신빙성(믿을 만함)과 무결함이다.

거하여 찬성하기로 결정할 때가 있다. 그런데 이 혼합된 결과를 대다수 사람은 따로따로 나누어 생각하지 않는다.

남의 말에 따름은 형식의 견지에서 볼 때 (형식상으로) 모두 거짓이다. 왜냐하면 이 경우에는 불확실한 인식이 확실하게 여겨지기 때문이다. 하지만 그렇더라도 남의 말에 따름은 재료의 견지에서 보면 (질료상으로) 참일 수도 있다. 그리고 남의 말에 따름은 그런 점에서 의견과도 구별된다. 왜냐하면 의견은 인식이 불확실하다고 여겨지는 한에서의 불확실한 인식이기 때문이다.

참이라고 생각함(믿음의 경우)의 충분함은 내기나 맹세로 시험될 수 있다. 내기로 시험하기 위해서는 객관적 근거들의 비교적 충분함이 필요하고, 맹세로 시험하기 위해서는 객관적 근거들의 절대적 충분함이 필요하다. 이때 설령 객관적 근거들이 없더라도 그 대신 전적으로 주관적으로 충분하게 참이라고 생각함이 효력을 가진다.

* * *

사람들은 종종 이런 표현들을 사용한다. "그의 판단에 뜻을 같이한다." "자신의 판단을 자제한다, 유예한다, 포기한다." — 이 어법, 또 이와 비슷한 어법들은 우리가 어떤 것을 참이라고 생각하고자 하기 때문 A 113
에 참이라고 생각하는 식으로 우리 판단에 어떤 자의적인 것이 들어 있음을 암시하는 듯하다. 따라서 이에 관하여 다음과 같은 물음이 일어난다. 하고자 함이 우리 판단에 영향을 미치는가?

직접적으로는 의지가 참이라고 생각함에 영향을 주지 않는다. 혹여 그렇다면 매우 터무니없는 일일 것이다. 만일 이 점이 '우리는 우리가 원하는 것을 믿고 싶어 한다'는 것을 말한다면, 이는 예컨대 자녀 IX 74
들에 대한 아버지의 소원처럼 단지 우리의 선량한 소원을 뜻할 뿐이다. 만일 의지가 우리가 원하는 것을 확실하게 납득하는 데에 영향을 미쳤다면, 우리는 끊임없이 우리 자신을 행복한 상태의 키메라로 만들게 될 것이고, 그러고 나서 이 키메라를 어쨌든 참이라고 생각하게 될 것이다. 그러나 의지는 자신의 소원과 애착에 어긋나는 진리에 대한 납득할 만한 증거들에 반하여 싸울 수 없다.

그러나 의지가 지성의 진리 탐구를 독려하거나 아니면 그것을 막는 한에서, 의지가 지성의 사용에 영향을 미친다는 것은 인정되어야 하고, 또 그래서 의지가 간접적으로 확실한 납득에 영향을 미친다는 것 또한 인정되어야 한다. 확실한 납득은 지성의 사용에 많이 의존하기 때문이다.

그런데 특별히 우리 판단의 유예[208)]나 자제[209)]에 관해 말해보면, 이 유예나 자제는 한낱 잠정적 판단에 불과한 것이 규정짓는[210)] 판단이 되
A 114 지 않게 하려는 의도에 그 본질이 있다. 잠정적인 판단은 어떤 것이 진리임을 긍정하는 근거들이 그것을 부정하는 근거보다 더 많다고 생각할 때, 그러나 그 근거들이 규정짓는 판단이나 확정적[211)] 판단 — 이 판단에 의해 나는 진리라고 단도직입적으로 결정한다 — 을 내리기에는 아직 충분하지 않다고 내가 생각할 때의 판단이다. 그러므로 잠정적 판단은 의식하면서 내려진 한갓된 개연적 판단이다.

판단의 자제는 두 가지 의도에서 일어난다. 규정짓는 판단의 근거를 찾으려는 의도에서든가 아니면 결코 판단하지 않으려는 의도에서 일어난다. 전자의 경우 판단의 유예는 비판적 유예이고(탐구자의 판단 유예), 후자의 경우는 회의적 유예이다(회의론자의 판단 유예). 왜냐하면 회의론자는 모든 판단을 포기하고, 이와 반대로 참된 철학자는 어떤 것을 참이라고 생각하기에 아직 충분한 근거들을 갖지 않은 경우에 단지 자신의 판단을 미룰 뿐이기 때문이다.

자신의 판단을 준칙에 따라 유예하는 데에는 훈련된 판단력이 요

구되며, 이런 판단력은 나이가 들 때에만 나타난다. 우리가 남의 의견에 동조하는 것을 자제하기란 매우 어렵다. 왜냐하면 부분적으로는 우리 지성이 판단함으로써 확대되고 지식으로 풍부해지고 싶어하기 때문이고, 부분적으로는 우리 욕구 성향이 다른 것들보다는 어떤 정해진 것들에 늘 더 많이 향해 있기 때문이다. — 그러나 자신의 동조를 종종 취소해야 했던 사람, 또 이를 통해 영리하고 조심스럽게 A 115
된 사람은 추후 자신의 판단을 다시 취소해야 하지 않을까 두려워서 그토록 빨리 동조하지는 않게 된다. 이러한 철회[212]는 늘 마음이 상하 IX 75
는 일이고 또 모든 다른 지식을 불신하게 만드는 원인이다.

여기서 우리가 좀더 덧붙여 말하면, 자신의 판단을 의심 상태로 놓아두는 것은 유예 상태로 놓아두는 것과 조금 다르다는 것이다. 후자의 경우 나는 줄곧 그 사물에 관심이 있지만, 전자의 경우 그 사물이 참인지 아닌지를 결정하는 일이 내 목적과 관심에 늘 상응하지는 않는다.

잠정적 판단은 매우 요긴하며, 사실상 모든 성찰과 탐구에서 지성을 사용하는 데 없어서는 안 된다. 왜냐하면 잠정적 판단은 탐구할 때 지성을 이끄는 데에 쓰이고, 또 이를 위하여 지성에 다양한 수단을 제공하는 데에 쓰이기 때문이다.

한 대상을 성찰할 때 우리는 언제나 미리 잠정적으로 판단을 내려야 하고, 또 성찰을 통해 얻게 될 인식을 말하자면 미리 냄새 맡아야 한다. 또한 발명이나 발견을 하러 나선다면 언제나 잠정적인 계획을 세워야 한다. 그렇지 않다면 단지 운에 맡기며 생각해야 할 것이다. — 그러므로 우리는 잠정적 판단이라 생각하면서 한 사물의 탐구를 위한 준칙을 생각할 수 있다. 그리고 그 준칙들을 예상[213]으로도 부를 수 있다. 왜냐하면 우리는 한 사물에 관하여 규정짓는 판단을
내리기 이전에 그 사물에 관하여 우리가 내리게 될 판단을 예상하기 A 116

때문이다. ― 그러니까 그와 같은 판단들은 꽤 쓰임새가 있으며, 심지어 어떻게 우리가 잠정적으로 한 대상에 대하여 판단해야 하는지에 대한 규칙들도 만들어주기도 한다.

* * *

편견[214]은 잠정적 판단과 구별되어야 한다.

편견은 잠정적 판단이다. 단, **원칙으로 받아들여질** 때의 잠정적 판단이다. ― 모든 편견은 잘못된 판단의 기본 근거로 간주되며, 그래서 편견에서는 편견이 생겨나지 않고 오히려 잘못된 판단이 생겨난다. ― 그러므로 편견에서 생겨난 거짓된 인식은 그것의 원천, 즉 편견 자체와 구별되어야 한다. 예컨대 꿈의 예시 자체는 편견이 아니라 오히려 '두서너 번 적중하는 것은 항상 적중한다, 혹은 항상 참이라고 생각될 수 있다'고 가정된 보편적인 규칙에서 생겨난 오류다. 그러니까 꿈의 예시 또한 종속적으로 속해 있는 이 원칙이 편견인 것이다.

때때로 편견은 참인 잠정적 판단이다. 단지 편견이 우리에게 원칙
IX 76 으로 혹은 규정짓는 판단으로 여겨지는 것이 그릇된 것이다. 이러한 착각의 원인은 모든 판단함보다 앞서 가야 하는 **곰곰이 생각함의 부족**
A 117 **으로** 주관적 근거가 객관적 근거로 여겨지는 데서 찾을 수 있다. 왜냐하면 상당수 인식은 (예를 들면 직접적으로 확실한 명제들은) 우리가 **조사하지** 않고도, 즉 그것들이 진리일 수 있을 조건들을 검사하지 않고도 받아들일 수 있겠지만, 그럼에도 우리는 **곰곰이** 생각하지 않고는, 즉 인식을 생겨나게 할 인식능력(감성이나 지성)과 인식을 맞추어보지 않고는 아무것도 판단할 수 없고, 또 판단해서도 안 되기 때문이다. 그런데 만일 조사가 행해지지 않을 때라도 꼭 해야 하는 이

곰곰이 생각함 없이 우리가 판단들을 받아들이면, 거기에서 편견들이, 다시 말해 객관적 근거라고 잘못 여겨진 주관적 이유에 의거하여 판단하는 원리들이 생기게 된다.

편견의 주요 원천은 모방, 습관, 경향성이다.

모방은 우리의 판단에 보편적으로 영향을 미친다. 왜냐하면 다른 사람들이 참이라고 주장한 것은 그것을 참이라고 생각할 강력한 근거이기 때문이다. 그래서 '온 세상이 하는 것이 옳음이다'는 편견이 생긴다. — 습관에서 생겨난 편견에 대해 말하면, 그것은 다만 오랜 기간에 걸쳐 근절될 수 있을 뿐이다. 판단하는 중에 반대 근거들에 의해 점차 저지되고 또 지연됨으로써 지성은 서서히 반대편 사고방식으로 옮겨지기 때문이다. 그러나 습관과 동시에 모방을 통해 편견이 생겨났다면 그 편견을 가진 사람은 치유되기 어렵다. — 모방에서 생긴 편견은 이성을 수동적으로 사용하려는 성벽 혹은 법칙 아래서 이성 A 118
을 자발적으로 사용하는 대신 기계적으로 사용하려는 성벽으로도 부를 수 있다.

이성은 다른 이들의 한갓된 권위에서 아무것도 빌려와서는 안 되는 능동적 원리다. 더군다나 이성 자신의 순수한 사용에 관계될 경우라면 결코 경험에서 아무것도 빌려와서는 안 되는 능동적 원리다. 하지만 태만으로 인하여 매우 많은 사람이 자기 자신의 지적 능력을 힘들여 사용하기보다는 차라리 다른 이들이 하는 대로 따라 한다. 그와 같은 사람들은 언제나 단지 다른 이들의 복사물만 될 수 있을 뿐이며, 그래서 만일 모든 이들이 그와 같다면 세상은 영원히 똑같은 자리에 머물게 될 것이다. 그런 까닭에 으레 그렇듯 청소년들을 단순히 모방만 하도록 가르치지 않는 것은 매우 절실하고 중요하다.

모방의 준칙을 습관들이게 하는 데에 기여하는 것들, 그럼으로써 IX 77
이성을 편견의 비옥한 땅으로 만드는 데에 기여하는 것들은 그토록 많다. 다음과 같은 것들이 모방을 부추기는 보조수단에 해당한다.

1) 공식[215] — 이것은 규칙으로, 이 규칙을 표현하는 말은 모방의 본보기로 이용된다. 그런데 이것은 복잡한 문장들을 쉽게 만드는 데에 대단히 유용하다. 그런 까닭에 명민한 사람은 그와 같은 것을 고안해내려고 애쓴다.

A 119 2) 격언[216] — 더 짧은 말로는 그 의미를 다 담을 수 없을 것처럼 보일 정도로 함축적인 의미를 매우 절도 있게 표현한 어구다. — 그와 같은 격언들은 언제나 모종의 무오류성으로 신뢰받는 타인에게서 빌려온 것이어야 하고, 이러한 권위 때문에 규칙과 법칙으로 이용된다. — 성경 말씀은 카텍소켄한[217] 격언으로 불린다.

3) 명언[218] — 사람들이 좋다고 추천하는 문장이며, 원숙한 판단력의 산물로 그 안에 들어 있는 생각의 힘에 의해 그 권위는 종종 수세기에 걸쳐 유지된다.

4) 규준[219] — 이것은 학문들의 토대로 이용되는, 또한 어떤 높은 것이나 어떤 철저하게 사고된 것을 암시하는 보편적 명제다. 게다가 좀더 마음에 들도록 만들기 위해 사람들은 그것을 격언조로도 표현할 수 있다.

5) 속담[220] — 이것은 보통의 지성의 대중적 규칙이거나 혹은 보통의 지성의 대중적 판단임을 표시하려는 표현들이다. — 그와 같은 한낱 촌스러운 문장은 단지 보통의 천민들에게만 격언과 규준으로 쓰이므로 귀족 가정에서 양육된 이들에게서는 접해볼 수 없다.

* * *

그런데 앞서 제시했던 편견의 세 가지 일반적 원천에서는, 특히 모
A 120 방에서는 꽤 많은 특별한 편견이 생겨난다. 여기서는 그것들 가운데

가장 일반적인 것이라 할 수 있을 다음의 편견들을 간략히 다뤄본다.

1) 권위의 편견 — 다음의 것들이 여기에 속할 수 있다.

a) 인물의 권위의 편견 — 만일 경험이나 증언에 근거하는 것들과 관련하여 우리의 인식을 다른 인물들의 권위에 내맡긴다면 우리가 이로써 편견을 범하게 된 것은 아니다. 왜냐하면 그런 종류의 문제에서 모든 것을 우리 스스로 경험할 수 없고, 또 우리 자신의 지성으로 감당할 수 없으므로 그 인물의 권위는 우리 판단의 토대일 수밖에 없기 때문이다. — 그러나 만일 이성에 의한 인식과 관련하여 다른 이들의 권위를 우리가 참이라고 생각하는 것의 근거로 삼는다면, 우리는 한낱 편견에 따라 그 인식을 받아들이는 것이다. 왜냐하면 이성의 진리는 익명적이기 때문이다. 그 경우에는 누가 그것을 말했는지가 문제가 아니라 무엇을 그가 말했는지가 문제다. 인식의 출처가 고매한지는 전혀 중요하지 않다. 그러나 그럼에도 위대한 인물들의 권위를 향한 성벽은 일부는 스스로의 통찰이 제한되었기 때문에, 일부는 우리에게 위대한 것으로 묘사되는 것을 모방하려는 욕망 때문에 매우 흔하다. 게다가 그 인물의 권위가 간접적으로 우리의 허영심을 부추기는 데에 이용된다는 점이 거기에 더해진다. 강력한 독재자의 신민들이 — 신분이 낮은 사람과 높은 사람이 지배자의 무제한적 권력에 반해서는 둘 다 아무것도 아닌 점에서 모두 똑같이 여겨질 수 있으므로 — 독재자로부터 모두 다 똑같이 취급된다는 점을 자랑스러워하는 것과 같이, 위대한 사람의 신봉자들도, 그들 서로 간에 있을 우월함이 위대한 인물의 업적에 비하여 무의미하게 여겨질 수 있는 한에서, 자신들을 똑같이 평가한다. — 그런 까닭에 높이 칭송되는 위대한 인물들은 여러 가지 연유에서 인물의 권위의 편견을 향한 성벽을 적지 않게 후원하고 있다. A 121 IX 78

b) 군중의 권위의 편견 — 주로 천민들이 이 편견에 빠지는 경향이

있다. 왜냐하면 천민들은 인물의 업적과 재능과 지식을 평가할 수 없으므로 모든 이가 말하는 것이 틀림없이 참일 수밖에 없으리라는 전제하에 차라리 다수의 판단에 기대기 때문이다. 그러나 그들의 이러한 편견은 단지 정보 기록적 사안에만 관련될 뿐이다. 그들 스스로 관심을 가지고 있는 종교적 사안일 경우 그들은 교육받은 사람들의 판단에 기댄다.

도무지 이상한 점은 무지한 사람이 학식의 편을 드는 편견을 가지는 데 반하여 배운 사람은 그와 반대로 보통의 지성 편을 드는 편견을 가진다는 것이다.

A 122 학자가 학문들의 분야를 이미 어지간히 섭렵하고 난 뒤에도 그의 모든 노력이 그에 상응하는 만족을 주지 못하면, 급기야 그 학자는
IX 79 학식을 불신하게 된다. 특히 개념들이 감성을 통하여 형성될 수 없고 그래서 그 기반이 안정되지 않은 사변과 관련해서, 예를 들어 형이상학에서 그렇다. 하지만 그럼에도 어떠어떠한 대상들에 대한 확실함을 풀어줄 열쇠는 어디선가 찾을 수 있어야 한다고 믿고 있으므로, 이제 그는 그 열쇠를 보통의 지성에서 찾으려 한다. 그토록 오랫동안 헛되이 학문적인 탐구의 길에서 그것을 찾고자 했기 때문이다.

그러나 이런 희망은 큰 착각이다. 왜냐하면 육성된 이성능력이 일정한 사물들의 인식과 관련하여 아무것도 달성할 수 없다면 틀림없이 육성되지 않은 이성능력도 마찬가지로 그럴 수 없기 때문이다. 형이상학에서는 보통의 지성의 격언을 증거로 내세우는 것이 어떤 경우이든 간에 결코 허용되지 않는다. 여기서는 구체적인 경우가 명시될 수 없기 때문이다. 하지만 도덕의 경우에는 사정이 다르기는 하다. 도덕에서는 모든 규칙이 구체적으로 주어질 수 있을 뿐만 아니라, 실천 이성도 사변적인 지성 사용이 도구로 이용될 때보다 보통의 지성 사용이 도구로 이용될 때 전반적으로 훨씬 더 분명하고 올바르

게 나타난다. 그런 까닭에 보통의 지성은 도덕성이나 의무 관련 문제들에 대하여 사변적 지성보다 종종 더 올바르게 판단한다.

c) 시대의 권위의 편견 — 매우 현저한 편견 가운데 하나인 옛 시대의 편견이 여기에 해당한다. — 물론 우리가 옛 시대를 호의적으로 평가할 근거가 있기는 하다. 하지만 이는 단지 적절한 존중을 위한 근거일 뿐이다. 옛사람들을 인식과 학문의 금고지기로 삼음으로써, 또 그들 문헌의 상대적 가치를 절대적 가치로 치켜세우고 우리 자신을 그들이 이끄는 대로 무작정 내맡김으로써 우리는 다만 너무 자주 적절한 존중의 경계를 넘어가버린다. — 옛사람을 그처럼 지나치게 높이 평가하는 것은 지성을 어린아이 시기로 되돌리는 것이고 지성 자신의 재능을 사용하지 않고 내버려두는 것이다. — 또한 옛 시대 사람들 모두가 현재 우리에게 계승되고 있는 글들의 저자들처럼 모범적으로 저술했다고 믿는다면 우리는 매우 잘못 생각하는 것이다. 말하자면 시간이 모든 것을 걸러내어 단지 내적 가치가 있는 것만 보존되므로 오직 가장 훌륭한, 옛사람들의 문헌들만 소유하고 있다고 터무니없지는 않게 우리가 받아들여도 되는 것이다. A 123

옛 시대의 편견을 생산하고 부양하는 여러 가지 원인이 있다.

만일 어떤 것이 일반적 규칙에 의거하여 예상한 것보다 훨씬 뛰어나다면 처음에는 사람들이 그것에 놀라게 되고, 그다음에는 이 놀라움이 종종 감탄으로 넘어간다. 옛사람의 경우가 이에 해당한다. 옛사람들이 살았던 시대 상황을 고려하여 사람들이 찾아보지도 않았던 것을 그들에게서 발견할 때가 그렇다. — 둘째 원인은 옛사람의 연구에서 얻어낸 내용 자체가 매우 평범하고 하찮을 수 있음에도 불구하고 옛 시대와 옛사람에 대하여 알고 있다는 것이, 늘 존경심을 얻어내는 학식과 독서지식의 증거가 된다는 상황에 있다. — 셋째 원인은 옛사람들이 우리에게 많은 지식으로 이어지는 길을 터주었다는 IX 80 A 124

점에서 우리가 그들에게 갚아야 할 고마움에 있다. 이 점과 관련하여 그들을 특별히 높이 평가하는 것은 정당해 보인다. 하지만 우리의 평가는 종종 도를 넘는다.—끝으로 넷째 원인은 동시대인을 향한 일종의 **질투**에서 찾을 수 있다. 현대인들과 겨룰 자신이 없는 사람은 그들이 자신을 얕볼 수 없도록 그들에게 손해가 되게 옛사람을 찬양한다.

이 편견과 반대되는 편견은 **새로운 것**의 편견이다.—이따금 옛 시대의 권위와 애호의 편견은 쇠퇴했다. 특히 유명한 **퐁트넬**[221]이 현대인 편에 섰던 이번 세기 초에 그러했다.—확장될 가능성이 있는 인식들이라면 우리가 낡은 것보다 새로운 것에 더 큰 신뢰를 주는 것은
A 125 매우 자연스러운 일이다. 그러나 이같이 내리는 판단도 한낱 잠정적 판단으로만 일리가 있을 뿐이다. 만일 우리가 그것을 규정짓는 판단으로 삼는다면 그 판단은 편견이 된다.

2) **자기 사랑**[222] 혹은 **논리학적 유아론에서**[223] **나오는** 편견—이 편견에 따라 사람들은 자신들의 판단이 다른 이들의 판단과 일치되는 것을 진리의 기준으로서 없어도 된다고 여기게 된다.—이 편견은 권위의 편견과 반대된다. 왜냐하면 이 편견은 자기 자신의 지성이 산출한 것에 대한, 예를 들어 자기 자신의 체계가 산출한 것에 대한 일종의 편애 형태로 나타나기 때문이다.

* * *

편견을 그대로 두는 것 혹은 심지어 방조하는 것이 좋은 일인가,
Ⅸ 81 또 권할 만한 일인가?—우리 시대에 이와 같은 물음이, 특히 편견이 방조되는 것과 관련된 물음이 여전히 제기될 수 있다는 것이 놀랍다. 누군가의 편견을 방조하는 것은 선의로 그 사람에게 사기를 치는 것

과 똑같은 것이다. — 편견을 손대지 않고 그럭저럭 놔둘 수는 있다. 누가 그 모든 편견을 하나하나 찾아내고 제거하는 일에 전념할 수 있겠는가? 그렇다면 힘을 다해 편견을 뿌리 뽑는 일은 권할 만하지 않다는 것인가? — 그러나 이것은 다른 문제다. 오래되고 깊이 뿌리 박혀 있는 편견들은 물론 타파되기 어렵다. 왜냐하면 그런 편견은 자신에 대해 스스로 변명하고 또 스스로가 말하자면 스스로의 재판관이기 때문이다. 또한 그 편견이 근절되면 불리한 사항들이 생길 수 있다는 이유로 그대로 놔두는 것이 낫다고 이해시키려고도 한다. 하지 A 126
만 이 불리한 사항은 줄곧 용인되고 있기만 하다. — 앞으로 그 편견은 훨씬 더 많은 이득을 보게 될 것이다.

X.

개연성 — 개연성 정의 — 개연성과 그럴듯함의 차이 — 수학적 개연성과 철학적 개연성 — 의심 — 주관적 의심과 객관적 의심 — 회의적, 독단적, 비판적 사고방식 혹은 철학함의 방법 — 가설

우리 인식의 확실함에 관한 학설에는 확실함에 가까이 다가간 것이라고 간주될 수 있을, 개연적인 것의 인식에 관한 학설도 속해 있다.

충분한 근거들에 그 반대의 근거들이 관계되어 있는 것보다 더 크게 관계되어 있는 불충분한 근거들에 의거하여 참이라고 생각하는 것이 개연성이라고 이해될 수 있다. — 이 정의로 우리는 개연성[224]
과 한갓된 그럴듯함[225]을 구별한다. 왜냐하면 그럴듯함은 불충분한 A 127

근거들이 그 반대의 근거들보다 더 큰 한에서 그 불충분한 근거들에 의거하여 참이라고 생각하는 것을 말하기 때문이다.

말하자면 참이라고 생각할 근거는 그 반대 근거보다 **객관적으로** 더 클 수 있거나, 아니면 **주관적으로** 더 클 수 있다. 둘 중 이느 경우일지는 참이라고 생각할 근거들을 충분한 근거들과 비교함으로써만 알아낼 수 있다. 왜냐하면 그럴 때에는[226] 그 반대의 근거들이 충분한
IX 82 근거들보다 더 클 수 있는 것보다 참이라고 생각할 근거들이 충분한 근거들보다 더 크기 때문이다.[227] — 따라서 개연성의 경우에 참이라고 생각할 근거는 **객관적으로 유효한**[228] 반면, 한갓된 그럴듯함의 경우에는 단지 **주관적으로만 유효할** 뿐이다. — 그럴듯함은 단지 남의 말에 따름의 양이고, 개연성은 확실함에 가까이 다가감이다. — 개연성의 경우에는 내가 그것을 산정할 때 견주어볼 수 있는 잣대가 항상 있어야 한다. 그 잣대는 **확실함**이다. 왜냐하면 불충분한 근거들을 충분한 근거들과 비교해야 하므로 나는 얼마만큼이 확실함에 속하는지를 알아야 하기 때문이다. — 그러나 한낱 그럴듯함의 경우에는 그와 같은 잣대가 없게 된다. 왜냐하면 이 경우에는 불충분한 근거들을 충분한 근거들과 비교하지 않고, 단지 그 반대의 근거들과만 비교하기 때문이다.

개연성의 계기들은 **동질적**[229]이거나 아니면 **이질적**[230]일 수 있다. 수학적 인식에서처럼 동질적이라면 그 계기들은 **수치화되어야**[231] 하
A 128 고, 철학적 인식에서처럼 이질적이라면 **저울질되어야**[232] 한다. 즉, 효과에 따라 평가되어야 한다. 그리고 이 효과는 마음속 방해들의 압도됨에 따라 평가되어야 한다. 이질적인 계기들은 확실함 비율을 알게 해주지 못하며, 단지 한 그럴듯함과 다른 그럴듯함의 비율을 알게 해줄 뿐이다. — 따라서 오직 수학자만이 충분한 근거와 불충분한 근거의 비율을 정할 수 있다는 결론이 나온다. 철학자는 단순히 주관적으

로 충분하고 실사용적으로 충분하게 참이라고 생각함에, 즉 그럴듯함에 만족해야 한다. 왜냐하면 철학적인 인식에서는 근거들의 이질성 때문에 개연성 값이 매겨질 수 없기 때문이다.—여기서는 말하자면 그 무게가 모두 다 검인받은 무게는 아니다. 그런 까닭에 원래 수학적 개연성과 관련해서만 "개연성은 확실함의 절반 이상이다"라고 말할 수 있는 것이기도 하다.

개연성의 논리학을 놓고 말들이 많았다. 그러나 이런 논리학은 가능하지 않다. 왜냐하면 충분한 근거들에 대한 불충분한 근거들의 비율이 수학적으로 검토될 수 없다면 모든 규칙은 아무런 도움도 안 되기 때문이다. 또한 개연성을 위한 어떠한 보편적 규칙도 마련될 수 없다. 다만 예외가 있다면, '오류는 어느 한쪽에만 있지는 않을 것이며, 일치의 근거는 객관에 있음에 틀림없다'라는 규칙, 마찬가지로 '서로 반대되는 양편이 같은 양과 정도로 오류에 빠져 있다면, 그 중간에 참이 있을 것이다'라는 규칙일 것이다.

* * *

의심[233)]은 참이라고 생각함의 반대 근거이거나 단순한 방해다. A 129; IX 83
이는 주관적으로 살펴볼 수 있거나, 아니면 객관적으로 살펴볼 수 있다.—요컨대 주관적으로는 이따금 의심은 결정을 주저하는 마음 상태로 보이며, 객관적으로는 참이라고 생각하기에는 근거들이 충족되지 않았다는 인식으로 보인다. 후자인 점에서 의심은 이의[234)]라고 한다. 즉 참이라고 생각된 인식을 거짓으로 간주할 객관적인 근거다.

단지 주관적으로만 유효한, 참이라고 생각함의 반대 근거는 거리낌[235)]이다.—거리낌의 경우 참이라고 생각하는 것을 막는 것이 객관적 근거에 기초한 것인지, 아니면 단지 경향성이나 습관 따위의 주관적 근거에 기초한 것인지 우리는 모른다. 의심의 근거에 대하여 명료하게 또 특정해서 설명할 수 없으면서, 또한 그 근거가 대상 자체에 있는지 아니면 단지 주관에 놓여 있는지 통찰할 수 없으면서 우리는 의심한다. — 그런데 그와 같은 거리낌이 제거될 수 있으려면 거리낌은 이의의 명료함과 확정성으로까지 끌어올려지지 않으면 안 된다. 왜냐하면 이의에 의해 확실함은 명료함과 완벽함을 얻게 되며, 또 만일 반대 근거들 — 이것들에 의해 자신이 확실함에서 여전히 얼마나 멀리 떨어져 있는지 혹은 얼마나 가까이 있는지가 정해질 수 있다 — 이 불러일으켜지지 않았다면, 아무도 한 사물에 대해 확실하게 인지할 수 없기 때문이다. — 또한 사람들이 각 의심에 대해 단순히
A 130 대답만 한다는 것도 충분하지는 않다. 그것을 풀기도 해야 한다. 즉, 어떻게 거리낌이 생겼는지 이해해야 한다. 그렇게 하지 않으면 의심은 단지 기각될 뿐 폐지되지는 않는다. — 그렇게 되면 의심의 씨앗은 여전히 남아 있을 것이다.

— 하지만 많은 경우 참이라고 생각하는 것을 방해하는 것이 우리 안에서 단지 주관적 근거만 가졌는지 아니면 객관적 근거를 가졌는지 우리는 알 수 없으며, 그래서 가상을 적발해냄으로써 거리낌을 제거할 수 없다. 왜냐하면 우리는 우리 인식을 항상 객관과 비교할 수는 없고 종종 단지 우리 인식들끼리만 비교할 수 있기 때문이다. 그런 까닭에 자신의 이의를 단지 의심으로서만 전달하는 것은 겸손이다.

* * *

의심함의 원칙이 있다. 이 원칙은 '인식을 불확실하게 만들려는 의도로, 또 확실함에 도달할 가능성이 없다는 것을 보여주려는 의도

로 인식을 다루라!'는 준칙에 있다. 이와 같은 철학함의 방법은 회의적 사고방식이나 회의론이다. 이 방법은 독단적 사고방식 혹은 독단론과 대립된다. 단지 이성의 그럴듯해 보이는 성취를 위해 비판 없이 IX 84 순전히 개념들에 의해서만 아프리오리하게 스스로를 확장하는 이성의 능력에 대한 맹목적 신뢰가 독단론이다.

두 방법은 일반화할 경우에 잘못된다. 왜냐하면 우리가 독단적 방법으로 처리할 수 없는 많은 지식이 있고, 다른 한편으로는 회의론이 모든 단언적 인식을 포기함으로써 확실한 것에 대한 인식을 소유하 A 131 는 데에까지 이르려는 우리의 모든 노력을 말살하기 때문이다.

그런데 이 회의론이 그토록 해롭기는 하더라도, 사람들이 회의적 방법을 다른 어떤 식이 아니라 단지 어떤 것을 불확실한 것으로 다루는 방식으로만 여기는 한, 또 그 길을 따라 진리를 찾아내려는 희망에서 어떤 것을 최고의 불확실성을 향해 데려가는 방식으로만 여기는 한, 그 회의적 방법은 쓸모 있고 합목적적이다. 그러니까 원래 이 방법은 판단함을 단순히 유예하는 것일 뿐이다. 이 방법은 비판적 방법에 매우 도움이 된다. 비판적 방법이란 자신의 주장이나 이의의 원천을 조사하는, 그래서 그것들이 기대는 근거들을 조사하는 철학함의 방법을 의미한다. — 확실함에 이를 수 있을 희망을 주는 한 방법이다.

수학과 자연학에서는 회의론이 생겨나지 않는다. 오로지 수학적이지도 감각경험적이지도 않은 인식들만이 — 순수하게 철학적인 인식만이 — 회의론을 야기할 수 있다. 절대적 회의론은 모든 것이 가상이라고 억지를 부린다. 그러니까 절대적인 회의론은 가상과 진리를 구별한다. 따라서 가상과 진리의 차이에 대한 징표도 갖지 않으면 안 된다. 그러므로 절대적 회의론은 진리의 인식을 전제하지 않으면 안 된다. 하지만 이로써 그것은 스스로 모순된다.

*　　*　　*

위에서 우리는 개연성에 관하여 그것이 확실함으로 가까이 다가
A 132 가는 것일 뿐이라는 점을 언급했다. — 그런데 특히 가설도 그와 같다. 왜냐하면 가설에 의거해서는 우리가 인식하는 가운데 결코 필연적 확실함에 도달할 수 없고, 언제나 단지 더 큰 정도의 혹은 더 작은 정도의 개연성에 도달할 수 있을 뿐이기 때문이다.

가설은 한 근거에서 나오는 결과들의 충분함 때문에 그 근거가 참이라는 판단을 참이라고 생각하는 것, 혹은 더 짧게 표현하면, 근거로서의 전제를 참이라고 생각하는 것이다.

IX 85 따라서 가설에서 모든 참이라고 생각함은 근거로서 전제가 자신에 의거하여 결과들로서 다른 인식들을 설명하는 데 충분하다는 것에 근거한다. 왜냐하면 여기서는 우리가 결과의 참에서 근거의 참을 추론해내기 때문이다. — 그러나 앞서 언급했듯이 이 추론방식에서는 오직 가정된 근거에서 나올 수 있을 가능한 결과들이 모두 다 참일 때에만 진리의 충분한 기준이 나오고 또 반드시 그럴 수밖에 없다는 식의 확실함에 이를 수 있기 때문에, 이로부터 분명히 알 수 있는 것은 우리가 결코 가능한 결과를 모두 규정할 수 없는 터라 가설이 언제나 가설에 머물 것이라는 점이다. 즉, 결코 우리가 완전히 확실하다고 여기는 데에까지 다다를 수 없는 전제들에 머물 것이라는 점이다. — 그럼에도 만일 지금까지 우리에게 나타났던 모든 결과가 전제된 근거에 의거하여 설명될 수 있다고 한다면 가설의 개연성은 더 자랄 수 있어서 확실함에 유사한 경우로까지 우뚝 솟을 수도 있다. 왜냐하
A 133 면 그러한 경우라면 우리가 그것에 의거하여 모든 가능한 결과를 설명할 수 있으리라고 가정하지 말아야 할 이유는 없기 때문이다. 따라서 이러한 경우 우리는, 비록 가설이 단지 귀납에 의한 것일 뿐임에도

마치 그것이 전적으로 확실한 듯이, 가설에 우리 자신을 내맡긴다.

하지만 모든 가설에는 무엇인가 반드시 그럴 수밖에 없는 식으로 확실한 것도 있지 않으면 안 된다. 구체적으로 말하면 이렇다.

1) **전제 자체의 가능성** — 예를 들어 우리가 지진과 화산을 설명하기 위해 땅속의 불을 가정한다면, 비록 활활 타오르는 물체로서는 아닐지라도 열이 있는 물체로서 그와 같은 불은 가능해야 한다. — 그러나 어떤 다른 현상들을 설명하기 위하여 지구를 내부에서 체액의 순환을 통해 열을 발생시키는 동물로 삼는 것은 순전한 허구라고 하지, 가설을 세운다고 말하지 않는다. 왜냐하면 현실은 날조되기도 하지만, 가능성은 그렇게 되지 않기 때문이다. 가능성은 확실해야 한다.

2) **귀결됨** — 결과들은 가정된 근거로부터 올바르게 흘러나와야 한다. 그렇지 않으면 가설에서부터 한갓된 괴물이 나오게 된다.

3) **단일성** — 가설이 단 하나일 뿐이고, 그 가설이 자신을 지원하는 보조 가설들을 필요로 하지 않는다는 점은 가설의 본질적 요구사항이다. — 만일 우리가 이미 한 가설을 세울 때부터 다른 여러 가설의 도움을 받는다면, 그 가설은 그로써 자신의 개연성을 매우 많이 잃어버릴 것이다. 왜냐하면 한 가설에서 도출될 수 있는 결과들이 더 많 A 134
을수록 그 가설은 그만큼 더 개연적이고, 더 적을수록 그만큼 덜 개연적이기 때문이다. 예를 들어 **브라헤**[236]의 가설은 많은 현상을 설명하기에는 그다지 충분하지 않았다. 그래서 그는 그 점을 보충하기 위해 더 많은 새로운 가설을 가정했다. — 그런데 가정된 가설들이 진 IX 86
정한 근거일 수 없다는 점은 그 대목에서 이미 짐작되는 바다. 반면에 코페르니쿠스[237]의 체계는 가설에 의거하여 설명되어야 할 모든 것이 — **지금까지 우리에게 나타났던 한에서** — 가설에 의거하여 설명될 수 있는 가설이다. 이 경우에 우리는 **보조 가설들**[238]을 필요로 하지 않는다.

가설을 허락하지 않는 학문들이 있다. 예를 들어 수학과 형이상학 같은 것이다. 그러나 자연학에서 가설은 유용하며 없어서는 안 된다.

* * *

부록

이론적 인식과 실사용적 인식의 차이에 대하여

이론적 인식에 반대되는 인식은 실사용적 인식이라 부르지만, 사변적 인식에 반대되는 인식도 그렇게 부른다.

요컨대 실사용적 인식은

1) 명령[239]이며, 그런 한에서 이론적 인식과 대비되거나 아니면

A 135 2) 가능한 명령을 위한 근거를 함유하며, 그런 한에서 사변적 인식과 반대된다.

무릇 명령이란 어떤 일정한 목적을 실현해야 하는 가능한 자유로운 행위를 진술하는 명제로 이해될 수 있다. — 그러므로 명령을 함유하는 모든 인식은 실사용적이라 일컫고, 그것도 이론적 인식에 대비하여 그렇게 일컫는다. 왜냐하면 이론적 인식은 무엇이어야 함을 말해주는 인식이 아니라, 무엇임을 말해주는 인식이기 때문이다. — 그러니까 행함을 대상으로 삼지 않고 있음[혹은 임]을 대상으로 삼는다.

이에 반해 우리가 실사용적 인식을 사변적 인식에 대비한다면, 실사용적 인식은 자신으로부터 오로지 명령들만 이끌어내질 수 있는 한에서 이론적일 수도 있다. 그럴 경우 이 인식은 그런 점을 고려하여 고

찰될 때, **함량**의 견지에서 (잠재적 가능성에서) 혹은 **대상적**으로 실사
용적 인식이다. — 왜냐하면 우리는 사변적 인식이라는 것을 자신으
로부터 행동의 규칙이 이끌어내질 수 없는 인식으로, 혹은 가능한 명
령을 위한 근거를 함유하지 않은 인식으로 이해하기 때문이다. 그와
같은 순전히 사변적인 명제는 예를 들어 **신학**에 많다. — 따라서 그러
한 사변적 인식들은 언제나 이론적이다. 그러나 거꾸로 모든 이론적 IX 87
인식이 사변적인 것은 아니다. 또한 이론적 인식은, 다른 점을 고려
하여 고찰된다면, 동시에 실사용적일 수도 있다.

모든 것은 맨 마지막에 가서는 결국 **실사용적**인 것이 되며, 그래서 A 136
모든 이론적인 것과 모든 사변이 자신들의 사용과 관련하여 이러한
경향을 띤다는 것에 우리 인식의 실사용적 가치가 있다. 그러나 이
가치는 인식의 실사용적 사용이 향해 있는 **목적**이 **무조건적**[240] 목적
일 때, 오직 그때에만 **무조건적인** 가치다. — 우리 인식의 모든 실사용
적 사용이 맨 마지막에 관련되지 않으면 안 되는, 최후의 유일한 무
조건적 목적(최종 목적)은 **도덕성**이며, 이 때문에 우리는 도덕성을 단
적으로[241] **실사용적인** 것 혹은 **절대적으로**[242] **실사용적인** 것으로도 부른
다. 그러므로 다른 모든 철학적 학문들도 언제나 자신의 **실사용적인**
부분을 가지고 있을 수 있지만, 즉 세워진 이론과 관련하여 이 이론
을 일정한 목적을 실현하는 데 실사용적으로 사용할 지침을 함유할
수 있지만 도덕성을 대상으로 삼는 철학의 분과가 **실사용적** 철학 그
자체로 일컬어야 할 것이다.

*　　*　　*

I.
일반 요소론

A 137; Ⅸ 89

A 139; IX 91

제1절
개념

*　*　*

§ 1
개념 일반 그리고 개념과 직관의 차이

모든 인식, 즉 의식이 동반된 채 대상과 관계된 모든 표상은 직관이거나, 아니면 개념이다. — 직관은 개별적인 표상[1]이고, 개념은 일반적인 표상(공통적인 징표에 의한 표상)[2]이거나 되짚어진 표상(개념적인 표상)[3]이다.

개념에 의한 인식은 생각함(개념적인 인식)[4]이라고 부른다.

*　*　*

주석 1. 개념은 직관과 반대다. 왜냐하면 개념은 보편적인 표상, 혹
A 140 은 다수의 대상에게 공통적으로 있는 것의 표상, 즉 그 표상이 여러 상이한 것들에 함유되어 있을 수 있는 한에서의 표상이기 때문이다.

주석 2. "보편적인 개념들"이나 "공통적인 개념들"이라는 말은 한낱 동어 반복일 뿐이다. — 이는 개념을 보편적인 개념, 특수한 개념, 개별적인 개념으로 옳지 않게 분류하는 데에 따른 오류다. 개념 자체가 아니라 오직 개념의 사용만이 그와 같이 분류될 수 있다.

§ 2
개념의 재료와 형식

모든 각각의 개념에서 재료와 형식이 구별될 수 있다. — 개념의 재료는 대상이고 개념의 형식은 보편성이다.

§ 3 IX 92

감각경험적 개념과 순수한 개념

개념은 감각경험적 개념이거나 아니면 순수한 개념이다(감각경험적 개념이거나 아니면 지성적 개념이다). — 순수한 개념은 경험을 떼어내며 추상된 개념이 아니라 내용적으로도 지성에서 발원하는 개념이다.

이념[5]은 이성의 개념이되 그 대상을 우리가 결코 경험에서 만날 수 없는 개념이다.

*　　*　　*

주석 1. 감각경험적 개념은 경험의 대상들의 비교에 의하여 감각 A 141
능력에서 발원하며, 지성에 의해서는 단지 보편성의 형식을 얻을 뿐이다. — 감각경험적 개념들의 사실성은 실제적 경험에 의거한다. 왜냐하면 내용 면에서 감각경험적 개념들은 이 실제적인 경험에서 얻어지기 때문이다. — 그러나 자체적으로 보아 어떠한 경험에도 매이지 않고 오직 지성에서 발원하는 순수한 지성 개념[6]이 있을지는 형이상학이 조사해야 한다.

주석 2. 이성의 개념 혹은 이념은 결코 실제적 대상들로 이어질 수 없다. 왜냐하면 이 실제적 대상들은 모두 가능한 경험 안에 포함되어 있지 않으면 안 되기 때문이다. 하지만 그럼에도 이념은 최대로 완전하게 경험 및 경험의 규칙들을 사용하는 것과 관련하여, 이성에 의해 지성을 이끄는 데에 도움이 되며, 또한 모든 가능한 것이 경험의 대상이지는 않다는 점을 보여주고, 또 후자의 가능성의 원리들이 사물 그 자체에 유효하지 않고, 사물 그 자체로 여겨진 경험 대상들에도 유효하지 않다는 점을 보여주는 데에 도움이 된다.

이념에는 지성 사용의 원형[7]이 들어 있다. 예를 들면 감각경험적
지성 사용을 위한 구성적[8] 원리로서가 아니라 단지 우리의 감각경험 A 142

적 지성 사용을 두루두루 빠짐없이 연결하기 위한 규제적[9] 원리로서 꼭 필요한 것일 수밖에 없는 세계 전체라는 이념이 그렇다. 그러니까 이 이념은 종속적으로 정렬시키는 지성의 행위를 대상적으로 완성하기 위해서거나, 아니면 이 행위를 경계가 정해지지 않은 것으로 간주하기 위해 꼭 필요한 기본개념이라고 간주될 수 있다. — 또한 그 이념은 합침[10]을 통해 얻어질 수 없다. 왜냐하면 여기서 전체는 부분보다 먼저이기 때문이다. 그런데 자신들 쪽으로 가까이 다가감이 일어나는 이념들도 있다. 수학적 전체 이념 혹은 전체의 수학적 산출이라는 이념의 경우가 그렇다. 이 이념은 역학적[11] 전체 이념과 본질적으로 구별된다. 역학적 전체 이념은 모든 구체적 개념과는 완전히 이질
IX 93 적[12]이다. 왜냐하면 이 경우에 전체는 (수학적 이념의 경우에서처럼) 양에 준해서가 아니라 성질[13]에 준하여 구체적 개념들과 구별되기 때문이다.

이론적 이념에 객관적 사실성을 마련해주거나 증명하는 일은 가능하지 않다. 오직 자유에 관한 이념만이 예외일 뿐이다. 그것도 이 이념이 도덕 법칙 — 이것의 사실성은 공리에 해당한다 — 의 조건이기 때문에 그렇다. — 신에 관한 이념의 사실성은 이 자유에 관한 이념을 통해서만 증명될 수 있고, 또 그래서 단지 실사용적 의도에서만, 즉 마치 신이 존재하는 것처럼 행위를 하는 의도에서만, — 그러니까 단지 이러한 의도를 위해서만 증명될 수 있을 뿐이다.

모든 학문에서, 특히 이성의 학문에서 학문의 이념은 그 학문의 전
A 143 반적 윤곽이나 개요[14]다. 즉 그 학문에 속하는 모든 지식의 테두리다. (한 학문을 하는 중에 주시해야 하고 또 찾아야 할 첫째 것인) 그와 같은 전체 이념은 건축학적이다. 예를 들어 정당함에 관한 학문[15]의 이념이 그런 경우다.

인류라는 이념, 완전한 공화국이라는 이념, 행복한 삶이라는 이념

등등은 대부분의 사람들에게 결여되어 있다. — 많은 사람은 자신들이 하고자 하는 것에 관한 이념을 가지고 있지 않다. 그런 까닭에 그들은 본능과 권위에 따라 처신한다.

§4
(아프리오리하게 혹은 아포스테리오리하게) 주어진 개념과 만들어진 개념

재료에 준하여 볼 때 모든 개념은 주어진 개념[16]이거나 아니면 만들어진 개념[17]이다. — 전자는 아프리오리하게 주어져 있거나, 아니면 아포스테리오리하게 주어져 있다.

감각경험적으로나 아포스테리오리하게 주어진 개념은 모두 경험개념[18]으로 불린다. 아프리오리하게 주어진 개념은 순수 개념[19]으로 불린다.

* * *

주석: (개념적 표상으로서) 한 개념의 형식은 언제나 만들어진 것이다.

§5 A 144
개념의 논리학적 근원

순전히 형식에 준하여 보면 개념의 근원은 되짚음에 있고 또한 그 어떤 표상을 통해 이름이 붙여진 사물들의 차이를 떼어내며 추상하는 데에 있다. 그러니까 여기 논리학에서는 이런 물음이 던져진다. 지성의 어떠한 행위가 개념을 형성하는가? 혹은 같은 말이지만, 지성의 어떠한 행위가 주어진 표상들에서 개념을 산출하는 일에 필요한가?

* * *

주석 1. 일반 논리학은 개념들에 의한 인식의 모든 내용을 떼어내 IX 94
며, 혹은 생각의 모든 재료를 떼어내며 추상하므로 개념을 단지 형식을 고려해서만, 즉 주관과 관련해서만 고찰할 수 있다. 즉, '어떻게 개념이 징표를 통해 대상을 규정짓는가?'를 고찰하지 않고, 단지 '어떻게 개념이 다수의 대상들과 관계될 수 있는가?'만 고찰할 뿐이다.— 그러므로 일반 논리학은 개념의 원천[20]을 조사할 필요가 없다. 즉 어떻게 개념들이 표상으로서 발생하는지를 조사하지 않고, 오직 어떻게 주어진 표상들이 생각하는 가운데 개념들로 되는지를 조사한다. 여하튼 이 개념들은 경험에서 얻어들인 그 무엇을, 아니면 또한 꾸며낸 그 무엇을, 아니면 지성의 본성에서 빌려온 그 무엇을 함유할 것이
A 145 다.— 개념의 이러한 논리학적 근원(개념의 한갓된 형식 면에서의 근원[21])은 되짚음에 있다. 왜냐하면 이 되짚음에 의해 다수의 대상에게 공통된 표상(공통 개념[22])이 판단력을 위해 요구되는 형식으로서 생겨나기 때문이다.[23] 그러므로 논리학에서는 단지 개념들과 관련된 되짚음의 차이만 고찰될 뿐이다.

주석 2. 개념의 재료를 고려했을 때 개념의 근원은, 즉 개념이 감각 경험적인지, 아니면 자의적인지, 아니면 지성적인지가 따져질 때 개념의 근원은 형이상학에서 고찰된다.

§ 6

비교, 되짚음, 추상이라는 논리학적 행위

개념들의 형식에 준해 볼 때 개념들을 산출하는 논리학적 지성 행위는 다음과 같다.

1) 비교.[24] 즉 의식의 단일성에 견주면서 표상들을 서로 비교하는 것

2) 되짚음.[25] 즉 서로 다른 표상들이 하나의 의식 안에서 어떤 식으로 움켜잡힐 수 있는지 숙고하는 것. 그리고 끝으로

3) 추상[26] 혹은 주어진 표상들에서 서로 차이가 나는 여분의 것을

모두 떼어놓는 것.

*　　*　　*

주석 1. 그러므로 표상들에서 개념을 만들기 위해서는 비교하고, 되 A 146
짚고, 추상할 수 있어야 한다. 왜냐하면 지성의 이 세 가지 논리학적
작업은 전반적으로 모든 개념의 산출을 위한 본질적이고 보편적인
조건이기 때문이다. — 예를 들어 내가 가문비나무, 버드나무, 보리
수나무 각각 한 그루를 보고 있다고 하자. 제일 먼저 나는 이 대상들
을 서로 비교함으로써 그것들이 줄기, 가지, 잎사귀 등과 관련하여
서로 다르다는 것을 알아챈다. 그리고 이제 그다음에는 오로지 그것
들이 서로 공통적으로 가지고 있는 것 쪽으로만 — 줄기, 가지, 잎 자 IX 95
체 — 되짚으며, 또 이것들의 크기, 모양 등을 떼어내며 추상하여 나
무 개념을 얻는다.

주석 2. 사람들은 논리학에서 '추상'이라는 말을 늘 올바르게 사용
하지는 않는다. 우리는 "어떤 것을 추상한다"[27]라고 말하지 말고 "어
떤 것을 떼어내며 추상한다"[28]고 말해야 한다. — 예를 들어 내가 짙
은 빨간색 천조각에서 단지 빨간색만 생각할 때 나는 천조각을 떼어
내며 추상한다. 만일 내가 이것 역시 떼어내며 추상하면서 짙은 빨강
을 일반적인 물질적 재료의 하나로 생각한다면, 나는 훨씬 더 많은
규정들을 떼어내며 추상하는 것이고, 또 그래서 이를 통해 내 개념은
훨씬 더 추상된다. 왜냐하면 한 개념에서 사물들의 더 많은 차이들을
떼어내 버린다면 혹은 그 개념에서 더 많은 규정을 떼어내며 추상한
다면 그 개념은 그만큼 더 추상되기 때문이다. 그런 까닭에 '추상된 A 147
개념'은 원래 '추상하고 있는 개념'으로 불러야 한다. 다시 말해 자신
안에서 다수의 추상들이 일어나고 있는 개념으로 불려야 한다. 그래
서 예를 들어 물체 개념은 원래 추상된 개념이 아니다. 왜냐하면 나는
결코 물체 자체를 떼어내며 추상할 수 없기 때문이다. 만일 그렇게

되면 나에게는 물체 개념이 아예 없어질 것이기 때문이다. 하지만 물론 나는 크기와 색깔과 단단함과 유동성을, 한마디로 말해 개별적인 물체들의 모든 특수한 규정들을 떼어내며 추상해야 한다. — 가장 추상적인 개념은 자신과 상이한 개념과 아무것도 공동으로 갖고 있지 않은 개념이다. 어떤 것 개념이 그런 것이다. 왜냐하면 이 개념과 상이한 것은 아무것도 아님[혹은 없음] 개념이고, 또 그래서 어떤 것과 아무것도 공동으로 갖고 있지 않기 때문이다.

주석 3. 추상은 단지 보편적으로 타당한 표상들이 산출될 수 있을 부정 조건일 뿐이다. 긍정 조건은 비교와 되짚음이다. 왜냐하면 추상으로는 개념이 생성되지 않기 때문이다. — 추상은 개념을 단지 완전하게 만들 뿐이며, 개념의 정해진 경계 안에 개념을 가두어넣는다.

§ 7
개념의 내용과 범위

모든 각각의 개념은 부분 개념[29)]으로서 사물들의 표상 안에 들어 있다. 인식 근거로서는, 즉 징표로서는 개념 아래에 이 사물들이 들어 있
A 148 다. — 전자를 고려할 때 각 개념은 내용[30)]을 가지며, 후자를 고려할 때 범위[31)]를 가진다.

개념의 내용과 범위는 서로 반대되는 관계에 있다. 요컨대 한 개념이 자신 아래에 더 많은 것을 함유할수록 그 개념은 자신 안에 그만큼 더 적게 함유하며, 이는 역으로도 성립한다.

* * *

주석. 개념의 보편성이나 보편적 유효함은 그 개념이 부분 개념이라는 데에 의거하지 않는다. 오히려 그 개념이 인식 근거라는 데에 의거한다.

§ 8 IX 96

개념 범위의 크기

한 개념의 범위 혹은 영역[32]은 그 개념 아래에 있는 사물들이 더 많을수록 또 그 개념에 의해 생각될 수 있는 사물들이 더 많을수록 그만큼 더 크다.

* * *

주석. 사람들이 일반적으로 근거에 대하여 '근거는 결과를 자신 아래에 포함한다'고 말하는 것처럼, 사람들은 개념에 대해서도 '개념은 인식 근거로서, 추상되어 떼어내어진 모든 것을 자신 아래에 포함한다'고 말할 수 있다. 예를 들면 '금속 개념은 금, 은, 동 등을 자신 아래에 포함한다.' — 왜냐하면 각각의 개념이 보편적으로 유효한 표상으로서 서로 다른 사물들에 관한 여러 표상에 공통적으로 있는 것 A 149
을 포함하는 터라, 그런 한에서 그 개념 아래에 포함되어 있는 이 사물들은 모두 그 개념에 의해 표상될 수 있기 때문이다. 그리고 바로 이 점이 개념의 쓸모다. 어쨌든 개념에 의해 표상될 수 있는 사물이 더 많을수록, 그 개념의 영역은 그만큼 더 크다. 그래서 예를 들면 물체 개념은 금속 개념보다 그 범위가 더 크다.

§ 9

상위 개념과 하위 개념

한 개념이 자신 아래에 다른 개념들을 두는 경우에 그 개념은 상위 개념[33]이라 부르고, 그 아래에 있는 개념은 그 개념에 비하여 하위 개념[34]이라고 부른다. — 징표의 징표(멀리 떨어진 징표[35])는 상위 개념이고, 멀리 떨어진 징표에 관계된 개념은 하위 개념이다.

* * *

주석. 상위 개념과 하위 개념은 단지 상대적으로만 그와 같이 불리므로 동일한 개념은 여러 상이한 관계에 놓일 때, 상위 개념인 동시에 하위 개념일 수 있다. 그래서 예를 들어 인간 개념은 말 개념과 관련될 때 상위 개념이지만,[36] 동물 개념과 관련될 때는 하위 개념이다.

A 150

§ 10
유와 종

상위 개념은 자신의 하위 개념을 고려할 때 유[37]라 불린다. 하위 개념은 자신의 상위 개념과 관련하여 종[38]이라 불린다.

IX 97 상위 개념과 하위 개념이 그런 것처럼, 유개념과 종개념 또한 그 개념들의 본성에 따라 구별되지 않고, 단지 논리학적인 종속적 정렬 안에서 그들끼리의 관계(종속되는 개념이거나 종속시키는 개념)와 관련해서만 구별된다.

§ 11
가장 높은 유와 가장 낮은 종

그 자신이 종이 아닌 유는 가장 높은 유이고(가장 높은 유는 종이 아니다), 마찬가지로 그 자신이 유가 아닌 종은 가장 낮은 종이다(유가 아닌 종은 가장 낮다).

그런데 연속의 법칙[39]에 따르면 가장 낮은 종도, 또 가장 가까운 종도 있을 수 없다.

* * *

주석. 종속적으로 정렬된 여러 개념의 계열 하나를 생각해보자! 예를 들어 철, 금속, 물체, 실체, …인 것. — 우리는 여기서 언제나 더 높은 유를 얻을 수 있다. — 왜냐하면 모든 각각의 종은 자신의 하위 개
A 151 념과 관련하여 (예를 들면 학자라는 개념은 철학자라는 개념과 관련하여) 언제나 동시에 유로 간주되어야 하기 때문이다. — 마침내 다시

는 종일 수 없는 유에 우리가 도달하기까지 그러하다. 그리고 우리는 최종적으로 그와 같은 유에 도달할 수 있어야 한다. 왜냐하면 맨 마지막에는 가장 높은 개념[40]이 있어야 하기 때문이다. 가장 높은 개념으로서 이 개념은 전 개념이 사라지지 않고는 더 이상 아무것도 떼어내지며 추상될 수 없는 개념일 것이다. — 그러나 자신 아래에 더 이상 다른 어떤 개념도 포함되어 있지 않으리라 생각되는 가장 낮은 개념[41] 혹은 가장 낮은 종은 종과 유로 이루어진 계열 안에 존재하지 않는다. 왜냐하면 그와 같은 개념이 규정되는 일은 불가능하기 때문이다. 설령 우리가 직접 개별적인 것들에 적용하는 개념을 갖고 있다 하더라도, 우리가 알아채지 못한 혹은 주의를 기울이지 않는 특수한 차이들은 그 개념과 관련하여 여전히 있을 수 있기 때문이다. 오직 사용 면에서 상대적으로만 가장 낮은 개념이 존재하며, 이때 이 개념은 사람들이 거기에서 더 이상 깊이 진행하지 않기로 의견 일치를 보는 한에서 흡사 협정에 따른 것처럼 그와 같은 의미를 얻는다.

그러므로 종개념과 유개념을 규정하고자 할 때는 다음과 같은 일반적 법칙이 유효하다. 더 이상 종일 수 없는 유는 있지만 다시는 유가 될 수 없어야 하는 종은 있지 않다.

§ 12 A 152; IX 98

더 넓은 개념과 더 좁은 개념 — 교환 개념

상위 개념은 더 넓은 개념으로, 하위 개념은 더 좁은 개념으로도 부른다.

영역이 동일한 개념들은 교환 개념[42]으로 부른다.

§ 13

하위 개념과 상위 개념의 관계
—더 넓은 개념과 더 좁은 개념의 관계

하위 개념은 상위 개념 안에 포함되어 있지 않다. 하위 개념은 상위 개념보다 자신 안에 더 많이 포함하기 때문이다. 하지만 하위 개념은 상위 개념 아래에 포함되어 있다. 상위 개념은 하위 개념의 인식 근거를 포함하기 때문이다.

게다가 한 개념이 다른 개념보다 자신 아래에 더 많이 포함한다는 이유로 그 개념이 다른 개념보다 더 넓지는 않다. — 왜냐하면 이를 사람들이 알 수 없기 때문이다. 오히려 그 개념이 자신 아래에 그 다른 개념을 포함하면서 그외에도 더 많이 포함할 때, 그 개념은 더 넓다.

§ 14

개념들을 종속적으로 정렬하려고 할 때 일반적 규칙

개념의 논리학적 범위와 관련하여 다음과 같은 일반적 규칙이 유효하다.

A 153 1) 상위 개념에 들어맞거나 모순되는 것은 그 개념 아래에 포함되어 있는 모든 하위 개념에도 들어맞거나 모순된다. 그리고

2) 역으로 모든 하위 개념에 들어맞거나 모순되는 것은 그 개념의 상위 개념에도 들어맞거나 모순된다.

* * *

주석. 여러 사물이 일치하는 점은 그 사물들의 보편적 성질에서 비롯되고, 서로 다른 점은 그것들의 특수한 성질에서 비롯되기 때문에, 한 하위 개념에 들어맞거나 모순되는 것이, 동일한 상위 개념에 함께 속해 있는 다른 하위 개념들에도 들어맞거나 모순된다고 결론지을
IX 99 수 없다. 그래서 예를 들어 인간에게 들어맞지 않는 것은 천사에게도

들어맞지 않는다고 결론지을 수 없다.

§ 15
상위 개념과 하위 개념이 생기는 조건: 논리학적 추상과 논리학적 규정

계속되는 논리학적 추상에 의해서는 늘 상위 개념이 생기고, 그에 반해 계속되는 논리학적 규정에 의해서는 늘 하위 개념이 생긴다. — 있을 수 있는 최대 추상은 가장 상위의 개념 혹은 가장 추상적인 개념을 낳는다. 즉 없다고 생각할 수 있는 규정이 더 이상 없는 개 A 154
념을 낳는다. 최고의 완결된 규정은 **두루두루 빠짐없이 규정된** 개념(모든 면에서 규정된 개념),[43] 즉 더 이상 어떠한 규정도 덧붙여 생각될 수 없는 개념을 낳을 것이다.

*　　*　　*

주석. 오직 개별적인 것들이나 개체들만이 두루두루 빠짐없이 규정되어 있으므로, 두루두루 빠짐없이 규정된 인식도 오직 **직관으로서**만 있을 수 있을 뿐 **개념으로서는** 있을 수 없다. 후자에 관한 논리학적 규정은 결코 완결된 규정으로 간주될 수 없다(§ 11의 주석).

§ 16
개념의 추상적 사용과 구체적 사용

모든 각각의 개념은 **보편적으로** (추상적으로) 사용될 수 있고, 또 **특수하게** (구체적으로) 사용될 수 있다. — 하위 개념은 자신의 상위 개념과 관련해서 추상적으로 사용되며, 상위 개념은 자신의 하위 개념과 관련해서 구체적으로 사용된다.

*　　*　　*

주석 1. 그러므로 '**추상적**'이라는 표현과 '**구체적**'이라는 표현은 개념 자체에 관련되지 않고 — 왜냐하면 모든 각각의 개념은 추상적 개념이기 때문이다 — , 단지 개념의 사용에만 관련될 뿐이다. 그래서 이 사용은 사람들이 한 개념을 때론 더 추상적으로, 때론 덜 추상적으로, 혹은 구체적으로 다룸에 따라, 즉 규정들을 때론 더 많이, 때론
A 155 더 적게 빼버리거나 덧붙임에 따라, 다시금 다양한 등급을 띨 수 있
IX 100 다. — 개념은 추상적 사용에 의해 가장 높은 유에 가까워지고, 반대로 구체적 사용에 의해 개체에 가까워진다.

2. 개념의 추상적 사용과 구체적 사용 가운데 어떤 것이 더 나을까? — 이 점에 관해서는 아무것도 결정될 수 없다. 한쪽의 가치는 다른 쪽의 가치보다 더 적다고 평가될 수 없다. — 매우 추상적인 개념들에 의해서는 우리가 많은 것에서 적게 인식하며, 매우 구체적인 개념에 의해서는 적은 것에서 많이 인식한다. — 그러니까 우리는 한쪽에서 얻은 것을 다시금 다른 쪽에서 잃어버린다. — 큰 영역을 갖는 개념은 많은 것에 적용될 수 있다는 점에서 매우 쓸모 있지만, 그 때문에 자신 안에는 그만큼 더 적은 것들이 포함되기도 한다. 예를 들어 실체의 개념 안에서 내가 생각하는 것은 분필의 개념 안에서 생각하는 것처럼 그렇게 많지는 않다.

3. 한 인식을 그 범위뿐만 아니라 그 내용에 따라서도 최대치에 이르게 하는, 추상적 표상과 구체적 표상의 비율, 즉 개념과 그 설명의 비율을 알아맞히는 데에 대중성의 기술이 있다.

*　　*　　*

제2절 판단 A 156; IX 101

*　*　*

§ 17
판단 일반의 정의

판단은 서로 다른 표상들의 의식의 단일함의 표상이다. 혹은 서로 다른 표상들이 한 개념을 이룰 때 이 서로 다른 표상들의 관계의 표상이다.

§ 18
판단의 재료와 형식

모든 각각의 판단에는 판단의 본질적 구성요소로서 재료와 형식이 속해 있다. — 의식이 단일하게 되게 판단에서 결합되는 주어진 인식들에 재료가 있으며, — 서로 다른 표상으로서 표상들이 하나의 의식에 속하는 방식의 규정됨에 판단의 형식이 있다.

§ 19 A 157
논리학적 되짚음의 대상—판단의 한갓된 형식

논리학은 인식의 모든 사실적 차이 혹은 대상적 차이를 떼어내며 추상하므로 판단의 재료도 다루지 않고 개념의 내용도 다루지 않는다. 그러니까 논리학은 오직 판단들의 한갓된 형식과 관련해서 판단들의 차이만 고려한다.

IX 102

§ 20

판단의 논리학적 형식: 양, 질, 관계, 양상

판단들의 차이는 판단의 형식을 고려할 때 양, 질, 관계, 양상이라는 네 가지 주요한 계기로 소급될 수 있으며, 이를 고려하여 판단의 서로 다른 종류들도 같은 수로 정해진다.

§ 21

판단의 양: 전칭, 특칭, 단칭 판단

양에 따르자면, 판단에서 주어가 술어 개념에 완전히 포함시켜 넣어져 있는지에 따라, 혹은 제외되어 있는지에 따라, 혹은 단지 부분적으
A 158 로 포함시켜 넣어져 있고 부분적으로 제외되어 있는지에 따라 판단은 전칭 판단[44]이거나, 아니면 특칭 판단[45]이거나, 아니면 단칭 판단[46]이다. 전칭 판단에서는 한 개념의 영역이 다른 개념의 영역 안으로 완전히 갇힌다. 특칭 판단에서는 한 개념의 부분이 다른 개념의 영역 밑으로 갇힌다. 마지막으로 단칭 판단에서는 영역이 전혀 없는 개념이, 따라서 단순히 부분으로서 다른 개념의 영역 밑으로 갇힌다.

* * *

주석 1. 논리학적 형식에 준하여 볼 때 단칭 판단은 사용될 때 전칭 판단과 똑같다고 여겨진다. 왜냐하면 이 둘 모두에서는 술어 개념이 주어 개념에 대하여 예외 없이 효력을 가지기 때문이다. 예를 들어 "카이우스는 언젠가 결국 죽는다"라는 단칭 명제에서도, "모든 인간은 언젠가 결국 죽는다"라는 전칭 명제에서처럼 예외는 있을 수 없다. 왜냐하면 오직 카이우스 단 한 사람만 있기 때문이다.

주석 2. 인식의 보편성[47]을 고려할 때 일반[48] 명제와 보편[49] 명제 사이에는 실질적 차이 — 물론 이 차이가 논리학과 상관이 있는 것은 아니다 — 가 있다. 일반 명제는 일정한 대상들의 보편적인 것들에 관

하여 단지 일부분만 함유하는 명제, 그래서 포섭의 충분한 조건들을 함유하지 않는 명제이기 때문이다.[50] 예를 들면 "우리는 증명을 철저하게 해야 한다"와 같은 명제가 그런 명제다. —보편 명제는 대상에 관하여 일부분을 보편적으로 주장하는 명제다.

주석 3. 보편적 규칙은 분석적으로 보편적이거나, 아니면 종합적으로 A 159
보편적이다. 전자는 차이를 떼어내며 추상하고, 후자는 차이에 주목
해서 그 차이에 관해서도 규정짓는다. — 대상이 더 단순하게 생각될 IX 103
수록 개념에 따른 분석적 보편성은 더욱더 가능하다.

주석 4.[51] 만일 전칭 명제가 구체적인 사례에서 알려진다는 점을 제외하고는 그 보편성 면에서 통찰될 수 없다면 그 전칭 명제는 원칙으로 쓸 수 없으며, 따라서 적용될 때 발견 방법적으로 효력을 가질 수 없다. 오히려 그 전칭 명제는 단지 특수한 경우들에서 처음 알려졌던 것에 대한 보편적인 근거를 조사해보아야 한다는 과제에 불과할 뿐이다. "거짓말을 할 이해관계에 있지 않으면서 진실을 아는 사람은 진실을 말할 것이다"라는 명제가 그 예다. 이 명제는 보편성 면에서 통찰될 수 없다. 왜냐하면 우리는 이해관계가 없는 사람이라는 조건으로 한정됨을 오직 경험을 통해서만, 더 자세히 말하면 사람들이 이해관계 때문에 거짓말을 할 수 있다는 경험을 통해서만 알게 되기 때문이다. 사람들이 그처럼 거짓말을 하는 것은 그들이 도덕성을 굳건히 바라지 않기 때문에 생긴다. 우리에게 인간 본성의 나약함을 가르쳐주는 관찰이다.

주석 5. 특칭 판단과 관련해서 언급되어야 할 것은, 만일 특칭 판단이 이성에 의해 통찰될 수 있어야 한다면, 그러니까 단순히 (추상된) 지성적 형식이 아니라 논거가 있는 이성적 형식을 띨 수 있어야 한다
면, 주어가 술어보다 더 넓은 범위의 개념이어야 한다는 점이다. — A 160
술어가 언제나 다음 그림의 ◯와 같고, 주어가 □와 같다면, 그것은

특칭 판단이다.

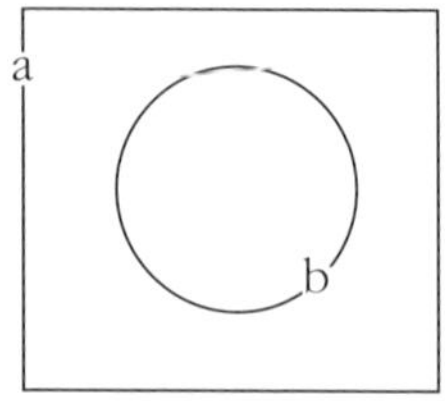

왜냐하면 a 아래에 속해 있는 것 가운데 몇몇은 b이고 몇몇은 b가 아니기 때문이다. — 이는 이성에 의거하여 나온 결과다. — 그러나 다음 그림과 같다고 한다면,

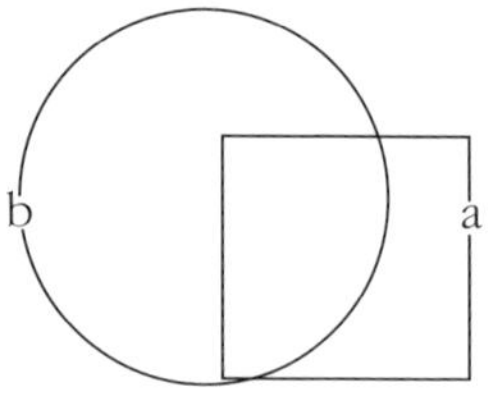

a가 더 작다면 적어도 모든 a가 b 아래에 포함되었을 수 있겠지만, a가 더 크다면 그럴 수 없다. 그러므로 그것이 특칭 판단인 것은 우연일 뿐이다.

§ 22
판단의 질: 긍정, 부정, 무한 판단

질에 따르면 판단은 긍정 판단이거나, 아니면 부정 판단이거나, 아니면 무한 판단[52]이다. — 긍정 판단에서는 주어가 술어의 영역 아래에서 생각되며, 부정 판단에서는 주어가 술어의 영역 밖에 두어지며,

무한 판단에서는 주어가 한 개념의 영역 안에 두어지되, 이 영역은 다른 개념의 영역 밖에 놓여 있다. IX 104

* * *

주석 1. 무한 판단은 단순히 주어가 술어의 영역 아래에 포함되지 않았다는 것만을 알리는 것이 아니라, 주어가 술어의 영역 밖 무한한 영역 속 어딘가에 놓여 있다는 것을 알린다. 따라서 이 판단은 술어의 영역이 제한된 것임을 말해준다. A 161

모든 가능한 것은 A이거나 아니면 A가 아닌 것이다. 따라서 만일 내가 어떤 것이 A가 아닌 것이라고 말한다면, 예를 들어 "인간의 영혼은 언젠가 결국 사멸하는 존재가 아닌 것이다"—"몇몇 사람은 학자가 아닌 것이다" 등등—라고 말한다면 그것은 무한 판단이다. 왜냐하면 무한 판단에 의해서는 A라는 유한한 영역을 넘어 그 바깥에서 어떤 개념 아래에 그 대상이 속해 있는지가 규정되지 않고, 오직 그 대상이 A 밖의 영역—이것은 원래 영역이 아니라, 단지 한 영역이 무한한 것에 맞닿는다는 것 혹은 경계 그어짐 자체일 뿐이다—에 속한다는 것만이 정해질 뿐이기 때문이다.—그런데 비록 배제하는 것이 부정하는 것이기는 하지만, 한 개념을 제한하는 것은 긍정적 행위에 해당한다. 그렇기 때문에 경계는 제한된 대상들의 긍정적 개념에 해당한다.

주석 2. 모든 제3의 것을 배제하는 원리(제3자 배제의 원리)에 따르면 한 개념의 영역은 다른 영역을 제외하면서 관계하든지 아니면 포함하여 넣으면서 관계할 것이다.—그런데 논리학은 단지 판단의 형식만 문제 삼을 뿐, 내용 면에서 개념들을 문제 삼지 않으므로, 무한 A 162
판단과 부정 판단의 구별은 이 학문에 속하지 않는다.[53)]

주석 3. 부정 판단에서는 부정이 언제나 계사에 직접 영향을 미친다. 무한 판단에서는 부정에 의해 계사가 직접 영향을 받지 않고, 오히려 술어가 받는다. 이러한 것은 라틴어에서 가장 잘 표현된다.

§ 23

판단의 관계: 단정, 가정, 가름 판단

관계에 따르면 판단은 단정 판단[54]이거나, 아니면 가정 판단[55]이거나, 아니면 가름 판단[56]이다. 판단에서 주어진 표상들은, 즉 한 표상은 다른 표상에, 의식이 단일하게 되게끔 종속되면서 정렬되어 있다. 즉 술어로서 주어에, 아니면 결과로서 근거에, 아니면 분류의 갈래[57]로서 갈리는 개념[58]에 종속되면서 정렬되어 있다. — 첫째 관계에 의해서는 단정 판단이, 둘째 관계에 의해서는 가정 판단이, 셋째 관계에 의해서는 가름 판단이 정해진다.

IX 105

§ 24

단정 판단

단정 판단에서는 주어와 술어가 판단의 재료를 이룬다. 형식 — 이

A 163 에 의해 주어와 술어 사이의 관계(일치의 관계이거나 반대의 관계)가 정해지고 표현된다 — 은 계사[59]로 부른다.

* * *

주석. 단정 판단이 나머지 두 종류 판단의 재료가 되기는 한다. 하지만 그렇다고 해서 우리가 몇몇 논리학자처럼 가름 판단뿐만 아니라 가정 판단 역시 단지 단정 판단에 다른 옷을 입혀놓은 것에 불과할 뿐이라고, 그래서 모두 다 단정 판단으로 환원할 수 있다고 믿어서는 안 된다. 세 종류 판단은 모두 지성이 가지고 있는 본질적으로 서로 다른 논리학적 기능에 근거를 두고 있고, 또 그런 까닭에 그것들 나름의 특수한 차이에 따라 고찰되어야 한다.

§ 25

가정 판단

가정 판단의 재료는 근거와 결과로서 서로 연결된 두 개의 판단이다. — 그 둘 가운데 근거를 함유하는 판단은 **앞명제**(전건, 앞선 것)[60]이고, 결과로서 앞명제와 관계하는 판단은 **뒷명제**(후건, 뒤선 것)[61]다. 그리고 의식이 단일하게 되게끔 두 판단이 이런 식으로 서로 종속적으로 연결되는 것에 대한 표상은 **귀결됨**[62]으로 부르며, 이 귀결됨이 가정 판단의 형식을 이룬다.

* * *

주석 1. 따라서 단정 판단에 계사인 것은, 가정 판단에서는 귀결됨 A 164
이다. — 판단의 형식이다.

주석 2. 몇몇 사람은 가정 명제를 단정 명제로 바꾸기가 쉽다고 믿는다. 그러나 그것은 가능하지 않다. 왜냐하면 그 두 명제는 본성상 서로 완전히 다르기 때문이다. 단정 판단에서는 아무것도 개연적이지 않으며, 모든 것이 실연적이다. 반면에 가정 판단에서는 단지 귀결됨만 실연적이다. 그런 까닭에 나는 가정 판단에서 거짓인 판단 두 개를 서로 연결할 수 있다. 왜냐하면 여기서는 단지 연결의 올바름
만이, 귀결됨이라는 형식만이 문제이기 때문이다. 이 귀결됨의 형식에 IX 106
가정 판단의 논리학적인 진리성이 의거하기 때문이다. — "모든 물체는 나뉠 수 있다"와 "모든 물체가 결합되어 있으면 그것들은 나뉠 수 있다"라는 두 명제 사이에는 본질적 차이가 있다. 첫째 명제에서 나는 관련된 사항을 곧바로 주장하지만, 둘째 명제에서는 단지 개연적으로 표현되어 있는 조건 아래에서만 주장할 뿐이다.

§ 26

가정 판단에서 연결 방식: 전건 긍정식과 후건 부정식

가정 판단에서 연결 형식은 놓는 식(전건 긍정식)[63]과 치우는 식(후건 부정식)[64] 두 가지다.

A 165 1) 근거(전건)가 참이면 그것에 따라 정해지는 결과(후건)도 참이다. — 이런 방식을 전건 긍정식으로 부른다.

2) 결과(후건)가 거짓이면 근거(전건)도 거짓이다. — 후건 부정식으로 부른다.

§ 27

가름 판단

한 판단에서 만일 주어진 개념의 영역의 부분들이 전체를 고려해서 서로를 규정하거나 혹은 전체가 되기 위해 보완되는 것들[65]로 서로를 규정한다면 그 판단은 가름 판단이다.

§ 28

가름 판단의 재료와 형식

합쳐져서 가름 판단을 이루는 다수의 주어진 판단은 가름 판단의 재료이며, 가름의 갈래[66] 혹은 반대되게 놓음[67]의 갈래로 부른다. 가름 판단의 형식은 가름[68] 자체에 있다. 즉, 서로 다른 판단들의 관계를 서로가 서로를 제외하면서 전체가 되게끔 서로 보완하는, 분류되는 인식의 전 영역의 갈래들로 규정짓는 데에 있다.

*　　*　　*

A 166 주석. 그러므로 모든 가름 판단은 상이한 판단들이 영역 공동체 안에 있는 판단들임을 보여주고, 각각의 판단을 오직 영역 전체를 고려하여 다른 판단들을 제한함으로써만 내어보인다. 그러니까 가름 판
IX 107

단은 각각의 판단이 영역 전체에 대해 맺고 있는 관계를 규정하고, 또 그렇게 해서 동시에 이 상이한 가름갈래들(갈린 구성원들)[69]이 서로 맺고 있는 관계를 규정한다. — 그러므로 여기서는 단지 갈래들이 인식의 한 영역 전체 — 어떤 점에서 보면 이 영역 밖에서는 아무것도 생각될 수 없다 — 의 부분들로서 다 함께 공동체를 이루는 한에서만 한 갈래가 각각의 다른 갈래를 규정한다.

§ 29
가름 판단의 고유한 특성

가름 판단이 관계 계기에 따라 분류된 나머지 다른 종류의 판단들과, 특히 단정 판단과 특별히 차이 나게 만드는 모든 가름 판단의 고유한 특성은 가름의 갈래들이 모두 다 개연적 판단들이라는 데에 있다. 왜냐하면 이 판단들로는 이들이 한 인식의 영역을 이루는 부분들(각 부분이 다른 부분들한테는 전체의 보완이 됨)[70]처럼 한데 모아졌을 때 애초의 영역과 똑같게 되리라는 것 외에는 다른 아무것도 생각되지 않기 때문이다. 그런데 이로부터 이 개연적 판단들 가운데 어 A 167
느 하나에 참이 들어 있어야 한다는 점 혹은 같은 말이지만, 그 판단들 가운데 어느 하나가 실연적으로 타당해야 한다는 점이 귀결된다. 왜냐하면 주어진 조건 아래에서 그 인식의 영역에는 그 판단들 말고는 더 이상 아무것도 포함되어 있지 않고, 또 그 판단들은 서로 반대되는 것이어서 결과적으로 그 판단들 외에 어떤 다른 것이 참일 수 없고, 그 판단들 사이에서도 하나 이상의 판단이 참일 수 없기 때문이다.

* * *

주석. 단정 판단에서는 자신에 대한 표상이 종속적으로 정렬된 다른 표상의 영역의 한 부분으로 간주되는 사물은 [그 영역을 종속적으로 포함하는] 자신의 이 상위 개념 아래에 포함된 것으로 간주된다.[71] 이리하여 여기 단정 판단에서는 영역들의 종속적 정렬에서 부분의 부분이 전체와 비교된다. — 그러나 가름 판단에서는, 나는 전체에서 출발하여 한데 모아진 모든 부분 쪽으로 간다. — 한 개념의 영역 아래에 포함되어 있는 것은 그 영역의 부분들 중 어느 한 부분 아래에 포함되어 있기도 할 것이다. 그 부분을 좇아서 먼저 영역이 나뉘어야 한다. 예를 들어 "한 학자는 정보 기록적인 학자이거나 아니면 이성을 사용하여 생각하는 학자[72]다"라는 가름 판단을 내릴 경우, 이로써 나는 이 개념들이 영역의 견지에서 학자 영역의 부분들이라고 규정하지, 결코 이 개념들이 따로따로의 부분들이라고 규정하지 않으며, 그래서 그 부분들이 모두 한데 모아질 때 완전한 전체라고 규정한다.

A 168; Ⅸ 108 가름 판단의 경우 분류된 개념의 영역이 분류된 것들의 영역 안에 포함된 것으로 여겨지는 것이 아니라, 오히려 분류된 개념 아래에 포함되어 있는 것이 분류된 것들[73]의 갈래 가운데 한 갈래 아래에 포함된 것으로 여겨진다는 점은 단정 판단과 가름 판단을 비교하는 다음 도식으로 좀더 분명하게 표시될 것이다.

단정 판단에서는 b 아래에 포함되어 있는 x가 a 아래에도 포함되어 있다.

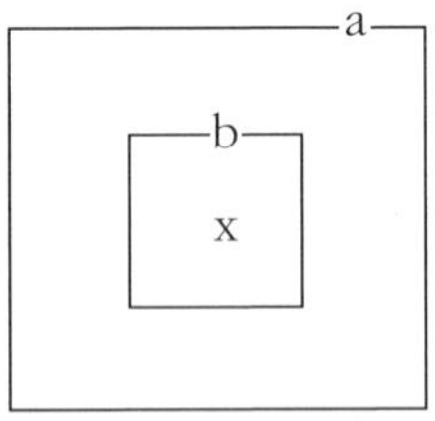

가름 판단에서는 a 아래에 포함되어 있는 x가 b 아래에 포함되어

있거나, 아니면 c 아래에 포함되어 있거나, 아니면 d 아래에 포함되어 있거나, 아니면 e 아래에 포함되어 있다.

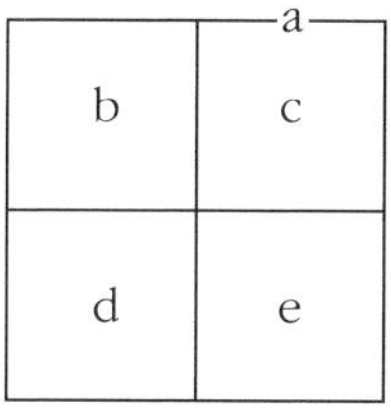

즉 가름 판단에서 분류는 전 개념의 부분들의 병렬적 정렬을 보여주는 것이 아니라, 그 개념 영역의 모든 부분의[74] 병렬적 정렬을 보여준다. 가름 판단의 경우 나는 한 개념으로 많은 사물을 생각한다. 단정 판단의 경우 나는 한 사물을 많은 개념으로 생각한다. 예를 들면 정의되어야 할 것을 병렬적으로 정렬된 모든 징표로 생각한다.

§ 30 A 169

판단의 양상: 개연적, 실연적, 필연적 판단

전 판단과 인식능력의 관계가 정해지게 되는 계기인 양상에 따르면, 판단은 개연적 판단이거나, 아니면 실연적 판단이거나, 아니면 필연적 판단이다. 개연적 판단에는 한갓된 가능성의 의식이, 실연적 판단에는 사실성의 의식이, 필연적[75] 판단에는 판단함의 필연성의 의식이 동반된다.

* * *

주석 1. 그러니까 이 양상 계기는 단지 판단에서 어떤 것이 주장되는 방식이나 부정되는 방식만을 알릴 뿐이다. 즉 "인간의 영혼은 영생불멸할지도 모른다"와 같은 개연적 판단에서처럼, 우리가 판단의 IX 109

참이나 거짓에 대하여 어느 것도 결말을 내지 않는다는 것을 알리든지, — 아니면 "인간의 영혼은 영생불멸한다"와 같은 실연적 판단에서처럼, 우리가 참이나 거짓에 대하여 무언가를 정한다는 것을 알리든지, — 아니면 "인간의 영혼은 영생불멸하지 않으면 안 된다"와 같은 필연적 판단에서처럼, 우리가 판단의 참을, 더군다나 필연성이라는 위엄을 부여하면서 표현한다는 것을 알릴 뿐이다. — 따라서 이와 같은 한낱 가능한 참의 규정, 아니면 실제적 참의 규정, 아니면 필연
A 170 적 참의 규정은 단지 판단 자체에만 관련될 뿐이지 결코 판단되는 사항에는 관련되지 않는다.

주석 2. 개연적인 판단은 판단의 재료가 술어와 주어 사이의 가능한 관계와 함께 주어진 판단으로도 설명될 수 있으므로 개연적 판단에서는 주어의 영역이 술어의 영역보다 언제나 더 작아야 한다.

주석 3. 언어가 없다면 전혀 판단할 수 없음에도 통상 사람들은 명제를 단순히 판단의 언어적 표현에 불과한 것으로 잘못 여기곤 한다. 판단과 명제의 참된 차이는 개연적 판단과 실연적 판단의 차이에 기인한다. 판단에서는 서로 다른 표상들과 의식의 단일성의 관계가 한갓 개연적이라고 생각되고, 그에 반하여 명제에서는 실연적이라고 생각된다. 개연적 명제라는 것은 형용 모순이다. — 한 명제를 얻기 전에 우선 나는 판단해야 한다. 그런데 나는 많은 것에 대해 판단하며, 그것들은 내가 아직 결말짓지 못한 것들이다. 하지만 한 판단을 명제로 규정하자면 나는 결말지어야 한다. — 어쨌든 한 판단을 실연적 판단으로 받아들이기에 앞서 처음에는 개연적으로 판단하는 것이 좋다. 그 판단을 이런 식으로 조사하기 위함이다. 또한 실연적 판단을 손에 넣는 것이 언제나 우리 의도를 위해서 꼭 필요한 것도 아니다.

§ 31

설명을 요하는 판단 A 171

긍정됨과 부정됨이 동시에, 그러나 눈에 띄지 않는 식으로 포함되어 있어서 긍정됨이 명료하더라도 부정됨이 눈에 띄지 않은 채 일어나는 판단은 설명을 요하는[76] 명제다.

* * *

주석. 예를 들어 "소수의 사람들은 학식이 있다"와 같은 설명을 요하는 명제에는 1) 눈에 띄지 않는 식으로 "많은 사람은 학식이 없다"라는 부정적 판단이 들어 있고, 또 2) "몇몇 사람은 학식이 있다"라는 긍정적 판단도 들어 있다. — 설명을 요하는 명제의 본성은 오직 사람들이 두 판단을 한꺼번에 짧게 표현할 수 있게 해줄 언어적 조건에만 달려 있으므로, 설명을 통해 밝혀져야 할 판단들이 우리말 안에 있을 수 있다는 지적은 논리학이 아니라 문법학에 어울린다.

§ 32 IX 110

이론적 명제와 실사용적 명제

이론적 명제란 대상과 관련이 있으며 무엇이 대상에 들어맞는지, 들어맞지 않는지를 규정짓는 명제를 일컫는다. — 반면에 실사용적 명제는 대상의 필연적 조건으로서 대상을 가능하게 하는 행위를 진술하는 명제다.

* * *

주석. 논리학은 단지 형식상의 실사용적 명제를 다루어야 한다. 그 A 172
런 한에서 실사용적 명제는 이론적[77] 명제와 반대된다. 내용상의 실사용적 명제는, 또 그런 한에서 사변적[78] 명제와 구별되는 실사용적 명제는 도덕에 속한다.

§ 33

증명될 수 없는 명제와 증명될 수 있는 명제

증명될 소지가 있는 명제는 증명될 수 있는 명제로, 증명될 소지가 없는 명제는 증명될 수 없는 명제로 부른다.[79)]

직접적으로 확실한 판단들은 증명될 수 없으며, 그래서 요소 명제[80)]로 간주될 수 있다.

§ 34

원칙

아프리오리하게 직접적으로 확실한 판단은 자신에 의거하여 다른 판단들이 증명될 수 있으나 자기 자신은 다른 판단 아래에 종속적으로 정렬될 수 없는 한에서 원칙[81)]으로 부를 수 있다. 이런 이유로 해서 그런 판단은 원리(시작)[82)]로도 부른다.

§ 35

직관적 원칙과 개념적 원칙: 자명하게 보이는 명제와 자명하게 들리는 명제

A 173 원칙은 직관적이거나 아니면 개념적[83)]이다. — 전자는 직관에 제시될 수 있고 자명하게 보이는 명제(공리)[84)]로 부르며, 후자는 단지 개념에 의해서만 표현될 수 있고 자명하게 들리는 명제(아크로아마)[85)]로 부를 수 있다.

Ⅸ 111 § 36

분석 명제와 종합 명제

분석 명제란 개념들의 동일성(주어 개념과 술어 개념의 동일성)에 자신의 확실함이 근거하는 명제를 일컫는다. — 자신의 참이 개념들의 동일성에 근거하지 않는 명제는 종합 명제라고 불러야 한다.

*　　*　　*

주석 1. "물체 개념(a+b)이 들어맞는 모든 x에는 부피를 가짐(b)도 들어맞는다"는 분석 명제의 예다.[86]

"물체 개념(a+b)이 들어맞게 되는 모든 x에는 끌어당김(c)도 들어맞는다"는 종합 명제의 예다.—종합 명제는 인식을 내용 면에서 증대하고, 분석 명제는 단순히 형식 면에서 증대할 뿐이다. 전자에는 규정[87]이 들어 있고, 후자에는 단지 논리학적 술어만 들어 있다.

주석 2. 분석적 원리들은 공리가 아니다. 왜냐하면 그것들은 개념적이기 때문이다. 그리고 종합적 원리들도 단지 그것이 직관적인 경우에만 공리다.

§ 37 A 174

동어 반복 명제[88]

분석 명제에 들어 있는 개념들의 동일성은 명시적 동일성[89]이든가 아니면 암시적 동일성[90]일 수 있다. 전자의 경우라면 그 분석 명제는 동어 반복 명제다.

*　　*　　*

주석 1. 동어 반복 명제는 사실상 비어 있거나 귀결될 것이 없는[91] 명제다. 왜냐하면 유익함도 쓸모도 없는 명제이기 때문이다. 예를 들어 "사람은 사람이다"와 같은 동어 반복 명제가 그런 것이다. 왜냐하면 만일 내가 사람이 사람이라는 것 말고는 사람에 대해 더 말할 수 있는 것이 없다는 것을 안다면, 내가 사람에 대해 더 아는 것은 전혀 없기 때문이다.

그와 반대로 암시적으로 동일한 개념들을 품고 있는 명제들은 귀결될 것이 없거나 결실이 없는 명제는 아니다. 왜냐하면 그런 명제는 주어 개념에서 아직 전개되지 않은 채 (암시적으로) 놓여 있던 술어를 전개(설명)에 의해 분명하게 만들기 때문이다.

주석 2. 귀결될 것이 없는 명제는 아무 의미가 없는 것[92]과 구별되어야 한다. 아무 의미가 없는 것은 이른바 숨겨진 성질[93]의 규정에 관계되는 까닭에 의미가 없는 것이기 때문이다.

IX 112 § 38

요청과 문제

요청(포스툴라툼)[94]이란 직접적으로 확실한 실사용적인 명제다. 혹은 실행에 옮겨지는 방식이 직접적으로 확실하다고 전제되어 있

A 175 는 가능한 행위를 규정짓는 원칙이다.

문제(프로블레마)란 어떻게 하라는 지침을 필요로 하는, 증명될 수 있는 명제다. 혹은 실행에 옮겨지는 방식이 직접적으로 확실하지 않은 행위를 진술하는 명제다.

* * *

주석 1. 이론적 요청도 있을 수 있다. 실천 이성을 위해서다. 이 요청은 이성의 실사용적 의도에서 필연적인 이론적 가설이며, 신 존재의 요청, 자유의 요청, 다른 세계의 요청 같은 것들이다.

주석 2. 문제에는 1) 해내야 할 것을 담고 있는 물음, 2) 해내야 할 것이 실행에 옮겨질 수 있을 방식을 담고 있는 풀이, 3) 내가 그런 식으로 처리하게 되면 요구했던 바가 일어날 것이라는 증명이 속해 있다.

§ 39

정리, 따름정리, 차용명제, 주석

정리[95]란 증명될 소지가 있고 증명을 필요로 하는 이론적 명제

다. — 따름정리[96]란 선행하는 명제들 가운데 한 명제에서 직접 도출되는 결과다. — 한 학문 안에서 입증된 명제로 전제되어 있지만, 원래부터 그 학문에 고유한 것이 아니라 다른 학문에서 빌려온 명제는 차용명제(렘마)[97]라 부른다. — 마지막으로 주석[98]은 단순히 풀어서 설 A 176
명하는 명제[99]일 뿐이며, 그래서 갈래의 자격으로 체계라는 전체에 속하지는 않는다.

* * *

주석. 모든 각각의 정리의 본질적이며 보편적인 계기들은 내세우는 명제[100]와 증명이다. — 그밖에도 따름정리는 직접 추론되지만, 정리는 직접적으로 확실한 명제들에서 나오는 일련의 결과들을 거쳐 도출된다는 점에서도 이 둘의 차이가 정해질 수 있다.

§ 40 IX 113

지각 판단과 경험 판단

지각 판단[101]은 단지 주관적인 판단일 뿐이다. — 지각들에 의거한 객관적 판단은 경험 판단[102]이다.

* * *

주석. 단순히 지각에만 의거한 판단은 "성탑을 지각하는 나는 성탑에서 붉은색을 지각한다"고 말하면서 단지 지각으로서의 내 표상을 진술함에 의해서만이 아니고는 아마 있을 수 없을 것이다. 그런데 나는 "성탑이 붉다"고 말할 수 없다. 왜냐하면 이런 판단은 감각경험적 A 177
인 판단일 뿐만 아니라 경험 판단, 즉 나로 하여금 대상 개념을 갖게 하는 감각경험적인 판단이기도 할 것이기 때문이다. 예를 들어 "돌을 만질 때 나는 따뜻함을 느낀다"는 것은 지각 판단인 반면, "그 돌은 따뜻하다"라는 것은 경험 판단이다. — 경험 판단에는 단지 내 주관에만 있는 것을 대상에 있는 것으로 내가 생각하지 않는다는 것이 필요하다. 왜냐하면 경험 판단은 대상 개념을 생기게 하는 지각이기 때문이다. 예를 들면, 달에서 밝은 점들이 움직이는 것일까? 아니면 공기 중에서? 아니면 내 눈에서?

*　　*　　*

제3절 추론

A 178; Ⅸ 114

*　　*　　*

§ 41
추론 일반

추론함[103]이란 한 판단을 다른 판단에서 이끌어내는 사고 기능으로 이해될 수 있다. — 그러니까 추론 일반은 다른 판단에서 한 판단의 도출됨이다.

§ 42
직접 추론과 간접 추론

모든 추론은 직접 추론이거나 아니면 간접 추론이다.

직접 추론[104]은 매개하는 판단 없이 한 판단이 다른 판단에서 도출되는 것(연역)[105]이다. 한 판단에서 인식을 이끌어내기 위해 그 판단에 들어 있는 개념 이외에 다른 개념이 필요할 때의 추론은 간접적이다.

§ 43
A 179
지성 추론, 이성 추론, 판단력의 추론

직접 추론은 지성 추론[106]으로도 부른다. 반면에 모든 간접 추론은 이성 추론[107]이거나 아니면 판단력의 추론이다. — 여기서는 먼저 직접 추론 혹은 지성 추론을 다룰 것이다.

*　　*　　*

IX 115 # I. 지성 추론

§ 44
지성 추론의 고유한 본성

모든 직접 추론의 본질적 특성, 그리고 직접 추론의 가능성의 원리는 오직 판단의 한갓된 형식이 바뀌는 데에 있을 뿐이다. 그에 반해 판단의 재료, 즉 주어와 술어는 바뀌지 않고 동일하게 남아 있다.

*　　*　　*

주석 1. 직접 추론에서는 단지 판단의 형식만 바뀔 뿐 결코 재료가 바뀌지 않는다는 점에서 직접 추론은 모든 간접 추론과 본질적으로 구별된다. 왜냐하면 간접 추론에서는 한 판단에서 다른 판단을 이끌
A 180 어내기 위하여 한 새로운 개념을 매개하는 판단으로서 혹은 매개 개념(중명사)[108]으로서 덧붙여야 하는 탓에 판단들은 재료 면에서도 구별되기 때문이다. 예를 들어 내가 "모든 인간은 언젠가 결국 죽는 존재다. 따라서 카이우스도 언젠가 결국 죽는 존재다"라고 추론한다면 이것은 직접 추론이 아니다. 왜냐하면 이 경우에 나는 결론을 이끌어내기 위해 "카이우스는 인간이다"라는 매개하는 판단이 여전히 필요하고, 또 이 새로운 개념에 의해 판단 재료가 변하기 때문이다.

주석 2. 지성 추론의 경우에도 매개하는 판단이 만들어질 수 있기는 하다. 하지만 그때에 이 매개하는 판단은 단순히 동어 반복적이다. 예를 들어 "모든 인간은 언젠가 결국 죽는 존재다. 몇몇 인간은 인간이다. 따라서 몇몇 인간은 언젠가 결국 죽는 존재다"라는 직접 추론에서처럼, 매개 개념은 동어 반복 명제다.

§ 45

지성 추론의 양식[109]

지성 추론은 판단의 모든 부류의 논리학적 기능에 걸쳐 행해진다. 그래서 지성 추론의 주요 종류는 양, 질, 관계, 양상의 계기로 정해진다. — 이에 의거한 지성 추론의 분류는 다음과 같다.

§ 46 A 181; IX 116

1. 하위 판단으로 하는 지성 추론(판단의 양과 관련하여)

하위 판단[110]으로 하는 지성 추론에서는 두 판단이 양에 따라 구별된다. 그래서 '보편적인 것에서 특수한 쪽으로의 추론이 효력을 가진다'[111]는 원칙에 따라 여기서는 특칭 판단이 전칭 판단에서 도출된다.

* * *

주석. 예를 들어 특칭 판단이 전칭 판단 아래에 포함되듯이 한 판단이 다른 판단 아래에 포함될 때 그 판단은 하위 판단으로 부른다.

§ 47

2. 반대되게 놓인 판단[112]으로 하는 지성 추론(판단의 질과 관련하여)

이러한 종류의 지성 추론에서는 바뀌는 것이 판단의 질에 관련되며,[113] 그것도 반대되게 놓는 것과 관련하여 살펴진다. — 그런데 이때에 반대되게 놓는 것은 세 가지가 있을 수 있으므로,[114] 이로부터 다음과 같은 직접 추론의 특수한 분류가 생긴다. 즉 모순 대당 판단으로, 반대 대당 판단으로, 소반대 대당 판단으로 하는 직접 추론.

* * *

주석. 등가 판단[115]으로 행한 지성 추론은 원래 추론으로 부를 수 A 182
없다. — 왜냐하면 여기서는 결과가 나오지 않기 때문이다. 오히려 그런 추론은 동일한 개념을 나타내는 낱말들이 단순히 대체된 것으로 보아야 한다. 이럴 경우 판단들 자체도 형식 면에서 바뀌지 않고 그대로다. 예를 들어 "모든 사람이 도덕적으로 훌륭한 것은 아니다"와 "몇몇 사람은 도덕적으로 훌륭하지 않다"라는 두 판단은 똑같은 것을 말하고 있다.

§ 48

a. 모순 대당 판단[116]으로 하는 지성 추론

모순적으로 반대되게 놓인, 그러니까 자체적으로 진짜 순수한 반대를 이루는 판단들로 하는 지성 추론의 경우, 한쪽 모순 대당 판단
IX 117 의 참은 다른 쪽의 거짓에 의거하여 추론되고, 또 거꾸로도 그렇게 된다. — 왜냐하면 이 경우 있게 되는 진짜 반대되게 놓임은 반대되게 놓이는 것에 속해 있는 것보다 더 많이 포함하지도, 또 더 적게 포함하지도 않기 때문이다. 배중률[117]에 따라 모순되는 두 판단은 모두 다 참일 수 없고, 또 마찬가지로 둘 다 거짓일 수도 없다. 그러므로 하나가 참이면 다른 하나는 거짓이며, 거꾸로도 그렇다.

A 183
§ 49

b. 반대 대당 판단으로 하는 지성 추론

맞서 있거나 충돌하는 판단들(반대 대당 판단들[118])은 한쪽 판단이 보편적으로 긍정하고 다른 쪽 판단은 보편적으로 부정하는 판단들이다. 그런데 이들 가운데 한쪽 판단은 다른 쪽 판단보다 더 많이 진술해서 그 넘치는 부분에, 즉 다른 쪽 판단의 한갓된 부정 이외에도 더 많이 진술하는 부분에 오류가 있을 수 있으므로, 이 판단들은 둘 다 참일 수는 없지만 둘 다 거짓일 수는 있다. — 그러므로 이러한 판단들과 관련해서는 단지 한쪽의 참에서 다른 쪽의 거짓을 이끌어내는

추론만 효력을 가질 뿐 거꾸로는 그렇게 되지 않는다.

§ 50

c. 소반대 대당 판단[119]으로 하는 지성 추론

소반대 대당 판단들은 한쪽 판단이 특별히 구별해서 (부분적으로) 부정하거나 긍정하는 것을 다른 쪽 판단이 특별히 구별해서 긍정하거나 부정하는 판단들이다.

두 판단 모두 참일 수 있지만 둘 다 거짓일 수는 없으므로, 이들과 관련해서는 단지 다음과 같은 추론만 타당할 뿐이다. 이러한 명제들 가운데 한쪽이 거짓이면 다른 쪽은 참이며, 역으로는 그렇게 되지 않는다.

* * *

주석. 소반대 대당 판단들에서는 순수하고 엄격한 반대됨은 일어 A 184
나지 않는다. 왜냐하면 한쪽 판단에서 긍정되거나 부정되는 것이, 다른 쪽 판단에서 앞서와 똑같은 대상들과 관련하여 부정되거나 긍정되지는 않기 때문이다. 예를 들어 "몇몇 사람들은 학자다. 따라서 몇몇 사람들은 학자가 아니다"라는 추론의 경우 둘째 판단에서 부정되는 것이 첫째 판단에서 똑같은 사람들에 대하여 주장되지는 않는다.

§ 51 IX 118

3. 역 판단[120] 혹은 환위[121]로 하는 지성 추론(판단들의 관계와 관련하여)

환위[122]로 하는 직접 추론은 판단들의 관계와 관련되며, 그것의 본질적 특징은 두 판단에서 주어와 술어의 위치를, 한쪽 판단의 주어가 다른 쪽 판단의 술어가 되게끔(또 거꾸로도 그렇게) 옮겨놓는 데에 있다.

§ 52
순수한 환위와 변경 환위

환위될 때 판단의 양은 바뀌거나 아니면 바뀌지 않고 그대로다. 전자의 경우에 환위된 판단은 환위될 판단과 양의 견지에서 차이가 나
A 185 며, 그래서 그러한 것은 변경 환위(여건에 맞을 때의 환위)[123]로 부른다. — 후자의 경우에 환위는 순수한 환위(단적인 환위[124])로 부른다.

§ 53
환위의 일반 규칙

환위에 의한 지성 추론을 하려고 할 때 다음 규칙이 효력을 가진다.

1) 전칭 긍정 판단은 단지 여건에 맞을 때만 환위될 수 있다. — 왜냐하면 이 판단의 술어는 더 넓은 개념이어서, 단지 술어 개념의 일부분만이 주어 개념에 포함되기 때문이다.

2) 하지만 모든 전칭 부정 판단은 단적으로 환위될 수 있다. — 왜냐하면 이때에는 주어가 술어의 영역에서 끄집어내지기 때문이다. 끝으로

3) 모든 **특칭 긍정** 명제들도 마찬가지로 단적으로 환위될 수 있다. — 왜냐하면 이 판단에서는 주어 영역의 일부분이 술어 아래에 포섭되었고, 그래서 술어 영역의 일부분도 주어 아래에 포섭될 수 있기 때문이다.

* * *

주석 1. 전칭 긍정 판단에서는 주어가 술어의 영역 아래에 포함되
A 186; IX 119 므로 주어는 술어에 함유된 것[125]으로 간주된다. 그런 까닭에 나는 예를 들어 "모든 인간은 언젠가 죽을 존재다. 따라서 언젠가 죽을 존재 개념 아래에 포함된 것들 가운데 몇몇은 인간이다"라고 추론하기

만 해도 된다. — 그러나 전칭 부정 판단은 단적으로 환위될 수 있는데, 그 이유는 서로 전반적으로 모순되는 두 개념이 똑같은 범위에서 모순되기 때문이다.

주석 2. 상당수의 전칭 긍정 판단은 단적으로 환위될 수 있기는 하다. 하지만 그 근거는 예를 들어 "모든 변하지 않는 것은 필연적이다"와 "모든 필연적인 것은 변하지 않는다"라는 두 판단에서처럼, 판단의 형식에 있지 않고 재료의 특별한 성질에 있다.

§ 54

4. 대우 판단[126]으로 하는 지성 추론(판단의 양상과 관련하여)

대우로 바꿈[127]을 통한 직접 추론 양식은 주어와 술어의 위치가 바뀌면서 양은 그대로고 질이 달라지게 판단이 전환되는[128] 데에 있다. — 이 추론은 실연적 판단을 필연적 판단으로 변경하는데, 이때 변경되는 것은 단지 판단들의 양상일 뿐이다.

§ 55 A 187

대우로 바꿀 때의 일반 규칙

대우로 바꿀 때는 다음의 일반 규칙이 효력을 가진다.

모든 전칭 긍정 판단은 단적으로 대우로 전환될 수 있다. 왜냐하면 주어를 자신 아래에 포함하는 자격을 가진 술어가 부정되면, 따라서 전 영역이 부정되면 그 영역의 일부분인 주어도 부정되어야 하기 때문이다.

* * *

주석 1. 그러므로 환위을 통한 판단의 전환과 대우로 바꿈을 통한 판단의 전환은 전자가 오로지 양을 바꾸고 후자가 오로지 질을 바꾼다는 점에서 서로 반대된다.

주석 2. 지금껏 살펴본 직접적 추론 방식은 오직 단정 판단에만 해당된다.

* * *

IX 120

II. 이성 추론

§ 56

이성 추론 일반

이성 추론은 한 명제의 조건을 주어진 보편적 규칙 아래로 포섭함으로써 그 명제의 필연성을 인식하는 것이다.

A 188

§ 57

모든 이성 추론의 일반 원리

이성으로 하는 모든 추리함의 타당성이 근거하는 보편적인 원리는 다음과 같은 공식으로 표현할 수 있다.

규칙의 조건 아래 있는 것은 규칙 자체의 아래에 있기도 하다.

* * *

주석. 이성 추론은 보편적인 규칙과 그 조건[129] 아래로 포섭[130]되는 것을 전제로 놓는다. — 이렇게 함으로써 우리는 결론을 아프리오리하게 인식한다. 하지만 결론을 개별적으로 아프리오리하게 인식하는 것이 아니라 보편적인 것에 포함된 것으로서 또 어떤 일정한 조건 아래 필연적인 것으로서 아프리오리하게 인식한다. 그리고 모든 것이 보편적인 것 아래 있고 보편적인 규칙들로 규정될 수 있다는 이것이 바로 이성성[131]의 원리 혹은 필연성의 원리[132]다.

§ 58

이성 추론의 본질적 구성 요소

모든 이성 추론에는 다음과 같은 세 가지 본질적 요소가 필요하다.

1) 보편적 규칙. 이것은 **대전제**[133]로 부른다.

2) 그 보편적 규칙의 조건 아래로 인식을 포섭하는 명제. 이것은 **소전제**[134]로 부른다. 그리고 마지막으로 A 189

3) 포섭된 인식에 대하여 그 규칙의 술어를 긍정하거나 부정하는 명제. 이것은 **결론**[135]으로 부른다.

앞의 두 명제는 합쳐서 **앞명제들**[136] 혹은 **전제들**[137]이라고 부른다. Ⅸ 121

* * *

주석. 규칙은 보편적 조건하에서의 주장이다. 주장과 조건의 관계, 즉 주장이 어떤 식으로 조건하에 있는가 하는 점은 규칙의 **지수**[138]다.

그 조건이 (어딘가에) 맞는다는 인식이 포섭이다.

그 조건 아래 포섭된 것과 규칙 주장의 결합이 **추론**[139]이다.

§ 59

이성 추론의 재료와 형식

앞명제들 혹은 전제들에 이성 추론의 **재료**가 있으며, 귀결됨을 결론이 포함하는 한에서 결론에 이성 추론의 **형식**이 있다.

* * *

주석 1. 따라서 이성 추론을 할 때에는 언제나 맨 먼저 전제들의 참을 검사하고, 그런 다음 귀결됨의 올바름을 검사해야 한다. ― 이성 추론을 인정하지 않을 때에는 결코 맨 먼저 결론을 인정하지 않아서는 안 되고, 항상 그에 앞서 전제들을 인정하지 않든지, 아니면 귀결됨을 인정하지 않아야 한다. A 190

주석 2. 모든 이성 추론에서는 전제들과 귀결됨이 주어지자마자 곧

바로 결론이 주어진다.

§ 60
(관계에 따른) 이성 추론의 분류: 단정 이성 추론, 가정 이성 추론, 가름 이성 추론

모든 규칙(판단)에는 인식의 갖가지의 의식의 객관적 단일성이 들어 있으며, 그래서 한 인식이 다른 인식과 함께 의식에 속하는 것을 제약하는 조건이 들어 있다. 그런데 이 단일성의 조건은 단지 세 가지로만 생각될 수 있을 뿐이다. 더 자세히 말하면 단일성의 조건은 징표들이 부착되는 주체라고 생각될 수 있거나 — 혹은 한 인식이 다른 인식에 종속되는 근거라고 생각될 수 있거나 — 혹은 전체에서 부분들의 결합됨이라고 생각될 수 있다(논리학적 분류). 따라서 한 판단이 다른 판단에서 귀결되는 것을 매개해줄 보편적인 규칙(대전제)
IX 122 도 똑같은 수의 종류만큼 있을 수 있다.

그래서 이에 근거하여 모든 이성 추론은 **단정** 이성 추론, **가정** 이성 추론, **가름** 이성 추론으로 분류된다.

* * *

A 191 주석 1. 이성 추론은 **양**에 따라서도 분류될 수 **없고** — 왜냐하면 모든 대전제는 규칙이기 때문이다. 즉 보편적인 것이기 때문이다 —, **질**과 관련해서도 분류될 수 없고 — 왜냐하면 결론이 긍정 판단인지 부정 판단인지는 아무래도 상관없기 때문이다 — , **양상**을 고려해서도 분류될 수 없다. — 왜냐하면 결론은 언제나 필연성의 의식을 동반하고, 그에 따라 필연적[140] 명제라는 지위를 얻기 때문이다. — 그러므로 유독 **관계**만이 이성 추론의 유일하게 가능한 분류 근거로 남는다.

주석 2. 많은 논리학자는 오직 단정 이성 추론만을 **정상적** 이성 추론으로 여기고, 나머지 것들은 비정상적인 것으로 여긴다. 그러나 이는 근거 없고 또 잘못된 것이다. 왜냐하면 이 세 종류의 이성 추리는 모두 똑같이 올바르며 똑같이 본질적으로 상이한 이성 기능들에서 나온 생산물이기 때문이다.

§ 61

단정, 가정, 가름 이성 추론의 고유한 차이

앞서 살펴본 세 종류의 이성 추론의 차이점은 대전제에 있다. — 대전제가 단정 이성 추론에서는 단정 명제이고, 가정 이성 추론에서는 가정 명제 혹은 개연적 명제이고, 가름 이성 추론에서는 가름 명제다.

§ 62 A 192

단정 이성 추론

모든 단정 이성 추론에는 주요 개념(명사)[141]이 세 개 있다. 요컨대

1) 결론에 있는 술어.[142] 이 개념은 주어보다 더 큰 영역을 갖기 때문에 대개념(대명사)[143]이라고 부른다.

2) (결론에 있는) 주어. 이 개념은 소개념(소명사)[144]이라고 부른다.

3) 매개하는 징표.[145] 이 징표는 중개념(중명사)[146]이라고 부른다. IX 123
이 개념을 통해서 한 인식이 규칙의 조건 아래 포섭되기 때문이다.

* * *

주석. 앞서 살펴본 주요 개념들의 이와 같은 차이는 오직 단정 이성 추론에만 있을 뿐이다. 왜냐하면 이 종류의 추론만이 중개념을 통해서 추론될 뿐이기 때문이다. 이에 반해 다른 종류의 추론들은 단지 대전제에서 개연적으로 내세워진 명제의 포섭이나 소전제에서 실연적으로 내세워진 명제의 포섭을 통해서만 추론된다.

§ 63

단정 이성 추론의 원리

모든 단정 이성 추론의 가능성과 타당성이 근거하는 원리는 이렇다.

A 193 **사물의 징표에 들어맞는 것은 사물 자체에도 들어맞는다. 그리고 사물의 징표에 모순되는 것은 사물 자체에도 모순된다**(징표의 징표는 사물 자체의 징표다. 사물의 징표에 모순되는 것은 사물 자체에 모순된다).[147)]

*　　*　　*

주석. 방금 세운 원리에 의거해서 이른바 '모든'과 '아무 …도 아닌'에 대한 규칙[148)]은 쉽게 도출될 수 있다. 그리고 이러한 이유로 그 원리는 최상위 원칙으로서 이성 추론 전반에 대해서뿐만 아니라, 특별히 단정 이성 추론에 대해서도 효력을 갖지 않을 수 없다.

유개념과 종개념은 말하자면 자신들 밑에 있는 모든 사물의 보편적 징표다. 따라서 이 개념들과 관련하여 다음 규칙이 효력을 가진다. **유나 종에 들어맞거나 모순되는 것은 그 유나 종 아래에 포함되어 있는 대상들 모두에게도 들어맞거나 모순된다**. 그리고 이 규칙을 바로 '모든'과 '아무 …도 아닌'에 대한 규칙으로 일컫는다.

§ 64

단정 이성 추론에 대한 규칙

단정 이성 추론의 본성과 원리에서 그 추론에 대한 다음과 같은 규칙이 나온다.

A 194; IX 124 1) 모든 단정 이성 추론에는 더도 덜도 아닌 세 개의 주요 개념(명사)만 들어 있을 수 있다. — 왜냐하면 나는 이 추론에서 두 개의 개념(주어와 술어)을 한 개의 매개하는 징표를 통해 결합해야 하기 때문이다.

2) 앞명제들 혹은 전제들은 모두 다 부정하는 것이어서는 안 된다(순전히 부정적인 것들에서는 아무런 결론도 나오지 않는다[149]). — 왜냐하면 소전제에서 포섭은 한 인식이 규칙의 조건 아래 있다고 언명하는 포섭으로서 긍정적인 것이어야 하기 때문이다.

3) 전제는 모두 다 특칭 명제여서도 안 된다(순전히 특수한 것들에서는 아무런 결론이 나오지 않는다[150]). — 왜냐하면 그렇게 되면 규칙이 없을 것이기 때문이다. 즉, 특수한 인식이 추론되어 나올 수 있을 보편적 명제가 없을 것이기 때문이다.

4) 결론은 항상 추론에 들어 있는 더 약한 부분에 맞추어진다. 즉[151] 전제에 들어 있는 부정 명제와 특칭 명제에 맞추어진다. 이러한 점에서 그것들은 단정 이성 추론의 더 약한 부분으로 부른다(결론은 더 약한 부분을 따른다[152]). 그런 까닭에

5) 앞명제들 가운데 하나가 부정 명제라면 결론도 부정 명제여야 하고 — 또

6) 한 앞명제가 특칭 명제라면 결론도 특칭 명제일 수밖에 없다.

7) 모든 단정 이성 추론에서 대전제는 전칭 명제(보편 명제)여야 하며, 소전제는 긍정 명제여야 한다. — 그리고 이로부터 A 195

8) 결론은 질과 관련해서는 대전제에 맞추어져야 하지만 양과 관련해서는 소전제에 맞추어져야 한다고 나온다.

* * *

주석. 결론이 언제나 전제에 들어 있는 부정 명제와 특칭 명제에 맞추어져야 한다는 점은 쉽게 알아차릴 수 있다.

만일 내가 소전제를 단지 특칭 명제로만 만들어 "몇 가지가 규칙 아래에 포함되어 있다"고 말한다면, 결론에서도 나는 규칙의 술어가 몇 가지에 들어맞는다고만 말할 수 있을 뿐이다. 왜냐하면 나는 그것들 이외에 더 이상의 것을 그 규칙 아래로 포섭하지 않았기 때문이

다. — 그리고 만일 내가 부정 명제를 규칙(대전제)으로 삼는다면 나는 결론도 부정 명제로 만들지 않을 수 없다. 왜냐하면 대전제가 "그 규칙의 조건 아래 있는 모든 것에 대하여 이 술어 혹은 저 술어가 부
IX 125 정되어야 한다"라고 말한다면 결론은 그 규칙의 조건 아래로 포섭되었던 것(주어)에 대해서도 그 술어를 부정해야 하기 때문이다.

§ 65

순수 단정 이성 추론과 혼합 단정 이성 추론

단정 이성 추론 안에 직접 추론이 섞이지 않았고 전제들의 법칙상
A 196 의 순서도 바뀌지 않았다면, 그런 단정 이성 추론은 순수하다. 그렇지 않은 경우 그것은 순수하지 않은 혹은 혼합 단정 이성 추론으로 부른다.[153)]

§ 66

명제의 환위로 하는 혼합 이성 추론—격[154)]

명제들의 환위로 생기는 추론들, 그러니까 이 명제들의 위치가 법칙에 맞지 않는 추론들은 혼합된 추론으로 간주될 수 있다. — 이러한 경우는 이른바 단정 이성 추론의 격들 가운데 뒤의 세 격에서 일어난다.

§ 67

추론의 네 격

격이란 전제들의 특별한 위치 그리고 전제에 들어 있는 개념들의 특별한 위치에 의해 그 차이가 정해지는 네 가지 추론 방식으로 이해할 수 있다.

§ 68

중개념의 상이한 위치로 말미암은 격 차이의 규정 근거

요컨대 여기서 원래 문제가 되는 것은 중개념의 위치다. 중개념은 1) 대전제에서 주어 자리, 소전제에서 술어 자리를, 아니면 2) 두 전제 모두에서 술어 자리를, 아니면 3) 두 전제 모두에서 주어 자리를, A 197
아니면 4) 대전제에서 술어 자리, 소전제에서 주어 자리를 차지할 수 있다. 이 네 경우로 말미암아 네 격의 차이가 정해진다. 결론의 주어 IX 126
를 'S', 결론의 술어를 'P', 중개념을 'M'으로 표시한다면, 앞서 살펴본 네 격에 대한 도식은 다음과 같은 표로 나타낼 수 있다.

M P S M	P M S M	M P M S	P M M S
S P	S P	S P	S P

§ 69

유일하게 합법칙적인 제1격에 대한 규칙

제1격의 규칙은 대전제가 전칭 명제이고, 소전제가 긍정 명제라는 점이다. — 이것은 모든 단정 이성 추론 일반의 보편적 규칙이어야 하므로, 이로부터 나오는 결론은 제1격이 나머지 모든 격의 기초가 되는 유일하게 합법칙적인 격이라는 점, 그리고 나머지 모든 격은 자신들이 타당하다고 한다면, 전제들의 환위(전제들의 주어 술어 위치 전환)에 의해 제1격으로 환원되어야 한다는 점이다.

*　　*　　*

주석. 제1격에는 모든 양과 모든 질의 결론이 있을 수 있다. 나머지 A 198
격에는 단지 일정한 종류의 결론만 있을 뿐이며, 이 경우에 결론의 몇몇 양식은 제외된다. 이는 이미 이들 격이 완전하지 않다는 점, 그리고 이들 격에는 제1격과는 다르게 모든 양식이 있을 수는 없게 방해하는 일정한 제한들이 있다는 점을 알려준다.

§ 70

뒤의 세 격이 제1격으로 환원되는 조건

뒤의 세 격 각각에서 추론의 올바른 양식이 있을 수 있게 될 타당
IX 127 성 조건은 **중개념**이 명제들 안에서 직접 추론[155]에 의해 제1격의 규칙에 맞는 위치로 옮겨질 수 있는 위치에 있어야 한다는 점으로 귀착된다. — 이로부터 다음과 같은 나머지 세 격에 대한 규칙이 생긴다.

§ 71

제2격의 규칙

제2격에서 **소전제**는 제대로 있다. 따라서 대전제가 **환위되어야** 하되, **전칭**(보편) 명제를 유지하는 식이어야 한다. 이는 오직 대전제가
A 199 **전칭 부정** 명제일 때에만 가능하다. 만일 대전제가 **긍정** 명제라면 대우 명제로 만들어야 한다. 두 경우 모두에서 결론은 **부정** 명제가 된다(결론은 더 약한 부분을 따른다).

*　　*　　*

주석. 제2격의 규칙은 '한 사물의 징표와 모순되는 것은 그 사물 자체와 모순된다'이다.[156] — 제2격의 경우 나는 먼저 환위해야 한다. 그리고 이렇게 말해야 한다. '한 징표와 모순되는 것은 이 징표와 모순된다.' — 혹은 나는 결론을 환위해야 한다. '한 사물의 징표와 모순되는 것에 그 사물 자체가 모순된다. 따라서 그 징표는 사물과 모순된다.'

§ 72
제3격의 규칙

제3격에서 대전제는 제대로 있다. 따라서 소전제가 환위되어야 하되, 그로부터 긍정 명제가 나오는 식이어야 한다. — 그런데 이는 단지 그 긍정 명제가 특칭 명제일 때에만 가능하다. — 따라서 결론은 특칭 명제다.

*　　*　　*

주석. 제3격의 규칙은 '한 징표에 들어맞거나 모순되는 것은 이 징표를 자신 아래 포함하는 것들 몇몇에도 들어맞거나 모순된다'이다.[157] — 이 경우 나는 먼저 이렇게 말해야 한다. '한 징표에 들어맞거나 모순되는 것은 이 징표 아래 포함된 것 모두에 들어맞거나 모순된다.'

§ 73 A 200; Ⅸ 128
제4격의 규칙

제4격에서 대전제가 전칭 부정 명제라면 그 명제는 순수하게 (단적으로) 환위될 수 있고, 마찬가지로 특칭 명제로서의 소전제도 똑같이 그러하다. 그러므로 결론은 부정 명제다. — 반대로 만일 대전제가 전칭 긍정 명제라면 여건에 맞을 때만 환위될 수 있거나 아니면 대우 명제로 만들어질 수 있다. 그러므로 결론은 특칭 명제이거나 아니면 부정 명제다. — 만일 결론이 환위되지(P S가 S P로 바뀌지) 말아야 한다면, 전제들의 전환이나 두 전제 모두의 환위가 행해져야 한다.

*　　*　　*

주석. 제4격에서는 술어가 중개념과 걸리고, 중개념이 (결론의) 주어에, 그에 따라 주어가 술어에 걸리는 식으로 추론될 것이다. 그러나 이런 식으로는 전혀 귀결되지 않는다. 어쩌면 그 역은 될지도 모르겠다. — 이를 가능하게 만들기 위해서는 대전제를 소전제로 (또 그 반대로도) 만들고 결론을 환위해야 한다. 왜냐하면 첫 번째 변경에서 소명사는 대명사로 바뀌기 때문이다.

§ 74
뒤의 세 격에 대한 일반적 결과

앞서 제시했던 뒤의 세 격에 대한 규칙들로 다음 사항들이 밝혀진다.

A 201 1) 그 격들에서는 전칭 긍정인 결론이 없으며, 결론은 언제나 부정이거나 아니면 특칭이다.

2) 그 격들 모두에는 명시적으로 표현되어 있지는 않지만 암암리에 동의되어야 하는 **직접 추론**이 섞여 있다. 따라서 그 때문에

3) 이 뒤의 세 추론 양식 모두는 순수한 추론이 아니라 순수하지 않은 추론(혼합 추론)으로 불러야 한다. 왜냐하면 모든 순수한 추론에는 주요 명제(명사)가 세 개보다 더 많을 수는 없기 때문이다.

IX 129

§ 75
2. 가정 이성 추론

가정 이성 추론은 대전제가 가정 명제인 추론이다. — 그러니까 그것은 두 명제, 즉 1) **앞명제**(전건)와 2) **뒷명제**(후건)로 이루어져 있으며, 그래서 여기서는 놓는 식(전건 긍정식)에 따라 결론이 얻어지든지 아니면 치우는 식(후건 부정식)에 따라 결론이 얻어진다.

*　　*　　*

주석 1. 그러니까 가정 이성 추론에는 중개념이 없고, 그 추론은 단지 한 명제에서 다른 명제가 귀결되는 것만 알려줄 뿐이다. — 요컨대 이러한 추론의 대전제에는 두 명제끼리의 귀결됨이 표현되며, 이

때 그것들 가운데 첫째 명제는 전제이고, 둘째 명제는 결론이다. 소 A 202
전제에서는 개연적 조건이 단정적 명제로 전환된다.

주석 2. 가정 추론이 중개념을 갖고 있지 않고 단지 두 명제로만 이루어져 있다는 점을 미루어볼 때, 그 추론이 원래 이성 추론이 아니라 오히려 단지 '(앞명제와 뒷명제로부터) 재료에 준해서거나 형식에 준해서 직접 증명될 수 있는 추론'[158]일 뿐이라는 점을 알 수 있다.

모든 이성 추론은 증명이어야 한다. 그런데 가정 이성 추론은 단지 증명 근거만 있을 뿐이다. 따라서 이로부터도 그것이 이성 추론일 수 없다는 점은 분명하다.[159]

§ 76

가정 추론의 원리

가정 추론의 원리는 다음 이유율이다. 귀결됨은 근거로부터 근거에 의해 뒷받침되는 것으로 — 근거에 의해 뒷받침되는 것[160]의 부정으로부터 근거의 부정으로 — 효력을 낸다.

§ 77

3. 가름 이성 추론

가름 이성 추론에서 대전제는 가름 명제이다. 그런 까닭에 그것은 가름 명제로서 분류[161]의 갈래들 혹은 가름[162]의 갈래들을 갖고 있어야 한다.

여기서는 1) 가름의 한 갈래의 참으로부터 나머지 갈래들의 거짓 IX 130
으로 추론되거나 아니면 2) 한 갈래를 제외한 모든 갈래의 거짓으로
부터 그 한 갈래의 참으로 추론된다. 전자는 놓는 식(놓음으로 치우는 A 203
식)에 의해, 후자는 치우는 식(치움으로 놓는 식)에 의해 행해진다.

* * *

주석 1. 한 갈래를 제외한 가름의 모든 갈래는 함께 취해질 때 그 한 갈래와 모순되게 반대되는 관계를 이룬다. 따라서 이 경우에는 두 갈래 가름[163]이 일어난다. 이 두 갈래 가름에 따르면, 둘 중 하나가 참일 때 다른 하나는 거짓이 되어야 하고, 또 거꾸로도 마찬가지가 되어야 한다.

주석 2. 그러므로 두 개 이상의 가름 갈래가 있는 모든 가름 이성 추론은 원래 **복합삼단논법적**[164] 추론에 해당한다. 왜냐하면 모든 참된 가름은 단지 두 갈래일[165] 수 있고, 또 논리학적 나눔도 두 갈래이지만, 간략함을 위하여 세부적으로 거듭 나뉜 갈래들[166]이 한 번 나뉜 갈래들[167] 아래 놓이게 되기 때문이다.

§ 78
가름 이성 추론의 원리

가름 추론의 원리는 **배중률**[168]이다.

귀결됨은 모순되게 반대되는 것들 가운데 하나를 부정하는 것으로부터 다른 하나의 긍정으로 — 하나의 놓임으로부터 다른 하나의 부정으로 — 효력을 낸다.

§ 79
딜레마

딜레마는 가정 가름 이성 추론이거나 아니면 뒷명제가 가름 판단
A 204 인 가정 추론이다. — 뒷명제가 가름 판단인 가정 명제가 대전제다. 소전제는 뒷명제가 (모든 갈래에 걸쳐서) 거짓임을 긍정한다. 결론은 앞명제가 거짓임을 긍정한다. — (귀결됨은 뒷명제의 제거로부터 앞명제의 부정으로 효력을 낸다.)

*　　*　　*

주석. 옛사람들은 매우 많은 것을 딜레마를 가지고 했다. 그래서 이런 추론을 황소 뿔 추론[169]으로 불렀다. 그들은 상대방이 빠져나갈 수 있는 것들을 모두 줄줄 꿰고 나서는 그것을 다 반박함으로써 상대방을 궁지로 몰아넣을 줄 알았다. 그들은 상대방이 취하는 의견마다 IX 131
어려움이 많다는 것을 그에게 보여주었다. — 그러나 명제를 직접 반박하지 않고 단지 어려움만 보여주는 것은 궤변론의 술책이다. 그런 어려움이 있더라도 많은 경우, 사실 대부분의 경우 그것은 받아들일 수 있는 것들이기 때문이다.

그런데 만일 우리가 어려움이 나타나자마자 그 즉시 그것이 모두 다 틀린 것이라고 말하고자 한다면, 매우 쉽게 모든 것을 배척하게 된다. — 반대의 불가능성을 보이는 일은 좋은 것이기는 하다. 하지만 거기에는 어떤 기만적인 것이 놓여 있기도 하다. 사람들이 반대가 개념적으로 파악될 수 없다는 점을 반대의 불가능함으로 여기는 한에서 그렇다. — 그러므로 딜레마는 비록 올바른 추론이기는 하지만 많은 함정을 자체적으로 갖고 있다. 딜레마는 참인 명제들을 방어하는 데에 사용될 수 있지만, 사람들이 그 명제들을 향해 제기하는 어려움들을 가지고 참인 명제들을 공격하는 데에도 사용될 수 있다.

§ 80 A 205

형식을 갖춘 이성 추론[170]과 감춰진 이성 추론[171]

형식을 갖춘 이성 추론은 재료 면에서 요구되는 것들이 모두 다 들어 있을 뿐만 아니라, 형식 면에서도 올바르고 완전하게 표현되어 있는 이성 추론이다. — 형식을 갖춘 이성 추론에는 감춰진 이성 추론이 대비된다. 전제들의 자리가 바뀌었거나, 아니면 전제들 가운데 하나가 빠졌거나, 아니면 중개념만이 결론과 결합되어 있을 뿐인 추론들은 모두 다 감춰진 이성 추론으로 생각될 수 있다. — 전제 하나가 드러나지 않고 단지 같이 생각만 되는, 둘째 종류의 감춰진 이성 추론은 잘린[172] 이성 추론 혹은 생략 삼단 논법[173]으로 부른다. — 셋째 종류의 추론은 축약된[174] 추론으로 부른다.

*　　*　　*

III. 판단력의 추론

§ 81
규정짓는 판단력과 되짚는 판단력

판단력은 규정짓는[175] 판단력과 되짚는[176] 판단력 두 가지다. 전자는 보편적인 것에서부터 특수한 것으로 가며, 후자는 특수한 것에서부터 보편적인 것으로 간다. — 후자는 단지 주관적 타당성만 있을 뿐이
A 206; Ⅸ 132 다. — 왜냐하면 판단력이 특수한 것에서부터 나아가며 향하는 보편적인 것은 단지 감각경험적 보편성[177] — 논리학적 보편성의 한갓된 유사물 — 일 뿐이기 때문이다.

§ 82
(되짚는) 판단력의 추론

판단력의 추론은 특수한 개념에서부터 보편적 개념으로 진행해가는 일종의 추론 방식이다. — 그러니까 이는 규정짓는 판단력의 기능들이 아니라 되짚는 판단력의 기능들이다. 따라서 판단력의 추론은 대상을 규정짓지도 않는다. 단지 대상에 대한 앎에 이르려는 목적에서 행해지는 대상에 관한 되짚음의 방식일 뿐이다.[178]

§ 83
이 추론의 원리

판단력의 추론이 기초로 삼는 원리는 이와 같다. '다수의 것들은 공통된 근거 없이는 하나로 일치되지 않을 것이다. 이와 달리 이런 식으로 다수의 것들에 들어맞는 것은 공통된 근거 탓에 필연적일 것이다.'

* * *

주석. 판단력의 추론은 이러한 원리에 기반한다. 바로 이 때문에 판단력의 추론은 직접 추론으로 볼 수 없다.

§ 84 A 207
귀납과 유추—판단력의 두 가지 추론 방식

판단력은 아프리오리한 근거에서가 아니라 경험에서 (감각경험적인) 보편적 판단을 끌어내기 위하여 특수한 것에서부터 보편적인 것으로 나아가면서 한 종의 다수의 사물에서부터 그 종의 모든 사물로 추론하거나, 아니면 같은 종의 사물들에서 서로 일치하는 다수의 규정과 성질에서부터 나머지 규정과 성질—단, 이 규정과 성질이 똑같은 근거[179]에 속하는 한에서—로 추론한다.—첫째 추론 방식은 귀납을 통한 추론이라 하며, 둘째 추론 방식은 유추에 따른 추론이라 한다.

* * *

주석 1. 그러니까 귀납[180]은 다음의 일반화[181] 원리에 따라 특수한 IX 133
것에서부터 보편적인 것으로 추론한다. '한 유의 다수의 사물에 들어맞는 것은 그 유의 나머지 사물에도 들어맞는다.'—유추[182]는 다음의 특수화[183] 원리에 따라 두 사물의 일부 유사함에서부터 전체적 유사함으로 추론해간다. '다수의 일치점이 알려진 한 유의 사물들은 이 유의 몇몇 사물에서는 알고 있으나 다른 사물에서는 지각 못하는 나머지 점에서도 일치한다.'—귀납은 감각경험적으로 주어진 것을 특

수한 것에서부터 다수의 대상들과 관련된 보편적인 것으로 넓혀나간
A 208 다. — 이와 반대로 유추는 한 사물의 주어진 성질들을 바로 그 사물의 다수의 성질로 넓혀나간다. — 하나가 다수에서, 따라서 모두에서: 귀납, — 하나에서 (다른 하나에도 있는) 다수가, 따라서 그 하나에서 나머지도: 유추. — 예컨대 각 피조물의 자연 소질들의 완전한 개발로 불멸성을 논증하는 것은 유추에 따른 추론이다.

그런데 유추에 따른 추론의 경우 단지[184] 근거의 동일함(같은 근거)[185]만 요구된다. 우리는 유추에 따라 단지 달에 거주할지도 모를 이성적 존재자만을 추론할 뿐이지 달에 거주할지도 모를 인간을 추론하지는 못한다. — 또한 비교의 공통분모[186]를 벗어나 유추에 따라 추론할 수도 없다.

주석 2. 모든 이성 추론은 필연성을 내놓아야 한다. 그러므로 귀납과 유추는 이성 추론이 아니라 단지 논리학적 추정 혹은 감각경험적 추론일 뿐이다. 귀납을 통해 사람들은 일반[187] 명제를 얻기는 한다. 하지만 보편[188] 명제는 얻지 못한다.

주석 3. 앞서 살펴본 판단력의 추론은 우리 경험 인식의 확장을 위하여 유용하고 또 없어서도 안 된다. 하지만 그 추론은 단지 감각경험적 확실함만 내놓기 때문에 우리는 그것을 신중하고 조심스럽게 사용해야 한다.

A 209

§ 85

단순 이성 추론[189]과 복합 이성 추론[190]

이성 추론이 단 하나의 추론으로 이루어져 있으면 단순 이성 추론이라고 하며, 다수의 추론들로 이루어져 있으면 복합 이성 추론이라고 한다.

§ 86

복합삼단논법적 이성 추론

여러 개의 이성 추론이 단순히 병렬적 정렬[191]에 의해서가 아니라 **종속적 정렬**[192]에 의해, 즉 근거와 결과로서 서로 결합되어 있는 복합 IX 134 이성 추론은 이성 추론 연쇄(복합삼단논법적 이성 추론)[193]로 부른다.

§ 87

전삼단논법과 후삼단논법

우리는 복합 추론들의 계열에서 두 가지 식으로 추론할 수 있다. 근거에서 결과로 내려가는 식이거나 아니면 결과에서 근거로 올라가는 식이다. 전자는 **후삼단논법**[194]으로, 후자는 **전삼단논법**[195]으로 일어난다.

더 자세히 말하면 후삼단논법은 자신의 전제들이 **전삼단논법** — 즉 전자의 전제들을 결론으로 삼는 추론 — 의 결론이 되는 추론 계열상 A 210 에서의 추론이다.

§ 88

연쇄 추론[196]

축약된 여러 추론으로 이루어져 있으면서 결론이 하나 나오게 서로 묶여 있는 추론은 **연쇄 추론**이라 한다. 이는 **전진적**[197]이거나 아니면 **후퇴적**[198]일 수 있다. 즉 가까운 근거에서 멀리 떨어진 근거로 올라가거나 아니면 멀리 떨어진 근거에서 가까운 근거로 내려간다.

§ 89

단정 연쇄 추론과 가정 연쇄 추론

전진적 연쇄 추론뿐만 아니라 후퇴적 연쇄 추론도 다시금 단정 연쇄 추론이거나 아니면 가정 연쇄 추론일 수 있다. — 전자는 술어들의 계열이 단정적 명제들로 이루어져 있고, 후자는 뒷명제들의 계열이 가정적 명제들로 이루어져 있다.

§ 90
허위 추론—오류 추론—궤변

올바른 추론처럼 보이기는 하나 형식에 준해 볼 때 거짓인 이성 추론은 **허위 추론**[199]으로 부른다. — 이런 추론에 의해 사람들 스스로
A 211; IX 135 속아 넘어간다면 그 추론은 **오류 추론**[200]이며, 다른 사람을 일부러 속이려고 하는 경우라면 **궤변**[201]이다.

* * *

주석. 옛사람은 그와 같은 궤변을 만드는 기술에 매우 몰두했다. 그래서 그런 종류의 것들이 많이 대두되었다. 예를 들면 서로 다른 의미의 중개념이 들어 있는 용어상 궤변,[202] — 어떤 것에 준하여 진술된 것에서부터 단적으로 진술된 것으로 추론해가는 허위 추론,[203] — 핵심을 비켜나는 궤변,[204] 반대 논증 무지의 궤변[205] 등등이 있다.

§ 91
추론할 때의 비약

추론할 때나 증명할 때의 비약[206]은 결론에 하나의 전제만 연결해서 다른 전제들이 누락되는 것을 말한다. — 만일 빠뜨린 전제를 누구나 쉽게 덧붙여 생각할 수 있다면 그런 비약은 **합법적**[207]이다. 그러나 그렇게 포함시키는 것이 분명하지 않다면 그런 비약은 **불법적**[208]이다. — 이 경우에는 멀리 떨어진 징표가 매개하는 징표 없이 사물과 연결된다.

§ 92

선결문제 요구의 오류—순환 논증

선결문제 요구의 오류[209]란 한 명제가 아직 증명될 필요가 있음에도 그 명제를 직접적으로 확실한 명제로서 논거로 가정하는 것을 뜻한다. — 그리고 증명하고자 했던 명제를 이 명제 자신을 증명하기 위한 A 212 근거로 놓는다면 순환 논증[210]을 저지르게 된다.

*　*　*

주석. 순환 논증은 종종 찾아내기가 어렵다. 일반적으로 이 오류는 증명이 어려운 경우에 가장 빈번하게 저질러진다.

§ 93 IX 136

너무 많이 증명하는 증명[211]과 너무 적게 증명하는 증명[212]

한 증명은 너무 많이 증명할 수 있지만, 너무 적게 증명할 수도 있다. 후자는 증명되어야 할 것 가운데 일부만 증명하는 경우다. 전자의 경우에도 그 증명은 잘못된 결과를 낸다.

*　*　*

주석. 너무 적게 증명하는 증명은 참일 수 있으며, 그래서 폐기되지 않아야 한다. 그러나 너무 많이 증명한다면 그 증명은 참인 것보다 더 많이 증명한다. 그렇다면 그것은 그릇된 증명이다. — 예컨대 스스로에게 생명을 부여하지 않았던 자는 스스로에게서 생명을 빼앗을 수도 없다는 자살 반박 증명은 너무 많이 증명한다. 왜냐하면 이 근거에 의거하면 우리는 동물도 죽여서는 안 되기 때문이다. 따라서 그 증명은 그릇된 증명이다.

*　*　*

II.
일반 방법론

A 213; Ⅸ 137

A 215; IX 139 § 94

수법과 방법

모든 인식과 그 인식의 전체는 한 규칙에 맞는 것이어야 한다.(규칙이 없는 것은 이성이 없는 것이기도 하다) — 그런데 그 규칙은 수법[1]의 (자유로운) 규칙이거나 아니면 방법[2]의 (강제) 규칙이다.

§ 95

학문의 형식—방법

학문으로서 인식은 방법에 따라 차려져 있어야 한다. 왜냐하면 학문은 인식의 한 전체이되 체계로서 전체이지, 단순히 집합체로서 전체는 아니기 때문이다. — 그러므로 학문은 체계적인, 따라서 곰곰이 생각된 규칙들에 따라 작성된 인식을 필요로 한다.

§ 96

방법론—방법론의 대상과 목적

논리학에서 요소론이 인식의 기본 요소들과 완전성의 조건들을 내용으로 삼는 데 반하여 논리학의 또 다른 부분인 일반 방법론은 학문 일반의 형식에 관해서 다루거나 혹은 인식의 갖가지를 학문이 되게끔 연결하는 방식에 관하여 다루어야 한다.

A 216 § 97

인식의 논리학적 완전성을 촉진할 수단

방법론은 우리가 인식의 완전성에 도달하는 방식을 말해주어야
IX 140 한다. — 그런데 인식의 가장 본질적인 논리학적 완전성들 가운데 하나는 명료함에 있고, 철저함에 있고, 한 학문이라는 전체가 되기 위한 인식의 체계적 배열에 있다. 그러므로 방법론은 무엇보다도 인식

의 이러한 완전성을 촉진할 수단들을 제시해야 한다.

§ 98
인식의 명료함의 조건

인식의 명료함도 그리고 하나의 체계적 전체가 되기 위한 인식들의 결합됨도 개념들의 명료함에 좌우된다. 이는 개념들 안에 포함된 것에 관해서뿐만 아니라 개념들 아래에 포함된 것과 관련해서도 그렇다.

개념 내용의 명료한 의식은 개념의 설명[3]과 정의에 의해 촉진된다. — 그에 비하여 개념 범위의 명료한 의식은 개념들의 논리학적 분류에 의해 촉진된다. — 그래서 우선 여기서는 개념의 내용과 관련하여 개념의 명료함을 촉진할 수단들에 대하여 다루겠다.

*　　　*　　　*

I. 개념의 정의, 설명, 기술에 의한 인식의 논리학적 완전성 촉진 A 217

§ 99
정의

정의[4]는 충분히 명료하고 딱 맞는[5] 개념(최소한의 용어로 표현된, 사물에 적합한 개념 혹은 완벽하게 규정된 개념)이다.

*　　　*　　　*

주석. 유일하게 정의만이 논리학적으로 완전한 개념으로 간주된다. 왜냐하면 정의에서 개념의 가장 본질적인 두 완전성이 하나로 되기 때문이다. 그 완전성들 중 하나는 명료함[6]이며, 다른 하나는 명료함에서의 완전함[7]과 정확함[8](명료함의 양)이다.

IX 141

§ 100

분석적 정의와 종합적 정의

모든 정의는 분석적이거나 아니면 종합적이다. — 전자는 주어진[9] 개념의 정의이며, 후자는 만들어진[10] 개념의 정의다.

§ 101

아프리오리하게, 아포스테리오리하게 주어지거나 만들어진 개념

분석적 정의의 주어진 개념은 아프리오리하게 주어져 있거나 아
A 218 니면 아포스테리오리하게 주어져 있고, 마찬가지로 종합적 정의의 만들어진 개념도 아프리오리하게 만들어져 있거나 아니면 아포스테리오리하게 만들어져 있다.

§ 102

설명이나 구성에 의한 종합적 정의

만들어진 개념들의 종합 — 이 종합으로 종합적 정의가 생긴다 — 은 (현상들의) 설명의 종합이거나 아니면 구성[11]의 종합이다. — 후자는 자의적으로 만들어진 개념들(아프리오리하게 만들어진 개념들)의 종합이고, 전자는 감각경험적으로, 즉 종합의 재료가 되는 주어진 현상들로 만들어진 개념들(감각경험적인 종합으로 만들어진 개념들)[12]의 종합이다. — 자의적으로 만들어진 개념은 수학적 개념이다.

*　　*　　*

주석. 그러니까 수학적 개념과 (만일 감각경험적 개념들의 경우에 일반적으로 정의가 있을 수 있다고 한다면) 경험 개념의 정의는 모두

종합적으로 만들어져야 한다. 왜냐하면 예를 들어 물, 불, 공기 등의 감각경험적 개념들과 같은 후자 종류의 개념의 경우에서도 나는 그 개념들 안에 놓여 있는 것을 분석해서는 안 되고 오히려 경험을 통해 그 개념들에 속하는 것을 알게 되어야 하기 때문이다. — 따라서 모든 감각경험적 개념들은 만들어진 개념들로 간주되어야 한다. 하지만 이때 그 개념들의 종합은 자의적이지 않고 감각경험적이다.

§ 103 A 219

감각경험적, 종합적 정의의 불가능성

감각경험적 개념의 종합은 자의적이지 않고 감각경험적이므로, 또한 그런 종합 자체는 결코 완전할 수 없으므로 (왜냐하면 사람들은 경험하면서 그 개념의 징표들을 여전히 더 많이 발견할 수 있기 때문이 IX 142
다) 감각경험적 개념은 정의될 수도 없다.

* * *

주석. 그러니까 오직 자의적 개념만 종합적으로 정의될 수 있다. 항상 가능할 뿐만 아니라 필수적이기도 하고 또한 자의적 개념으로 말해지는 것이 있다면 언제나 그보다 앞서 선행해야 하는, 자의적 개념의 이러한 정의는 — 이로써 우리가 우리의 생각을 표명하거나 한 낱말이 뜻하는 바에 대해 해명하는 한에서 — 표명[13]으로도 불릴 수 있을 것이다. 수학자들의 경우가 바로 이러하다.

§ 104

아프리오리하게 아니면 아포스테리오리하게 주어진 개념들의 분석에 의한 분석적 정의

아프리오리하게 주어지든 아니면 아포스테리오리하게 주어지든 모든 주어진 개념들은 오직 분석에 의해서만 정의될 수 있다. 왜냐하면 우리는 주어진 개념의 징표들을 계속적으로 분명하게 만드는 한에서 그 징표들을 단지 명료하게 만들 수 있을 뿐이기 때문이다.—
A 220 한 주어진 개념의 징표들이 모두 다 분명하게 되면, 그 개념은 완전히 명료하게 된다. 그 개념에 징표들이 지나치게 많이 들어 있지 않기도 하다면, 그 개념은 그와 동시에 정확하다. 이로써 그 개념의 정의가 생긴다.

* * *

주석. 사람들은 자신들이 주어진 개념의 징표를 완전한 분석에 의해 모두 다 다루었는지를 어떤 검사로도 확실하게 확인할 수 없으므로, 모든 분석적 정의들은 불확실한 것으로 간주된다.

§ 105
설명과 기술

이처럼 모든 개념이 다 정의될 수 있는 것은 아니다. 하지만 모든 개념이 다 정의될 필요도 없다.

어떤 개념들에서는 정의에 근접한 것이 있다. 이는 일부는 설명[14]이고 일부는 기술[15]이다.

IX 143 개념을 설명한다는 것은—분석으로 개념의 징표들이 찾아지는 한—서로가 서로에게 달려 있는 (계속적인) 징표 표상에 있다.

기술은 정확하지 않을 경우의 개념 설명이다.

* * *

주석 1. 우리는 개념을 설명할 수 있거나 아니면 경험을 설명할 수 있다. 전자는 분석으로 이루어지며, 후자는 종합으로 이루어진다.

주석 2. 그러므로 설명은 단지 주어진 개념의 경우에만 있게 되며, 이 주어진 개념들은 설명으로 명료하게 만들어진다. 이런 점에서 설
A 221 명은 표명과 구별된다. 왜냐하면 표명은 만들어진 개념의 명료한 표

상이기 때문이다.

분석을 완전하게 하는 것이 항상 가능하지는 않다. 그리고 대체로 분석이 완전하게 되기 전에 그 분석은 처음에 불완전할 수밖에 없다. 그런 까닭에 불완전한 설명도 정의의 일부로서 참되고 쓸모 있는 개념 제시에 해당한다. 이때 정의는 단지 논리학적 완전성의 이념으로만 늘 남아 있을 뿐이며, 우리는 그 이념에 도달하려 애써야 한다.

주석 3. 기술은 단지 감각경험적으로 주어진 개념들의 경우에만 있을 수 있다. 기술에는 정해진 규칙이 없으며 단지 정의를 위한 재료들만 들어 있다.

§ 106

명목 정의와 실질 정의

한갓된 **명목 정의**[16]란 사람들이 자의적으로 어떤 이름에 부여하고자 했던 의미를 담고 있는 정의, 그래서 단지 정의 대상의 논리학적 본질만 표시하는 정의, 혹은 단지 정의 대상과 다른 대상들을 구별하는 데에만 쓰이는 정의라고 이해할 수 있다. — 반면에 **실질 정의**[17]는 정의 대상의 가능성을 대상 내적인 징표들에 의거하여 명시하기 때문에 대상 내적인 규정들 면에서 그 대상을 인식하기에 충분한 정의다.

* * *

주석 1. 한 개념이 사물을 구별하기에 내부적으로 충분하다면, 그 개념은 확실히 외부적으로도 그럴 것이다. 그러나 그 개념이 내부적으로 충분하지 않다면, 그 개념은 단지 **어떤 일정한 점과 관련해서만**, 예컨대 정의될 것과 다른 것들을 비교할 때에만 외부적으로 충분할 수 있을 뿐이다. 하지만 **무제한적인** 외부적 충분함은 내부적 충분함이 없으면 가능하지 않다. A 222

IX 144 주석 2. 경험의 대상들에 대해서는 단지 명목 정의만 용인된다.— 주어진 지성 개념들의 논리학적 명목 정의는 속성에서 얻어진다. 이에 반해 실질 정의는 사물의 본질에서, 즉 사물의 첫째가는 가능성 근거에서 얻어진다. 그러므로 실질 정의에는 그 사물에 언제나 들어맞는 것—그 사물의 실제 본질—이 들어 있다.—순전히 부정만 하는 정의도 실질 정의로 부를 수 없다. 왜냐하면 부정적 징표는 한 사물과 다른 사물을 구분하는 데에는 긍정적 징표와 마찬가지로 잘 쓰일 수 있지만, 그 사물의 내부적 가능성 면에서 그 사물을 인식하는 데에는 쓰일 수 없기 때문이다.

도덕과 관련된 일에서는 언제나 실질 정의가 찾아져야 한다.— 그런 실질 정의를 찾는 데에 우리의 모든 노력이 맞추어져 있어야 한다.—실질 정의는 수학에 있다. 왜냐하면 자의적 개념의 정의는 언제나 실질적이기 때문이다.

주석 3. 만일 한 정의가 대상을 아프리오리하게 구체적으로 명시할 수 있게 해주는 개념을 내준다면, 그 정의는 발생적[18]이다. 모든 수학적 정의가 그와 같은 정의다.

A 223

§ 107
정의의 주요 요건

전반적으로 정의의 완전성에 속해 있는 본질적이고 일반적인 요건은 양, 질, 관계, 양상이라는 네 주요 계기에 준하여 살펴볼 수 있다.

1) 양에 따를 때—이 계기는 정의의 영역과 관련된다—정의와 정의되는 것[19]은 교환 개념[20]이어야 하며, 따라서 정의는 정의되는 것보다 더 넓어서도, 더 좁아서도 안 된다.

2) 질에 따를 때 정의는 상세한 동시에 정확한 개념이어야 한다.

3) 관계에 따를 때 정의는 동어반복적이어서는 안 된다. 즉 정의되는 것의 징표들은 정의되는 것의 인식 근거로서 정의되는 것 자신과 달라야 한다. 그리고 마지막으로

4) 양상에 따를 때 징표들은 필연적이어야 하고, 따라서 경험을 통해 추가되는 징표들이어서는 안 된다.

*　　*　　*

주석. 정의가 유개념과 종차개념[21]으로 이루어져야 한다는 조건은 단지 비교할 때에 명목 정의와 관련해서만 효력을 가질 뿐 도출할 때에 실질 정의와 관련해서는 효력이 없다. IX 145

§ 108 A 224

정의를 검사하는 규칙

정의를 검사할 때에는 네 가지 행위가 행해져야 한다. 요컨대 검사할 때에는 정의가

1) 한 명제로서 참인지

2) 한 개념으로서 명료한지

3) 한 명료한 개념으로서 상세하기도 한지, 그리고 마지막으로

4) 한 상세한 개념으로서 동시에 특정되어 있는지, 즉 정의되는 것 자체에 적합한지를 조사해야 한다.

§ 109

정의를 작성하는 규칙

그런데 정의를 검사하는 데 적합한 행위들은 정의를 작성할 때도 똑같이 행해져야 한다. — 그러므로 적합하게 정의를 작성하기 위해서는 1) 참인 명제들을, 더욱이 2) 그 명제들의 술어가 정의되는 것의 개념을 미리 전제하지 않는 참인 명제들을 얻고자 애써야 하고, 3)

다수의 그런 명제들을 모아, 정의가 적합한지를 살피면서 그 명제들을 정의되는 것 자체의 개념과 비교해야 하고, 4) 한 징표가 다른 징표 안에 놓여 있지는 않은지 혹은 동일한 징표에 종속적으로 정렬되지는 않았는지를 잘 살펴보아야 한다.[22]

* * *

주석 1. 굳이 상기시키지 않아도 잘 알 것이겠지만 이 규칙들은 단지 분석적 정의에만 유효하다.—그런데 분석적 정의의 경우 우리는 분석이 완전한지는 결코 확실하게 알 수 없다. 그래서 우리는 단지 시도로서만 정의를 세우고 그 정의를 마치 정의가 아닌 것처럼만 사용
A 225 할 필요가 있다. 이런 제한하에서 우리는 그 정의를 명료하고 참인 개념으로 사용할 수 있고, 이 개념의 징표들에서 따름정리들을 끌어낼 수 있다. 요컨대 나는 이렇게 말할 수 있다. "정의되는 것의 개념이 들어맞는 것에 정의도 들어맞는다. 하지만 그 역은 아니다. 왜냐하면 정의는 정의되는 것을 온전히 다 규명하지는 못하기 때문이다."

주석 2. 정의할 때 정의되는 것의 개념을 이용하는 것 혹은 정의되는 것을 정의의 기초로 놓는 것은 '순환적으로 정의한다'(순환정의)[23]라고 한다.

* * *

IX 146

II. 개념의 논리학적 분류로 인식의 완전성 촉진

§ 110

논리학적 분류 개념

모든 개념은 갖가지를 자신 아래 포함한다. 그 갖가지가 일치하는

경우에 그렇지만 상이한 경우에도 그렇다. — 한 개념 아래 포함된 모든 가능한 것들과 관련해서 — 단, 이것들이 서로 반대되는 한, 즉 서로 다른 한 — 그 개념을 규정짓는 것을 **개념의 논리학적 분류**라고 한다. — 상위 개념은 **분류되는 개념**(나뉘는 것)[24]으로, 하위 개념은 **분류의 갈래들**(나뉘는 구성 부분들)[25]로 부른다.

*　　*　　*

주석 1. 그러니까 개념을 **분리하는 것**[26]과 개념을 **분류하는 것**[27]은 매우 다르다. 개념이 분리될 때 나는 (분석을 통해) 그 개념 **안에** 포함되어 있는 것을 본다. 분류될 때에는 그 개념 **아래** 포함되어 있는 것을 본다. 분류의 경우 나는 개념의 영역을 나누지, 개념 자체는 나누지 않는다. 따라서 분류가 개념의 분리라고 말하는 것은 엄청난 오류다. 분류의 갈래들은 분류되는 개념이 자신 안에 포함하는 것보다 도리어 더 많은 것을 자신 안에 포함한다. A 226

주석 2. 우리는 하위 개념에서 상위 개념으로 올라가고, 그런 다음 다시 이 상위 개념에서 하위 개념으로 내려갈 수 있다. — 분류로 그렇게 할 수 있다.

§ 111
논리학적 분류의 일반 규칙

개념을 분류할 때는 언제나 다음과 같은 점을 살펴야 한다.

1) 분류의 갈래들은 서로를 배제하거나 서로 반대되게 놓여야 하며, 나아가

2) 분류의 갈래들은 하나의 상위 개념(공통 개념)[28] 아래에 속해야 하며, 마지막으로

3) 분류의 갈래들은 모두 합쳐졌을 때 분류되는 개념의 영역을 이루거나 그 영역과 똑같아야 한다.

*　　*　　*

IX 147 주석. 분류의 갈래들은 모순 대당으로 반대되게 놓인다는 점에 의해 서로 떼어놓아야 하지, 단순한 대립(반대 대당)에 의해 서로 떼어놓아서는 안 된다.

A 227

§ 112

곁 분류와 아래 분류

여러 다른 의도에서 행해진 한 개념의 여러 다른 분류는 곁 분류[29)]로 부르며, 분류 갈래들의 분류는 아래 분류(세분)[30)]로 부른다.

*　　*　　*

주석 1. 아래 분류는 무한히 진행될 수 있다. 하지만 상대적으로 한계가 있을 수 있다. 곁 분류도, 특히 경험 개념의 경우에 무한히 간다. 그 누가 그 개념들의 모든 관계를 다 규명할 수 있겠는가?

주석 2. 곁 분류는 동일한 대상에 대한 개념들(관점들)의 상이함에 따른 분류로도 부를 수 있으며, 아래 분류는 관점들 자체의 분류로도 부를 수 있다.

§ 113

두 갈래 분류와 여러 갈래 분류

두 갈래로 나뉘는 분류는 두 갈래 분류[31)]라 한다. 그러나 두 개 이상의 갈래라면 그 분류는 여러 갈래 분류[32)]로 부른다.

*　　*　　*

주석 1. 모든 여러 갈래 분류는 감각경험적이다. 두 갈래 분류는 아프리오리한 원리들에 의거하는 유일한 분류다. — 따라서 유일한 원초적 분류다. 왜냐하면 분류의 갈래들은 서로 반대되어야 하고, 모든 A에 대한 반대는 A 아닌 것 외에는 더 이상 아무것도 없기 때문이다.

주석 2. 여러 갈래 분류는 논리학에서 가르칠 수 없다. 그렇게 하려 A 228
면 대상에 대한 인식이 필요하기 때문이다. 그러나 두 갈래 분류는 단
지 모순율만 필요로 할 뿐, 분류하고자 하는 개념에 대한 내용적 지식
이 없어도 된다. — 여러 갈래 분류는 직관을 필요로 한다. 수학에서
처럼 (예를 들어 원뿔곡선들의 분류) 아프리오리한 직관을 필요로 하
거나 아니면 자연학[33]에서처럼 감각경험적 직관을 필요로 한다. —
하지만 여러 갈래 분류에도 아프리오리한 종합의 원리에 의거한 세 갈
래 분류가 있다. 예를 들면 1) 조건으로서 개념, 2) 조건에 걸려 있는 IX 148
것, 3) 전자에서 후자의 도출이라는 분류다.

§ 114
방법의 여러 가지 분류들

그런데 특히 학문적 인식을 다루고 처리할 때의 방법 자체와 관련해서도 여러 가지 주요한 종류의 방법이 있다. 여기서 우리는 다음과 같은 분류에 따라 그것들을 제시할 수 있다.

§ 115
학문적 방법과 대중적 방법

학문적 혹은 스콜라적 방법과 대중적 방법은 전자가 원칙들과 요소
명제들에 근거를 두는 데 반하여, 후자는 통상적인 것과 흥미로운 것
에 근거를 둔다는 점에서 서로 구별된다. — 전자는 철저함[34]을 향해 A 229
간다. 그래서 모든 이례적인 것을 멀리한다. 후자는 즐거움[35]을 목표
로 삼는다.

* * *

주석. 그러니까 이 두 방법은 방식 면에서 구별된 것이지, 한갓 전달 면에서 구별된 것은 아니다. 따라서 방법상 대중성은 전달상 대중

성과 조금 다르다.

§ 116

2. 체계적 방법과 단편적 방법

체계적 방법은 단편적[36] 혹은 랩소디와 같은[37] 방법에 반대된다. — 만일 누군가 한 방법에 따라 생각했고, 그러고 나서 전달할 때도 그 방법을 말해주었으며, 문장에서 문장으로 이행하는 것이 명료하게 제시되어 있다면, 그 사람은 인식을 체계적으로 다룬 것이다. 이와 반대로 한 방법에 따라 생각했더라도 전달을 방법적으로 가지런히 하지 않았다면, 그와 같은 방법은 랩소디와 같은 방법으로 부를 수 있다.

*　　*　　*

주석. 방법적 전달이 어수선한[38] 전달과 반대되듯이, 체계적 전달은
IX 149 단편적 전달과 반대된다. 방법적으로 생각하는 사람은 말하자면 체
A 230 계적으로든 단편적으로든 전달할 수 있다. — 겉으로는 단편적이지
만 그 자체가 방법적인 전달은 격언 투[39] 전달이다.

§ 117

3. 분석적 방법과 종합적 방법

분석적 방법은 종합적 방법에 반대된다. 전자는 조건에 걸려 있는 것에서부터, 그리고 근거로 뒷받침된 것에서부터 시작하여 원리들로 나아간다. 반면에 후자는 원리들에서부터 시작하여 결과들로, 혹은 단순한 것에서부터 시작하여 합쳐진 것으로 나아간다. 전자는 후퇴적 방법으로도, 마찬가지로 후자는 전진적 방법으로도 부를 수 있다.

*　　*　　*

주석. 그밖에 분석적 방법은 찾아내는 방법으로도 부른다.[40] — 대중성이 목적이라면 분석적 방법이 더 알맞고, 인식을 학문적이고 체계적으로 다루는 것이 목적이라면 종합적 방법이 더 알맞다.

§ 118
4. 이성 추론으로 하는 방법 — 도표로 나타내는 방법

이성 추론으로 하는 방법[41]은 추론들의 연쇄로 한 학문을 전달할 때 취하는 방법이다.

이미 다 만들어져 있는 학문 체계를 전체적 연관관계 안에서 보여 A 231
줄 때 취하는 방법은 도표로 나타내는[42] 방법으로 부른다.

§ 119
5. 경청만 허락하는 방법과 질문을 통한 방법

어떤 사람 혼자서만 가르친다면 그 방법은 경청만 허락하는[43] 방법이고, 그가 묻기도 한다면 질문을 통한[44] 방법이다. — 다시금 후자는 질문이 지성에 맞추어져 있는지, 아니면 단순히 기억력에 맞추어져 있는지에 따라 대화를 통한[45] 방법 혹은 소크라테스식 방법과 교리문답식[46] 방법으로 나뉠 수 있다.

* * *

주석. 소크라테스식 대화에 의하지 않고는 질문을 통한 방법으로 가
르칠 다른 길은 없다. 그런 대화에서는 마치 학생 자신도 선생인 것 IX 150
처럼 보일 정도로 두 사람이 서로 묻고 대답해야 한다. 소크라테스식 대화는 말하자면 질문하는 것으로 배우는 사람으로 하여금 자기 자신의 이성적 근거들을 알아차리게 가르치고, 그 근거들에 대한 주의력을 날카롭게 연마시키면서 가르친다. 그런데 보통의 교리문답[47]으로는 가르칠 수 없고, 단지 경청만 허락하는 식으로 가르친 것만 테

스트할 수 있을 뿐이다. — 그런 까닭에 교리문답식 방법은 단지 감각경험적이고 정보 기록적인 인식에 대해서만 유효하며, 그와 반대로 대화를 통한 방법은 이성적 인식에 대해 유효하다.

A 232

§ 120

숙려

숙려[48]란 곰곰이 생각하는 것 혹은 방법적으로 사고하는 것으로 이해될 수 있다. — 숙려에는 다 읽는 것과 다 배우는 것이 동반되어야 한다. 그래서 숙려를 위해서는 우선 잠정적 연구를 진행하는 일, 그런 다음에 자신이 생각한 것들을 정돈하거나 한 방법에 따라 결합하는 일이 필수적이다.

교육론

프리드리히 테오도르 링크 엮음

쾨니히스베르크, 1803

일러두기

칸트의 『교육론』(*Immanuel Kant über Pädagogik*) 번역은 1803년 발표된 원전을 대본으로 사용했고, 학술원판(Immanuel Kant, "Über Pädagogik," *Abhandlungen nach 1781 in Kant's Gesammelte Schriften*, Bd. IX(S. 437-499), hrsg. von der Königlich Preußlichen Akademie der Wissenschaften, Berlin 1911)과 바이셰델판("Über Pädagogik," *Schriften zur Anthrop4ologie, Geschichtsphilosophie, Politik und Pädagogik* in *Immanuel Kant Werke in zehn Bänden*, Bd. 10(S. 691-761), hrsg. von Wilhelm Weischedel, Darmstadt, 1983)을 참조했다.

편집자의 머리말

쾨니히스베르크대학교에서는 오래된 규정에 따라 전부터 계속해 A Ⅲ; Ⅸ 439
서 철학교수들이 학생들에게 교육학을 강의하도록 되어 있었다. 그래서 가끔 이 강의의 차례가 칸트 교수에게도 돌아왔다. 이 강의는 칸트의 이전 동료이자 종교국 위원인 복[1]이 펴낸 『교육기술 교본』을 기초로 행해졌지만, 그간의 연구 과정과 원칙의 측면에서 반드시 이 교본에 의지한 것은 아니었다.

교육학에 관한 아래의 글이 나오게 된 것은 이러한 사정 덕분이다.
만일 이 강의에 할당된 시간이 그렇게 적지만 않았다면, 그래서 칸트 A Ⅳ
가 계속 교육학에 천착하면서 더욱 상세하게 서술할 동기를 발견했다면 이 강의는 아마도 더욱 흥미롭고 많은 점에서 더욱 상세했을 것이다.

근래에 교육학은 페스탈로치와 올리비어[2] 같은 몇몇 공로 있는 사람의 노력으로 새롭고 흥미로운 방향으로 발전했는데, 이러한 발전은 후세대에 종두법에 못지않은 축복이 될 것이다. 비록 이 두 가지 [교육학과 종두법]가 다 아직 많은 항의를 받기는 하지만 말이다. 이들 항의는 때로는 매우 박식해 보이고 때로는 매우 고상해 보이기도 하지만 그렇다고 해서 이들 항의가 특별히 더 확고해지는 것은 결코

아니다. 이러한 관점에서 칸트가 그 당시의 새로운 이념들을 알고 있
었고 그것에 대해 숙고했으며 많은 점에서 동시대인보다 앞서 있었
A V 다는 것은 그 자체로도 자명할 뿐만 아니라, 이 개략적인 설명[교육
론]—비록 칸트 자신이 저술한 것은 아니지만—에서도 알 수 있는
일이다.

내가 덧붙인 주석에 대해서는 일절 언급하지 않겠다. 주석을 읽어 보면 알 테니까 말이다.

IX 440 내가 발행한 칸트의 자연지리학과 관련해 출판업자인 폴머가 저
급한 공격을 가한 이후, 그러한 저술을 발행하는 것은 나에게 유쾌 한 일이 되지 못한다. 나는 그렇지 않아도 좁지 않은 활동범위 안에서 조용하고 평화롭게 일하면서 살아갈 수 있는데, 무엇 때문에 청하지도 않은 일에 나서서 우스꽝스럽고 어설픈 비판에 내 몸을 맡기겠는가? 여가가 있다면 차라리 식자층의 지지를 받으면서 다소 성과를 얻었거나 얻을 수 있다고 여겨지는 연구에 조금이라도 내 노력을 기울이는 편이 더 나을 것이다.

우리나라 출판계는 일부 진정한 학자를 제외하고는 어떠한 바람
A VI 직한 장면도 보여주지 못하고 있다. 또한 도처에 인신공격과 서로 헐
뜯는 싸움에 휘말린 파당이 범람해—여기에는 꽤 학식 있는 이들까지도 가담하고 있는데—근처에 가고 싶은 생각조차 없다. 더욱이 나는 [공격을 받아] 혹을 얻은 다음 여기에 이자를 붙여 다시 나를 공격한 적에게 넘김으로써 얼마간의 예언자적 지위를 얻고, 그러한 테러로 출판계의 독재자 위치에 올랐다고 망상하는 즐거움은 기꺼이 남들에게 양보하고자 한다. 이러한 유치한 놀음에 화 있을진저! 언제가 되어야 달라질 것이며, 언제가 되어야 좋아질 것인가?

1803년 부활절 셋째 일요일 링크[3]

서론

인간은 교육받아야 할 유일한 피조물이다. 우리는 교육[4]이라는 말 A 1; IX 441
을 양육,[5] 훈육,[6] 그리고 교수[7] 또는 육성[8]의 의미로 이해한다. 이에
따라서 인간은 차례로 유아, 아동, 그리고 학생이 된다.

동물은 어떤 능력을 갖게 되자마자 이를 규칙적인 방식으로, 즉 자
신에게 해가 되지 않는 방식으로 사용한다. 다음과 같은 사실은 놀랄
만하다. 예컨대 새끼제비는 알에서 갓 깨어나 아직 눈도 못 뜬 상태
에서도 자신의 배설물을 둥지 밖으로 떨어뜨릴 줄 안다. 따라서 동물
은 양육을 필요로 하지 않으며, 기껏해야 먹이, 보온, 그리고 통솔이
나 어느 정도 보호만을 필요로 한다. 대부분 동물은 영양공급을 필요 A 2
로 할 뿐 양육을 필요로 하지는 않는다. 우리는 양육이라는 말을 아
이가 자신의 능력을 해로운 방식으로 사용하지 않도록 하려는 부모
의 사전 배려라는 의미로 이해한다. 예컨대 세상에 갓 태어난 동물이
갓 태어난 [인간의] 아기처럼 큰 소리로 울어댄다면, 틀림없이 그 동
물은 울음소리를 듣고 달려온 늑대나 다른 야수의 먹이가 되고 말 것
이다.

훈육은 동물성을 인간성으로 변화시킨다. 동물은 이미 본능에 따
라 모든 것이 갖추어져 있다. 외재적인 이성[신]이 그를 위해서 이미

모든 것을 준비해놓은 것이다. 그러나 인간은 자기 자신의 이성을 필요로 한다. 그는 본능을 가지고 있지 않으므로 자기 행동의 계획을 스스로 세워야만 한다. 그러나 그는 당장 그렇게 행할 능력은 없기 때문에, 다시 말해 미성숙 상태로 세상에 태어나기 때문에 타인이 그를 대신해 행동의 계획을 세워주어야 한다.

인류는 인간의 전체 자연소질을 자신의 노력으로 자기 자신에게서 끌어내야 한다. 한 세대는 다른 세대를 교육한다. 그러한 [교육의]
A 3 최초의 발단을 우리는 미성숙한 상태에서 찾을 수도 있고 또 완전하게 성숙한 상태에서 찾을 수도 있다. 만약 이러한 완전하게 성숙한
IX 442 상태가 미성숙한 상태에 앞서 존재했다고 가정한다면, 인간은 나중에 다시 야만화되고 미성숙한 상태로 떨어질 것이 틀림없다.

훈육은 인간이 자기의 동물적 충동 때문에 자기의 본모습인 인간성에서 벗어나는 일이 일어나지 않도록 지켜준다. 예컨대 훈육은 인간이 야만적이 되지 않도록, 또 무모하게 위험에 뛰어들지 않도록 해준다. 그러므로 훈육은 단지 소극적인 것으로서, 인간에게서 야만성을 제거하는 활동이다. 이에 반해 교수는 교육의 적극적인 부분이다.

야만성은 법칙을 따르지 않는 것이다. 훈육은 인간을 인간성의 법칙 아래 두며, 그에게 법칙의 강제를 느끼도록 한다. 그러나 이것은 일찍이 행해져야 한다. 그래서 우리는 예컨대 아이를 일찍부터 학교에 보내는데, 이는 그가 거기에서 무엇을 배우도록 하기 위한 것이
A 4 라기보다 조용히 앉아 있는 것과 그에게 제시되는 것을 정확하게 관찰하는 데 익숙해지도록 하기 위해서다. 그렇게 함으로써 장차 아이는 그에게 떠오른 모든 생각을 즉흥적으로 실행에 옮기지 않게 될 것이다.

인간에게는 본래 자유를 향한 강한 성향이 있어서 만일 잠시라도 자유를 누리는 데 익숙해진다면 인간은 자유를 위해 모든 것을 희생

할 것이다. 바로 그렇기 때문에 훈육은 이미 말했다시피 아주 일찍부터 행해져야 한다. 그렇게 하지 않을 경우, 나중에 가서 인간을 변화시키기는 어렵기 때문이다. 그 경우 인간은 자칫 기분 내키는 대로 행동하게 된다. 우리는 이를 미개한 나라 사람들에게서 확인할 수 있다. 그들은 오랫동안 유럽인을 위해 일한 뒤에도 유럽인의 생활방식에 결코 익숙해지지 못한다. 이들에게서 확인할 수 있는 것은, 루소 같은 사람이 생각한 바와 같은 자유를 향한 고귀한 성향이 아니라, 동물이 자기 안의 인간성을 어느 정도 이상 계발하지 못한 데 따른 일종의 미개함일 뿐이다. 그러므로 인간은 어려서부터 이성의 지
시를 따르는 데 익숙해져야 한다. 만일 우리가 인간을 어린 시절부터 A 5
자기 의지대로 하도록 방치하고 아무것도 그의 의지를 거스를 수 없도록 한다면, 그는 평생 어느 정도의 야만성을 지니고 살게 된다. 그리고 이러한 방식은 어린 시절 어머니의 지나친 사랑으로 과보호를 받은 이들에게도 도움이 되지 않는다. 왜냐하면 그런 아이는 나중에 세상살이를 시작하자마자 모든 방면에서 그만큼 더 많은 저항에 직면하고 어디에서나 충격을 받을 것이기 때문이다.

이 점이 귀족 교육에서 흔히 범하는 오류다. 귀족은 지배자가 되기로 정해져 있기 때문에 어린 시절에도 저항을 받는 일이 전혀 없다.
인간은 자유를 향한 성향 때문에 야만성을 제거하는 일이 반드시 필 IX 443
요하다. 이에 반해 동물은 본능 때문에 이런 일이 필요하지 않다.

인간은 양육과 육성을 필요로 한다. 육성은 훈육과 교수를 포함한다. 우리가 아는 한 동물은 이를 필요로 하지 않는다. 왜냐하면 새가 노래를 배우는 경우를 제외하고는 어떤 동물도 연장자에게 무언가를 배우는 일이 없기 때문이다. 새들은 연장자에게 가르침을 받는데,
마치 학교에서처럼 연장자가 어린 것 앞에서 목청껏 노래를 부르고, A 6
어린 것이 작은 목구멍에서 같은 소리를 내려고 애쓰는 모습을 보는

것은 감동적이다. 새가 본능으로 노래하는 것이 아니라 노래를 실제로 배운다는 것을 확인하기 위해서, 시험 삼아 카나리아의 알을 절반쯤 치워버리고 그 대신 참새의 알을 집어넣거나 아주 어린 참새 새끼를 카나리아 새끼와 교체하는 일은 해볼 만한 가치가 있다. 만일 우리가 이제 밖의 참새 소리를 들을 수 없는 둥지에 참새 새끼를 넣어 둔다면, 그들은 카나리아의 노래를 배우게 되고, 우리는 노래하는 참새를 얻게 된다. 모든 조류가 모든 세대를 거쳐 특정한 유형의 노래를 지니고 있으며, 이러한 노래의 전통이 세상에서 가장 충실하게 지켜지고 있음은 정말 놀라운 일이다.

A 7 인간은 오직 교육을 통해서만 인간이 될 수 있다. 인간은 오로지
교육의 산물이다. 인간이 그 역시 교육을 받은 인간을 통해서만 교육
된다는 것은 주목할 만한 점이다. 그래서 일부 사람에게 훈육과 교수
가 부족할 경우에는 그들이 다시 그들의 후속 세대에 나쁜 교육자가
되고 마는 것이다. 만일 한층 높은 어떤 존재가 우리 교육을 떠맡는
다면, 우리는 인간이 과연 무엇이 될 수 있는지를 보게 될 것이다. 교
A 8 육은 한편으로는 인간에게 무언가를 가르치고 다른 한편으로는 그
에게 있는 무언가를 단지 계발하는 것이기도 한데, 우리는 그에게 있
IX 444 는 자연소질이 얼마만큼 뻗어갈지 알 수 없다. 여기서 최소한 한 번
의 실험이 귀족의 지원과 많은 사람의 결집된 힘으로 행해진다면, 인
간이 대략 어느 정도까지 자신의 자연소질을 계발할 수 있을지에 대
한 해답이 주어질 것이다. 그러나 귀족은 대개 늘 자신만 돌보고, 자
연이 완전성을 향해 한 걸음 더 가까이 다가갈 수 있는 이런 중요한
교육 실험에는 잘 참여하지 않는다. 이는 사려 깊은 사람에게는 심각
한 일이며 인도주의자에게는 슬픈 일이다.

어린 시절 교육을 소홀히 받은 사람은 나이가 들어 자기에게 훈육이 부족했던 것인지 또는 도야(이를 교수라 부르기도 하는데)가 부족

했던 것인지를 알게 될 것이다. 도야되지 않은 사람은 거칠고, 훈육
되지 않은 사람은 난폭하다. 훈육을 소홀히 하는 것은 도야를 소홀 A 9
히 하는 것보다 더 큰 악이다. 도야는 나중에라도 보완할 수 있기 때
문이다. 그러나 난폭함은 없앨 수 없으며, 훈육의 결함은 무엇으로도
대체할 수 없다. 아마도 교육은 점점 더 좋아질 것이고, 모든 미래 세
대는 인간성의 완성을 향해 한 걸음 더 다가가게 될 것이다. 교육의
배후에는 인간 본성의 완전성이라는 커다란 비밀이 놓여 있기 때문
이다. 지금부터 이런 일이 일어날 수 있다. 왜냐하면 이제 비로소 사
람들은 올바르게 판단하고, 무엇이 본래적으로 좋은 교육인지를 분
명히 통찰하기 시작했기 때문이다. 인간의 본성이 교육을 통해 점점
더 계발되리라는 것과 우리가 인간성에 걸맞은 방식으로 교육할 수
있음을 상상해보는 것은 황홀한 일이다. 이것이 우리에게 미래의 더
욱 행복한 인류에 대한 전망을 열어준다.

하나의 교육 이론에 대한 구상은 멋진 이상이며, 우리가 설사 그것
을 실현할 수 없다 하더라도 해로울 것은 없다. 그러한 이념이 설사 A 10
실행과정에서 장애에 부딪힌다 하더라도, 우리는 그것을 단지 망상
으로 간주하거나 하나의 그럴듯한 꿈이라고 비방해서는 안 된다.

이념이란 경험 속에서는 아직 발견되지 않은 완전성의 개념일 뿐
이다. 예컨대 정의의 규칙이 지배하는 완전한 공화국의 이념! 이러
한 이념이 그래서[경험으로 아직 발견하지 못했다고 해서] 불가능
한가? 무엇보다 우리의 이념은 옳은 것임이 틀림없으며, 그 실행과
정에서 나타나는 온갖 장애물에도 결코 불가능하지 않다. 예컨대 모
두 거짓말을 한다고 해서 참말을 하는 것이 단지 변덕에 지나지 않게 IX 445
되는가? 인간 안의 모든 자연소질을 계발하는 교육의 이념은 당연히
참된 것이다.

인간은 지금의 교육으로는 현존재[9]의 목적을 제대로 달성하지 못

한다. 인간은 얼마나 다양하게 살고 있는가! 인간 사이의 동일성이란 인간이 같은 종류의 원칙에 따라 행동할 때만 나타날 수 있으며, 이
A 11 러한 원칙은 그에게 제2의 천성이 되어야 할 것이다. 우리가 더욱 합목적적인 교육 계획을 세우고, 이러한 교육을 위한 지침을 후속세대에 전달할 수 있다면, 후속세대는 이러한 교육을 점차 실현할 수 있을 것이다. 앵초를 재배하는 예를 들어보자. 만일 우리가 앵초의 뿌리를 심어 앵초를 재배한다면 색깔이 모두 같은 앵초를 얻게 되지만, 만일 앵초의 씨앗을 뿌려 재배한다면 색깔이 완전히 다른 여러 가지 앵초를 얻게 된다. 그러니까 자연은 앵초 속에 이미 싹을 넣어두었지만, 이 싹이 어떻게 발현될지는 오로지 적절한 파종과 이식에 달려 있다. 이는 인간도 마찬가지다!

인간성 안에는 많은 싹이 들어 있으므로, 그 자연소질들을 균형 있게 계발하고, 그들의 싹에서 인간성을 전개하며, 인간이 자신의 본모습을 실현하도록 하는 것은 이제 우리 손에 달려 있는 셈이다. 동물은 자신의 본모습을 알지 못한 채 스스로 이를 실현한다. 인간은 우선 자신의 본모습을 실현하기 위해 노력해야 하지만, 만일 그가 자신의 본모습에 대한 개념을 전혀 가지고 있지 않다면 이러한 노력은 행
A 12 해질 수 없다. 그런데 본모습을 실현하기는 개인으로서는 거의 불가능하다. 우리가 제대로 교육받은 인류 최초의 부부를 가정한다면, 이 부부가 그들의 자녀를 어떻게 교육하는지 볼 수 있다. 최초의 부모는 아이에게 이미 하나의 본보기가 되고, 아이는 이를 모방함으로써 몇몇 자연소질을 계발할 것이다. 그러나 모든 아이를 이러한 방식으로 교육할 수는 없다. 왜냐하면 아이는 대체로 단지 그때그때 주어지는 상황 속에서 본보기를 보기 때문이다. 예전에는 사람들이 인간의 본성이 도달할 수 있는 완전성에 대한 개념을 가져본 적이 없었다. 우리 자신도 아직 이러한 개념을 명확한 형태로 가지고 있지는 않다.

그러나 한 개인이 자기 제자를 아무리 열심히 교육한다 해도 그가 자기 본모습에 도달하게 할 수 없다는 것만큼은 확실하다. 개인적 차원이 아니라 인류적 차원에서만 거기에 도달할 수 있는 것이다.

교육은 그 활동이 많은 세대를 통해 완성되어야 하는 하나의 기술[10] A 13; Ⅸ 446
이다. 각 세대는 앞선 세대의 지식을 전수받아 인간의 모든 자연소질을 적절하고 합목적적으로 계발하고, 그럼으로써 인류 전체를 자신의 본모습에 이르도록 하는 교육을 점점 더 완전하게 실현할 수 있다. 신의 섭리는 인간이 선을 자기 자신에게서 스스로 끌어내도록 했으며, 인간을 향해 "세상으로 나아가라"고 말한다. 그리하여 창조주는 인간에게 다음과 같이 말할 수 있었으리라! "나는 너에게 선을 위한 모든 소질을 갖추어주었다. 그것을 계발하는 것은 이제 너의 일이며, 너의 행복과 불행도 너 자신에게 달려 있다."

인간은 처음부터 선을 위한 자신의 소질을 계발해야 한다. 신의 섭 A 14
리는 그것을 완성된 형태로 인간에게 심어놓지 않았다. 신이 준 것은 도덕성에서 차이가 없는 단순한 소질일 뿐이다. 자기 자신을 개선하는 것, 자기 자신을 도야하는 것, 그리고 만일 그가 악하다면, 스스로의 도덕성을 키우는 것, 이것이 인간이 해야 할 일이다. 그러나 우리가 이를 깊이 숙고해본다면, 이것이 매우 어려운 일임을 알게 될 것이다. 그러므로 교육은 인간에게 부과될 수 있는 과제 중 가장 크고 가장 어려운 과제다. 통찰은 교육에 의존하고, 교육은 또다시 통찰에 의존하기 때문이다. 따라서 교육은 단지 한 걸음씩 점진적으로 나아갈 수 있을 뿐이다. 한 세대가 그의 경험과 지식을 다음 세대에 전해주고 다음 세대는 다시 거기에 무언가를 더해 그다음 세대에 넘겨줌으로써 올바른 교육방법에 대한 개념이 형성될 수 있다. 이 개념이 어찌 많은 도야와 경험을 전제하지 않을 수 있겠는가? 그래서 그것은 오직 뒤늦게 형성될 수 있을 뿐이고, 우리 자신도 아직 그것을 완

A 15 전하고 분명하게 파악하지는 못한다. 개인적 차원의 교육은 여러 세대를 통한 인류 전체 차원의 교육을 모방하는 것인가?

인간이 발명한 것 중 두 가지가 아마도 가장 어려운 것으로 보인다. 통치기술과 교육기술이 바로 그것인데, 우리는 그 이념에 대해 아직도 논란을 벌이고 있다.

그러면 이제 인간의 소질을 발전시키기 위해 우리는 어디서부터 시작해야 하는가? 야만 상태에서 시작해야 하는가, 아니면 이미 교
IX 447 육된 상태에서 시작해야 하는가! 야만 상태에서 발전한다고 생각하기는 어렵다(그러므로 최초의 인간에 대한 개념을 떠올리기도 어렵다). 인간이 야만 상태에서 발전했을 경우에는 늘 다시 야만 상태로 되돌아가 버렸으며, 그런 다음에 다시 새롭게 그 상태에서 상승했음을 우리는 알고 있다. 고대에 문명이 매우 발달했던 민족이 남겨놓은 가장 오래된 기록에서도 우리는 이를 확인할 수 있다. 사실 얼마나 많은
A 16 문화가 기록되지도 못했겠는가? 그러므로 문명화한 사람의 관점에서 볼 때, 기록수단의 시작을 세계의 시작으로 볼 수 있으며, 이것이야말로 야만과의 분명한 경계라고 할 수 있다.

인간의 경우 자연소질이 저절로 계발될 수는 없기 때문에 모든 교육은 하나의 기술이다. 자연은 이 기술을 위해 어떤 본능도 인간에게 부여하지 않았다. 이 기술의 출발과 진전은 **기계적으로** — 즉 계획 없이 그때그때 주어진 상황에 따라 — 이루어지거나 **반성적으로** 이루어진다. 기계적인 교육기술은 단지 그때그때 처한 상황에서 인간에게 무엇이 해롭고 무엇이 유용한지를 경험하면서 생겨난다. 단지 기계적으로 생겨나는 모든 교육기술은 그 밑바탕에 어떠한 계획도 가지고 있지 않기 때문에 매우 많은 오류와 결함을 지닐 수밖에 없다. 그러므로 교육기술이나 교육학이 인간의 본성을 그 본모습에 이르도록 계발하기 위해서는 반성적이지 않으면 안 된다. 이미 교육받은 부

모는 아이가 자신을 형성하는 데 본받을 만한 모범이 된다. 하지만 A 17
아이가 좀더 훌륭해지려면, 교육학은 하나의 [진지한] 연구가 되어
야 하며, 그렇지 않을 경우 교육은 타락한 인간이 다른 인간을 교육
하는 결과 이외에는 아무것도 기대할 게 없는 것이 되고 만다. 교육
기술에서 기계주의는 학문으로 전환되어야 한다. 그렇지 않을 경우
교육기술은 결코 상호 연관된 기획이 되지 못할 것이며, 한 세대는
다른 세대가 이미 이루어놓은 것을 무너뜨리고 말 것이다.

교육 계획을 세우는 사람이 특히 유념해야 할 교육기술의 원칙은
다음과 같다. 아이는 인류의 현재 상태가 아니라 미래에 가능한 좀더
나은 상태에 걸맞게, 즉 인간성의 이념에 걸맞게, 그리고 그의 완전
한 본모습에 걸맞게 교육되어야 한다는 것이다. 이 원칙은 매우 중요
하다. 부모는 대개 자기 아이를 단지 현재의 세계 — 그것이 설사 타
락한 세계일지라도 — 에 적합하도록 교육한다. 하지만 부모는 교육
을 통해 미래에 더 나은 상태에 이를 수 있도록 자기 아이를 더 잘 교 A 18
육해야 한다. 그러나 여기에는 두 가지 장애물이 있다.

1) 부모는 대체로 자기 아이가 세상에서 출세하는 데만 마음을 쓰 IX 448
며, 2) 영주는 신민을 자신의 의도를 이루기 위한 도구로만 바라본다.

부모는 집안을 돌보고 영주는 국가를 돌본다. 이 양자는 인간의 본
모습과 인간의 소질이 지향하는 최종 목적으로서 세계 최선도 완전
성도 갖고 있지 않다. 그러나 교육 계획은 세계시민적으로 설계되어
야 한다. 그렇다면 세계 최선은 우리의 사적 최고선에 해가 되는 이
념일까? 결코 그렇지 않다! 세계 최선을 위해서는 우리가 무언가를
희생해야 하는 것처럼 보일지 모르지만, 사실상 우리는 세계 최선을
통해 우리 현재 상태의 최선을 촉진하기 때문이다. 그러한 교육에는
얼마나 훌륭한 결과들이 뒤따르겠지! 세상의 모든 선은 다름 아닌 좋은
교육에서 나온다. 인간 안에 깃든 싹은 모름지기 점점 더 계발되어야 A 19

한다. 왜냐하면 인간의 자연소질 안에서는 악의 근원이 발견되지 않
기 때문이다. 악의 원인은 오로지 자연이 규칙 아래 놓이지 않는 것
일 뿐이다. 인간 안에는 오직 선의 싹만이 들어 있다.

그러나 더 나은 세계의 상태는 어디에서 유래할까? 영주를 통해
서? 아니면 신민을 통해서? 신민들이 먼저 자신을 개선한 후 좋은 정
부와 타협하는 방식을 통해서? 더 나은 상태가 영주를 통해서 가능
해지려면, 우선 왕자의 교육이 개선되어야 한다. 어린 시절의 왕자가
저항에 직면하지 않게 하는 것이야말로 오랜 세월 반복되어온 커다
란 오류다. 들판에 홀로 서 있는 나무는 구부러져 자라며, 가지를 옆
A 20 으로 넓게 뻗친다. 반면에 숲 가운데 서 있는 나무는 곧게 자라며, 위
로 공기와 햇빛을 찾는다. 옆의 나무들이 그에 저항하기 때문이다.
이는 영주의 경우에도 마찬가지다. 영주가 신민 중에서 뽑힌 사람에
게서 교육받되, 마치 그와 신분이 똑같은 사람에게 교육받는 것처럼
한다면, 분명히 결과는 훨씬 더 좋아질 것이다. 따라서 우리가 위로
부터 좋은 것을 기대할 수 있는 경우는 오직 그 교육이 훌륭한 경우
뿐이다! 그러므로 여기서는 무엇보다도 사적인 노력이 중요하며, 바
제도[11] 등이 생각했던 것처럼 영주들의 협력이 중요한 것이 아니다.
IX 449 왜냐하면 경험은 영주들이 먼저 세계 최선을 추구하기보다 자기들
의 목적을 달성하기 위하여 오로지 국가의 번영만을 추구한다는 사
실을 가르쳐주기 때문이다. 영주들이 국가의 번영을 위해 돈을 내놓
는다면, 그들의 계획도 그것을 위해서 만들어질 수밖에 없다. 이는
인간 정신의 형성과 인간 지식의 확장과 관련된 모든 일[교육]에서
도 마찬가지다. 권력과 돈만으로 이 일을 할 수는 없으며, 기껏해야
A 21 조금 수월하게 만들 수 있을 뿐이다. 이 일은 국가경제가 왕실재정을
위한 이자를 먼저 챙기지 않을 경우에만 가능할 것이다. 학술원도 지
금까지 이 일을 시행하지 못했고, 앞으로도 시행하게 되리라는 전망

이 거의 보이지 않는다.

따라서 학교 설립도 오로지 머리가 깨인 전문가의 판단에 따라야
할 것이다. 모든 도야는 사적인 개인에서 시작하여 점차 확장해간다.
오직 세계 최선에 참여하는 확장된 경향성을 지닌 사람들, 그리고 미
래의 더 나은 상태에 대한 이념을 지닌 사람들의 노력으로만 인간 본
성이 그의 목적을 향해 점차 나아가는 일이 가능해질 것이다. 그러나
돌아보면 아직도 많은 귀족이 자기 국민을 마치 자연세계의 한 부분
인 것처럼 여기고, 단지 인구수를 늘리는 데에만 관심을 둔다. 그러
면 귀족은 기껏해야 숙련성만 장려하게 되는데, 이는 단지 그의 의도
를 위해 신민을 더 좋은 도구로 이용할 수 있도록 하기 위한 것일 뿐
이다. 사적인 개인은 물론 먼저 자연목적을 염두에 두어야 하지만, A 22
더 나아가 특히 인간성의 계발에도 유념해야 한다. 또한 단지 숙련되
어야 할 뿐만 아니라 문명화해야 한다는 것, 그리고 가장 어려운 일
은 다음 세대로 하여금 자신들이 도달한 것보다 더 멀리 나아가도록
하는 일이라는 것을 유념해야 한다.

그러므로 인간은 교육을 통해 1) **훈육**되어야 한다. 훈육은 개인적 인간뿐만 아니라 사회적 인간에게서 동물성이 인간성을 해치지 않도록 지키려는 노력을 가리킨다. 그러므로 훈육은 단지 야만성을 제어하는 것이다.

2) 인간은 **도야**되어야 한다. 도야는 교화와 교수를 포함한다. 도야는 숙련을 갖추는 것이다. 숙련이란 모든 임의의 목적을 달성하는 데 충분한 능력을 소유하는 것이다. 그러므로 숙련은 일절 어떤 목적을 정하지 않고 나중에 상황에 따라 정하도록 남겨둔다.

일부 숙련은 예컨대 읽기와 쓰기처럼 모든 경우에 좋은 것인 반면,
몇몇 다른 숙련은 예컨대 음악처럼 오직 남에게 사랑을 받으려는 목 IX 450
적을 위해서만 좋은 것이다. 목적의 수가 많기 때문에 숙련의 종류도 A 23

거의 무한하다.

3) 우리는 인간이 교육을 통해 영리해지고 사회에 적응하며, 또한 사랑받고 영향력을 지니게 된다는 데 주목해야 한다. 여기에는 시민화[12]라고 일컫는 도야의 일종이 속한다. 시민화에는 품행과 예의범절 그리고 어느 정도 영리함이 요구되는데, 그러한 것들을 통해 사람은 모든 인간을 그의 최종목적을 위해 이용할 수 있다. 시민화는 각 시대의 가변적 취향을 따른다. 그래서 사람들은 몇십 년 전까지도 교제할 때 의식을 좋아했던 것이다.

4) 우리는 도덕화에 주목해야 한다. 인간은 모든 종류의 목적을 달성하는 데 능숙해져야 할 뿐만 아니라 오직 순수하게 선한 목적을 선택하는 마음씨도 지녀야 한다. 선한 목적은 반드시 모든 사람에게 승인되고, 또한 동시에 모든 사람의 목적이 될 수 있는 것을 말한다.

* * *

A 24 인간은 단지 조련되고 길들여지고 기계적으로 교수되거나, 참으로 계몽되거나 둘 중 하나다. 우리는 개나 말을 조련하고 인간도 조련할 수 있다.(조련dressieren은 영어의 dress, 즉 옷을 입히다라는 말에서 유래했다. 그래서 사제가 옷을 갈아입는 장소 또한 착의실이지 위안실이 아니다.)[13]

그러나 조련으로는 아직 아무것도 이룰 수 없으며, 아이가 사고하기를 배우는 것이 무엇보다 중요하다. 사고하기를 배우는 것은 모든 행위의 근원인 원칙을 목표로 삼는다. 그러므로 참다운 교육을 하려면 할 일이 매우 많다는 것을 우리는 알게 된다. 사교육의 경우에는 대개 넷째로 가장 중요한 부분[위의 4)번]이 아직 조금밖에 실천되지 못하고 있는데, 이는 우리가 어린이 교육에서 도덕화를 근본적으로 목회자에게 위임하기 때문이다. 그러나 어린 시절부터 아이에게 악덕을 단지 신이 그것을 금지했기 때문이 아니라 그것이 그 자체로 혐오할 만한 것이기 때문에 혐오하게 가르치는 것은 매우 중요한 일
이 아닐 수 없다. 이렇게 가르치지 않는다면 아이는 쉽게 다음과 같 A 25
이 생각하게 될 것이다. 신이 그것을 금지하지만 않는다면, 그리고 신이 한 번쯤 예외를 둘 수 있다면, 우리는 그것을 언제나 행할 수 있을 것이고 또 악덕이 어쩌면 허용될 수도 있을 것이라고 말이다. 신
은 가장 신성한 존재다. 따라서 신은 오직 선한 것만을 원할 것이다. IX 451
또한 신은, 우리가 덕을 행하는 것은 신이 그것을 원하기 때문이 아니라 덕 자체의 내적 가치 때문이기를 원할 것이다.

우리는 훈육, 도야, 시민화의 시대에 살고 있으나 아직도 도덕화의 시대에 살고 있지는 못하다. 인간의 현재 상황을 볼 때, 국가의 행복은 인간의 불행과 함께 자란다고 말할 수 있다. 그렇다면 어떠한 도야[문화]도 생겨나지 않은 야만 상태가 지금 상태보다 더 행복하지 않겠냐는 물음이 제기되지 않겠는가? 하지만 우리가 [먼저] 인간을 도덕적이고 지혜롭게 만들지 않는다면, 도대체 어떻게 인간을 행복
하게 만들 수 있겠는가? 그렇게 하지 않고는 악의 총량이 줄어들지 A 26
않을 것이니 말이다.

우리는 정규학교를 설립하기 전에 먼저 실험학교를 설립해야 한다. 교육과 교수는 단순히 기계적이어서는 안 되며, 원칙에 근거해야 한다. 그러나 교육과 교수는 또한 이성적인 방식으로뿐만 아니라 동시에 어느 정도는 기계적인 방식으로도 이루어져야 한다. 오스트리아에는 대부분 일정한 계획에 따라서 설립된 정규학교만 있는데, 그 계획에 대해서는 근거 있는 많은 반론, 특히 맹목적인 기계주의라는 비판이 제기된 바 있다. 모든 다른 학교는 이러한 정규학교를 표준으로 삼아야 했으며, 정규학교를 나오지 않은 사람은 심지어 후원을 받

지 못하기도 했다. 이러한 지침은 정부가 얼마나 심하게 학교 교육을 통제하는지를 보여준다. 그리고 그와 같은 정부의 강제하에서는 어떠한 좋은 일도 생길 수 없을 것이다.

우리는 대개 교육에서는 실험이 필요하지 않으며, 이미 이성을 통해서 무엇이 좋고 무엇이 좋지 않은지를 판단할 수 있다고 생각한다.
A 27 그러나 여기서 우리는 매우 잘못 생각하고 있다. 경험은 우리가 어떤 시도를 할 때 흔히 기대했던 것과 정반대 결과가 나타난다는 점을 가르쳐준다. 이처럼 실험이 중요하기 때문에, 우리는 어떠한 시대도 완벽한 교육계획을 제시할 수는 없다는 것을 알 수 있다. 여기서 그런 대로 최초의 길을 연 유일한 실험학교는 데사우학교였다.[14] 이 학교가 비록 비난받을 만한 많은 오류를 범하기는 했지만, 우리는 이 학교를 칭찬하지 않을 수 없다. 오류는 우리가 시도한 일의 모든 마무리 단계에서 발견되는 것으로, 새로운 시도에는 항상 동반될 수밖에 없는 것이다. 이 학교는 교사들이 고유한 방법과 계획에 따라 일하는 자유를 누렸던 유일한 학교였다. 거기서 교사들은 자기들 사이는 물론이고 독일의 모든 지식인들과도 연결되어 있었다.

* * *

A 28; IX 452 교육은 양육과 육성을 포함한다. 후자는 1) 소극적인 면, 즉 단지 오류를 막아주는 훈육과 2) 적극적인 면, 즉 교수와 인도를 포함하며 그런 한에서 도야에 속한다. 인도는 우리가 배운 것을 실천하도록 이끌어주는 것이다. 이로써 지식전달자, 즉 단순한 교사와 가정교사, 즉 인도자 사이의 차이가 생겨난다. 전자가 단지 학교공부만을 위해 교육한다면, 후자는 삶을 위해 교육한다.

아동기의 초기 단계에서 아동은 공손함과 수동적인 순종을 배워야 한다. 다음 단계에서 우리는 아동이 스스로 생각하고 자기의 자유를 법칙에 따라 사용하도록 지도해야 한다. 그래서 초기 단계에는 기계적인 강제가, 다음 단계에는 도덕적인 강제가 뒤따르게 된다.

교육에는 **사적인** 교육[사교육]과 **공적인** 교육[공교육]이 있다. 후자는 단지 지식 전달에만 관계하며, 이 지식은 항상 공개적인 형태를 띤다. 규범을 실천하는 것은 사교육의 몫이다. 온전한 공교육은 교수와 도덕적 육성 양자를 합친 교육이다. 공교육의 목적은 좋은 사교육 A 29 을 촉진하는 것이다. 우리는 이러한 공교육을 수행하는 학교를 교육기관이라 일컫는다. 이러한 기관은 많이 있을 수 없으며, 거기에 있는 아동의 숫자도 클 수 없다. 그러한 교육은 비용이 매우 많이 들고, 단지 그 시설만을 위해서도 아주 많은 돈이 필요하기 때문이다. 이는 구빈원이나 양로원과 사정이 비슷하다고 볼 수 있다. 그러한 시설을 위한 건물을 마련하고 원장 · 관리인 · 복지사의 봉급을 지불하는 데에 이미 배정된 예산의 절반은 들어갈 것이다. 만일 우리가 이 돈을 빈민들의 집으로 보낸다면, 그들은 훨씬 더 잘 보살핌을 받을 것이 분명하다. 그러므로 부유하지 않은 집 아이가 그러한 교육기관에 다니기는 힘들 것이다.

공교육기관의 목적은 가정교육을 완성하는 데 있다. 부모 혹은 부모의 다른 조력자[가정교사]가 잘 교육되어 있을 때만 공교육기관의 낭비를 제거할 수 있다. 공교육기관에서 실험이 이루어지고 인간이 A 30 육성되어야 하며, 그래야 비로소 좋은 가정교육이 가능해질 것이다.

사교육은 부모 자신이 담당할 수도 있고, 만일 부모가 시간이나 능력 또는 그럴 의욕이 전혀 없을 경우에는 다른 사람, 즉 유급 조력자가 맡을 수도 있다. 이러한 조력자를 통해 교육할 경우에는 [교육의] IX 453 권한이 부모와 가정교사에게 분산되는 매우 어려운 사정이 생길 수 있다. 아이는 가정교사의 지시를 따라야 하는 동시에 다시 부모의 변덕에도 따라야 하는 것이다. 그러한 교육의 경우에는 부모가 가정교사에게 모든 권한을 위임하는 것이 반드시 필요하다.

사교육은 공교육에 비하여 또는 공교육은 사교육에 비하여 어느 정도 장점이 있는가? 대체로 숙련성 측면에서뿐만 아니라, 시민적
A 31 자질과 관련해서도 공교육이 가정교육보다 장점이 많아 보인다. 가정교육은 종종 가족의 오류를 낳을 뿐만 아니라 이를 더욱 확산하기도 한다.

그러면 교육은 얼마 동안 지속되어야 할까? 인간이 자기 자신을 스스로 이끌도록 자연이 규정한 시기에 이를 때까지, 성적 본능이 그에게서 발달될 때까지, 그 자신이 아버지가 될 수 있으며 스스로 [자녀를] 교육해야 할 때까지, 즉 대략 16세가 될 때까지 지속되어야 한다. 이 시기 이후에도 우리는 도야의 보조수단을 사용하고 간접적인 훈육을 행할 수는 있지만, 더 이상의 정규 교육은 필요 없다.

아동의 복종은 한편으로 적극적[무조건적] 성격을 띤다. 아동은 스스로 판단할 수 없고, 아직 단순한 모방능력만 갖고 있어서 자기에게 지시된 것을 행해야 하기 때문이다. 아동의 복종은 다른 한편으로 소극적[조건적] 성격을 띤다. 이는 아동이 타인이 자기 소원을 들어주기를 원하기 때문에 타인이 바라는 대로 행해야 하는 경우이다. 전자의 경우에는 벌이 가해지고, 후자의 경우에는 아동이 원하는 것을 해
A 32 주지 않는 것이 벌이 된다. 여기서 아동은 이미 [스스로] 사고할 수 있는데도 자신의 즐거움을 위해 타인에게 의존한다.

교육의 최대 과제 중 하나는 법칙의 강제에 대한 복종과 자신의 자유를 사용하는 능력을 어떻게 조화할 수 있는가 하는 것이다. 강제는 불가피하기 때문이다! 어떻게 강제 속에서 자유를 키워낼 것인가? 우리는 아동에게 자신의 자유가 억압되는 것을 견디도록 적응시켜야 하는 동시에 스스로 자신의 자유를 잘 사용하도록 인도해야 한다.

이것이 없이는 모든 교육은 단지 기계주의에 불과하며, 교육을 받은 자들도 자기의 자유를 사용할 줄 모를 것이다. 아동이 자기 자신을 보존하고 절제하고 또 독립하기 위해 돈벌이하는 어려움을 배우려면, 일찍부터 사회의 불가피한 저항을 경험해야 한다.

여기서 우리는 다음과 같은 점에 유의해야 한다. 1) 우리는 아이가 유년 초기부터 모든 사물에 자유로이 접하도록 해야 한다(예컨대 칼날을 손으로 잡는 경우에서와 같이 자기 자신을 해치는 사물들은 제외하고). 물론 이는 타인의 자유를 침해하는 방식으로 행해져서는 안 된다. 예컨대, 소리를 지르거나 너무 소란스럽게 놀거나 하는 경우에는 곧 타인의 원성을 사게 된다. 2) 우리는 아이가 타인이 원하는 것을 들어줌으로써만 자기도 원하는 것을 달성할 수 있다는 사실을 깨닫게 해주어야 한다. 예컨대 그가 우리가 원하는 것—즉 그가 배워야만 한다는 것—을 행하지 않는 한, 우리도 그가 원하는 것을 들어주지 않는다는 점을 깨닫게 해주어야 한다. 3) 우리는 아이가 스스로 자신의 자유를 사용하도록 인도하기 위해 그에게 강제를 부과한다는 것, 그가 언젠가는 자유로울 수 있도록, 즉 타인의 보살핌에 의존하지 않을 수 있도록 키운다는 것을 납득시켜야 한다. 이 셋째가 가장 나중 단계이다. 왜냐하면 아이는 나중에야 비로소 자기 생계를 스스로 꾸려가야 한다는 사실을 깨닫게 되기 때문이다. 아이는 생계를 유지하기 위해 자기 스스로 노력하지 않아도 부모 곁에 있을 때처럼 언제나 먹고 마실 것을 얻을 수 있다고 생각한다. 이러한 깨우침이 없다면 아이는—특히 부잣집 아이와 영주의 아이는—마치 오타하이트[15] 주민처럼, 전 생애에 걸쳐서 [늘] 어린아이일 뿐이다. 여기서 공교육의 장점이 가장 뚜렷하게 드러난다. 우리는 공교육을 통해 자기 능력을 측정하는 것을 배우고 또 타인의 권리에 의해 자기 권리가 제한되는 것을 배우기 때문이다. 여기서는 어떠한 특권도 누리지 못

Ⅸ 454 A 33 A 34

한다. 우리는 어디에서나 저항에 부딪히고, 오직 자신이 행한 공로로만 인정받기 때문이다. 공교육은 미래 시민의 최상의 본보기를 제공한다.

그러나 여기서 또 하나의 난점을 고려해야 한다. 그것은 남성성이 나타나기 이전에 악덕을 막기 위하여 성지식을 미리 가르치는 일의 어려움이다. 이 문제는 나중에 논하자.

본론

교육학 또는 교육론은 자연적이거나 실천적이다. 자연적 교육이란 인간이 동물과 공유하는 교육의 부분, 즉 양육이다. 실천적 또는 도덕적 교육이란 이를 통하여 인간이 자유로이 행위하는 존재로 살 수 있도록 육성하는 교육이다.(실천적이라는 말은 자유와 관련되는 모든 것을 가리킨다.) 이것은 인격성을 위한 교육, 자유로이 행위하는 존재의 교육이다. 자유로이 행위하는 존재는 자기 자신을 유지하고, 사회 속에서 한 구성원을 이루며, 스스로 내적 가치를 지닐 수 있는 존재다. A 35; IX 455

실천적 교육은 1) 숙련을 위한 고지식한 기계적 육성, 즉 교습적 육성(지식전달자), 2) 영리함을 위한 실용적 육성(가정교사), 3) 도덕성을 위한 도덕적 육성 세 가지로 구성되어 있다. A 36

인간은 모든 목표를 달성하는 데 능숙해지기 위해 기계적 육성 또는 교수를 필요로 한다. 기계적 육성은 인간에게 한 개인의 차원에서 가치를 부여한다[높여준다]. 인간은 영리함을 [키워주기] 위한 육성을 통해 시민으로 길러지며, 이로써 공적 가치를 획득한다. 여기서 인간은 시민사회를 자기 의도대로 이끌어가는 것을 배울 뿐만 아니라, 자기 자신을 시민사회에 적응시키는 것도 배우게 된다. 도덕적 육성을 통해 마침내 인간은 전체 인류 차원에서 가치를 획득한다.

기계적 육성은 가장 먼저 이루어진다. 모든 영리함은 숙련을 전제로 하기 때문이다. 영리함은 자기의 숙련된 능력을 인간에게 잘 적용하는 능력이다. 도덕적 육성은 원칙에 근거를 두는데 인간이 그 원칙
A 37 을 스스로 통찰해야 하므로, 가장 나중에 이루어진다. 그러나 도덕적 육성이 보통의 인간 상식에 근거하는 한, 애초부터 자연적 교육에서도 함께 고려되어야 한다. 그렇지 않을 경우에는 오류가 쉽게 뿌리를 내려서 나중에는 모든 교육기술이 소용없어지기 때문이다. 숙련과 영리함에 대해서는 모든 것이 나이에 따라 행해져야 한다. 어린이는 어린이답게 숙련되며 어린이답게 영리하고 착해야지 어른처럼 노련해서는 안 된다. 이는 어른이 어린애같이 유치한 것과 마찬가지로 부적절한 것이다.

자연적 교육에 대하여

가정교사로서 교육을 책임 맡은 사람은 그 아이를 어릴 때부터 보 IX 456
살피지는 않았으므로 자연적 교육까지 배려할 수는 없다. 하지만 어린 시절부터 지금까지 받은 교육에서 유념해야 할 모든 지식을 아는 것은 [자신의 직무 수행에] 도움이 된다. 한 가정교사가 큰아이 교육만 담당한다 하더라도, 만일 그가 잘하고 있다면, 그 집에서 새로 아 A 38
이가 태어날 경우에 부모는 그를 신뢰하고 있으므로 그에게 자연적 교육에 대해서도 조언을 구하는 일이 생기게 된다. 그가 그 집에서 유일한 지식인일 경우에는 더욱 그렇다. 그러므로 가정교사도 자연적 교육에 대한 지식을 갖출 필요가 있다.

자연적 교육은 원래 단지 양육일 뿐인데, 부모나 유모 또는 보모를 통해 이루어진다. 자연이 아이에게 마련해준 음식은 모유이다. 아이가 모유와 함께 엄마의 마음씨도 받아 마신다는 것 — 우리가 흔히 듣는 바와 같이 '너는 그것을 벌써 모유와 함께 마셔버렸구나!' —
은 단지 편견에 지나지 않는다. 엄마가 직접 수유하는 것이 엄마에게 A 39
나 아이에게 가장 유익하다. 그러나 여기에도 드물게, 즉 질병이 있는 경우 등의 예외는 있다. 예전에 사람들은 분만 직후 엄마에게서 나오는 초유가 아이에게 해로우므로 산모는 아이가 젖을 빨기 전에 초유를 다 짜버려야 한다고 믿었다. 그러나 루소는 자연은 결코 쓸데없는 일을 하지 않으므로 이 초유도 어쩌면 아이에게 유익할지 모른다는 점에 의사들이 처음으로 주목하도록 했다. 그리고 사람들은 실제로 이 초유가 갓난아기의 태변—의사들이 메코니움[16]이라 일컫는—을 가장 잘 제거하므로 아기에게 매우 유익하다는 것을 발견했다.

사람들은 아이를 동물의 젖으로도 키울 수 있지 않을지를 궁금해했다. 인간의 젖은 동물의 젖과는 매우 다르다. 모든 초식동물의 젖
A 40; IX 457 은 거기에 어떤 산, 예컨대 포도산, 레몬산 또는 특히 우리가 응유효소라고 일컫는 송아지 위 속의 산을 첨가하면 금방 응고되어버린다. 그러나 인간의 젖은 전혀 응고되지 않는다. 그런데 산모나 유모가 며칠 동안 계속 채식만 할 경우에는 그들의 젖도 소나 다른 동물의 젖처럼 금방 응고되어버린다. 하지만 이후 단지 몇 시간 동안 다시 육식을 계속하면 다시 그전과 같이 좋은 젖이 나온다. 이로써 사람들은 엄마나 유모는 수유 기간에는 육식을 하는 것이 아이에게 가장 유익하다고 결론을 내렸다. 아이가 젖을 토하면, 그 젖이 응고되어 있음을 볼 수 있다. 아이 위 속의 산은 다른 모든 산보다 더 강력하게 젖의 응고를 촉진하는 것이 틀림없다. 인간의 젖은 다른 방법으로는 결코 응고될 수 없기 때문이다. 만일 우리가 아이에게 저절로 응고되는 젖을 준다면 아이에게 얼마나 해로운 일이겠는가. 그러나 이것만이 중요한 일은 아니라는 것을 우리는 다른 종족에서 볼 수 있다. 예컨대 발
A 41 트퉁구스족[17]은 고기 이외에는 다른 것을 거의 먹지 않지만 힘이 세고 건강하다. 반면에 모두 오래 살지 못한다. 우리는 그들 중 크게 자란 소년을, 겉으로는 가벼워 보이지 않는데도 별로 힘들이지 않고 들어 올릴 수 있다. 그에 반해 스웨덴 사람, 특히 인도 사람은 거의 고기를 먹지 않는데도 아주 건강하게 성장한다. 그러므로 중요한 것은 유

모의 건강이며, 최선의 음식은 그녀에게 최선의 건강을 유지할 수 있
게 해주는 음식임을 알 수 있다.

그런데 여기서 다음과 같은 물음, 즉 모유가 끊어진 뒤에는 아이
에게 무엇을 먹여야 하느냐는 물음이 제기된다. 사람들은 얼마 전부
터 여러 가지 곡식 분말로 쑨 죽을 모유 대신 이용하려고 시도해왔
다. 그러나 처음부터 그런 음식을 먹이는 것은 좋지 않다. 특히 아이
에게 포도주, 양념, 소금 등과 같은 자극성 있는 것을 주어서는 안 된
다는 사실을 유의해야 한다. 그럼에도 아이에게 그런 것들에 대한 강
한 욕구가 있다는 것은 참 이상한 일이다! 그 이유는 그런 자극성 있
는 것들이 아이의 덜 발달된 미각에 자극과 흥분을 일으키며 이를 아 A 42
이가 기분 좋게 느끼기 때문이다. 러시아 엄마들은 자신들이 화주[보
드카]를 자주 마실 뿐만 아니라 이것을 아이에게도 주는데, 우리는
러시아인이 건강하고 힘센 사람들임을 잘 알고 있다. 물론 그것[잦은
음주]을 견딜 수 있는 사람은 체격이 건장해야 하겠으나, 그렇지 않
을 경우에는 자신을 유지할 수 있었을 많은 사람이 음주로 목숨을 잃
게 된다. 그러한 이른 자극이 신경에 많은 무질서를 초래하기 때문이 IX 458
다. 그뿐만 아니라 우리는 아이들이 너무 따뜻한 음식이나 음료를 섭
취하지 않도록 세심하게 보호해야 한다. 이런 음식이 아이를 허약하
게 만들기 때문이다.

더 나아가 아이를 너무 덥게 키워서는 안 된다는 점에도 유의해야
한다. 아이의 혈액은 어른의 혈액보다 훨씬 따뜻하다. 아이의 혈액은
[화씨] 110도나 되는 데 반해 어른의 혈액은 [화씨] 96도에 불과하 A 43
다. 아이는 나이든 사람이 쾌적하게 느끼는 온도에서는 숨이 막힌다.
서늘함에 적응시키는 것은 인간을 강하게 만든다. 너무 덥게 입고,
[수면 시에] 너무 덥게 덮으며, 너무 뜨거운 음료에 습관을 들이는 것
은 어른의 건강에도 해롭다. 그래서 아이를 서늘하고 딱딱한 잠자리

에 재우는 것이다. 찬물에 샤워를 하는 것도 건강에 좋다. 식욕을 돋우기 위해 아이에게 자극성 있는 음식을 먹여서는 안 되며, 차라리 활동과 일을 함으로써 식욕이 생기게 해야 한다. 무엇이건 아이에게 습관을 들임으로써 그것에 대한 욕구가 생기게 하면 안 된다. 심지어 선한 마음가짐을 형성하기 위해서도 모든 것을 습관화하는 기술에만 의존해서는 안 된다.

강보[18)]는 미개한 민족에게서는 전혀 찾아볼 수 없다. 예컨대 아메
A 44 리카 야만족은 땅에 구덩이를 판 다음 이 구덩이에 썩은 나무 가루를 채우고 어린아이를 그 위에 뉘어놓는다. 그래서 어린아이의 대소변이 그 나무 가루에 스며들어서 아이가 건조한 상태로 누워 있도록 하며, 나뭇잎으로 아이를 덮어놓는다. 그렇게 함으로써 아이가 사지를 마음대로 놀릴 수 있게 한다. 아이를 마치 미라처럼 싸매는 것은 단지 우리의 편의를 위한 것이다. 이는 아이의 신체가 비틀리는 것을 방지하려는 것이지만, 실제로는 오히려 강보 때문에 비틀림이 생기곤 한다. 게다가 강보로 싸매는 것은 아이를 겁먹게 하고, 일종의 절망감에 빠지도록 한다. 왜냐하면 아이는 사지를 전혀 놀릴 수 없기 때문이다. 사람들은 단지 아이를 달램으로써 울음을 그치게 할 수 있다고 생각한다. 그러나 성인을 그와 같이 싸매놓는다면, 그가 얼마나 소리치고 또 공포와 절망에 빠지는지 확인하게 될 것이다.

IX 459 우리는 무엇보다 최초의 교육은 단지 소극적이어야 함을 알아야
A 45 한다. 다시 말해 자연이 예비해둔 것에 무엇인가 새로운 것을 보태려 하지 말고, 단지 자연이 방해받지 않게 하면 된다. [최초] 교육에서 허용되는 유일한 기술은 단련 기술뿐이다. 이런 이유에서도 강보는 던져버려야 한다. 그 대신에 이러한 목적을 위해 몇 가지 유념해 볼 만한 방법으로는 가죽벨트를 위에 두른 상자를 사용하는 것이다. 이탈리아 사람들은 이런 상자를 사용하는데, 이를 아르쿠치오[19)]라

고 한다. 그들은 아이를 이러한 상자 속에 넣어놓으며, 그 상태로 젖을 먹인다. 그러면 엄마가 밤에 젖을 먹이다 잠들더라도 아이를 깔아 죽이는 일을 방지할 수 있다. 우리나라에서는 이런 식으로 많은 아이가 목숨을 잃는다. 이렇게 상자를 사용하는 것이 강보를 사용하는 것보다 더 좋은 방법이다. 왜냐하면 이렇게 함으로써 아이가 더 많은 자유를 누리고, 비틀림도 방지되기 때문이다. 이에 반해 강보에 싸는 A 46
방식은 아이를 종종 비틀리게 한다.

최초 교육에서 또 다른 관습은 아이를 요람에 태우는 것이다. 그중 가장 간단한 방법은 농부들이 사용하는 것인데, 요람을 밧줄에 묶어 발코니에 매달아놓은 다음 이를 살짝 건드려서 저절로 왔다 갔다 하게 하는 것이다. 그러나 요람은 전혀 유익하지 않다. 이리저리 흔들리는 것은 아이에게 해롭다. 모두 알다시피 흔들리는 것은 성인에게도 구토와 어지러움을 야기한다. 사람들은 아이를 진정시켜 되도록 울지 않게 하려고 한다. 그러나 우는 것은 아이에게 좋다. 아이는 모체에서 나오자마자 모체 안에서는 접하지 못했던 공기를 처음으로 들이마신다. 이를 통해 바뀌는 혈액의 흐름이 아이에게 고통을 느끼게 한다. 그래서 아이는 울게 되고, 울음으로써 [엄마 뱃속에서 눌려 있던] 자기 몸의 내부 기관들을 충분히 펼치게 된다. 아이가 운다고 해서, 유모가 흔히 하듯이, 바로 달려가서 노래를 불러준다든지 하는 A 47
것은 매우 해롭다. 이것이 바로 아이의 첫 타락이다. 울기만 하면 모든 것이 주어진다는 것을 아이가 알게 될 경우, 아이는 더욱 자주 울기를 반복하게 되기 때문이다.

평민 계층 아이가 귀족 계층 아이보다 더 잘못 교육되고 있다는 것은 사실일 것이다. 평민 계층 사람들은 마치 원숭이처럼 자녀와 놀아 IX 460
주기 때문이다. 그들은 아이 앞에서 노래를 불러주고, 껴안고, 뽀뽀하고, 함께 춤을 추기도 한다. 그들은 아이가 보채기만 하면 달려가서 같이 놀아주고, 노래를 불러주는 것이 아이에게 좋다고 생각한다.
그러나 그렇게 할수록 아이는 점점 더 자주 소리쳐 울게 된다. 반대
로 만일 사람들이 아이가 보챌 때 그에게 달려가지 않는다면, 아이는
결국 울기를 그치게 된다. 어떠한 피조물도 해봐야 소용없는 일을 즐
겨 하지는 않는다. 그러나 사람들은 아이가 자신의 모든 변덕이 충족
되는 것을 보는 데 익숙하게 만든다. 그러고는 나중에 뒤늦게 의지를
꺾으려 한다. 아이를 울게 그냥 놓아두면 아이는 우는 데 싫증이 나
A 48 게 된다. 그러나 유년기에 모든 기분을 맞춰주면, 아이의 마음과 도
덕을 타락시키게 된다.

아이에게는 물론 아직 도덕에 대한 개념이 없다. 그러나 [아이 기
분을 무조건 맞추어주는] 이러한 행위로 아이의 자연소질이 타락하
게 되고, 이러한 타락을 나중에 바로잡기 위해서는 엄한 벌이 가해지
지 않으면 안 된다. 만일 우리가 울음을 통해 자기 요구를 충족하는
아이 버릇을 뒤늦게 고치려고 할 경우, 아이는 마치 어른처럼 몹시
성을 내면서 운다. 그에게는 단지 자신의 분노를 행동으로 옮길 만큼
의 힘이 아직 없을 뿐이다. 아이가 우는 대로 요구를 들어주는 한 아
이는 전제 군주처럼 지배한다. 만일 이러한 지배가 이제 와서 중단된
다면, 아이는 당연히 짜증을 내게 된다. 이것은 일정 기간 권력을 누
렸던 귀족이 나중에 권력을 누리던 습관에서 벗어나기가 아주 어려
운 것과 마찬가지다.

아이는 유아기에, 대략 생후 3개월까지는 제대로 볼 수 없다. 아이
A 49 는 빛에 대한 감각을 지녔으나 대상들을 서로 구별하지는 못한다. 이
는 어떤 반짝이는 물체를 이 시기 아이의 눈앞에 갖다 보여주어도 눈
이 이 대상을 쫓지 않는다는 사실에서도 확인된다. 얼굴 표정과 관
련하여 또한 울고 웃는 능력도 발견된다. 이제 이러한 능력을 지니
게 되면, 아이는 반성하면서 운다. 그러나 이 반성은 아직 원하는 만

큼 명료하지는 못하다. 이제 아이는 무언가가 항상 자기에게 고통을 가한다고 생각한다. 루소는 다음과 같이 말한다. 만일 우리가 6개월 IX 461 정도 된 아이의 손바닥을 때린다면, 아이는 마치 불에 덴 것처럼 심 A 50 하게 운다. 여기서 아이는 이미 모욕이라는 개념을 연결하는 것이다. 부모는 흔히 아이의 의지를 꺾어야 한다고 말하지만, 우리가 아이의 의지를 먼저 타락시키지 않는다면, 그것을 꺾을 필요도 없을 것이다. 우리가 만일 아이의 전제적인 의지를 다 만족시켜준다면, 아이는 우는 것을 통해 어른에게 모든 것을 강요할 수 있으며, 이것이 바로 최초의 타락이다. 이러한 타락을 나중에 바로잡기는 극히 어려우며, 거의 성공하기도 힘들다. 우리가 아이를 조용히 있게 할 수는 있겠지만, 아이는 그럴수록 울분을 삼키며 더욱 강한 내적 분노를 품는다. 이로써 우리는 아이를 기만과 내적 흥분에 익숙해지게 만드는 셈이다. 이와 관련하여, 예컨대 부모가 아이를 회초리로 때린 후 아이가 부모 손에 입을 맞추게 하는 것은 매우 부적절한 일이다. 이를 통해 A 51 아이는 위장과 허위에 익숙해지게 된다. 회초리는 감사해야 할 만큼 근사한 선물이 아니며, 아이가 어떤 심정으로 부모 손에 입을 맞추는지는 쉽게 알 수 있는 일이다.

우리는 아이에게 걷기를 가르치기 위해 흔히 걸음마줄과 보행기를 사용한다. 우리는 마치 가르치지 않아서 아이가 걷지 못하기라도 하는 것처럼 아이에게 걷기를 가르치려고 하는데, 이는 참으로 이상한 일이다. 특히 걸음마줄은 아주 해롭다. 어떤 작가가 한번은 자신의 좁은 가슴에 대해 한탄하면서, 이는 오로지 걸음마줄 때문이라고 말한 적이 있다. 아이는 무엇이든 잡으려 하고 또 바닥에서 집어 올리려 하는데, 이때 가슴이 걸음마줄에 닿게 된다. 아이의 가슴은 아직 덜 발달해 연약한 상태이므로 이 줄에 납작하게 눌리게 되고 그래서 훗날 이러한 형태가 되는 것이다. 아이가 이러한 보조기구를 사용한다고 해서 스스로 걸음마를 배우는 경우보다 더 잘 배우는 것도 아니다. 가장 좋은 방법은 아이가 바닥을 마음대로 기어 다니도록 해서
A 52 점차 스스로 걸음마를 시작하도록 놓아두는 것이다. 우리는 아이가 불건조각 등에 찔리지 않고 또 너무 심하게 넘어지지 않도록 조심하는 차원에서 방에 털 담요를 깔아둘 수는 있다.

우리는 흔히 아이가 매우 심하게 넘어진다고 말한다. 그러나 아이는 심하게 넘어질 수도 없을 뿐만 아니라, 넘어진다 해도 크게 다치지도 않는다. 아이는 균형을 잘 유지하고, 넘어져도 다치지 않도록
IX 462 몸을 돌리는 것을 배우게 된다. 우리는 흔히 아이가 넘어져도 얼굴을 다치지 않게 하려고 이른바 요정모자를 씌운다. 그러나 아이에게 자연적인 도구가 갖추어져 있는데도 인위적인 도구를 쓰는 것은 좋은 교육이 아니다. 여기서 자연적인 도구는 아이가 넘어질 때 짚을 수 있는 손이다. 인위적인 도구를 사용하면 할수록, 우리는 그만큼 더 도구에 의존하게 된다.

A 53 처음에는 도구를 가급적 덜 사용함으로써 아이가 스스로 배우게 하는 편이 더 좋다. 그러면 아이는 많은 것을 더욱 철저하게 배우고 싶어 한다. 이런 식으로 아이가 예컨대 스스로 쓰기를 배우는 것도 가능해질 수 있다. 쓰기는 예전에 누군가가 창안한 것으로서, 이러한 창안이 그렇게 대단한 것은 아니기 때문이다. 예컨대 아이가 빵을 원할 때, 우리는 아이에게 "너 빵을 그릴 수 있니?"라고 묻는다. 아이는 타원 모양을 그릴 것이다. 그러면 우리는 아이에게 "그게 빵인지 돌인지 도대체 잘 알 수가 없구나"라고 말한다. 그러면 아이는 나중에 B자를 써넣는다든지 할 것이다. 이런 식으로 아이는 시간이 지남에 따라 자신만의 ABC를 창안할 것이며, 나중에는 이것을 [기존의] 다른 글자들과 치환하게 될 것이다.

A 54 일부 아이는 어떤 장애를 지니고 태어난다. 이렇게 결함을 지닌,

즉 손상된 체형을 개선하는 수단을 우리는 가지고 있지 않을까? 박
식한 많은 저자가 확인한 사실은 코르셋이 여기에 전혀 도움이 되지
않고 오히려 상태를 더 악화시킨다는 것이다. 코르셋은 혈액이나 체
액의 순환은 물론, 신체의 내적 · 외적 부분의 필수불가결한 확장을
방해한다. 아이를 자유롭게 놓아두면, 아이는 자기 몸을 더욱 단련하
게 된다. 코르셋을 착용하던 사람이 코르셋을 벗게 되면, 그것을 착
용한 적이 없는 사람에 비해 훨씬 허약하다. 우리는 신체적 장애를
지니고 태어난 아이를 근육이 더 강한 쪽에 체중을 더 많이 실리게 IX 463
함으로써 도울 수 있다. 그러나 이것도 매우 위험하다. 도대체 누가
신체의 적절한 균형을 알 수 있단 말인가? 가장 좋은 것은 아이가 스 A 55
스로 연습하여 자기 체중의 균형을 유지할 수 있는 자세를 잡는 것이
다. 기구는 여기서 어떤 역할도 할 수 없다.

그러한 모든 인위적 장치는 유기적이고 이성적인 존재[인간]에 내
재된 자연의 목적에 역행하기 때문에 부적절하다. 자연의 목적에 따
라 인간에게는 자기 능력을 사용하는 것을 배울 자유가 주어져야 한
다. 우리는 교육을 할 때 오로지 아이가 허약해지지 않도록 예방해
야 한다. 단련은 허약함의 반대이다. 아이가 모든 것에 익숙해지도록
하는 것은 무모한 일이다. 이 점에서 러시아인의 교육은 너무 지나
치다. 이러한 교육 때문에 수없이 많은 아이가 죽는다. 습성이란 동
일한 향유와 동일한 행위를 자주 반복함으로써 그러한 향유와 행위
가 굳어진 것이다. 예컨대 담배, 화주, 따끈한 음료와 같은 자극성 있
는 것보다 더 쉽게 아이에게 습관성을 야기하는 것은 없다. 따라서
자극성 있는 것들은 되도록 아이에게 주지 말아야 한다. 나중에 이러 A 56
한 습관에서 벗어나기는 매우 어려워서 처음에는 고통이 수반된다.
잦은 향유를 하는 가운데 우리의 신체 기능이 변화되어버렸기 때문
이다.

인간은 습성이 많으면 많을수록 덜 자유롭고 덜 독립적이 된다. 인간뿐만 아니라 다른 동물도 생애의 이른 시기에 버릇이 된 것은 나중까지 일정한 성향으로 남게 된다. 그러므로 우리는 아이가 어떤 것에도 버릇이 들지 않게 해야 한다. 즉 아이에게 어떠한 습성도 생기지 않게 해야 한다.

많은 부모는 자기 아이가 모든 것에 익숙해지게 만들려고 한다. 그
러나 이것은 적절하지 않다. 왜냐하면 인간의 일반적 본성은 — 또한
일부 개별적 주체의 본성도 마찬가지로 — 모든 것에 익숙해질 수는
없기 때문이다. 그래서 많은 아이는 [늘] 교육받아야 할 존재로 남게
된다. 예를 들면, 많은 부모는 아이가 아무 때나 자러 가고 아무 때나
일어날 수 있게 하며, 아이가 원하면 아무 때나 먹게 한다. 그러나 이
A 57 것을 견뎌내려면, 몸을 단련하는 특별한 생활방식, 다시 말해 저 무
질서한 생활방식이 무너뜨린 것을 다시 바로잡는 특별한 생활방식
이 뒤따라야 한다. 또한 자연에는 분명히 주기성이 많이 있다. 동물
도 일정한 시간에 잠을 잔다. 인간도 신체가 그 기능에서 장애를 받
IX 464 지 않게 하려면 일정한 시간에 습관을 들여야 한다. 아이가 아무 때
나 먹을 수 있게 하는 데 대해서는 동물의 예를 끌어들여서는 안 될
것이다. 모든 초식동물은 영양가가 적은 것을 먹어서 아무 때나 먹
A 58 는 것이 정상이지만, 인간은 늘 일정한 시간에 먹는 것이 아주 이롭
기 때문이다. 이와 같이 많은 부모는 자기 아이가 강한 추위, 악취, 온
갖 종류의 소음 같은 것들을 견뎌낼 수 있게 하려 한다. 만일 아이가
어떤 것에도 습관이 들지 않는다면, 이러한 일은 전혀 불필요할 것이
다. 이를 위해 아이를 여러 가지 상황에 처해보게 하는 것은 매우 도
움이 된다.

단단한 잠자리는 부드러운 잠자리보다 훨씬 건강에 좋다. 엄격한 교육은 신체를 강화하는 데 훨씬 좋다. 엄격한 교육이란 안락함을 억

제하는 것을 의미한다. 이러한 주장을 확인해주는 주목할 만한 예가 적지 않은데도 우리는 이를 간과하거나, 더 정확히 말하면 유념하지 않으려 한다.

어느 정도는 자연적이라 부를 만한 마음의 육성[20]에 관해서는 주로 다음과 같은 점에 유의해야 한다. 훈육은 노예적이어서는 안 되며, 아이는 언제나 자신의 자유를 느끼되 타인의 자유를 침해해서는 안 된다는 것이다. 그러므로 아이는 저항에 직면해야 한다. 많은 부모는 아이의 인내심을 기르기 위하여 아이의 요구를 모두 물리칠 뿐 A 59
아니라, 아이 자신이 가지고 있는 인내심보다 더 큰 인내심을 요구한다. 그러나 이것은 잔인하다. 우리는 아이에게 필요한 만큼 준 다음에 "너는 충분히 가졌어!"라고 말해야 한다. 그러나 또한 이것은 변경될 수 없다는 다짐이 반드시 필요하다. 우리는 아이가 우는 것을 개의치 말아야 하며, 아이가 울면서 무언가를 얻으려고 떼를 쓰는 경우에도 들어주지 말아야 한다. 다만 아이가 자기에게 필요한 것을 상냥하게 부탁할 때는 그것을 주어야 한다. 아이는 이로써 솔직함에 익숙해지며, 우는 것으로써 아무도 성가시게 하지 않는다. 이에 따라 또한 모든 사람이 아이에게 친절하게 대하게 된다. 섭리는 아마도 아이에게 사랑스러운 표정을 부여함으로써 사람들이 그에게 도움을 주도록 해놓은 것처럼 보인다. 아이 고집을 꺾기 위해 모욕적이거나 IX 465
노예적인 훈육을 하는 것만큼 해로운 것은 없다.

우리는 흔히 아이들에게 "아니, 그런 짓을 하다니, 부끄러운 줄 알아라!"와 같이 말하곤 한다. 그러나 초기 교육에서 이와 같은 말을 해 A 60
서는 절대로 안 된다. 아이는 아직 부끄러움이나 예절바름이라는 개념을 가지고 있지 않으므로, 이를 부끄러워할 필요가 없고 부끄러워해서도 안 된다. 이런 일로 그는 다만 수줍어하게 될 뿐이다. 아이는 다른 사람의 시선 앞에서 어쩔 줄 모르게 되고, 다른 사람 앞에서 숨고 싶어 한다. 이로써 소심함과 바람직하지 않은 은폐 습관이 생겨난다. 아이는 어떤 것도 부탁할 수 있어야 하건만, 더는 아무것도 부탁할 엄두를 내지 못한다. 아이는 자기 심정을 숨기며, 솔직하게 모든 것을 말할 수 있어야 하는데도 언제나 있는 그대로와는 다른 모습을 보인다. 언제나 부모 주위에 머무르는 대신 아이는 부모를 피하고, 말을 잘 들어주는 집안 하인들을 가까이하게 된다.

응석을 받아주고 끊임없이 귀여워해주는 것도 위의 부끄러움을 주는 교육보다 나을 것이 없다. 이것은 아이의 고집을 강화해서 아이를 잘못 길들이게 되고, 아이에게 부모의 약점을 노출함으로써 아이 눈에서 부모에 대한 필수적인 존경심을 빼앗아간다. 반면에 아이가 울음으로는 아무것도 얻을 수 없다는 것을 깨닫도록 교육한다면, 아
A 61 이는 건방지지 않되 자유롭고, 수줍어하지 않되 겸손하게 된다. 건방진[21]이라는 말을 우리는 원래 dräust라고 써야 한다. 왜냐하면 그것은 dräuen, 즉 위협하다[22]에서 왔기 때문이다. 우리는 위협하는 사람을 좋아할 수는 없다. 많은 사람이 그러한 건방진 얼굴을 하고 있는데, 우리는 항상 그들의 무례함 앞에서 두려움을 느낄 수밖에 없다. 반면에 이와 다른 얼굴에서는 그가 누군가에게 무례한 말을 할 수 없는 사람이라는 것을 곧바로 알 수 있다. 얼굴이 어떤 선의와 결합해 있다면, 그는 언제나 솔직해 보일 수 있다. 사람들은 흔히 귀족에 관해 이야기하면서, 그들이 정말 위엄 있어 보인다고 말한다. 그러나 이것은 그들이 살아오면서 저항에 부딪힌 적이 없기 때문에 어려서부터 익숙해진 일종의 오만한 모습일 뿐이다.

이상의 모든 것을 우리는 소극적인 육성으로 간주할 수 있다. 왜냐하면 인간의 많은 약점은 그를 가르치지 않았기 때문이 아니라 그에게 잘못된 인상을 심어준 결과이기 때문이다. 예컨대 유모는 아이
A 62 에게 거미나 두꺼비 등에 대한 공포를 심어준다. 아이는 다른 물건을

잡듯이 거미도 똑같이 잡으려고 한다. 그러나 유모가 거미를 보자마자 표정으로 공포감을 표현하기 때문에, 이것이 어떤 공감을 통해 아이에게 영향을 미치게 된다. 많은 사람이 이러한 공포감을 일생 동안 IX 466
지니며, 그런 상태로 언제나 어린아이처럼 남아 있다. 거미는 파리에게 치명적인 독을 지니고 있어 파리에게는 위험한 존재이지만, 인간에게는 해를 주지 않는다. 두꺼비도 예쁜 청개구리나 다른 동물과 똑같이 무해한 동물이다.

*　　*　　*

자연적 교육의 적극적인 부분은 도야[23)]이다. 인간은 도야와 관련한 측면에서 동물과 다르다. 도야는 무엇보다 인간의 마음 능력을 단련하는 것이다. 따라서 부모는 아이에게 이를 위한 기회를 주어야 한다. 첫째이자 최고의 규칙은 가능한 한 어떠한 도구도 사용하지 않는 것이다. 그래서 유아기에는 걸음마줄과 보행기를 사용하지 말고, 아 A 63
이가 바닥을 기어 돌아다니게 하여 더욱 안전하게 걷기를 스스로 배우게 해야 한다. 도구는 자연적 숙련을 방해할 뿐이다. 우리가 넓이를 재려면 끈이 필요하다. 그러나 우리는 이것을 눈대중으로도 잘해낼 수 있다. 시계 대신에 태양의 위치로 시간을 알 수 있으며, 숲속에서 방향을 찾을 때도 나침반 대신 낮에는 태양의 위치로, 밤에는 별의 위치로 이것을 해결할 수 있다. 게다가 우리는 물을 건너기 위해 쪽배를 이용하는 대신에 수영을 할 수도 있다. 유명한 프랭클린은 수영이 그렇게 즐겁고 유용한데도 수영을 배우지 않는 사람이 많다는 것은 놀랍다고 말한다. 그는 어떻게 수영을 혼자서 배울 수 있는지에 관해 손쉬운 방법을 제시한다. 우선 머리가 물속에 잠기지 않을 정도 깊이의 개울 바닥에 서서 계란을 떨어뜨린 다음 이 계란을 잡으려고

A 64 시도한다. 이때 몸을 구부리면서 발은 위로 향하게 되고, 물이 입으로 들어가지 않도록 머리를 뒤로 젖히게 되는데, 이로써 우리는 수영하기에 좋은 자세를 갖추게 된다. 이제 우리가 손을 움직이기만 하면 수영을 하게 된다. 자연적 숙련을 길러주는 일이 무엇보다 중요하다. 이를 위해 때로는 정보가 주어지기도 하지만, 때로는 아이 자신이 매우 창의적이거나 스스로 도구를 고안해내기도 한다.

신체를 위한 자연적 교육에서 유의해야 할 점은 이것이 자의적인 운동이나 감각기관의 사용과 관련된다는 것이다. 자의적인 운동에서는 아이가 언제나 스스로 해야 한다는 점이 중요하다. 이를 위해서
IX 467 는 체력, 숙련도, 민첩함, 확신 등이 요구된다. 예컨대 우리는 가파른 벼랑 사이에 걸쳐놓은 좁은 판자 위, 즉 앞쪽으로 낭떠러지를 보면서 출렁거리는 판자 위를 걸어갈 수 있다. 어떤 사람이 이것을 해낼 수
A 65 없다면 그는 아직 이러한 경지에 이르지 못한 것이다. 데사우의 박애주의자들이 이러한 면에서 선례를 보인 후, 이제 다른 기관도 아이들에게 이런 종류의 시도를 많이 하고 있다. 우리는 스위스인에 대한 책을 읽으면서, 어떻게 그들이 어려서부터 산 위로 다니는 것에 익숙해지고, 또 얼마나 능숙하게 아주 좁은 길을 안전하게 다닐 수 있으며, 눈대중만으로도 갈라진 절벽 사이를 잘 뛰어넘을 수 있을지를 아는 데 대해 감탄한다. 그러나 대부분의 사람들은 추락을 상상하면서 두려워하며, 이러한 공포가 그들의 사지를 마비시키기 때문에, 그렇게 다니는 것은 그들에게 위험을 초래한다. 이러한 공포는 나이가 들수록 커지며, 특히 두뇌 일을 많이 하는 사람에게 일반화되어 있다.

아이에게 그러한 시도는 사실 그렇게 위험한 일이 아니다. 아이는
A 66 어른보다 자기 힘에 비해 체중이 아주 가벼워서 넘어질 때도 그리 심하게 넘어지지 않는다. 그밖에도 아이의 뼈는 성인 시기의 뼈와 달리 잘 부러지지 않는다. 아이는 자기 힘을 시험해보기도 한다. 우리는

아이가 예를 들어 특별한 의도도 없이 어디를 기어오르는 것을 목격한다. 달리기는 건강한 운동이며, 신체를 강화한다. 뛰어오르기, 들어올리기, 물건 나르기, 새총 쏘기, 목표물을 향해 던지기, 씨름, 달리기 경주와 같은 운동은 모두 매우 유익하다. 기교적인 춤은 아이에게는 너무 이른 것으로 보인다.

멀리던지기나 목표물 맞히기와 같은 던지는 연습은 감관의 훈련,
특히 눈대중 훈련의 의도도 포함한다. 공놀이는 건강에 좋은 달리기
를 동반하므로 가장 좋은 어린이 놀이 중 하나다. 대체로 숙련을 강
화하면서도 감관 훈련이 함께 이루어지는 놀이가 가장 좋은 놀이이
다. 예컨대 넓이, 크기, 비율 등을 올바르게 판단하는 눈대중 훈련, 태 A 67
양의 도움을 받아서 방위에 따른 장소의 위치를 알아내는 것 등 모든
것이 매우 좋은 훈련이다. 우리가 실제로 보았던 모든 사물을 그 장
소와 관련하여 생각해내는 능력인 공간적 상상력도 매우 바람직하 IX 468
다. 예를 들면, 우리가 지나쳤던 나무들을 기억함으로써 숲에서 벗어
나는 길을 찾는 즐거움 같은 것이다. 이것이 바로 장소의 기억인데,
즉 우리가 어떤 책에서 무엇을 읽었다는 것만을 아는 것이 아니라 그
것이 어디에 있는지를 아는 것이다. 이런 식으로 음악가는 [악기의]
키들을 머릿속에 지니고 있으며, 더 이상 눈으로 키들을 볼 필요가
없다. 청각의 연마 역시 필요한데, 이는 아이가 청각을 통해 어떤 것
이 멀리 있는지 가까이 있는지, 또 어느 쪽에 있는지를 식별할 수 있
도록 하려는 것이다.

아이의 눈먼 소 놀이는 이미 고대 그리스인도 알고 있었으며, 그
들은 이 놀이를 뮈인다[24]라고 불렀다. 아이의 놀이는 대체로 매우 보
편적이다. 독일에 있는 놀이는 영국과 프랑스 등에도 있다. 놀이에 A 68
는 그 바탕에 아이의 어떤 자연적 충동이 놓여 있다. 예컨대 눈먼 소
놀이에서 아이가 만약 감각기관 가운데 어느 하나를 사용하지 못하

게 된다면 어떻게 해야 하는지를 보려는 충동이 그것이다. 팽이돌리
기는 특별한 놀이이다. 이러한 아이의 놀이는 어른에게 더 폭넓은 성
찰을 위한 소재를 제공하며, 때로는 중요한 창안을 위한 동기도 제공
한다. 그래서 제크너[25]는 팽이에 대한 논문을 썼고, 한 영국인 선장은
팽이에서 단서를 얻어 배 위에서 별의 고도를 잴 수 있는 거울을 창
안했다.

아이는 예컨대 트럼펫이나 드럼 같은 큰 소리를 내는 악기를 좋아
한다. 그러나 그런 것은 타인에게 폐를 끼치기 때문에 적합하지 않
다. 만약 아이가 자기 스스로 대롱을 자르는 것을 배워서 그것을 불
수 있게 된다면, 그런 방식이 훨씬 나을 것이다.

그네도 좋은 운동이다. 성인도 건강을 위해 그네타기가 필요하다.
A 69 다만 아이는 너무 빨리 타지 않도록 주의할 필요가 있다. 연날리기도
나무랄 데 없는 운동이다. 연을 제대로 높이 띄우려면 바람이 부는
데에 따라 적당한 위치를 유지해야 하므로 연날리기는 아이에게 숙
련성을 길러준다.

이러한 놀이는 소년이 다른 욕구들을 물리치는 데 매우 도움이 되
며, 이런 방식으로 그는 점차 무언가 다른 더 많은 것의 결핍을 견디
는 것을 배운다. 더 나아가 그는 놀이를 통해 지속적으로 무엇에 종
사하는 데 익숙해진다. 그러므로 놀이는 단순한 놀이여서는 안 되고
의도와 최종 목적을 지닌 놀이여야 한다. 왜냐하면 이러한 방법으로
신체가 강화되고 단련될수록 그는 방종의 유해한 결과에서 더욱 안
IX 469 전해지기 때문이다. 체조도 단지 자연을 살리는 것이어야지, 강제된
우아함을 추구해서는 안 된다. 훈육이 지식교육보다 먼저 이루어져
야 한다. 그러나 여기서는 아이의 신체를 연마하는 것과 아울러 사회
성도 [저절로] 육성된다는 데 유념해야 한다. 루소는 "그대들이 먼저
A 70 부랑아를 갖지 않는다면 결코 유능한 인간을 길러낼 수 없다!"고 말

했다. 패기 있는 소년이 아는 체하는 영악한 아이보다 나중에 훌륭한 인물이 되는 경우가 더 많다. 아이는 사회 안에서 성가신 존재가 되거나 아양을 떨거나 해서도 안 된다. 아이는 타인의 초대에 성실하게 응해야 하며, 주제넘게 나서면 안 된다. 솔직하되 뻔뻔하지 않아야 한다. 이를 위한 방법은 우리가 아이를 타락시킬 일을 일절 하지 않고, 그에게 예의범절 관념을 가르치지 않는 것이다. 이런 관념은 아이를 소심하게 만들고, 사람을 피하게 하거나, 다른 한편으로 자신을 정당화하려는 생각을 갖게 하기 때문이다. 아이가 점잖게 예의범절을 차리거나 유식한 척 자만하는 것처럼 우스꽝스러운 일은 없다. 이런 경우에 우리는 아이가 좀더 많이 자신의 미약함을 느끼게 함으로써—그렇다고 해서 우리의 우월함과 지배권으로 아이를 압도해서는 안 되지만—자신을 스스로 성장시켜 갈 수 있도록, 그러나 오직 사회 안에서 그렇게 할 수 있도록 이끌어야 한다. 그 사회, 즉 세계는 분명 그 아이뿐만 아니라 다른 사람들을 위해서도 충분히 넓으니까.

토비[26]는 『트리스트럼 섄디』에서 파리를 창밖으로 내보내면서 "가거라, 고약한 동물이여. 세계는 나를 위해서도 너를 위해서도 충분히 넓도다!"라고 말했다. 그리고 이 말은 누구에게나 해당할 수 있다. 우리는 서로를 성가시게 할 필요가 없다. 세계는 우리 모두를 위해서 충분히 크니까. A 71

* * *

이제 어느 정도는 '자연적'이라 일컬을 수 있는 영혼의 도야에 대해 살펴볼 차례다. 그러나 자연과 자유는 서로 구별해야 한다. 자유에 법칙을 부여하는 것은 자연을 육성하는 것과는 다른 것이다. 신체의 자연과 영혼의 자연은 우리가 이 양자를 육성하는 데서 타락을 막고자 노력한다는 점에서, 그리고 기술이 이 양자의 육성에 어떤 것을 보탠다는 점에서 일치한다. 그러므로 우리는 영혼의 육성을 신체의 육성과 마찬가지로 어느 정도는 자연적이라 일컬을 수 있다.

A 72 이러한 정신의 자연적 육성은 도덕적 육성과는 구별된다. 즉, 후자
는 자유를, 전자는 자연을 목표로 한다는 점에서 다르다. 자연적으로
IX 470 는 매우 잘 도야되고 매우 잘 형성된 정신을 지닌 사람일지라도, 도
덕적으로는 잘못 도야된, 아주 악한 존재일 수 있다.

그러나 **자연적** 도야는 **실천적** 도야와 구별해야 한다. 실천적 도야는 **실용적**이거나 **도덕적**이다. 후자의 경우는 **도덕화**이지 **문화화**[27]가 아니다.

정신의 **자연적** 도야를 우리는 **자유로운** 도야와 **학술적** 도야로 나눈
다. **자유로운** 도야는 마치 놀이와 같은 반면, **학술적** 도야는 일종의 일
이다. **자유로운** 도야는 아동에게서 언제나 관찰되기 마련이지만, **학술**
적 도야의 경우 아동은 강제 상태에 놓인 것으로 볼 수 있다. 우리는
놀이에 몰두할 수 있는데, 이것을 노느라 바쁘다고 말한다. 그러나
A 73 우리는 강제로도 몰두할 수 있는데, 이것을 일이라 일컫는다. 아이
에게 학술적 육성은 일인 셈이며, 자유로운 육성은 놀이인 셈이다.

사람들은 어떠한 방법이 교육에서 가장 좋은지를 시험하기 위해서 여러 가지 교육계획을 고안해왔는데, 이는 매우 칭송할 만한 일이다. 또 그들은 이러한 계획 가운데에서 다음과 같은 것에 착안했는데, 그것은 아이가 모든 것을 놀이하듯이 배우게 하자는 것이다. **리히텐베르크**는 『괴팅겐 매거진』의 한 기사에서 소년에게 모든 것을 놀이하는 방식으로 만들어주려는 망상을 비판한다.[28] 소년은 이미 이른 시기부터 일에 적응해야 하며, 이는 그가 언젠가는 일하는 삶에 입문해야 하기 때문이라는 것이다. 모든 것을 놀이하듯이 만드는 것은 완전히 전도된 결과를 낳는다. 아이는 놀아야 하고 휴식하는 시간이 있

어야 하지만, 일하는 것도 배워야 한다. 정신을 도야하는 것과 마찬가지로 숙련성을 도야하는 것도 물론 좋다. 그러나 이 두 종류의 도야는 서로 다른 시기에 행해져야 한다. 어쨌든 인간에게 무위도식하려는 경향성이 있다는 것은 불행한 일이다. 인간이 무위도식하면 할수록 일할 마음을 먹기는 그만큼 더 어려워진다. A 74

우리가 노동을 하는 것은 그 자체가 즐거워서라기보다 어떤 다른 목적을 이루기 위해서이다. 놀이에 몰두하는 것은 어떤 다른 것을 의도하지 않더라도 그 자체로 즐겁다. 만일 우리가 산책을 나간다면 산책 자체가 목적이며, 많이 걸을수록 그만큼 더 즐겁다. 그러나 만일 우리가 어떤 장소에 모임이 있거나 다른 목적이 있어서 가는 경우라면, 우리는 기꺼이 가장 짧은 길을 선택한다. 이와 유사한 일이 카드놀이에서도 일어난다. 분별력 있는 사람들이 종종 몇 시간씩이나 앉 Ⅸ 471 아서 카드를 섞고 있다는 것은 참으로 신기한 일이다. 이로써 인간은 아이이기를 그리 쉽게 그만둘 수 없다는 결론이 나온다. 도대체 카드놀이가 아이의 공놀이보다 더 나을 것이 없지 않은가? 성인은 아이 A 75 가 타는 목마를 타지는 않지만 다른 목마를 타는[오락을 즐기는] 것이다.

아이가 일을 배워야 한다는 사실은 매우 중요하다. 인간은 일을 해야 하는 유일한 동물이다. 많은 준비를 통해 비로소 인간은 자기 생계를 위해서 무엇인가를 향유할 수 있는 상태에 도달한다. 하늘이 우리가 필요로 하는 모든 것을 이미 예비해놓아서 우리가 일할 필요가 없다면, 이는 우리를 더욱 자비롭게 배려하는 것이 아닐까? 이러한 물음에 대해서는 분명히 아니라고 답해야 한다. 인간은 일정한 강제를 수반하는 일을 필요로 한다. 만일 아담과 이브가 단지 낙원에 머 A 76 물러 있기만 했다면, 그래서 아무것도 하지 않고 그저 함께 앉아서 목가적인 노래나 부르며 자연의 아름다움만 감상했다면 더 좋았을

거라는 생각도 역시 그릇된 것이다. 비슷한 상황에 놓인 다른 인간들
이 그렇듯이, 그들도 무료함으로 괴로워했을 것이다.
A 77 인간은 자신이 지향하는 목적을 전혀 의식하지 못한 채 그것을 충
족하는 방식으로 일에 종사하는 게 분명하며, 그에게 최고의 휴식은
일하고 난 뒤의 휴식이다. 그러므로 아이는 일하는 습관을 길러야 한
IX 472 다. 그리고 학교 아닌 그밖에 어디에서 일하려는 경향성이 도야될 수
있겠는가? 학교는 강제적인 도야를 위한 곳이다. 만일 우리가 아이
에게 모든 것을 놀이로 여기도록 적응시킨다면, 이는 대단히 해로운
일이다. 아이에게는 휴식할 시간이 있어야 하지만, 또한 일하는 시간
도 있어야 한다. 아이는 이러한 강제가 왜 필요한지를 곧바로 깨닫지
는 못하겠지만 장래에 그것의 커다란 유용성을 알게 될 것이다. 만일
아이가 "이건 왜죠?", "저건 무엇 때문이죠?"라고 묻는 데 대해 끊임
없이 답하려고 한다면, 이는 아이의 호기심을 잘못 길들이는 일일 뿐
이다. 교육은 강제적이어야 하지만, 그렇다고 해서 노예적이어서는
안 된다.

마음 능력의 자유로운 도야와 관련해 우리는 이 도야가 끊임없이
A 78 진행되는 과정에 있다는 사실을 유념해야 한다. 이 능력은 원래 상위
능력과 관련된다. 하위 능력은 상위 능력을 고려하여 항상 부수적으
로 도야된다. 예컨대 지능[29]은 지성[30]을 고려하여 도야된다. 이에 대
한 주요 규칙은 어떠한 마음 능력도 각기 개별적으로 도야되는 것이
아니라 반드시 다른 능력과 관련하여 도야되어야 한다는 것이다. 예
컨대 상상력은 오직 지성의 이익을 위하여 도야된다.

하위 능력은 그 자체로는 어떠한 가치도 없다. 예컨대 기억은 많아도 판단력이 없는 사람은 단지 살아 있는 사전일 뿐이다. 그러한 문예계의 짐꾼 당나귀도 필요하기는 하다. 비록 그가 사리분별 있는 작업은 못할지라도, 자료들을 가져옴으로써 다른 사람이 이 자료들을

가지고 무언가 좋은 것을 만들어낼 수 있기 때문이다. 판단력이 동반
되지 않는다면 지능은 어리석음만 낳을 뿐이다. 지성은 보편적인 것
에 대한 인식이며, 판단력은 보편적인 것을 특수한 것에 적용하는 능
력이다. 이성은 보편적인 것과 특수한 것의 결합을 통찰하는 능력이 A 79
다. 이러한 자유로운 도야는 아동기에서 시작해 청소년이 되어 모든
교육에서 벗어날 때까지 지속된다. 예컨대 한 청소년이 하나의 보편
적 규칙을 거론한다면, 우리는 그에게 이러한 규칙이 은유되어 있는
역사나 우화에서 이 규칙에 해당하는 사례나 이 규칙이 이미 반영되
어 있는 시의 구절을 인용하도록 할 수 있을 테고, 그럼으로써 그의
지능과 기억력 등을 연습할 동기를 제공할 수 있을 것이다.

"우리는 우리가 기억하는 만큼만 아는 것이다"[31]라는 격언은 물론
나름대로 옳다. 따라서 기억력을 연마하는 일은 아주 긴요하다. 모든
사물은 지성이 먼저 감성적인 인상을 따르고, 기억력이 이것을 보존
하도록 되어 있다. 예컨대 언어도 그러하다. 우리는 언어를 형태적인 IX 473
기억을 통해서나 교제를 통해서 배울 수 있는데, 후자는 현재 살아
있는 언어를 배울 때 가장 좋은 방법이다. 어휘학습은 정말 필요하지
만, 우리가 청소년과 함께 작품을 읽으면서 마주치게 되는 단어를 가 A 80
르치는 것이 가장 좋은 방법이다. 청소년에게는 일정한 과제가 주어
져야 한다. 마찬가지로 우리는 지리도 일정한 기계적인 방법으로 가
장 잘 배울 수 있다. 기억은 무엇보다 이러한 기계적 방법을 선호하
며, 또한 많은 경우에 이 기계적 방법은 매우 유용하다. 역사를 위해
서는 지금까지 적절한 기계적 방법을 찾지 못했다. 우리는 도표를 이
용해 역사공부를 시도하기는 했지만, 이것 또한 그리 적합한 방법으
로 보이지는 않는다. 그러나 역사는 판단의 지성을 훈련하는 적절한
수단이다. 기억은 매우 필요한 것이지만, 단순한 연습을 위해 암기하
는 것, 예컨대 연설을 암송하는 것은 전혀 쓸모가 없다. 어떤 경우에

도 그것은 단지 나서기를 부추기는 데에만 도움이 될 뿐이며, 또한
A 81 웅변은 단지 남성을 위한 일일 뿐이다. 우리가 단지 미래에 있을지 모를 어떤 시험을 위해서 또는 미래의 망각을 대비하여 배우는 모든 것이 여기에 속한다. 기억은 우리가 기억으로 보존해야 할 중요한 사물과 우리 실제 생활에 관련된 사물에 사용되어야 한다. 아이가 소설을 읽는 것은 가장 해롭다.[32] 이것은 단지 읽는 순간에 즐거움을 느끼는 것 외에는 더 이상 아무런 쓸모가 없기 때문이다. 소설 읽기는 기억력을 약화시킨다. 소설을 기억하려 하거나 다른 사람에게 이야기하려 한다는 것은 우스운 일이기 때문이다. 따라서 우리는 아이가
A 82 소설에 아예 손을 대지 못하게 해야 한다. 아이는 소설을 읽으면서 이 소설 안에 다시 하나의 새로운 소설을 만든다. 아이는 소설에 나오는 상황을 스스로 다르게 꾸미며, 이리저리 공상하면서 거기에 넋을 잃고 머문다.

IX 474 산만함은 학교에서 결코 허용되어서는 안 된다. 왜냐하면 산만함은 결국 거기에 대한 일종의 성향, 일종의 습관을 낳기 때문이다. 가장 뛰어난 재능을 지닌 사람도 산만함에 빠지면 이 재능을 망치게 된다. 아이는 설사 오락[33]에 마음을 빼앗긴다 하더라도 곧 다시 정신을 차린다. 그러나 아이가 머릿속에서 나쁜 짓을 생각할 때는 대개 산만해진다. 왜냐하면 이런 경우에 아이는 어떻게 하면 그것을 숨길 수 있을까, 혹은 어떻게 하면 그것을 다시 얼버무릴 수 있을까를 생각하기 때문이다. 그러면 그는 모든 것을 건성으로 듣고, 아무렇게나 대답하며, 자기가 무엇을 읽는지도 모른다.

우리는 기억력을 이른 시기에 연마해야 하지만, 이와 함께 지성도 연마해야 한다.

기억력은 1) 이야기에 나오는 이름들을 기억하는 것을 통해 연마
A 83 되고, 2) 읽기와 쓰기를 통해 연마되며 — 그러나 읽기는 머릿속에서

연습되어야 하며, 단지 글자만 읽어서는 안 된다—, 3) 말을 통해 연
마되어야 한다. 아이에게 말을 가르칠 때는 읽기보다는 듣기를 먼저
가르쳐야 한다. 이때 합목적적으로 구성된 이른바 그려진 세계[34]가
도움이 될 것이며 식물채집, 광물학, 자연사 일반과 더불어 시작할
수 있다. 이들 대상을 스케치하는 것은 그리기와 조소를 배울 필요성
을 유발하며, 이를 위해서는 수학이 필요하다. 최초의 학문적 수업은
지리학—수학적 지리학이든, 물리적 지리학이든—과 관련되는 것
이 가장 장점이 많다. 그림과 지도로 설명되는 여행 이야기는 정치적
지리학으로 통한다. 우리는 지구 표면의 현재 상태에서 예전 상태로,
고대 지리학과 고대 역사학 등으로 거슬러 올라가게 된다.

그러나 우리는 수업에서 아동의 지식[35]과 실천능력[36]이 점차 결
합되도록 해야 한다. 모든 학문 중 수학이 이 최종 목표를 가장 잘 충 A 84
족할 수 있는 학문으로 보인다. 더 나아가 지식과 말하기가 결합되어
야 한다(달변, 능변, 웅변). 또 아동은 지식을 단순한 의견이나 믿음과
구별하기를 배워야 한다. 이런 식으로 우리는 올바른 지성을, 그리고
올바르되 섬세하거나 민감하지는 않은 취미를 갖추게 된다. 이 취미는
처음에는 감관의 취미, 특히 시각의 취미이지만 마지막에는 이념의
취미일 수밖에 없다.

지성을 연마하는 경우에는 언제나 규칙이 등장해야 한다. 규칙을
추상하는 것은 매우 유용하다. 이렇게 함으로써 지성은 단순히 기계 IX 475
적으로 작용하지 않고 규칙을 의식하면서 작용하게 된다.

규칙을 일정한 정식으로 만드는 것, 그래서 기억해두는 것도 매우
좋다. 우리가 규칙을 기억해두면, 그 적용을 잊어버리더라도 곧 다
시 이 규칙을 올바로 적용할 수 있다. 여기서 다음과 같은 물음이 제
기된다. 규칙은 먼저 추상적으로 제시되어야 하는가, 또는 완전히 적 A 85
용된 다음 비로소 가르쳐져야 하는가? 아니면 규칙과 적용이 병행되

어야 하는가? 후자가 가장 바람직하다. 그렇지 않을 경우에는 그 적용이 오랫동안, 즉 우리가 규칙에 도달할 때까지 매우 불확실한 상태로 있게 된다. 규칙은 때때로 종류별로 정리되어야 한다. 왜냐하면 규칙들이 서로 연관되어 있지 않으면 쉽게 기억할 수 없기 때문이다. 그러므로 문법공부는 언어공부에서 언제나 어느 정도 선행되어야 한다.

* * *

우리는 이제 교육의 전체 목적과 그 목적을 달성하는 방법에 관한 체계적인 개념을 제시해야 한다.

(1) **마음 능력의 일반적 도야**. 이것은 특수한 도야와는 구별된다. 여기서는 숙련과 완성을 지향하며, 아동에게 특수한 지식을 전달하는 것이 중요한 것이 아니라 마음 능력을 강화하는 것이 중요하다. 마음
A 86 능력의 일반적 도야는 a) **자연적**이다. 여기서는 모든 것이 연습과 훈련에 기초를 두며, 아이들은 준칙을 알 필요가 없다. 자연적 도야는 학생에게는 **수동적**이며, 학생은 다른 사람의 지도에 순종해야 한다. 다른 사람이 그를 위해 [대신] 생각한다.

b) **도덕적**이다. 도덕적 도야는 훈련이 아니라 준칙에 기초를 둔다. 만일 우리가 도덕적 도야를 사례, 위협, 처벌 등에 의존하려 한다면 모든 것을 망치게 된다. 그 경우 그러한 도야는 단지 훈련에 불과할 것이다. 아동이 습관 때문이 아니라 준칙 때문에 선하게 행동하는지, 단지 선을 행할 뿐만 아니라 그것이 선이기 때문에 선을 행하는지를 우리는 지켜보아야 한다. 왜냐하면 행위의 모든 도덕적 가치는 선의 준칙 안에 존재하기 때문이다. 자연적 교육은 다음과 같은 점에서 도덕적 교육과 구별된다. 즉, 전자는 아동에게 수동적이고 후자는 능동

적이다. 아동은 행위의 근거와 동기는 언제나 의무의 개념이라는 것을 통찰해야 한다.

2) 마음 능력의 특수한 도야. 여기에는 인식능력, 감각능력, 상상력, A 87
기억력, 주의력, 변별력 등 지성의 하위 능력과 관련된 것의 도야가
해당한다. 감각능력의 도야[연마], 예컨대 눈대중의 도야[연마]에 대 IX 476
해서는 위에서 언급했다. 상상력의 도야에 대해서는 다음과 같은 점에 유의해야 한다. 아이는 엄청나게 강한 상상력을 지녔으므로 이를 동화를 통해 더 부풀리거나 확장할 필요는 전혀 없다. 상상력은 오히려 제어되고 규칙 아래 놓여야 하지만, 그렇다고 그것을 아주 놀려두어서도 안 된다.

지도는 그 자체로 모든 사람을, 또한 어린아이까지도 자극하는 무언가를 지니고 있다. 아이가 다른 모든 것에 싫증이 나더라도, 우리가 지도를 활용하면 아이는 거기서 무언가를 배운다. 이것은 아이에게 유익한 즐거움이다. 이로써 아이의 상상력은 함부로 날뛰지 않고 일정한 형상에 머물러 있을 수 있다. 우리는 아이 가르치는 일을 실
제로 지리학과 더불어 시작할 수 있다. 동물과 식물 등의 형상이 이 A 88
와 동시에 결합될 수 있을 것이며, 이는 지리학에 활기를 불어넣을 것이다. 그러나 역사공부는 나중에 해야 할 것이다.

주의력 강화와 관련해서는 주의력이 전반적으로 강화되어야 한다는 점에 유의해야 한다. 우리 생각이 하나의 대상에 고착되어 있는 것은 재능이 아니라 오히려 우리 내감의 허약성을 나타내는 것이다. 왜냐하면 이 경우 내감은 유연성이 없고 뜻대로 적용될 수 없기 때문이다. 그러나 산만함은 모든 교육의 적이다. 기억력은 주의력에 의존하는 것이다.

상위 지성능력과 관련해서는 지성, 판단력, 이성의 도야가 이에 해당한다. 지성은 처음에는 어느 정도 수동적으로 도야될 수 있다. 말

하자면 규칙에 해당하는 사례를 인용하거나 반대로 개별적 사례에 해당하는 규칙을 찾아내거나 하는 것이다. 판단력은 지성을 어떻게 사용해야 하는지를 가르쳐준다. 지성은 우리가 배우고 말하는 것을
A 89 이해하기 위해서 필요하며, 이해하지 못한 것은 일절 따라서 말하지 않기 위해서도 필요하다. 얼마나 많은 사람이 자신이 어떤 것을 이해한다고 믿지만, [실은] 이해하지 못한 채 그것을 읽거나 듣는가. 여기에는 그림과 사실도 해당한다.

우리는 이성을 통해 근거를 통찰한다. 그러나 우리는 여기서 아직도 지도받아야 할 이성에 대해 말하고 있음을 유념해야 한다. 그러므로 이성은 항상 떠벌리려 해서는 안 되며, 또한 개념을 초월하는 것에 관해 말을 많이 늘어놓아서도 안 된다. 여기서는 사변이성이 중요한 것이 아니라 원인과 결과에 따라 진행되는 일에 관한 성찰이 중요하다. 이것이 성찰의 체계와 구조를 갖춘 실천이성이다.

IX 477 마음 능력은 우리가 성취하고자 하는 것을 우리 스스로 행할 때 가장 잘 도야된다. 예컨대 우리가 배운 문법 규칙을 실제로 연습해볼 때가 그런 경우이다. 우리는 지도를 스스로 제작할 수 있을 때, 지도를 가장 잘 이해한다. 이해를 돕는 최고 수단은 실제로 해보는 것이
A 90 다. 우리는 스스로 배운 것이라야 가장 철저하게 배우고 가장 잘 기억한다. 그러나 오직 소수만이 이것을 할 수 있다. 우리는 그들을 독학자[37]라 일컫는다.

이성을 수련하려면 소크라테스식으로 해야 한다. 소크라테스는 자신을 자신의 경청자들을 위한 지식의 산파라고 불렀는데, 플라톤이 어느 정도 보존한 그의 『대화편』에서, 어떻게 노인조차 자기 이성에서 많은 것을 끌어낼 수 있는지 실례들을 보여준다. 많은 부분에서 아이는 이성을 연습할 필요가 없다. 아이는 모든 것에 대해 이성적이어서는 안 된다. 자기가 교육받는 것에 관한 모든 근거를 아이가 알

필요는 없다. 그러나 의무의 근거와 관련될 경우에는 이를 즉시 알게 해주어야 한다. 아무튼 이성 인식을 그에게 넣어주는 것이 아니라 그에게서 끌어내는 것이라는 점을 우리는 유의해야 한다. 소크라테스적 방법은 문답법에서 규칙이 되어야 한다. 이 방법은 물론 약간 느리다. 한 사람에게서 인식을 이끌어내면서 다른 사람도 그 과정에서 A 91
무언가를 배우도록 조치하기는 어렵다. 기계적인 문답법은 많은 학문에서, 예컨대 계시 종교를 설명할 때 유용하다. 반면 보편 종교에는 소크라테스적 방법을 사용해야 한다. 역사적으로 학습해야 할 것에는 기계적 문답법이 가장 권장할 만하다.

쾌와 불쾌의 감정을 육성하는 일도 여기에 속한다. 이러한 육성은 소극적이어야 한다. 하지만 감정 자체는 유약해져서는 안 된다. 안락함을 향한 성향은 삶의 모든 해악보다 더 해롭다. 그러므로 아이가 어려서부터 일하기를 배우는 것은 매우 중요하다. 아이는 아직 유약해지지만 않았다면, 힘든 노동이나 힘을 필요로 하는 일과 결부된 즐거움을 실제로 좋아한다. 그가 즐기는 것에 관해 말하자면, 우리는 그가 즐거움에 탐닉하거나 즐거움을 택하게 해서는 안 된다. 대개는 어머니가 아이를 이런 식으로 잘못 키우며, 아이를 유약하게 만든다. A 92
그런데도 아이, 특히 아들은 어머니보다 아버지를 더 사랑한다는 것을 우리는 알게 된다. 이것은 아마도 어머니가, 아이가 다칠 것을 두 IX 478
려워한 나머지 뛰어놀거나 뛰어다니는 것 등을 못하게 하기 때문일 것이다. 아버지는 아이가 버릇없이 굴 때에는 야단치고 때리기도 하는 반면, 때때로 아이를 들로 데리고 나가서 어린이답게 뛰어다니며 놀고 즐기도록 해준다.

우리는 아이로 하여금 무엇인가를 오래 기다리게 함으로써 그들의 인내심을 기를 수 있다고 믿는다. 그러나 이것은 불필요한 일이 A 93
다. 물론 아이가 병을 앓거나 할 경우에는 인내가 필요하다. 인내에는 두 가지가 있다. 하나는 우리가 모든 희망을 포기할 경우이고, 다른 하나는 우리가 새로운 용기를 지닐 경우이다. 우리가 항상 오직 가능한 것만을 추구한다면 전자의 인내는 필요 없지만, 우리가 항상 오직 올바른 것만을 열망한다면 후자의 인내는 허용된다. 병을 앓을 때 희망을 잃는 것은 병을 악화시키는 반면, 불굴의 용기를 지니는 것은 병을 호전시킨다. 자신의 자연적 상태나 도덕적 상태와 관련하여 여전히 용기를 낼 수 있는 자는 또한 희망도 포기하지 않는다.

아이를 의기소침하게 만들어서는 안 된다. 이런 일은 무엇보다 우리가 아이에게 욕을 하거나 자주 창피를 줄 때 생겨난다. 특히 많은 부모가 "에구, 부끄러운 줄 좀 알아라!"라고 외치는 것이 여기에 속
A 94 한다. 예컨대 아이가 손가락을 입에 넣는 경우 등에서 아이는 무엇에 대해 부끄러워해야 하는지를 전혀 이해하지 못한다. "그건 좋은 습관이 아니야, 예의[38]에 어긋나!"라고 아이에게 말할 수는 있다. 그러나 아이가 거짓말을 하는 경우가 아닌 한, 결코 "에구, 부끄러운 줄 좀 알아라!"라고 말해서는 안 된다. 자연이 인간에게 수치심을 준 것은, 그가 거짓말을 하면 곧바로 스스로 탄로 나게 하려는 것이다. 그러므로 부모는 아이가 거짓말을 할 때 이외에는 절대로 아이에게 수치심에 대해 말하지 않음으로써 아이가 이 거짓말에 대한 수치심을 평생토록 지니게 해야 한다. 그러나 아이가 끊임없이 창피를 당한다면, 이로써 수줍어하는 태도가 형성되어 이 태도가 그에게 지속적으로 고착되어버린다.

위에서 언급했다시피 아이의 의지는 꺾여서는 안 되며, 오직 자연
IX 479 적인 장애에 굴복하는 방식으로만 지도되어야 한다. 아이는 처음에는 오로지 무조건 순종해야 한다. 아이가 울음을 통해 명령하고, 이로써 강한 자가 약한 자에게 복종하는 것은 부자연스러운 일이다. 그
A 95 러므로 우리는 아이가 어린 시절에 울면서 떼를 쓰고 이로써 무언가

를 강요하도록 허용해서는 결코 안 된다. 부모는 대개 이 부분에서 그르친다. 그리고 나중에 가서 아이가 부탁하는 것을 모두 거절함으로써 이를 다시 만회하려고 한다. 그러나 이는 앞뒤가 완전히 바뀐 것으로, 아이가 부모의 호의를 기대하고 한 일을 아무 이유 없이 거절하는 것이고, 단지 아이의 의지를 꺾기 위한 것이며, 약자인 아이에게 연장자의 우월한 힘을 느끼게 하려는 것일 뿐이다.

아이는 자기 의지가 충족되면 버릇없이 길러지고, 자기 의지와 소망이 정면으로 무시당하면 완전히 잘못 길러진다. 전자는 대개 아이가 부모의 장난감일 동안에, 특히 아이가 말을 배우기 시작할 때 발생한다. 이러한 잘못된 양육은 전 생애에 걸쳐 커다란 손상을 입힌다. 아이의 의지를 정면으로 무시하는 경우에는 동시에 그가 불만을 표시하는 것도 막게 되어 — 이것이 당연히 일어날 수밖에 없는데 —, 아이는 속으로 더욱 분노하게 된다. 아이는 지금 그가 따라야 A 96
하는 행동 방식을 아직 깨닫지 못한 것이다. 어려서부터 우리가 아이를 보면서 유념해야 할 규칙은 다음과 같다. 아이가 울 때 그가 다친 것으로 생각되면 도우러 가지만, 단순한 불만 때문에 우는 것이라면 그냥 내버려둔다는 것이다. 그리고 이후에도 동일한 방식으로 계속 행해야 한다. 아이가 이 경우에 직면하는 저항은 자연스러운 것이며, 우리가 단지 그의 요구를 들어주지 않는다는 점에서 소극적이다. 이에 반해 많은 아이는 부탁하기만 하면 자신이 원하는 것을 모두 부모에게서 얻는다. 아이가 울음으로 모든 것을 얻게 되면 심술 사나워지고, 부탁으로 모든 것을 얻게 되면 유순해진다. 그러므로 반대할 뚜렷한 이유가 없다면, 아이 부탁을 들어주어야 한다. 그러나 들어주지 말아야 할 이유가 있다면, 아무리 부탁해도 들어주지 말아야 한다.
거절하는 모든 대답은 변경될 수 없는 것이어야 한다. 그래야 나중에 A 97
자주 거절할 필요가 없어지는 효과를 거둘 수 있다.

IX 480 아주 드물게 가정될 수 있는 일이긴 하지만, 만일 아이가 본래 고집 센 성향을 지니고 있다면, 다음과 같은 방식으로 대하는 것이 가장 좋다. 아이가 우리 마음에 드는 행동을 하지 않는다면, 우리도 아이 마음에 드는 행동을 하지 않는 것이다. 아이의 의지를 꺾는 것은 노예적인 사고방식을 낳지만, 반면에 자연스러운 거절[39]은 아이를 지도할 가능성을 열어준다.

A 98 도덕적 도야는 준칙에 근거를 두어야 하며 훈육에 근거를 두면 안 된다. 훈육은 나쁜 버릇을 방지하고 준칙은 사고방식을 육성한다. 우리는 아이가 특정한 동기에 따라서가 아니라 준칙에 따라서 행위하는 데 익숙해지는지를 지켜보아야 한다. 훈육으로는 단지 습관만 남게 되는데, 이는 몇 년만 지나면 사라진다. 아이는 자신이 그 정당성을 통찰하는 준칙에 따라 행위하는 것을 배워야 한다. 어린이에게는 이것이 힘든 일이라는 것, 그래서 도덕적 육성에는 대부분 부모와 교사의 통찰이 필요하다는 것을 우리는 쉽게 알 수 있다.

A 99 예컨대 아이가 거짓말을 한다면, 아이를 벌하지 말고 경멸로 대하면서 우리가 앞으로 그를 믿지 않을 거라는 등의 말을 해주어야 한다. 만일 아이가 나쁜 짓을 할 경우에 벌하고 착한 일을 할 경우에 상을 준다면, 아이는 상을 받기 위하여 착한 일을 하게 된다. 이 아이가 훗날, 선을 행해도 보상이 주어지지 않을 수 있고 악을 행해도 처벌을 받지 않을 수 있는 세상에 나아가면, 아이는 어떻게 하면 이 세상
IX 481 에서 성공할 수 있을 것인지만 살피며 자신에게 가장 유익하다고 생각되는 것에 따라서만 선악을 판단하는 사람이 된다.

준칙은 인간 자신에게서 생겨나야 한다. 도덕적 도야를 위해서 우리는 어려서부터 아이에게 무엇이 선이고 악인지에 대한 개념을 가
A 100 르치려고 노력해야 한다. 도덕성의 기초를 닦고자 한다면 처벌해서는 안 된다. 도덕성은 신성하고 숭고한 것이므로, 그것을 이처럼 격

하해서는 안 되며 훈육과 동등한 것으로 만들어서도 안 된다. 도덕 교육에서 첫째로 노력해야 할 것은 품성[40]의 기초를 닦는 일이다. 품성은 준칙에 따라 행위하는 능력에 있다. 그것은 처음에는 학교 준칙이며, 나중에는 인간성의 준칙이다. 처음에 아이는 법칙에 순종한다. 준칙도 법칙이지만 주관적인 법칙이다. 준칙은 인간의 고유한 지성에서 생겨난다. 학교 법칙을 위반해도 처벌하지 않은 채로 놔두어서는 안 되지만, 그 처벌은 언제나 위반 정도에 알맞게 가해져야 한다.

아이 품성을 형성하고자 할 때 가장 중요한 것은 아이가 모든 사물에는 일정한 계획이 있다는 것과 매우 정확하게 준수되어야 하는 일정한 법칙이 있다는 것을 알게 해야 한다는 것이다. 그래서 우리는 아이에게 예컨대 잠자는 시간, 일하는 시간, 노는 시간을 확실하게 정해주고 이 시간을 늘리거나 줄이지 말아야 한다. 중요하지 않은 일 A 101
들의 경우에는 아이가 [알아서] 선택하게 하되, 일단 그가 법칙으로 정한 것은 이후에도 언제나 지키도록 해야 한다. 그러나 우리는 아이에게 시민의 품성이 아니라 어린이의 품성을 길러주어야 한다.

일정한 규칙을 지니지 않은 사람은 신뢰할 수 없다. 우리는 종종 그에게서 어떤 일이 일어날지 알 수 없고, 우리가 그를 어떻게 대해야 할지 제대로 알 수 없다. 항상 규칙에 따라 행하는 사람, 예컨대 시계에 따라 모든 행위를 일정한 시간에 맞추어 정해놓은 사람을 우리는 흔히 비난하지만, 이러한 비난은 종종 부당하며, 이러한 규칙성이야말로—비록 고통스러워 보이기는 하지만—품성에 이르는 소질이다.

어린이, 특히 어린 학생의 품성을 위해서 중요한 것은 무엇보다도 순종이다. 순종에는 두 가지가 있는데, 첫째는 절대적인 것에 대한 순종이고, 둘째는 지도자의 이성적이고 선하다고 인정되는 의지에 대한 순종이다. 순종이 강제에서 나온 것일 경우에는 절대적인 것이고, 신 A 102

IX 482 뢰에서 나올 경우에는 다른 종류의 것이다. 이러한 자발적 순종은 매우 중요하다. 그러나 전자도 반드시 필요한데, 왜냐하면 이것은 아이가 장차 시민으로서 지켜야 할 법칙—비록 당장은 이러한 법칙이 마음에 들지 않겠지만—을 준수하기 위한 준비가 되기 때문이다.

그러므로 아이는 일정한 법칙 아래 있어야 한다. 그런데 이 법칙은 특히 학교에서 중시되어야 하는 보편적 법칙이어야 한다. 교사는 여러 아이 가운데 누구를 편애하거나 한 아이의 우수성에 대해 특별히 사랑을 표시하면 안 된다. 그렇게 할 경우 법칙은 보편성을 상실하기 때문이다. 한 아이가 다른 모든 아이도 동일한 법칙의 지배를 받아야 하는 것은 아니라는 사실을 아는 순간, 그 아이는 반항적이 될 것이다.

우리는 아이가 모든 것을 경향성에 따라 행하도록 타일러야 한다고 늘 말하곤 한다. 많은 경우에 그것은 물론 유익하다. 그러나 우리
A 103 는 많은 것을 또한 의무로서 아이에게 지시해야만 한다. 이것은 아이의 미래 삶을 위해 매우 유익하다. 왜냐하면 세금을 납부하거나 공무를 수행하는 등의 많은 경우에서 경향성이 아니라 오직 의무만이 우리를 이끌어줄 수 있기 때문이다. 아이가 의무를 깨닫지 못한다 하더라도, 무언가가 아이에게 의무로서 지시되는 것은 좋은 일이다. 아이는 어떤 것이 아이로서 자신의 의무라는 것을 이해하기는 쉬워도, 그것이 인간으로서 자신의 의무라는 것을 이해하기는 어렵다. 아이가 이것을 깨달을 수 있다면—물론 이것은 나이를 더 먹어야 비로소 가능한 일이겠지만—그의 순종은 더욱 완전해질 것이다.

아이가 지시명령을 위반하는 것은 순종이 결여된 것이며, 이것에는 벌이 뒤따른다. 그러나 부주의로 지시명령을 위반한 경우에는 처벌이 필요하지 않다. 처벌에는 물리적인[41] 것과 도덕적인 것이 있다.

도덕적인 벌은 존중받고 사랑받고 싶은 경향—이것은 도덕성을

돕는 수단인데 — 을 좌절시키는 것으로, 예컨대 우리가 아이에게 창피를 주고 냉정하고 차갑게 대하는 것이다. 이러한 경향은 가능한 한 A 104
보존되어야 한다. 따라서 이러한 방식은 가장 좋은 처벌 방식이다. 왜냐하면 도덕성을 기르는 데 도움이 되기 때문이다. 예컨대 아이가 거짓말을 할 경우, 처벌은 경멸하는 눈빛 한 번으로 충분하며, 이것이 가장 합목적적인 벌이다.

물리적인 벌은 원하는 것을 들어주지 않거나 벌을 가하는 것이다. 전자의 방식은 도덕적인 벌과 유사하며 소극적인 것이다. 후자의 벌은 노예적인 성향[42]이 생겨나지 않도록 주의해서 실시해야 한다. 아이에게 보상을 주는 것은 적합하지 않은데, 이로써 아이는 이기적이 되고 여기에서 매수당하기 쉬운 성향[43]이 생겨난다.

더 나아가 순종에는 아동의 순종과 청소년 초기의 순종이 있다. 위 IX 483
반할 경우에는 벌이 뒤따른다. 벌에는 실제로 자연적인[44] 벌이 있는데, 이것은 인간이 자신의 행동 때문에 스스로 초래하는 벌이다. 예컨대 아이가 너무 많이 먹으면 병이 나는 것이 그것이다. 이러한 벌은 가장 좋은 벌이다. 왜냐하면 인간이 어린아이로서만이 아니라 전 A 105
생애에 걸쳐서 경험하는 벌이기 때문이다. 다음으로 인위적인 벌이 있다. 존중받고 사랑받으려는 경향은 지속성 있는 방식으로 훈육을 실시하는 확실한 수단이다. 물리적인 벌은 도덕적인 벌의 불충분함을 단지 보충하는 것이어야 한다. 도덕적인 벌이 더 이상 아무런 도움이 안 될 때 우리는 물리적인 벌로 넘어가게 되지만, 이것으로는 좋은 품성이 길러지지 않는다. 그래도 초기에는 물리적인 강제가 아이의 분별력 부족을 대신해주어야 한다.

분노의 표시와 함께 행해지는 벌은 좋지 않은 결과를 낳는다. 이 경우 아이는 벌을 단지 자신이 타인의 분풀이 대상이 된 것으로 생각한다. 무릇 벌은 아이에게 항상 조심스럽게 가해져야 하며, 벌의 최종 목적은 단지 그들을 개선하는 것임을 알 수 있게 해야 한다. 아이가 벌을 받은 후에 감사하면서 벌을 준 손에 입을 맞추게 하는 등의 A 106 행동은 아이들을 노예적으로 만드는 어리석은 짓이다. 물리적인 벌이 자주 반복되면 아이를 고집불통으로 만든다. 부모가 자식의 고집 때문에 벌을 가하는 것은 단지 자식을 더욱 고집스럽게 만들 뿐이다. 고집 센 자가 항상 가장 나쁜 인간은 아니며, 그는 종종 친절한 훈계에 잘 따른다.

청소년 초기의 순종은 아동의 순종과 구별된다. 전자는 의무의 규칙 아래 복종하는 것이다. 의무에서 무언가를 행한다는 것은 이성에 복종한다는 것을 가리킨다. 아이에게 의무에 관해 말하는 것은 소용없는 일이다. 기껏해야 아이는 의무를, 위반하면 회초리가 뒤따르는 A 107 것 정도로 간주한다. 아동은 단순한 본능에 따라 길러질 수 있겠지만, 그가 성장함에 따라 이제 의무 개념이 등장해야 한다. 수치심도 IX 484 아이 교육에 도입하면 안 된다. 그것은 청소년기가 되어야 비로소 가능하다. 말하자면 수치심은 명예의 개념이 뿌리를 내린 후 비로소 생겨날 수 있는 것이다.

아이의 품성을 정초하는 데 둘째 주요 특질은 진실성이다. 진실성은 품성의 특징이며 본질이다. 거짓말을 하는 인간에게 품성이란 존 A 108 재하지 않는다. 그가 무언가 선한 것을 지니고 있다면, 그것은 단지 그의 기질에서 나온 것이다. 많은 아이는 거짓말하려는 성향을 지니고 있는데, 이것은 종종 활발한 상상력에서 나오는 것이 틀림없다. 아이가 이러한 습관을 버리도록 하는 것은 아버지의 일이다. 왜냐하면 어머니는 대체로 아이의 거짓말하는 성향을 전혀 문제되지 않는 일로, 또는 단지 사소한 일로 여기기 때문이다. 심지어 어머니는 종종 이러한 성향 속에서 자기 아이의 뛰어난 소질과 능력에 대해 스스로 흐뭇해할 만한 증거를 찾아내기도 한다.

여기가 바로 수치심을 이용해야 할 자리이다. 왜냐하면 여기서 아이는 아마도 그것을 납득할 것이기 때문이다. 우리가 거짓말을 하면 얼굴이 붉어짐으로써 자신을 폭로한다. 그러나 얼굴 붉어짐이 항상 거짓말의 증거는 아니다. 우리는 종종 우리에게 책임을 전가하려는 타인의 뻔뻔함에 얼굴을 붉힌다. 어떠한 조건에서도 벌을 통해 아이에게 진실을 말하도록 강요해서는 안 된다. 아이의 거짓말은 곧바로 나쁜 결과를 초래할 것이 분명하고, 그렇다면 아이는 그 나쁜 [동기(거짓말) 때문이 아니라] 결과 때문에 벌을 받는 셈이 된다. 존중의 철회가 거짓말에 대한 유일한 합목적적인 벌이다.

또 벌은 **소극적인** 벌과 **적극적인** 벌로 나눌 수 있다. 소극적인 벌은 A 109
게으르거나 부도덕한 경우, 예컨대 거짓말을 하거나 말을 안 듣거나 비협조적일 때 적용될 수 있다. 적극적인 벌은 악의적인 비행에 적용된다. 그러나 무엇보다도 아이에게 어떤 원한도 품지 않도록 조심해야 한다.

아이의 품성에서 셋째 특징은 **사교성**이다. 아이는 다른 아이와 사이좋게 지내야 하며, 늘 외톨이로 있으면 안 된다. 많은 교사는 학교에서 맺는 친교에 반대하지만 이는 매우 잘못된 것이다. 아이는 삶의
가장 달콤한 즐거움을 위하여 준비되어 있어야 한다. 교사가 어떤 아 IX 485
동을 더 선호한다면 그것은 그의 재능 때문이 아니라 오직 그의 품성 때문이어야 한다. 그렇지 않을 경우 우정에 반하는 시기심이 생겨날 것이다.

아이는 또한 솔직해야 하고 눈빛은 해처럼 밝아야 한다. 유쾌한 마음만이 선에 대한 만족을 느낄 수 있다. 인간을 어둡게 만드는 종교
는 그릇된 것이다. 왜냐하면 인간은 강제로가 아니라 즐거운 마음으 A 110
로 신을 섬겨야 하기 때문이다. 즐거운 마음은 학교의 강제 속에 항상 엄격하게 묶여 있어서는 안 된다. 그럴 경우에는 즐거운 마음이

금방 사라져버릴 것이다. 즐거운 마음은 자유를 누리면 다시 회복된다. 이를 위해서는 즐거운 마음이 자유로워질 수 있는 놀이가 도움이 되는데, 이런 놀이에서 아이는 항상 다른 사람보다 좀더 먼저 행동하려고 한다. 그러면 아이의 영혼은 다시 밝아진다.

많은 사람은 청소년기가 제일 좋은 시기이고 일생에서 가장 안락한 시기였다고 생각한다. 그러나 그것은 사실과 다를지도 모른다. 청소년기는 가장 힘든 시기이다. 왜냐하면 이 시기에 사람은 엄한 훈육을 받고, 참된 친구도 부족하며, 자유는 더욱 부족한 상태에 놓여 있기 때문이다. 이미 호라티우스가 말했듯이, "소년은 많은 것을 참아내고 행했으며, 더위에 땀 흘리고 추위에 떨었도다."[45)]

*　　*　　*

아이에게는 나이에 적합한 것만 가르쳐야 한다. 많은 부모는 자기 아이가 이른 시기에 어른스럽게 말할 수 있으면 기뻐한다. 그러나 그
A 111 런 아이는 대체로 아무것도 안 된다. 아이는 아이답게 영리해야 한다. 아이는 맹목적인 흉내쟁이가 되어서는 안 된다. 아이가 아이답지 않은 예절바른 언사를 쓰는 것은 나이에 전혀 걸맞지 않으며, 단지 흉내를 내는 것일 뿐이다. 아이는 아이의 지성을 지녀야 하며 너무 조숙한 모습을 보이면 안 된다. 그런 아이는 결코 통찰력과 명민한 지성을 지닌 사람이 되지 않는다. 또 아이가 일찌감치 모든 유행을 따르려고 하는 것, 예컨대 머리를 손질하거나, 소매에 주름을 잡거나, 담뱃갑을 지니고 다니거나 하는 것 등도 역겨운 일이다. 이로써 아이는 아이에게 어울리지 않는 허세부리는 태도를 갖게 된다. 예의바른 사회는 아이에게는 부담이 되며, 결국 남자의 씩씩함을 완전히 앗아가고 만다. 바로 이런 이유로 우리는 아이에게서 허영심을 일

찌감치 제거해야 한다. 혹은 더 정확히 말하면, 아이에게 허영심을
유발할 만한 동기를 제공하지 말아야 한다. 하지만 우리는 아이에게
얼마나 예쁜지, 이런저런 나들이옷이 얼마나 잘 어울리는지 등을 일 A 112
찍부터 떠들어대고, 또 아이에게 이런 것을 보상으로 약속하거나 주
기도 하는데, 이런 일들이 바로 아이의 허영심을 부추기게 된다. 나
들이옷은 아이에게 적합하지 않다. 아이는 깨끗하고 단순한 옷을 오 IX 486
직 생필품으로 착용해야 한다. 부모도 나들이옷 같은 데 가치를 두지
말아야 하며, 거울을 보지 말아야 한다. 왜냐하면 언제나 그렇듯이
본보기가 가장 영향력이 크며, 좋은 가르침을 강화하거나 무효화하
기 때문이다.

실천적 교육에 대하여

실천적 교육에는 1) 숙련,[46] 2) 처세술,[47] 3) 도덕성[48]이 속한다. 숙련에 관해 말하자면, 숙련은 철저함이며 피상적이 아니라는 점에 유념해야 한다. 우리는 나중에 성취할 수 없는 일들에 관한 지식을 가지고 있는 것처럼 가장해서는 안 된다. 철저함은 숙련에서 비롯하며, 점차 사고방식의 습관이 되어야 한다. 철저함은 사람의 품성에 본질적인 요소이다. 숙련은 재능에 속한다.

처세술에 관해 말하자면, 처세술은 우리의 숙련[숙달된 능력]을 사 A 113
람에게 적용하는 것이다. 즉 우리 목적을 위해 사람들을 어떻게 이용할 수 있는가에 관한 기술이다. 이를 위해서는 여러 가지가 필요하다. 원래 이것은 [세속적인 삶을 추구하는] 인간에게 최종적인 것이지만, 가치 측면에서는 둘째 자리를 차지한다.

아이가 처세술을 획득하려면 자신을 은폐하고 [타인이] 알아챌 수 없게 하되, 타인을 탐색할 수 있어야 한다. 무엇보다 아이는 자기 품성과 관련하여 자신을 은폐해야 한다. 외적 가장의 기술이 예의범절이다. 우리는 이 기술을 갖추어야 한다. 타인을 탐색하는 것은 어렵지만, [타인이] 자신을 알아챌 수 없게 만드는 이러한 기술은 필수적으로 터득해야 한다. 여기에는 자신의 실수를 덮는 것과 같은 가식과 외적 가장이 포함된다. 가식이 언제나 기만은 아니므로 때때로 허용될 수는 있겠으나, 그것은 불순함에 가깝다. 은폐는 어쩔 수 없는 수
A 114 단이다. 처세술에는 우리가 즉각 화를 내서는 안 된다는 것, 그러나 너무 호락호락해서도 안 된다는 것이 포함된다. 우리는 과격하면 안 되지만 그래도 꿋꿋해야 한다. 꿋꿋한 것은 과격한 것과는 구분된다. 꿋꿋한 사람[49)]은 의욕을 지녔다. 꿋꿋함은 정념의 절제를 포함한다. 처세술은 기질의 문제이다.

도덕성은 품성의 문제이다. "인내하고 절제하라"(sustine et abstine)는 격언은 현명한 절제를 위한 준비[를 강조하는 말]이다. 우리가 훌
IX 487 륭한 품성을 기르려면 우선 욕정을 버려야 한다. 인간은 자신의 경향성이 욕정으로 되지 않도록 자신을 길들여야 한다. 그는 자기에게 무언가가 거절되면 그것을 포기하는 것을 배워야 한다. sustine란 "참고 견뎌라, 그리고 인내하는 데 익숙해져라"라는 의미이다.

어떤 것을 포기하기를 배우려면 용기와 경향성이 요구된다. 거절하는 대답, 저항 등에 익숙해져야 한다.

A 115 동정[50)]은 기질에 속한다. 연모하고 애를 태우는 동정[51)]은 아이들에게는 제한되어야 한다. 동정은 사실상 감상적인 것이어서 감상적인 성격[52)]과 부합될 뿐이다. 동정은 연민[53)]과도 구분되며, 어떤 일을 단지 슬퍼하기만 하는 것으로, 일종의 해악이다. 우리가 아이에게 용돈을 주고 아이가 이 돈으로 어려운 사람에게 선행을 할 수 있다면, 이 경우 그 아이가 연민을 지닌 것인지 아닌지 알 수 있겠으나, 만일 아이가 항상 부모의 돈으로만 잘 베푼다면, 이는 연민을 지닌 것으로 볼 수 없다.

"여유를 가지고 서두르라"(festina lente)는 말은 지속적인 활동을 암시한다. 많은 것을 배우려면 우리는 매우 서둘러야 한다, 즉, festina. 그러나 우리는 또한 근거를 가지고 배워야 하며, 이를 위해서

는 시간이 필요하다, 즉, lente. 여기서 우리는 커다란 범위의 지식을
가지는 편이 더 나은지, 아니면 적더라도 철저한 지식을 가지는 편이
더 나은지에 관한 물음에 직면한다. 적지만 철저하게 아는 편이 많은
것을 피상적으로 아는 편보다 더 낫다. 왜냐하면 우리는 결국 피상적
인 지식의 천박성을 알게 되기 때문이다. 그러나 아이가 앞으로 어떤 A 116
상황에 처하여 어떤 지식을 필요로 하게 될지 알 수 없으므로, 모든
것에 대해 알되 그중 어떤 것은 철저하게 아는 편이 가장 좋다. 그렇
지 않을 경우 그는 피상적으로 배운 지식을 가지고 타인을 속이고 현
혹할 테니 말이다.

최종적인 것은 품성을 정초하는 일이다. 품성은 무엇을 행하고자
하는 확고한 결의와 그러한 결의를 실제로 행하는 데 있다. 호라티우
스[54]는 "자신의 결의를 고수하는 사람"[55]이라고 말한 바 있는데, 이
것이 바로 훌륭한 품성이다! 예컨대 내가 누군가에게 어떤 것을 약속
한다면, 비록 내게 손해가 돌아온다고 해도 그것을 지켜야 한다. 어
떤 것을 결심하고도 그것을 행하지 않는 사람은 자신을 더 이상 신뢰
할 수 없기 때문이다. 예컨대 누군가가 공부를 하기 위해, 이런저런
일을 하기 위해 또는 산책을 하기 위해 항상 일찍 일어나겠다고 결심
하고도 봄에는 아침시간이 아직 너무 추워서 몸에 해로울 수 있다는
핑계로, 여름에는 잠을 잘 잘 수 있고 잠이 자신을 편안하게 한다는 IX 488
등의 핑계로 결심을 항상 내일로 미룬다면, 그는 결국 자신을 더는 A 117
신뢰하지 못할 것이다.

도덕에 반하는 것은 그러한 결심에서 제외되어야 한다. 악인의 경
우에는 품성이 아주 나쁜데, 이것은 때로 완고함이라 일컬어지기도
한다. 악인이 자기 결심을 실행할 뿐만 아니라 단호하기까지 하다면
그 자체로는 좋은 일이지만, 선함에 대해 그런 태도를 보여주었더라
면 더욱 좋았을 것이다.

자기 결심을 실행하기를 항상 미루는 사람은 존경받을 수 없다. 이
른바 앞으로 회개하겠다는 등이 그러한 예이다. 늘 방탕하게 살던 사
람이 한순간에 회개하겠다고 하는 것은 있을 법한 일이 아니다. 이는
그가 갑자기 평생 선하게 살고 항상 올바르게 사고했던 사람처럼 되
는 기적이 일어날 수 없는 것과 마찬가지로 불가능한 일이다. 이와
마찬가지로 성지순례, 고행, 금식에서는 아무것도 기대할 게 없다.
A 118 왜냐하면 성지순례나 다른 관습이 방탕한 사람을 한순간에 고결한
사람으로 만드는 데 기여할 것 같지는 않기 때문이다.

만일 낮에 금식하는 대신 밤에 더 많은 음식을 즐긴다면 어떻게 바
르고 선해질 수 있겠으며, 육체를 벌한다고 해서 그것이 영혼을 변화
시키는 데 무슨 도움이 되겠는가?

아이에게 도덕적 품성을 정초해주기 위해서는 다음과 같은 점에
유의해야 한다. 우리는 아이에게 그가 행해야 할 의무를 가능한 한
많은 사례와 지침을 활용해 가르쳐주어야 한다. 아이가 행해야 할 의
무는 단지 통상적인 의무로, 자기 자신에 대한 것과 타인에 대한 것
이 있다. 이러한 의무는 사태의 본질에서 도출되어야 한다. 여기서
이에 대해 좀더 자세히 살펴보자.

a) 자기 자신에 대한 의무. 이것은 우리가 스스로 멋진 옷을 입고,
훌륭한 식사를 하는 등—물론 이런 일도 좋은 것임에는 틀림없지
A 119 만—에 있는 것이 아니다. 또 우리가 우리 욕구와 경향성을 충족하
려는 데 있는 것도 아니다. 우리는 이와 반대로 분수를 지키고 절제
해야 하기 때문이다. 인간은 자기 내면에 어떤 존엄성을 지니고 있으
며, 이 존엄성이 그를 모든 피조물에 앞서 고귀하게 만든다. 그리고
그의 의무는 자신의 고유한 인격 속에 들어 있는 인간성의 존엄성을
부인하지 않는 것이다.

IX 489 그러나 우리는 인간의 존엄성을 부인할 때가 있다. 예컨대 음주에

빠질 때, 본성에 어긋나는 죄를 범할 때, 온갖 종류의 무절제를 행할 때 등이 그런 경우이다. 이런 일들은 모두 인간을 동물보다도 훨씬 저급하게 만든다. 더 나아가 어떤 사람이 타인에 대하여 스스로 비굴한 태도를 취하고, 그런 품위 없는 행동거지로, 그가 망상하듯이, 아첨하기 위하여 항상 비위 맞추는 말만 한다면, 이것 역시 인간의 존엄성에 반하는 일이다.

인간의 존엄성은 아이의 경우에도 스스로 의식할 수 있도록 해야 한다. 일례로 인간성에 도무지 걸맞지 않은 불순함의 경우를 들 수 있다. 아이는 거짓말을 함으로써 자기 자신을 사실상 인간의 존엄성 A 120
아래로 격하시킬 수 있다. 거짓말을 한다는 것은 이미 자기 생각을 타인에게 전달할 수 있다는 것을 염두에 둔 것이기 때문이다. 거짓말은 인간을 일반적 경멸의 대상으로 만들며, 모든 사람이 마땅히 지녀야 할 존경과 신뢰감을 그 자신에게서 빼앗아 가는 수단이다.

b) 타인에 대한 의무. 인간의 권리에 대한 경외와 존경은 아이에게 매우 이른 시기부터 가르쳐야 하며, 아이가 이를 실천하는지 면밀히 살펴보아야 한다. 예컨대 한 아이가 다른 가난한 아이를 만나 그를 오만하게 밀치거나 때리거나 할 때, "그렇게 하지 마라. 그건 남을 아프게 하는 일이야. 가엽게 여겨라! 그 애는 불쌍한 아이란다" 등으로 말하면 안 된다. 그 대신 우리는 그 아이를 똑같이 오만한 방식으로 대해주어야 한다. 왜냐하면 그 아이의 행동거지는 인간의 권리에 위배되기 때문이다. 아이들은 아직 관용을 전혀 모른다. 이것은 다음과 같은 예로 알 수 있다. 만일 부모가 그들의 아이에게 자기 버터빵 A 121
을 반 잘라서 다른 아이에게 주라고—나중에 더 많이 되돌려 받는다는 조건을 붙이지 않고—해보면, 아이는 절대로 그렇게 하지 않거나 드물게 마지못해서 그렇게 할 것이다. 물론 아이에게 관용에 대해 많이 말할 필요도 없다. 아이는 아직 관용을 베풀 능력이 없기 때문이다.
많은 저자가 그들의 도덕론에서 자기 자신에 대한 의무를 포함하
는 절을 아예 빼버리거나 크루고트처럼 잘못 설명한다.[56] 그러나 자
기 자신에 대한 의무는 이미 말했다시피 인간이 자신의 인격 안에 있
는 인간성의 존엄성을 지키는 데 있다. 그가 인간성의 이념을 유념하
고 있다면 그는 자신을 책망한다. 그는 자신의 이념 안에 원형을 지
니고서 자기 자신을 이 원형과 비교하는 것이다. 나이가 들어 성적
IX 490 경향성이 생기기 시작하면, 인간의 존엄성만이 청소년을 자제하게
A 122 만들 수 있는 위태로운 시기가 도래한다. 그러나 일찌감치 우리는 청
소년에게 어떻게 이런저런 것에서 자신을 지켜야 하는지에 관해 귀
띔해주어야 한다.
우리 학교는 거의 예외 없이 아이를 정의로 이끌 수 있는 교육, 즉
정의[57]에 관한 문답식 교육이 부족하다. 이러한 교육은 일반적인 사
례, 일상생활에서 일어나는 사례, 즉 무엇이 옳은지 또는 옳지 않은
지에 관한 질문이 항상 제기될 수 있는 사례를 포함해야 한다. 예컨
대 오늘 채권자에게 빚을 갚아야 할 사람이 어떤 불쌍한 사람을 보고
마음이 움직여 빚 갚을 돈을 그 불쌍한 사람에게 주어버린다면 이것
은 옳은 일인가, 옳지 않은 일인가? 아니다! 이것은 옳지 않다. 왜냐
하면 선행을 하고자 한다면 내가 자유로워야 하기 때문이다. 만일 내
가 가난한 사람에게 돈을 준다면 나는 칭찬받을 만한 행동을 하는 것
이지만, 내가 빚을 갚는다면 나는 마땅히 해야 할 일을 하는 것이다.
A 123 더 나아가, 급할 때는 거짓말이 허용되는가? 아니다! 거짓말은 어떠
한 경우에도 허용될 수 없다. 특히 아이 앞에서 거짓말하는 것은 결
코 용서될 수 없다. 그것이 허용된다면 아이는 모든 사소한 일을 급
한 일로 간주하면서 자주 거짓말하는 것을 자신에게 허용할 것이다.
이제 그러한 책[정의에 관한 문답식교육 사례집]이 있어서 우리가

아이에게 하루에 한 시간씩 이 책을 읽히면서 아이가 인간의 권리를, 즉 지상에 있는 신의 눈동자를 알고 이를 가슴속에 받아들이도록 가르칠 수 있다면, 이 얼마나 유익한 일이겠는가.

선행을 할 책무와 관련하여, 선행의 책무는 단지 불완전한[꼭 해야만 하는 것은 아닌] 책무이다. 우리는 아이 마음을 타인의 운명 때문에 쉽게 영향을 받도록 여리게 만들어서는 안 되며, 오히려 씩씩하게 만들어야 한다. 아이 마음은 감정으로 가득차기보다는 의무의 이념으로 가득차야 한다. 이전에는 동정심을 지녔던 많은 사람이 스스 A 124
로 자주 기만당해본 후에 실제로 냉정해졌다. 아이에게 행위의 공로를 이해시키려는 것은 무익한 일이다. 사제들은 선행을 마치 무슨 공로인 것처럼 여기도록 하는 데서 매우 자주 잘못을 범한다. 우리가 IX 491
신을 위하여 단지 우리 책임을 다할 수 있을 뿐이라는 점을 생각하지 않더라도, 불쌍한 사람에게 선행을 하는 것은 단지 우리의 의무일 뿐이다. 왜냐하면 인간에게 부의 불평등은 단지 우연적 상황의 산물이기 때문이다. 내게 재산이 있다면, 그것은 단지 내가 이러한 상황을 잘 붙잡은 덕분이다. 그것은 나 자신이나 내 선조들이 운이 좋았던 덕분이며, 전체적으로는[부의 전체 양은] 언제나 동일한 상태로 남아 있다.

시기심은 아이가 타인의 가치[기준]에 따라서 자신을 평가하는 데
주의를 기울일 때 생겨난다. 아이는 오히려 이성의 개념에 따라 자신 A 125
을 평가해야 한다. 그러므로 겸손이란 원래 자신의 가치를 도덕적 완전성과 비교하는 것일 따름이다. 그래서 예컨대 그리스도교는 겸손을 [따로] 가르치지 않고도 사람이 자신을 완전성의 최고 표본과 비교하게 함으로써 그를 오히려 겸손하게 만든다. 만일 자신을 다른 사람보다 하찮게 평가하는 것을 겸손이라고 생각한다면, 이는 매우 잘못된 것이다. "저 아이들이 어떻게 하는지 좀 보렴!" 하는 식으로 소

리치는 것은 단지 천박한 사고방식을 조장할 뿐이다. 만일 인간이 자신의 가치를 타인에 비추어 평가한다면, 자신을 타인보다 높이려 하거나 타인의 가치를 떨어뜨리려 시도할 것이다. 이 후자가 바로 시기심이다. 이때 우리는 늘 다른 사람에게 잘못을 덮어씌우려 한다. 왜냐하면 그 사람만 없다면, 우리가 그와 비교되는 일도 없을 테고, 그
A 126 러면 우리가 최고가 될 것이기 때문이다. 잘못 적용된 경쟁심은 시기심만 자극할 뿐이다. 경쟁심이 무언가에 도움이 되는 경우는 어떤 일의 실현 가능성에 대해 누군가를 설득할 경우뿐이다. 예컨대 내가 아이에게 어떤 과제를 배우도록 촉구하기 위해, 다른 아이가 그것을 해낼 수 있음을 그 아이에게 보여주는 것과 같은 경우이다.

우리는 결코 아이가 다른 아이에게 창피를 주게 해서는 안 된다. 우리는 자신이 행운의 특전을 누리고 있는 데 근거한 모든 오만에서 벗어나려 노력해야 한다. 동시에 아이에게 솔직함을 심어주기 위해 노력해야 한다. 솔직함은 자기 자신에 대한 겸손한 신뢰이다. 이를
IX 492 통해 인간은 자신의 모든 재능을 경우에 맞게 보여줄 수 있게 된다. 솔직함은 타인의 판단에 무관심한 오만함과는 구분해야 한다.

인간의 모든 욕망은 형식적(자유와 능력에 관련된)이거나 실질적(어떤 대상에 관련된)이다. 즉 망상적 욕망이거나 향략적 욕망이다. 또는 궁극적으로 행복의 요소인 이 양자의 순전한 지속과 관련된다.

A 127 첫째 종류의 욕망은 명예욕, 지배욕, 소유욕이다. 둘째 종류의 욕망은 성욕(관능적 쾌락), 물욕(부유한 삶), 교제욕(환담의 취미)이다. 끝으로 셋째 종류의 욕망은 생에 대한 애착, 건강에 대한 애착, 안락함에 대한 애착(미래에 대한 근심 없음)이다.

악덕에는 악의적인 악덕, 비열함의 악덕, 편협함의 악덕이 있다. 첫째 종류의 악덕에는 시기, 배은망덕, 남의 불행을 기뻐하는 마음 등이 속하고, 둘째 종류의 악덕에는 부정의, 불성실(거짓됨), 재물이

나 건강을 낭비하는 방탕(무절제) 그리고 불명예 등이 속한다. 셋째 종류의 악덕에는 몰인정, 인색, 태만(나약함) 등이 있다.

덕에는 공로의 덕, 순전한 책임의 덕, 순결의 덕이 있다. 첫째 덕에는 관용(복수나 안락함이나 소유욕을 스스로 극복한다는 의미에서), 선행, 자기 통제 등이 속하고, 둘째 덕에는 정직, 예의바름, 온화함이 속 A 128 하며, 마지막 셋째 덕에는 성실, 정숙, 안분지족이 속한다.

인간은 본래 도덕적으로 선한가, 악한가? 둘 다 아니다. 왜냐하면 인간은 본래 전혀 도덕적인 존재가 아니기 때문이다. 인간은 자신의 이성이 의무와 법칙의 개념으로까지 높여질 때만 도덕적인 존재가 된다. 그런데도 우리는 인간이 본래 모든 악덕을 향한 충동을 자기 안에 지니고 있다고 말할 수도 있다. 인간은 자신을 자극하는 경향성과 본능을 — 이성이 그를 반대 방향으로 이끌어가려 하는데도 — 자기 안에 지니고 있기 때문이다. 그러므로 인간은 오로지 덕을 통해서만, 즉 자기 강제를 통해서만 도덕적으로 선해질 수 있다. 물론 충동이 없다면 순결할 수는 있겠지만 말이다.

악덕은 대개 인위(人爲)가 자연을 지배하는 데서 생겨나지만, 인간으로서 우리 본분은 동물로서의 야만적 자연 상태에서 벗어나는 것이다. [이리하여] 완전한 기술은 다시 자연이 된다.

교육에서 가장 중요한 것은 우리가 언제나 올바른 근거를 제시하고 아이가 그것을 이해하고 받아들이게 하는 것이다. 아이는 증오 대 A 129; IX 493 신에 불쾌하고 불합리한 것에 대한 혐오를 배워야 한다. 인간과 신의 처벌에 대한 외적인 두려움보다 내적인 두려움이, 사람들의 의견보다 자기 존중과 내적인 존엄이, 말과 감동보다 행위와 실천의 내적인 가치가, 감정보다 지성이, 번민하고 소심하고 우울한 기도보다 좋은 기분에서 기쁨과 경건함이 더 중요하다는 것을 배워야 한다.

그러나 무엇보다도 아이가 행운의 이점을 과대평가하지 않도록 유의해야 한다.

*　　*　　*

아이의 교육을 종교와 관련해서 볼 때, 먼저 다음과 같은 물음이 제기된다. 이른 시기에 아이에게 종교적 개념을 가르치는 것이 가능할까? 이에 대해서는 교육학 내에서 많은 논쟁이 벌어진 바 있다. 종
A 130 교적 개념은 항상 얼마간의 신학을 전제로 한다. 그런데 아직 세계도 모르고 자기 자신도 모르는 청소년에게 신학을 가르칠 수 있을까? 의무를 아직 모르는 청소년이 신에 대한 직접적 의무를 이해할 수 있을까? 만일 아이가 최고 존재를 숭배하는 행위를 전혀 보지 못하고 신의 이름조차 듣지 못하는 일이 가능하다면, 아이를 우선 인간에게 적합한 것과 적합한 목적으로 이끌고 그의 판단력을 강화하며, 또 그에게 자연의 작품들의 질서와 아름다움에 관해 가르치고, 더 나아가 세계 질서에 대한 더 넓은 지식을 부가한 다음, 거기에 더하여 비로소 최고 존재자, 즉 입법자의 개념을 가르쳐주는 것이 사물의 질서에 부합하는 일일 것이다. 그러나 현재 상황에서는 이것이 불가능하기 때문에, 만일 우리가 아이에게 뒤늦게 비로소 신에 관해 무언가를 가르쳐주려 한다면, 아이는 신을 일컫는 말을 이미 들었고 또 이른바
A 131 신에게 예배드리는 장면을 함께 보았으므로, 이는 아이에게 무관심이나 잘못된 이해, 예컨대 신의 권능에 대한 공포심 등을 불러일으킬 것이다. 그렇다면 이제 이러한 잘못된 이해가 아이의 환상 속에 자리 잡는 일을 염려하지 않을 수 없는데, 이를 피하려면 아이에게 일찍이 종교적 개념을 가르치려 노력해야 한다. 그러나 이것은 암기하기, 단순한 모방이나 흉내 내기여서는 안 되며, 우리가 선택하는 길은 언제나 자연에 걸맞아야 한다. 아이가 의무, 책무, 선행이나 악행에 대한

추상적 개념을 지니고 있지 않더라도, 의무의 법칙이 현존한다는 것과 의무는 안락함이나 이익 같은 것을 통해 규정되어서는 안 되며 인간의 변덕에 좌우되지 않는 어떤 보편적인 것을 통해 규정되어야 한다는 것을 통찰하게 된다. 교사 자신도 물론 이러한 개념을 파악해야 한다. Ⅸ 494

우리는 맨 처음에 모든 것을 자연에 귀속시켜야 하며, 나중에는 자연 자체를 신에 귀속시켜야 한다. 예컨대 처음에는 모든 것을 종의 유지와 평형에 주력했다가 나중에는 동시에 인간에게 귀착시켜서 A 132
그가 자기 자신을 행복하게 만들도록 하는 것과 같다.

신의 개념은 우선 우리를 보살펴주는 아버지의 개념에 비유하면서 명료화하는 것이 가장 좋다. 이로써 마치 한 가족에서와 같은 인간의 화합을 매우 효과적으로 가르쳐줄 수 있다.

종교란 도대체 무엇인가? 종교란 한 입법자와 재판관[신]을 통해 우리에게 각인되어 있는 우리 안의 법칙이다. 종교는 신의 인식에 적용된 도덕이다. 우리가 종교를 도덕성과 결합하지 않는다면, 종교는 단지 은총을 얻으려는 수단이 되고 만다. 찬미, 기도, 교회 출석은 오로지 인간에게 새로운 힘을 주고 발전을 위한 새로운 용기를 주는 것이어야 하며, 의무 관념에 의해 고무된 심정을 표현하는 것이어야 한다. 이런 행위들은 선한 일을 위한 준비일 뿐이지 그것들 자체가 선한 일은 아니다. 그리고 우리는 더 선한 사람이 되는 길 말고는 달리 최고 존재자의 마음에 들 수 없다.

우선 우리는 아이가 자기 안에 지닌 법칙에서 [종교 교육을] 시작 A 133
해야 한다. 악덕에 물든 사람은 스스로 경멸받을 만하다. 이는 그 사람 자신 안에 이유가 있는 것이지, 신이 악을 금했기 때문에 비로소 그가 경멸받을 만한 사람이 되는 것은 아니다. 왜냐하면 입법자가 동시에 법칙의 창시자일 필요는 없기 때문이다. 이는 한 영주가 자기

영지 안에서 도둑질을 금할 수 있지만, 그렇다고 해서 그가 도둑질 금지[법]의 창시자로 불리지는 않는 것과 마찬가지다. 이로써 인간은 오직 선행만이 자신을 행복할 가치가 있는 존재로 만든다는 것을 깨닫게 된다. 신적 법칙은 동시에 자연법칙으로서 현상할 수밖에 없는데, 왜냐하면 그것은 자의적인 것이 아니기 때문이다. 그러므로 종교는 모든 도덕성에 속한다.

그러나 우리는 신학에서 출발하면 안 된다. 오로지 신학의 토대 위에 건설된 종교는 결코 도덕적인 것을 포함할 수 없다. 우리는 이러한 종교에서 한편으로는 공포를, 다른 한편으로는 보상을 바라는 의
IX 495 도와 마음씨를 갖게 되며, 이것은 단지 미신적인 숭배를 낳을 뿐이
A 134 다. 그러므로 도덕성이 선행하고 신학이 그 뒤를 따라야 하며, 이것을 종교라 일컫는다.

우리 안에 있는 법칙을 양심이라 일컫는다. 양심은 본래 이 법칙에 우리 행위를 적용하는 것이다. 만일 우리가 양심을 신의 대리자로 생각하지 않는다면, 양심의 비난은 아무 효력도 없게 될 것이다. 신은 우리 위에 그의 숭고한 법정을 두었지만, 우리 안에도 재판관을 두었다. 만일 종교가 도덕적 양심을 고양하지 못한다면, 종교는 소용이 없다. 도덕적 양심이 결여된 종교는 미신적 숭배에 불과하다. 만일 우리가 예컨대 어떻게 신의 법칙을 이행할지에 대한 생각이 없고, 신의 권능과 지혜 등을 전혀 알지 못하며, 그 자취를 탐색하지도 않으면서 [단지] 신을 찬미하고 신의 권능과 지혜를 찬양한다면, 우리는 신을 숭배하려는 것이다. 이러한 찬미와 찬양은 그러한 사람들의 양심을 위한 아편이며, 양심이 편안하게 베고 잘 수 있는 베개이다.

아이가 모든 종교적 개념을 이해할 수는 없겠지만 우리는 그에게
A 135 일부 개념은 가르쳐야 한다. 다만 이것은 적극적이기보다는 소극적이어야 한다. 아이에게 기도문을 외우게 하는 형식은 아무 소용이 없

으며, 단지 경건함에 대한 잘못된 개념만 불러일으킬 뿐이다. 신에 대한 참된 존경은 신의 의지에 따라 행하는 데 있으며, 우리는 이것을 아이에게 가르쳐야 한다. 우리는 아이에게, 우리 자신에게와 마찬가지로, 신의 이름을 그토록 자주 오용하는 일이 없도록 주의를 주어야 한다. 우리가 행운을 빌어주면서 신의 이름을 사용한다면, 아무리 경건한 의도에서 행한 일일지라도, 이 또한 신의 이름을 오용하는 것이다. 신의 개념은 그의 이름을 부를 때마다 인간에게 경외감과 더불어 깊이 아로새겨지는 것으로서, 우리는 신의 이름을 신중하게 사용해야 하며 결코 가벼운 의미로 사용하면 안 된다. 아이는 신 앞에 경외감을 느끼도록 배워야 한다. 신은 생명과 전체 세계의 주인이고, 더 나아가 인간의 수호자이며, 궁극적으로 인간의 심판자이기 때문
이다. 뉴턴은 신의 이름을 부를 때는 언제나 잠시 멈추어 서서 명상에 A 136
잠겼다고 한다.

아이는 신과 의무의 개념에 대한 통합적 명료화를 통해 피조물을 향한 신의 보살핌을 경외하는 것을 더욱 잘 배우고, 이로써 작은 동물들을 괴롭힐 때 흔히 드러나는 파괴와 잔인성의 성향에 맞서 자신을 지키게 된다. 동시에 우리는 청소년에게 악함 속에서 선함을 찾아내기—예컨대 야수와 곤충도 청결함과 근면함의 본보기가 되듯
이—를 가르쳐야 한다. [그러므로] 악한 인간은 [우리에게] 법칙 IX 496
을 일깨운다. 벌레를 잡는 새가 정원의 수호자인 것 등도 그러한 예이다.

우리는 아이에게 최고 존재자에 대한 약간의 개념은 가르쳐야 한다. 이는 그가 다른 사람이 기도하는 것을 보게 될 경우, 누구를 향해 왜 이러한 행위를 하는지를 알게 하기 위해서이다. 그러나 이러한 개념들은 아주 적은 숫자여야 하고, 이미 말했듯이 단지 소극적이어야 한다. 우리는 이 개념들을 이미 청소년 초기부터 가르치기 시작해야

A 137 하는데, 이때 아이가 사람을 자기의 종교적 관습에 따라 평가하지 않도록 유념해야 한다. 종교들의 차이점도 있겠지만, 분명 어디에나 종교의 공통점도 있기 때문이다.

* * *

우리는 여기서 끝으로 청소년기에 접어든 소년이 먼저 주의해야 할 몇 가지 사항을 언급하고자 한다. 이 무렵의 청소년은 이 시기 이전에는 보이지 않았던 일정한 차이를 보이기 시작한다. 그 첫째는 성적인 차이이다. 자연은 마치 이 일이 인간에게는 어울리지 않는 것인 양, 즉 이것이 단지 인간 안에 있는 동물적 욕구인 것처럼 여기에 비밀의 덮개를 씌워놓았다. 그러나 자연은 이 일을 가능한 한 모든 종
A 138 류의 도덕성과 결합하려고 시도했다. 미개한 민족조차 이 일에는 일종의 부끄러움과 삼감을 지니고 행동한다. 아이는 어른에게 간혹 이 일에 관해 호기심 어린 질문을 하는데, 예컨대 "아기는 어디서 나오나요?"와 같은 물음이 그것이다. 그러나 이러한 물음은 우리가 아이에게 아무런 뜻도 없는 비합리적인 대답을 하거나 유치한 질문이라고 내침으로써 쉽게 해소되어버린다.

이러한 경향성은 청소년의 경우 기계적으로 발달하며, 모든 본능
A 139; IX 497 과 마찬가지로 그 대상을 알지 못하면서도 발달한다. 그러므로 여기서 청소년을 무지한 상태로 그리고 이 무지와 관련한 순진한 상태로 유지시키는 것은 불가능하다. 침묵은 해악을 더욱 증가할 뿐이다. 우리는 이것을 선조의 교육에서 확인한다. 근대 교육에서 우리는 성적인 문제에 관해 청소년과 말할 때는 숨기지 말고 분명하고 확실하게 말해야 한다는 것을 올바르게 받아들이고 있다. 물론 이것은 다루기 힘든 문제이다. 왜냐하면 우리가 그것을 공개적인 대화의 주제로 삼

기를 꺼리기 때문이다. 그러나 우리가 품위 있고 진지한 태도로 이 문제에 관해 말하고 또 그 경향성 안으로 들어가 시작한다면 모든 것이 잘될 것이다.

13세 또 14세가 보통 청소년에게서 성적인 경향성이 발달하는 시기이다(따라서 만일 성교육을 더 일찍 한다면, 아이를 오도하고 나쁜 사례를 통해 망쳐놓을 것이 틀림없다). 이때쯤이면 청소년의 판단력이 A 140
이미 형성되어 있고, 자연은 이 시기에 우리가 이 문제에 관해 청소년과 이야기할 수 있도록 준비시켜놓는다.

자기 자신에 대한 성희 방식[자위행위]보다 더 인간의 신체와 정신을 허약하게 하는 것은 없다. 그것은 인간의 본성에 정면으로 위배된다. 그러나 우리는 이것을 청소년에게 숨겨서는 안 된다. 우리는 이것을 청소년에게 아주 혐오스러운 것으로 명시해주어야 하며, 이것이 성적 생식능력을 저해한다는 것, 체력을 고갈시킨다는 것, 일찍 늙게 한다는 것, 그리고 정신을 매우 쇠약하게 만든다는 것 등을 말해주어야 한다.

무엇엔가 지속적으로 몰두함으로써 또 잠자리와 수면에 필요 이 A 141
상의 시간을 보내지 않음으로써 청소년은 그러한 충동을 피할 수 있다. 무엇엔가 몰두함으로써 청소년은 그런 것에 대한 생각을 잊어버려야 한다. 왜냐하면 성적 대상이 단지 상상 속에 머무르는 것만으로도 그의 생명력이 소모되기 때문이다. 인간이 다른 성을 향해 경향성을 발동하면 언제나 어느 정도 저항에 직면하지만, 자기 자신을 향해 경향성을 발동하면 항상 충족할 수 있다. 그것의 신체적 작용도 무척 해롭지만 도덕적 측면에서의 결과는 더욱 나쁘다. 여기서 인간은 자
연의 경계를 넘어서게 되며, 경향성은 간단없이 날뛴다. 그것이 실제 IX 498
로 충족된 것이 아니기 때문이다. 성장한 청소년을 가르치는 교사는 "청소년이 이성과 [성적으로] 접촉하는 것이 허용되는가?"라는 물

음을 제기해왔다. 두 가지[자위행위와 이성 간의 성관계] 중 하나를 선택해야 한다면, 물론 후자가 더 낫다. 전자는 자연을 거스르지만 후자는 그렇지 않다. 자연은 인긴이 성년이 되자마자 그에게 남성이
A 142 되어 종을 퍼뜨리라는 임무를 주었다. 그러나 인간이 시민화된 국가 안에서 반드시 갖춰야 하는 요건들 때문에 그는 아직 자기 아이를 기를 수 없다. 여기서 [자연적 경향성대로 행동할 경우] 그는 시민적 질서를 거스르는 잘못을 범하게 된다. 따라서 가장 좋은 방법은 정식으로 결혼할 수 있을 때까지 청소년이 기다리는 것이다. 아니, 그것이 의무이다. 그럴 때 그는 좋은 인간일 뿐만 아니라 좋은 시민으로 행동하는 것이다.

청소년은 일찍부터 이성에 대하여 적절한 존경심을 품는 것, 악습
A 143 없는 행동으로 이성의 존경을 획득하는 것, 행복한 결혼으로 높은 영예를 얻고자 노력하는 것을 배워야 한다.

청소년이 사회에 등장하는 시기에 접하기 시작하는 둘째 차이는 신분 차이와 인간의 불평등에 대한 인식에 놓여 있다. 아동기에는 아이에게 일절 이것을 알게 해서는 안 된다. 아이에게는 하인에게 명령하는 것조차 결코 허용해서는 안 된다. 부모가 하인에게 명령하는 것을 아이가 보았을 때는 아이에게 아마도 다음과 같이 말할 수 있을 것이다. "우리는 그에게 먹을 것을 주며, 그 대가로 그는 우리에게 복종하는 것이다. 너는 그렇게 할 수 없으니, 그도 너에게 복종해서는 안 된다." 만일 부모가 아이에게 이러한 망상[신분 차이와 인간 불평등]을 심어주지 않는다면, 아이도 이러한 차이에 대해 아무것도 모른다. 인간의 불평등은 한 인간이 타인보다 더 많은 이득을 얻으려 시도함으로써 생겨난 제도라는 것을 청소년에게 일러주어야 한다. 시민적인 불평등과 더불어 인간 평등 의식도 점차 그에게 가르칠 수 있을 것이다.

우리는 청소년이 자신을 타인과 비교하지 않고 절대적으로 평가 A 144
하도록 이끌어야 한다. 인간의 가치와는 전혀 무관한 점들을 가지고 타인을 높이 평가하는 것은 무의미하다. 더 나아가 청소년을 모든 일 IX 499
에서 양심적이도록 가르쳐야 하며, 단지 그렇게 보이기만 하는 것이 아니라 실제로 그렇게 되기 위해 노력하도록 가르쳐야 한다. 우리는 그가 충분히 숙고하여 결심한 것이 공허한 결심이 되어버리지 않게 그에게 주의를 환기시켜야 한다. [그렇게 못할 바에는] 차라리 아무 결심도 하지 않고 문제를 유보상태로 놓아두는 편이 더 낫다. 외적 여건에 대한 만족, 일할 때의 인내, 즉 참고 절제하는 것, 분수껏 즐거움을 누리는 것을 배워야 한다. 단지 즐거움만을 추구하지 않고 참을성 있게 일도 하고자 한다면, 우리는 사회의 쓸모 있는 성원이 되고 또 권태에서 자신을 지킬 수 있게 된다.

우리는 청소년을 유쾌하고 좋은 기분을 갖도록 이끌어야 한다. 심 A 145
정의 유쾌함은 자책할 일이 아무것도 없는 데서 생겨난다. 기분의 평정상태도 마찬가지다. 우리는 훈련을 통해서 자신을 언제나 사회의 쾌활한 참여자로 만들 수 있다.

우리는 [청소년이] 많은 것을 언제나 의무로 여기도록 가르쳐야 한다. 행위는 그것이 내 경향성과 일치하기 때문이 아니라 내가 그 행위를 함으로써 내 의무를 이행하기 때문에 내게 가치가 있는 것이다.

타인에 대한 인간애와 더불어 세계시민적인 마음씨도 가르쳐야 한다. 우리 영혼 속에는 우리가 관심을 가지는 것들이 있다. 1) 우리 자신에 대한 관심, 2) 우리와 함께 성장한 타인에 대한 관심, 3) 세계 최선에 대한 관심이 그것이다. 우리는 아이가 이러한 관심을 알게 해서 아이의 영혼이 이러한 관심으로 뜨거워지게 해야 한다. 아이는 세계 최선이 그의 조국이나 그 자신에게 이익이 되지 않더라도 그것을 기뻐해야 한다.

A 146 청소년이 삶의 쾌락을 향유하는 데 큰 가치를 두지 않도록 가르쳐야 한다. 그러면 죽음에 대한 유치한 공포는 사라질 것이다. 우리는 청소년에게 미래의 전망이 약속했던 향락은 실현되지 않는다는 것을 보여주어야 한다.

끝으로, 매일 자기 삶을 반드시 결산해보도록 가르쳐야 한다. 이렇게 함으로써 우리는 삶의 마지막에 자기 삶의 가치에 관해 평가할 수 있을 것이다.

해제

『논리학』

이엽 전 청주대학교 교수

김창원 칸트철학연구소 소장

1. 성립사

칸트가 76세였던 1800년에 출간된 『임마누엘 칸트의 논리학. 강의용 교재』(*Immanuel Kants Logik ein Handbuch zu Vorlesungen*, 이하 『논리학』)은 칸트의 위탁으로 당시 사강사였던 예셰(Gottlob Benjamin Jäsche, 1762~1842)가 편찬한 책이다. 예셰는 이 책의 성립 과정에 관해서 「머리말」 첫째 단락에서 다음과 같이 적고 있다. 이 책이 출판되기 "일 년 반" 전에 "칸트가, 논리학 수업에서 수강생에게 강의한 그대로, 그의 논리학을 출판할 수 있게끔 작업해줄 것을 그리고 이를 간결한 교재 형태로 간행해줄 것을 나에게 부탁"했다.[1] "나는 이를 위

---

1) Ⅸ 3. 예셰의 말, 칸트가 자신에게 이 책의 간행을 위탁했다는 말은 칸트의 『출판업자 폴메르가 간행한 임마누엘 칸트의 자연 지리학에 관한 불법적인 판본(版本)에 대해, 독자에게 알림』(*Nachricht an das Publicum, die bey Vollmer erschienene unrechtmäßige Ausgabe der physischen Geographie von Im. Kant beteffend*)이라는 '공표'(公表, Öffentliche Erklärung)에서 확인할 수 있다(XⅡ 372 참조). 공표는 오늘날의 독자 투고에 해당한다. 칸트의 저술은 특별한 언급이 없는 한 『학술원판 칸트 전집』(*Kant's gesammelte Schriften*, hg. v. der Königlich Preußischen Akademie der Wissenschaften [und ihren Nachfolgern], Berlin: Walter de Gruyter & Co., 1900 이하)에서 인용한다. 로마 숫자는 권수

해 그에게서 그가 강의에서 사용했던 수기(手記)를 받았다."[2] 이상이 이 책의 성립과 관련된 예세의 주요 언급이라고 할 수 있는데, 유감스럽게도 이 언급은 이 책의 성립을 밝혀주기에 그다지 충분한 것이 아니다.

예셰는 「머리말」 둘째 단락에서 그가 칸트에게서 받은 "수기"(Handschrift)의 성격에 관해 이야기하는데,[3] 그것은 출판을 염두에 두고 작성한 초고(草稿)와 같은 것이 아니었다. 당시 프로이센의 대학교에서는 수업에서 의무적으로 교재를 사용해야만 했는데,[4] 칸트는 논리학 강의 교재로 마이어(Georg Friedrich Meier, 1718~77)의 『논리학 발췌본』[5]을 1755/56년도 겨울학기부터 약 40년 동안 중단 없이 사용한다.[6] 칸트는 제본을 하면서 교재 쪽마다 백지를 끼워 넣었고, 이 백지 앞뒷면과 교재 가장자리 여백에 메모[7]를 많이 했다. 예셰

를, 아라비아 숫자는 쪽수를 가리킨다.

2) IX 3.

3) IX 3-4 참조.

4) 『학술원판 칸트 전집』, XIV권, p.XXI 참조. 또한 Benno Erdmann, "Zur Geschichte des Textes", in: *Reflexionen Kants zur kritischen Philosophie*, Aus Kants handschriftlichen Aufzeichnungen herausgegeben von Benno Erdnamm, Bd. I: *Reflexionen Kants zur Anthropologie*, Leipzig: Fues's Verlag (R. Reisland), 1882, p.1 참조.

5) George Friedrich Meier, *Auszug aus der Vernunftlehre*, Halle: Bey Johann Justinus Gebauer, 1752. 이 책은 『학술원판 칸트 전집』 XVI권에 수록되어 있다.

6) Norbert Hinske, *Kant-Index Bd. 1: Stellenindex und Konkordanz zu George Friedrich Meier "Auszug aus der Vernunftlehre"*, Erstellt in Zusammenarbeit mit Heinrich P. Delfosse und Heinz Schay. Unter Mitwirkung von Fred Feibert, Martina Gierens, Berthold Krämer und Elfriede Reinardt, Stuttgart-Bad Cannstatt: Friedrich Frommann Verlag · Günther Holzboog, 1986, p.IX 참조.

7) 아디케스(Erich Adickes)는 칸트가 논리학 교재에 적어놓은 많은 양의 메모를 『학술원판 칸트 전집』 XVI에 정리해놓았다. 칸트의 메모는 '레프렉시온'(Reflexion, '숙고'라는 의미)이라고 불린다. 한국어판 칸트 전집에서는

가 칸트에게서 받았다고 하는 '수기'는 바로 이 메모(Reflexion)였다. 예세는 어떻게 출판을 염두에 두고 작성한 원고가 아니라 다만 교재에 적어놓은 칸트의 메모로 『논리학』을 편찬할 수 있었을까? 이에 관해 그는 구체적 설명을 남기지 않았다.

『학술원판 칸트 전집』의 『논리학』을 편집한 하인체는 '해제'(Anmerkungen)에서 『논리학』과 칸트의 메모는 매우 많은 곳에서 동일하거나 유사하다고 밝혔다.[8)] 하지만 그는 다만 개괄적으로 이야기할 뿐 구체적인 전거를 제시하지는 않았다. 구체적인 전거는 칸트의 논리학 메모를 모아놓은 『학술원판 칸트 전집』 XVI에서 찾아볼 수 있다. 이 책의 편집자 아디케스는 예세가 편집 과정에서 참조했다고 간주되는 메모와 이에 해당하는 『논리학』의 구절을 각주에서 200번[9)]에 걸쳐 언급하고 있다. 좀더 많은 전거는 힌스케가 저술한 『논리학』에 관한 색인에서 찾아볼 수 있다.[10)] 이 책에는 예세가 편찬 과정에서 기반으로 삼았다고 추정되는 메모와 이에 상응하는 『논리학』의 구절이 일목요연하게 정리되어 있다.[11)] 이 책에 따르면 상응하는 곳

『단편』으로 옮기고 있다.

8) Max Heinze, "Einleitung zu *Logik*", in: 『학술원판 칸트 전집』, IX, p.503 참조.

9) Werner Stark, "Neue Kant-Logiken. Zu gedruckten und ungedruckten Kollegheften nach Kants Vorlesungen über Logik", in: *Neue Autographen und Dokumente zu Kants Leben, Schriften und Vorlesungen*(*Kant Forschungen*, Bd. 1), hg. v. Reinhard Brandt und Werner Stark, Hamburg: Felix Meiner Verlag, 1987, p.146(주 23) 참조.

10) Norbert Hinske, *Kant-Index Bd. 2: Stellenindex und Konkordanz zu "Immanuel Kant's Logik"(Jäsche-Logik),* Erstellt in Zusammenarbeit mit Heinrich P. Delfosse und Heinz Schay. Unter Mitwirkung von Terry Boswell, Fred Feibert, Martina Gierens, Berthold Krämer und Elfriede Reinardt, Stuttgart-Bad Cannstatt: Friedrich Frommann Verlag · Günther Holzboog, 1986, pp.XLV-XLVIII.

11) Norbert Hinske, *Kant-Index Bd. 2: Stellenindex und Konkordanz zu "Immanuel*

은 287군데에 달한다.[12)]

『논리학』에는 메모와 일치하거나 유사한 구절이 적지 않기에 예셰가 편찬 과정에서 어떤 형태로든 메모를 이용했다고 할 수 있다. 하지만 칸트가 남긴 메모가 어떤 것인지를 알면 그가 오로지 메모에만 의존해서 책 한 권을 편찬했다고 이야기하기는 힘들 것 같다. 칸트가 교재에 적어놓은 메모는 매우 오랜 기간에 걸쳐 상이한 시기에 작성되었을 뿐만 아니라, 성격을 달리하는 상이한 내용으로 이루어져 있었다. 메모에는 칸트가 강의를 준비하기 위해 적은 것도 있었고, 자신의 철학적 숙고를 하려고 작성한 것도 있었다. 게다가 메모는 『학술원판 칸트 전집』 XVI에서 확인할 수 있듯이 그 특성상 주로 단편적인 내용으로 이루어져 있었다. 또한 메모 중에는 칸트 본인이 아니고는 해독이 불가능한 것들도 있었을 것이다. 이러한 메모만으로 나름대로 체계를 갖춘 책을 한 권 완성하는 것은 거의 불가능해 보인다. 이런 까닭에 예셰는 편찬 과정에서 메모 이외에 또 다른 자료를 이용할 수밖에 없었을 것이다.

또 다른 자료에 관해 예셰는 「머리말」에서 아무런 언급도 하지 않았지만, 에르트만과 하인체는 예셰가 편찬 과정에서 학생들의 칸트 강의 필기(Vorlesungsnachschriften)를 참조했을 것이라고 한다.[13)] 에

Kant's Logik"(Jäsche-Logik), Erstellt in Zusammenarbeit mit Heinrich P. Delfosse und Heinz Schay. Unter Mitwirkung von Terry Boswell, Fred Feibert, Martina Gierens, Berthold Krämer und Elfriede Reinardt, Stuttgart-Bad Cannstatt: Friedrich Frommann Verlag · Günther Holzboog, 1986, pp.XLV-XLVIII.

12) 같은 곳 참조.

13) Benno Erdmann, "Rezension zu: Die formale Logik Kants in ihren Beziehungen zur transscendentalen. Von Dr. Moritz Steckelmacher", in: *Göttingische gelehrte Anzeigen,* Stück 20(1880년 5월 19일), pp.617-618 참조. Heinze, "Einleitung zu *Logik*", 앞의 책, p.503 참조.

르트만은 예셰가 주로 강의 필기들에 의존해서 『논리학』을 완성했다고 주장하면서, 이러한 강의 필기로 1782년 여름[14]의 『논리학 강의(호프만)』(*Logik Hoffmann*)[15]를 언급한다.[16] 그는 『논리학 강의(호프만)』와 『논리학』은 "중요한 모든 곳에서 거의 글자 그대로 일치한다"고 주장한다.[17] 그리고 그는 칸트의 메모가 편찬 과정에서 기반으로 삼은 강의 필기들을 "단지 컨트롤[통제하고 조절]하는 데" 사용되었다고 한다.[18] 하인체 또한 『학술원판 칸트 전집』의 『논리학』에 관한 '해제'에서 『논리학』에는 강의 필기와 동일한 부분이 적지 않다고 한다.[19] 이러한 언급을 하인체는 다른 곳에서도 하는데, 여기서 그

---

14) 표지에 "1782년 7월 9일"이라고 적혀 있다. Stark, 앞의 글, p.142.

15) 『논리학 강의(호프만)』는 1945년 이전에는 쾨니히스베르크 국립 겸 대학 도서관에 소장되어 있었으나(도서관 분류 번호: ms 1946), 현재는 이용이 불가능한 상태다(같은 글, p.160(주 120)과 p.142 참조). 이 강의 필기는 "제2차 세계대전 중 파괴된 것으로 보인다"(J. Michael Young, "Translator's Introduction", in: *Immanuel Kant. Lectures on logic,* Translated and edited by J. Michael Young, New York: Cambridge University Press, 1992, p.XVIII).

16) Erdmann, 앞의 글, pp.617-618 참조.

17) Erdmann, 같은 글, p.617. 이러한 에르트만의 견해에 반대해서 슐라프는 "간단하게 『논리학』과 호프만의 노트를 동일시할 수는 없다"고 주장한다(Otto Schlapp, *Kants Lehre vom Genie und die Entstehung der 'Kritik der Urteilskraft',* Göttingen: Vandenhoeck & Ruprecht, 1901, p.22). 마치 예셰가 호프만의 논리학 강의 필기를 거의 그대로 베낀 것처럼 들릴 수 있는 에르트만의 발언은 어느 정도 정정할 필요가 있다고 여겨진다. 왜냐하면 방금 인용한 슐라프의 주장에 근거하지 않더라도 『학술원판 칸트 전집』 XVI에 나오는 아디케스의 역주와 힌스케의 『논리학』에 관한 색인에서 칸트의 메모(Reflexion)와 『논리학』이 상응하는 곳이 200군데 이상이라는 것이 밝혀졌기 때문이다.

18) Erdmann, 앞의 글, p.618.

19) Heinze, "Einleitung zu *Logik*", 앞의 책, p.503 참조. 하인체는 이러한 강의 필기로 에르트만이 제시한 『논리학 강의(호프만)』와 더불어 "라이프치히 시립도서관의 [...] 노트[강의 필기]", 즉 『논리학 강의(푈리츠)』(*Logik Pölitz*)를 언급한다(같은 책, pp.503-504). 이 강의 필기는 『학술원판 칸트 전집』 XXIV에 실려 있다. 보스웰 또한 예셰가 편찬 과정에서 참조했을 것이

는 1821년 푈리츠가 출판한 형이상학 강의[20]에는 『논리학』과 "완전히 같거나 유사한 많은 부분"이 있다고 한다.[21] 이어서 그는 그러한 부분 중 일부를 예로 제시하고 나서[22] 다음과 같은 의견을 덧붙인다. "우리는 예셰가 칸트의 논리학을 편찬하면서 어디서 이러한 부분을 가져왔는지 확실하게 알지는 못한다. 하지만 우리는 이것이 논리학 강의에서 유래했다고 여길 수밖에 없다."[23]

예셰가 메모 이외에 논리학 강의 필기를 편찬 과정에서 자료로 사용했을 것이라는 주장과 관련해서, 우리는 이 책의 성립에 관해 예셰가 「머리말」에서 한 언급 중 그냥 지나쳤던 한 구절을 새롭게 주목해볼 필요가 있다. 그것은 「머리말」을 시작하는 첫 번째 문장, 즉 "칸트가, 논리학 수업에서 수강생에게 강의한 그대로, 그의 논리학을 출판할 수 있게끔 작업해줄 것을 그리고 이를 간결한 교재 형태로 간행해줄 것을 나에게 부탁한 지 이미 일 년 반이나 되었다"에서, 삽입구로 첨부된 "논리학 수업에서 수강생에게 강의한 그대로"라는 구절이다 (IX 3). 삽입구로 첨부되어 있기에 그냥 지나치기 쉬운 이 구절은 칸

라고 여겨지는 강의 필기와 관련해서 『논리학 강의(푈리츠)』를 언급한다 (Terry Boswell, *Quellenkritische Untersuchungen zum Kantischen Logikhandbuch,* Frankfurt am Main, Bern, New York, Paris: Verlag Peter Lang, 1991, p.4 참조). 이 강의 필기와 『논리학』은 부분적으로 일치하는 부분이 있다고 한다(같은 곳). 그렇다고 곧바로 이 강의 필기가 예셰가 참조한 강의 필기라고 주장할 수는 없으나, 『논리학 강의(푈리츠)』는 적어도 그가 편찬 과정에서 사용했던 강의 필기와 유사한 것으로 추정해볼 수 있다고 한다(같은 곳).

20) *Immanuel Kant's Vorlesungen über die Metaphysik,* hg. v. Karl Heinrich Ludwig Pölitz, Reysersche buchhandlung, Erfurt, 1821.

21) Max Heinze, *Vorlesungen Kants über Metaphysik aus drei Semestern,* Abhandlungen der philologisch-historischen Classe der Königl. Sächsischen Gesellschaft der Wissenschaften, Bd. XIV, Nr. 6, Leipzig, 1894, p.567.

22) 같은 책, pp.567-568 참조.

23) 같은 책, p.568.

트가 예셰에게 부여한 과제와 관련해서 단지 부수적인 언급에 그치는 것 같지는 않다. 사소해 보일 수도 있는 이 언급에는 이 책의 성격이 암시되어 있다고 여겨진다.

칸트 강의 필기는 그 당시 대량으로 유통되고 있었다.[24] 칸트 강의 필기가 당시 지식인들 사이에서 폭넓게 읽혔기 때문이라고 여겨진다. 그러한 지식인 중 한 사람으로, 프로이센의 교육, 문화, 종교 등 모든 정신적인 것을 총괄하는 장관이었던 체틀리츠[25]를 들 수 있다. 그는 칸트가 강의했던 쾨니히스베르크에서 멀리 떨어진 수도 베를린에 있었음에도, 칸트 강의 필기(Nachschriften)를 구해서 읽는다.[26] 당시 유통되던 칸트 강의 필기에는 학생이 칸트의 강의를 '직접 받아 적은 것'(Mitschriften)과 이것을 필경사나 다른 학생이 '베껴 적은 것'(Abschriften)[27]이 있었다. 직접 받아 적은 것이든 베껴 적은 것이든 간에 이러한 종류의 텍스트에 많은 문제[28]가 포함되어 있으리라는 것은 어렵지 않게 짐작할 수 있다. 체틀리츠는 칸트에게 보낸 1778년 2월 21일자 편지에서 "지금 읽고 있는" 강의 필기가 "약간 불명료하고 이따금 부정확하게 작성됐다"고 적는다.[29] 칸트도 물론 자

---

24) Erich Adickes, *Untersuchungen zu Kants physischer Geographie,* Tübingen: J.C.B. Mohr, 1911, p.36 참조.

25) 체틀리츠(Karl Abraham Freiherr von Zedlitz, 1731~93)는 칸트가 『순수이성비판』을 헌정한 사람이기도 하다.

26) 이러한 사실은 그가 칸트에게 보낸 1778년 2월 21일자 편지(X 222-223), 1778년 2월 28일자 편지(X 224-225) 그리고 1778년 8월 1일자 편지(X 235-236)에 잘 드러나 있다.

27) 당시에 판매를 목적으로 이러한 종류의 텍스트가 양산된다. 이에 관해서는 Adickes, 앞의 책, p.36 참조.

28) 강의 필기에 어떤 문제가 있을 수 있는지에 관한 구체적인 설명은 뒤에서 한다.

29) X 223. 또한 체틀리츠가 칸트에게 보낸 1778년 2월 28일자 편지(X 224-225) 참조.

기 강의에 대한 학생들의 필기에 적지 않은 문제가 있다는 것을 알고 있었다.[30] 그는 당연히 이러한 강의 필기가 유통되는 데서 비롯하는 문제를 해결하고 싶었을 것이다.

예셰가 「머리말」에서 이 책의 성립과 관련해서 하고 있는, "칸트가, 논리학 수업에서 수강생에게 강의한 그대로, 그의 논리학을 출판할 수 있게끔 작업해줄 것을 […] 부탁"[31]했다는 말의 "논리학 수업에서 수강생에게 강의한 그대로"라는 구절에서 당시 유통되던 강의 필기와 관련된 문제를 해결하려 한 칸트의 시도를 엿볼 수 있다고 생각한다. 이 구절은 충분히 다음과 같이 해석할 수 있다. "논리학 수업에서 수강생에게 강의한 그대로, 그의 논리학을 출판할 수 있게끔 작업"해달라는 것은, 곧 '신뢰할 수 있는 논리학 강의 필기를 출판할 수 있게끔 작업'해달라는 것으로 해석할 수 있다. 칸트는 믿을 수 있는[32] 학자[33]에게 이처럼 신뢰할 수 있는 강의 필기를 간행하도록 함으로써 이 출판물을 가지고 대량으로 유통되던, 손으로 쓴 강의 필기를 대체하고 이를 통해 강의 필기와 관련된 문제를 해결하고자 했다고 생각할 수 있다. 왜냐하면 근본적인 해결책은 체틀리츠가 1778년 2월 21일자 편지에서 칸트에게 "기대하고" 있는 "그의 강의를 인쇄하게 하는

---

30) 칸트가 헤르츠(Marcus Herz, 1747~1803)에게 보낸 1778년 10월 20일자 편지(Ⅹ242) 참조.

31) Ⅸ 3. "논리학 수업에서 수강생에게 강의한 그대로"의 강조는 필자가 했다.

32) 예셰가 쓴 「머리말」에 따르면, 칸트가 그를 매우 신뢰했다고 여겨진다. Ⅸ 3 참조. "그는 내가 그의 사상체계 전반에 관한 기본원리를 잘 알기에 여기서 그의 생각이 어떻게 전개되는지를 별 어려움 없이 이해할 것이며 그의 생각을 왜곡하거나 날조하지 않고 분명하고 정확하게 서술할 뿐만 아니라 수기를 적절하게 정리할 것이라는, 각별하고도 명예로운 신뢰의 말과 함께 수기를 나에게 넘겨주었다."

33) 이 책이 출간된 1800년 당시, 예셰는 쾨니히스베르크대학교에서 교수 자격(Habilitation)을 취득한 사강사(Privatdozent)였다.

것"(X 223)이기 때문이다. 지금까지의 추정이 맞는다면, 이 책은 신뢰할 수 있는 논리학 강의 필기를 출판할 목적으로 간행된 저서라고 할 수 있다.

하인체는 『학술원판 칸트 전집』의 『논리학』에 관한 '해제'에서, "칸트의 충실한 제자인 예셰"가 "칸트의 논리학 강의를 듣지 않았다는 것은 거의 믿을 수 없다"면서, 예셰는 편찬 과정에서 그가 받아 적은 논리학 강의 필기를 사용했을 개연성이 크다고 한다.[34] 하지만 슈타르크는 하인체의 이러한 견해는 매우 그럴듯하게 들리나 역사적인 사실에 부합하지는 않는다고 했다.[35] 예셰의 가까운 친구인 모르겐슈테른(Karl Morgenstern)의 말에 따르면, 예셰는 쾨니히스베르크에 두 번에 걸쳐 비교적 짧은 기간 머물렀다고 한다.[36] 처음으로 머물렀던 1791/92년도 겨울학기에 그는 칸트의 인간학과 형이상학에 관한 강의를 들었고, 두 번째로 머물렀던 1799년 2월에서 1801년 7월까지는 칸트가 더는 강의[37]를 하지 않았다.[38] 따라서 칸트의 논리

---

34) Heinze, "Einleitung zu *Logik*", 앞의 책, p.504. 이러한 가능성은 이미 에르트만이 이야기한 바 있다. 에르트만은 예셰가 편찬 과정에서 주로 『논리학 강의(호프만)』를 그리고 짐작건대 그다음으로 자신의 강의 필기를 사용했을 것이라고 한다(Erdmann, "Rezension zu: Die formale Logik Kants in ihren Beziehungen zur transscendentalen. Von Dr. Moritz Steckelmacher", 앞의 책, p.617 참조).

35) Stark, "Neue Kant-Logiken. Zu gedruckten und ungedruckten Kollegheften nach Kants Vorlesungen über Logik", 앞의 책, p.128 참조.

36) 같은 곳 참조.

37) 칸트는 1796년 여름학기까지 강의한 것으로 여겨진다. 그가 이후로는 더 이상 강의를 하지 않았다는 것은 거의 확실하다(Emil Arnoldt, "Möglichst vollständiges Verzeichnis aller von Kant gehaltenen oder auch nur angekündigen Kollegia", in: ders. *Gesammelte Schriften,* hg. v. Otto Schöndörffer, Bd. 5, Berlin: Verlag von Bruno Cassirer, 1909, pp.328-330 참조).

38) Stark, 앞의 글, p.128 참조.

학 강의를 직접 듣지 않은 예셰는 칸트의 과제를 수행하기 위해서, 즉 "칸트가, 논리학 수업에서 수강생에게 강의한 그대로" 되어 있는 "그의 논리학을 출판"하기 위해서(IX 3), 학생들이 논리학 수업 시간에 적은 강의 필기를 참조할 수밖에 없었을 것이다.

2. 핵심 내용[39)]

이 책은 「머리말」과 「서론」 그리고 「일반 요소론」과 「일반 방법론」

---

39) 예셰는 『논리학』을 편찬하면서 논리학 강의에서 사용된 마이어의 논리학 교재의 체계를 그대로 따르지는 않는다. 그 이유를 예셰는 「머리말」 셋째 단락에서 다음과 같이 밝힌다. "나는 이 위대한 학자의 사상과 원칙을 최대한 정확하게 나타내려면 저서 전체의 간결화와 구조에 관한 한 그의 명확한 설명을 따라야만 한다고 생각했다. 그의 설명이란 논리학 본연의 영역 그러니까 **요소론**에 주요 사고 기능인 **개념, 판단, 추리**에 관한 이론 이외에는 그 어떤 것도 포함시켜서는 안 된다는 것이다. 따라서 인식 전반과 인식의 논리적 완전성에 관한 모든 논의는 마이어의 교재에서는 개념에 관한 학설 앞에 나오며 전체 교재의 거의 절반을 차지하는데, 이는 마땅히 서론에 해당하는 것으로 보아야 한다. **칸트**는 마이어가 개념에 관한 학설을 다룬 제8절이 시작되는 곳에 다음과 같이 적었다. "이 절 이전은 논리학의 **입문으로** 인식 전반에 관해 다루었다. 지금부터 **논리학 그 자체**가 이어진다." 이러한 분명한 지침에 따라 나는 제8절에 선행하는 모든 것을 서론에 포함시켰고, 따라서 서론은 다른 논리학 교재보다 분량이 많이 늘어났다"(IX 4). 예셰의 이러한 편찬 방침에 따라 이 책은 일반적인 저서와는 달리 「서론」(원판 쪽수로 136쪽)이 「일반 요소론」과 「일반 방법론」 두 장으로 이루어진 본론(원판 쪽수로 95쪽)보다 긴 형태가 된다. 이 책의 「서론」이 이처럼 길다보니 독자가 「서론」의 전체 줄거리를 파악하기가 어려울 수밖에 없다. 게다가 「서론」은 양이 방대할 뿐만 아니라 다양한 내용을 포함하고 있다. 그것은 논리학 강의가 당시에는 일종의 철학 입문에 해당하는 수업이었기에, 수업에서 논리학과 직접 관련된 내용뿐만 아니라 철학 일반과 관련된 내용(이를테면 「서론」 Ⅲ과 Ⅳ에 나오는 내용)도 많이 다루어졌기 때문이다. 이처럼 「서론」은 양이 방대할 뿐만 아니라 다양한 내용으로 이루어져 있기에, 일종의 조감도

두 장으로 이루어진 본론으로 구성되어 있다.

「머리말」은 이 책의 편찬자 예셰가 작성했다. 여기서 예셰는 우선 이 책의 성립사와 전체적인 구조를 설명한다. 그리고 논리학에 관한 칸트의 이념이 간결화와 구성의 측면에서 몇몇 새로운 논리학 교재들에 기여한 바가 크다면서, 일반 논리학의 이념은 볼프학파에서는 실현된 적이 없다고 한다. 이어서 논리학은 그 자체로 존립하는 그리고 그 자체로 근거 있는 독립된 학문으로 간주되어야만 한다는 칸트의 판단을 언급한다. 예셰는 지식학 등에서 제기되고 있는, 논리적 명제가 상위의 절대적 원리에서 도출될 수 있는지 없는지 또 그러한 도출이 필요한지 아닌지 하는 선험적 물음은 논리학 자체와 그 법칙의 타당성과 명증성에 아무런 영향을 미칠 수 없다고 한다. 그는 이러한 물음은 선험철학이나 형이상학의 영역에서 다루어져야 한다고 주장한다.

「서론」은 10개 절로 이루어져 있는데, 각각의 주요 내용은 다음과 같다.

I. 논리학이란

논리학이란 지성과 이성의 필수적인 법칙에 관한 학문, 그러니까 사고 일반의 형식에 관한 학문이다. 좀더 구체적으로 그 특징을 나열

와 같은 핵심 내용에 대한 요약은 「서론」을 이해하는 데 많은 도움을 줄 수 있다. 또한 핵심 내용에 대한 요약은 「서론」뿐만 아니라 다양하고도 광범위한 내용이 언급되기에 갈피를 잡기 힘든 예셰의 「머리말」을 이해하는 데 그리고 매우 다양한 주제에 관한 설명이 나열되어 있는 본론(「일반 요소론」과 「일반 방법론」)의 내용을 일목요연하게 파악하는 데 많은 도움을 줄 수 있다.

하면,

1) 논리학은 모든 학문의 기초이자 지성의 모든 사용에 관한 예비학이다.

2) 논리학은 학문의 기관이 아니다.

3) 논리학은 규준이다. 즉 이성과 지성의 올바른 사용에 관한 필수적인 법칙과 조건이다.

4) 논리학은 질료가 아니라 형식에 관한 이성의 자기 인식이다.

5) 논리학은 구속력이 있는 그리고 증명된 이론이다.

II. 논리학의 주요 분류–강의–이 학문의 유용성–논리학사 개요

논리학은 분석론과 변증론으로 분류된다. 전자는 진리의 논리학이고 후자는 가상의 논리학이다. 논리학을 대중적 논리학과 학문적 논리학으로 분류하는 것은 적절하지 않다. 후자만이 논리학이라는 이름을 지닐 수 있다. 논리학을 이론적 논리학과 실사용적 논리학으로 나누는 것도 옳지 못한 분류다. 일반 논리학은 실사용적인 부분이 있을 수 없기 때문이다. 사고 주관과 관련해서 논리학은 순수 논리학과 응용 논리학으로 분류될 수 있을 것이다. 하지만 응용 논리학은 본래 논리학이라고 해서는 안 된다. 그리고 논리학은 일상적 지성의 논리학과 사변적 지성의 논리학으로 결코 분류될 수 없다. 논리학은 사변적 지성의 학문일 수도 그리고 일상적 지성의 산물일 수도 없다.

논리학 강의는 학문적이거나 대중적일 수 있다.

논리학은 숨겨진 진리를 발견하는 데 도움을 주는 기관이 아니다. 오히려 인식의 한 비판으로서 유용하고도 필수적이다.

현재의 논리학은 아리스토텔레스의 분석론에서 유래한다. 아리스토텔레스는 논리학의 아버지로 여길 수 있다. 근대 철학자 중에서 일반 논리학을 진전시킨 사람으로 라이프니츠와 볼프를 들 수 있다. 오늘날 유명한 논리학자는 현존하지 않는다. 그리고 우리는 논리학을 위해 새로운 발명을 할 필요도 없다. 논리학은 다만 사고의 형식을 포괄하기 때문이다.

Ⅲ. 철학이라는 개념–학술 개념에 따라 그리고 세상 사람들의 개념에 따라 고찰한 철학–철학함의 본질적인 필요와 목적–철학의 가장 보편적인 그리고 최상의 과제

철학은 개념에 의한 이성적 인식 체계다. 이것이 이 학문에 관한 학술 개념이다. 세상 사람들의 개념에 따르면, 철학은 인간 이성의 최종 목적에 관한 학문이다. 이러한 의미에서 철학의 범위는 다음 물음으로 나타낼 수 있다.

1) 나는 무엇을 알 수 있는가? 2) 나는 무엇을 행해야만 하는가? 3) 나는 무엇을 희망해도 좋은가? 4) 인간이란 무엇인가? 첫째 물음은 형이상학이, 둘째 물음은 도덕이, 셋째 물음은 종교가 그리고 넷째 물음은 인간학이 그 답을 준다. 앞의 세 물음은 마지막 물음을 염두에 두고 행해졌기에 실제로는 모든 물음을 인간학에 관한 물음이라고 여길 수 있다.

Ⅳ. 철학사에 관한 짧은 개요

그리스인이 처음으로 철학함을 시작했다. 사변적 이성의 사용을 처음 소개한 인물은 이오니아학파의 창시자인 탈레스였다. 이오니아학파의 뒤를 엘레아학파가 잇는다. 이 학파의 창시자는 크세노파네스였고, 이 학파에 속한 철학자들 중 제논이 뛰어났다. 이오니아학파 시대 무렵에 피타고라스학파도 등장한다.

그리스 철학에서 가장 중요한 시기는 소크라테스와 더불어 시작된다. 그는 새로운 실사용적 노선을 제시한 인물이다. 소크라테스의 제자 중에는 그의 실사용적 가르침에 주로 몰두했던 플라톤이 가장 유명하다. 그리고 플라톤의 제자 중에는 사변 철학을 다시 번성하게 한 아리스토텔레스가 가장 유명하다. 플라톤과 아리스토텔레스에 이어 에피쿠로스주의자와 스토아주의자가 등장한다. 플라톤의 아카데미아를 그의 제자들이 세운 세 개의 다른 아카데미아가 계승한다. 이 아카데미아들은 회의주의로 기울었다. 아카데미아학파 사람들은 최초의 위대한 회의주의자인 피론과 그의 후계자를 따랐다.

철학은 그리스인에게서 로마인으로 넘어가고 나서는 확장되지 못한다. 문화가 로마인들 사이에서도 사라진 뒤 야만 상태가 지속되다가 어쨌든 서양에서 학문은 다시 번성했고 특히 아리스토텔레스의 권위는 올라갔다. 11~12세기에 스콜라철학자들이 등장했다. 스콜라적 방법은 종교개혁 시대에 축출된다. 이제는 철학에서 절충주의자가 나타났다.

근대에서 철학이 개선된 것은 부분적으로는 자연에 대한 더 많은 연구 그리고 부분적으로는 수학과 자연과학이 결합한 덕분이었다. 근대 최초의 그리고 가장 위대한 자연 연구자는 베이컨이었다. 사변 철학의 개선과 관련해서 데카르트가 적지 않은 공로를 세웠다. 가장 위대하고 공헌이 많은 우리 시대 철학의 개혁자로 라이프니츠와 로크를 꼽을 수 있다.

라이프니츠와 볼프 특유의 독단적 철학함의 방법에 관해 말한다면, 이것은 매우 잘못된 것이다. 이 대신 비판적 철학함의 방법을 시작하는 것이 필요하다. 이 방법은 이성 자체의 방식을 탐구하고, 인간의 모든 인식능력을 분석하며, 이 능력의 한계가 어디까지인지를 조사하는 것으로 이루어져 있다.

우리 시대는 자연 철학이 매우 번성한 상태이며, 자연 연구자들 가운데에는 위대한 인물들, 예를 들면 뉴턴이 있다. 근대 철학자들 가운데 탁월하고 영원하다고 부를 만한 인물은 현재 없다. 도덕 철학에서 우리는 고대 그리스인보다 앞으로 나아가지 못했다. 형이상학에 대해서는 일종의 무관심주의가 등장했다.

우리 시대는 비판의 시대이고, 사람들은 우리 시대의 비판적 시도가 철학, 특히 형이상학과 관련해 어떤 결과를 가져오게 될지를 주목해야만 한다.

V. 인식 일반-직관적 인식과 개념적 인식: 직관과 개념 그리고 특히 그것들의 차이-인식의 논리학적 완전성과 감성학적 완전성

우리가 어떻게 대상을 인식하는가 하는 방식, 즉 인식 형식의 상이성은 의식에 근거한다. 내가 표상을 의식한다면 그 표상은 분명하며, 표상을 의식하지 못한다면 그 표상은 불분명하다. 논리학은 분명한 표상만 다루어야 한다. 분명한 표상은 명료함과 불명료함의 관점에서 구분될 수 있다. 전체 표상을 의식하지만 그 속에 포함된 갖가지를 의식하지 못한다면, 그 표상은 불명료하다.

우리의 인식이 유래하는 감성과 지성이라는 본질적으로 상이한 두 가지 근본 능력의 관점에서 우리 인식을 고찰하면, 우리의 모든 인식은 직관이거나 개념이다. 전자의 원천은 감성이고, 후자의 원천은 지성이다. 직관적 인식과 개념적 인식의 차이에 또는 직관과 개념의 차이에 인식의 감성학적 완전성과 논리학적 완전성 사이의 상이함이 그 근거를 두고 있다.

VI. 인식의 특수한 논리학적 완전성

A) 양에 따른 인식의 논리학적 완전성-양-외연적 양과 내포적 양-인식의 광범위함과 철저함 또는 중요성과 생산성-우리 인식의 지평의 규정

양에 따른 인식의 논리학적 완전성은 인식의 양과 관련된다. 인식의 양은 다시 외연적 양과 내포적 양으로 나뉜다. 외연적 양은 인식의 범위를 말하고, 내포적 양은 인식의 함량을 뜻한다.

인식의 범위를 정하는 것은 인식의 지평을 정하는 것과 같다. 지평은 우리가 알 수 있는 것과 알아도 되는 것과 알아야 하는 것을 규정하는 일과 관련된다. 그리고 그것은 논리학적으로, 감성학적으로, 실사용적으로 정해질 수 있다. 실사용적으로 지평을 정하는 것은 윤리성과 관련된다는 점에서 그 중요성이 지적된다.

논리학적으로 지평을 정하는 일은 대상, 즉 객관의 관점에서 볼 때 정보 기록적 지평과 이성적 지평으로 나뉜다. 전자는 고정적으로 정해질 수 없지만 후자는 그럴 수 있다. 주관의 관점에서 보면, 즉 개인적 지평의 경우, 보편적이고 절대적인 지평도 말할 수 있고, 특수하고 주관적인 지평도 말할 수 있다. 전자는 인간 인식의 한계와 관련되며, 후자는 각 개인이 지닌 감각경험적 조건들과 관련된다. 이것들을 고려해 우리 인식의 확장과 경계지음에 관련된 몇 가지 규칙이 제시된다.

그리고 범위를 고려할 때 인식의 논리학적 완전성과 반대되는 무지가 다뤄진다. 어떠한 분야라도 전적으로 무지해서는 안 된다는 것이 지적되고 있으며, 또 무엇을 모르는지를 아는 학문적 무지와 무엇을 모르는지조차 모르는 평범한 무지가 구별된다.

지평을 고정적으로 정할 수 없는 정보 기록적 앎과 관련해서는 이성적 인식을 도외시한 박식의 위험이 언급된다. 나아가 학문과 취미의 통일을 촉진하는 고대 인문학의 중요성도 지적된다.

감성학적으로 지평을 정하는 것과 관련해서는 현학적인 것과 유행 좇음이라는 두 가지 극단적인 모습이 언급된다. 전자는 학문 외적인 세상과의 교류를 무시한 채 학문 내적인 격식만 따지는 것을 말하고, 후자는 학문적 내용도 없으면서 오직 세상 사람들의 찬사만 갈구하는 것을 뜻한다. 전자의 긍정적 모습인 스콜라적 철저함과 후자의 긍정적 모습인 대중성이 모두 다 필요하다는 것이 주장되고 있다.

인식의 범위 혹은 양과 관련된 완전성에 도달하기 위해 도움이 되는 것으로서 계획을 세우는 일이 추천된다. 인식들의 연관관계를 무시한 랩소디에 불과한 것에 빠지지 않기 위해서는, 그래서 확장된 인식들에 모종의 체계적 특성을 부여하기 위해서는 계획을 세우는 일이 필요하다는 것이다.

끝으로 인식의 내포적인 양, 즉 인식의 함량에 관해서는 단지 몇 가지 언급만 덧붙여져 있다. 여기서는 인식의 중요성과 인식의 어려움을 혼동하지 말아야 한다는 점을 강조하고 있다.

VII.

B) 관계에 따른 인식의 논리학적 완전성-진리-재료적 진리와 형식적 혹은 논리학적 진리-논리학적 진리의 기준들-거짓과 오류-오류의 원천으로서 가상-오류를 피하기 위한 수단

관계에 따른 인식의 완전성은 진리와 관련된다. 진리는 인식의 완전성 가운데 으뜸가는 것이고 또 모든 완전성의 본질적인 조건이다.

질료적인 보편적 진리 기준은 가능하지 않다. 반면에 형식적인 보편적 진리 기준은 가능하다. 그것은 인식이 지성 및 이성의 보편적 법칙과 일치한다는 것을 알려주는 논리학적 징표들이다.

논리학에서 다루는 진리의 형식적 기준은 모순율과 충족 이유율이다. 모순율은 인식이 자체적으로 모순되지 않는다는 것, 즉 인식의 논리학적 가능성을 규정하는 것으로 진리에 대한 소극적 표시에 해당한다. 그에 반해 충족 이유율은 인식이 논리학적으로 근거가 있다

는 것, 즉 인식의 논리학적 현실성을 규정하는 것으로 진리에 대한 적극적 표시다.

인식의 추론가능성의 기준으로 불릴 수 있는 이 둘째 기준과 관련해 두 가지 규칙이 언급된다. 하나는 결론의 참에서 근거로서 인식의 참이 추론될 수 있다는 것이고, 다른 하나는 만일 한 인식의 결론이 모두 참이면 그 인식도 참이라는 것이다. 두 규칙 모두 제한적으로 사용된다. 전자를 통해서는 인식이 거짓인 점만 증명할 수 있고, 후자를 통해서는 개연적으로 참인 인식으로만 도출되기 때문이다.

결국 보편적이고 형식적이고 논리학적인 진리 기준은 세 가지 원칙으로 정리된다. 1) 모순율과 동일률, 2) 충족 이유율, 3) 배중률. 이 원칙들은 각각 1) 개연적 판단에서 인식의 가능성, 2) 실연적 판단에서 인식의 사실성, 3) 자명한 판단에서 인식의 필연성과 관련된다.

진리의 반대는 거짓이다. 진리로 간주되는 거짓은 오류다. 오류의 근거는 지성 자체나 지성의 법칙에 있지 않다. 그렇다고 해서 감성에서도 오류는 나오지 않는다. 오류의 발생근거는 오로지 지성에 미치는 감성의 인지되지 않은 영향에서 찾아야 한다. 주관적 근거에 불과한 것이 객관적 근거로 간주되는 것, 즉 가상이 오류를 가능하게 만든다. 오류의 책임은 가상을 만드는 우리 자신에게 있다.

그런데 인간의 지성이 빠질 수 있는 모든 오류는 단지 부분적일 뿐이다. 즉 모든 잘못된 판단에는 틀림없이 무언가 참된 것이 있기 마련이다. 전적인 오류는 지성과 이성의 법칙들에 반하기 때문이다.

이밖에도 여기서는 인식의 정확함과 거침, 폭넓은 규정성과 엄격한 규정성, 치밀함과 투박함을 다룬다. 또한 오류 자체를 반박하기보다는 오류의 원천인 가상을 찾아내려고 힘써야 한다는 점을 강조한다. 상식적으로 명백하게 알려진 가상 때문에 저질러진 오류는 어처구니없음이나 터무니없음으로 불린다.

마지막으로 오류를 피하기 위한 일반적 규칙으로 다음 세 가지를 제시한다. 1) 스스로 생각하기, 2) 다른 사람 입장에서 생각하기, 3) 늘 자기 자신과 일치되게끔 생각하기.

Ⅷ.

C) 질에 따른 인식의 논리학적 완전성-분명함-징표 일반의 개념-징표의 상이한 종류-한 사물의 논리학적 본질의 규정-논리학적 본질과 사실적 본질의 차이-명료함, 더 높은 정도의 분명함-감성학적 명료함과 논리학적 명료함-분석적 명료함과 종합적 명료함의 차이

질에 따른 인식의 논리학적 완전성은 인식의 분명함에 있다. 그리고 더 높은 정도의 분명함은 명료함이다. 그런데 인식의 명료함은 징표의 분명함에 좌우되므로 인식의 명료함을 살펴보기 전에 징표가 무엇인지가 먼저 다뤄진다.

인간의 인식은 지성 측면에서 볼 때 직관적이지 않고 개념적이다. 개념적 인식은 다수의 사물에 공통적인 것을 인식의 근거로 삼는 표상을 통해, 즉 징표를 통해 일어나는 인식을 말한다. 우리의 모든 개념은 징표이고, 모든 생각함은 징표를 통한 표상일 뿐이다.

징표는 한 사물의 표상 자체로 생각될 때가 있고, 또 그 사물의 인식 근거로 간주될 때가 있다. 인식 근거로 여겨질 때는 징표가 도출의 근거로 사용되거나 아니면 비교의 근거로 사용된다.

징표들은 1) 분석적 징표와 종합적 징표, 2) 병렬적으로 정렬된 징표와 종속적으로 정렬된 징표, 3) 긍정적 징표와 부정적 징표, 4) 중요하고 생산적인 징표와 내용 없고 중요하지 않은 징표, 5) 충분하고 필연적인 징표와 불충분하고 우연적인 징표로 분류할 수 있다.

인식의 논리학적 명료함은 징표의 객관적 분명함에 기인하고, 감성학적 명료함은 징표의 주관적 분명함에 기인한다. 전자는 개념에 의한 분명함이고, 후자는 직관에 의한 분명함이다. 그러니까 후자는 인식의 생생함과 이해하기 쉬움, 혹은 실례를 통한 분명함으로 말할 수 있다. 그런데 논리학적 명료함에 감성학적 명료함은 필수적이지 않아서 후자가 없더라도 전자가 있을 수 있고 또 그 반대도 될 수 있다. 명석함은 이 두 명료함을 모두 갖춘 것을 말한다.

논리학적 명료함은 개념 전체를 이루는 징표들이 모두 다 분명하게 될 때 완벽한 명료함이 된다. 병렬적으로 정렬된 징표들이 그러하다면 완벽한 명료함은 상세함으로 불리고, 종속적으로 정렬된 징표들이 그러하다면 심원함이라 불린다. 그리고 상세하되 지나치지 않은 경우의 명료함을 정확함으로 부르고, 이 두 가지 모두 갖춘 것을 적합함으로 부른다. 따라서 질에 따른 완전한 인식은 상세하고 정확하며 또한 심원한 인식이다.

명료한 개념을 만드는 것과 개념을 명료하게 하는 것은 서로 다르다. 전자는 종합을 통해 이루어지고 후자는 분석을 통해 이루어진다.

끝으로 인식의 객관적 함량에 따라 일곱 등급으로 나눈 인식의 분류도 제시한다. 1) 표상함, 2) 지각함, 3) 식별함, 4) 인식함, 5) 이해함, 6) 통찰함, 7) 깨달음.

IX.

D) 양상에 따른 인식의 논리학적 완전성-확실함-참이라고 생각함의 개념 일반-참이라고 생각함의 양상: 의견을 갖다, 믿다, 알다-확실한 납득과 남의 말에 따름-판단을 자제함과 유예함-잠정적인 판단-편견과 편견의 원천 및 주요 종류

양상에 따른 인식의 논리학적 완전성은 어떤 것을 참이라고 생각할 때의 확실성과 관련된다. 이때 참이라고 생각함은 세 가지 양상, 즉 의견, 믿음, 앎으로 나타난다. 의견을 가진다는 것은 주관적으로도, 객관적으로도 충분하지 않은 인식 근거에 의거하여 불확실하게 참이라고 생각하는 것이다. 믿는다는 것은 객관적으로 불충분하지만 주관적으로는 충분한 근거에 의거하여 참이라고 생각하는 것이다. 안다는 것은 객관적일 뿐만 아니라 주관적으로도 충분한 인식 근거에 의거하여 확실하게 참이라고 생각하는 것이다.

의견을 가지는 것은 포기될 수 없다. 왜냐하면 모든 인식함은 대부분 의견에서 시작하기 때문이다. 그러나 의견을 갖는 것은 감각경험적 인식에만 관계할 뿐이다. 믿음 관련 문제는 감각경험적 인식의 대상도 아니고 이성 인식의 대상도 아니다. 믿음과 관련된 대상은 오로지 참이라고 생각함이 필연적으로 자유로운 대상일 뿐이다. 그런 까닭에 믿음은 단지 주관적인 근거들이 있다는 이유로 해서 확실한 납득이 생기게 해주지 못한다. 앎에서의 확실성은 감각경험적이거나 아니면 이성적이다. 후자는 다시금 수학적인, 즉 직관적 확실성과 철학적인, 즉 개념적 확실성으로 나뉜다. 전자는 나 자신의 경험으로 확실하게 될 때의 근원적 확실성과 타인의 경험을 통해 확실하게 될 때의 파생된 확실성으로 나뉜다.

결국 우리의 모든 확실한 납득은 논리학적인 확실한 납득이거나 아니면 실사용적인 확실한 납득이다. 모든 주관적 근거에서 벗어나 있고 또 그럼에도 참이라고 생각하는 것이 충분하다는 것을 알 때 우리는 논리학적으로 확실하게 납득하고 있으며, 실천적인 것과 관련하여 객관적 근거만큼이나 타당한 주관적 근거에 의거하여 완전히 참이라고 생각할 때도 확실하게 납득하고 있다.

확실한 납득에 반대되는 것은 남의 말에 따르는 것이다. 의거하는 근거가 한낱 주관적인지 아니면 객관적이기도 한지 알지 못할 정도로 불충분한 근거에 의거해 참이라고 생각하는 것이다.

의지는 판단에 직접 영향을 미치지 않는다. 다만 지성에 진리 탐구를 독려하거나 아니면 막는 한에서 의지는 지성 사용에 간접적으로 영향을 줄 뿐이다. 특히 판단을 유예하거나 자제하는 것은 잠정적 판단에 불과한 것이 규정짓는 판단이 되지 않게 하려는 의도에서 일어난다. 물론 잠정적 판단은 매우 요긴하다. 왜냐하면 그것은 탐구할 때 지성을 안내하고 또 지성에 다양한 수단을 제공하는 데 쓰이기 때문이다.

편견은 잠정적 판단이다. 단, 원칙으로 받아들여질 때의 잠정적 판단이다. 모든 편견은 잘못된 판단의 기본 근거로 간주되며, 그래서 편견에서는 편견이 생겨나지 않고 오히려 잘못된 판단이 생겨난다. 편견의 주요 원천은 모방과 습관과 경향성에 있으며, 가장 일반적인 원천은 모방이다. 왜냐하면 다른 사람들이 참이라고 주장한 것은 그것을 참이라고 생각할 강력한 근거가 되기 때문이다. 그래서 편견은 이성을 수동적으로 사용하는 성벽, 혹은 이성을 자발적으로 사용하는 대신 기계적으로 사용하려는 성벽으로도 부를 수 있다. 편견은 권위의 편견과 자기 사랑에 근거한 편견으로 나뉜다. 전자는 다시 인물의 권위의 편견, 군중의 권위의 편견, 시대의 권위의 편견으로 분류할 수 있다.

X.

개연성-개연성 정의-개연성과 그럴듯함의 차이-수학적 개연성과 철학적 개연성-의심-주관적 의심과 객관적 의심-회의적, 독단적, 비판적 사고방식 혹은 철학함의 방법-가설 우리 인식의 확실함에 관한 학설에는 개연적인 것의 인식에 관한 학설도 속해 있다. 개연성이란 충분한 근거들에 그 반대의 근거들이 관계되어 있는 것보다 더 크게 관계되어 있는 불충분한 근거들에 의거하여 참이라고 생각하는 것이다. 개연성은 그럴듯함과 다르다. 그럴듯함은 불충분한 근거가 반대 근거보다 더 큰 한에서 불충분한 근거에 의거하여 참이라고 생각하는 것이다. 개연성의 경우 참이라고 생각함의 근거는 객관적으로 타당한 반면, 그럴듯함의 경우에는 단지 주관적으로만 타당할 뿐이다.

개연성의 계기들은 동질적이거나 아니면 이질적일 수 있다. 수학적 인식에서처럼 동질적이라면 그 계기들은 수치화되어야 하지만, 철학적 인식에서처럼 이질적이라면 저울질되어야 한다.

의심은 참이라고 생각함의 반대 근거이거나 단순한 방해다. 주관적 의심은 거리낌으로 부르고, 객관적 의심은 이의로 부른다. 거리낌이 제거되려면 이의의 명료성과 확정성으로까지 끌어올려져야 한다.

인식을 불확실하게 만들려는 원칙에 따라 의심하는 것은 회의적 사고방식이다. 이 회의론은 비판 없이 순전히 개념으로만 아프리오리하게 자신을 확장하는 이성 능력에 대한 맹목적 신뢰인 독단론과 대립된다. 회의론은 해로운 것이기는 하나 자신의 주장이나 반박의 원천을 조사하고 또 그것들이 기대고 있는 근거들을 조사하는 철학함의 방법, 즉 비판적 방법에 매우 도움이 된다.

가설은 한 근거에서 나오는 결과들의 충분함 때문에 그 근거가 참이라는 판단을 참이라고 생각하는 것이다. 그러나 우리로서는 결코 가능한 결과들을 모두 다 규정할 수 없기 때문에 가설은 언제나 가설에 머물 뿐이다. 그렇다 하더라도 지금까지 나타난 모든 결과를 가설에 의거해 설명할 수 있다면 가설을 받아들이지 않을 이유는 없다.

본론은 선험적 요소론과 선험적 방법론으로 구성된 『순수이성비판』과 유사하게, 「일반 요소론」과 「일반 방법론」으로 구성되어 있다. 「일반 요소론」은 개념, 판단, 추론을 다룬다. 그리고 추론을 다루는 부분은 다시 지성 추론, 이성 추론, 판단력 추론으로 세분된다.

개념을 다루는 일반 요소론의 첫째 절은 개념이 무엇인지, 그것이 직관과 어떻게 다른지를 규정하면서 시작한다. 의식적으로 대상과 관련되어 있는 표상이되 개별적 표상인 직관과 달리, 보편적 표상이거나 아니면 곰곰이 되새긴 표상이 개념이라는 것이다. 개념의 질료는 대상이고 형식은 보편성이다. 나아가 개념을 좀더 자세히 설명하기 위하여 여러 가지 분류를 제시한다. 예를 들면 감각경험적 개념과 순수한 개념, (아프리오리하게 또는 아포스테리오리하게) 주어진 개념과 만들어진 개념, 더 높은 개념과 더 낮은 개념, 더 넓은 개념과 더 좁은 개념 등이다. 개념을 산출하는 논리학적 지성 행위는 비교, 곰곰이 되새김, 추상에 있다. 나아가 개념의 내용이 무엇이고, 개념의 범위가 무엇인지, 또 그 범위의 크기는 어떻게 정해지는지 설명한다. 유개념과 종개념, 또 이들 사이의 관계도 다루며, 이들이 논리학적 추상과 논리학적 규정에 의해 생긴다는 점도 지적한다.

판단을 다루는 일반 요소론의 둘째 절도 판단이 무엇인지 정의하는 일로 시작한다. 판단은 서로 다른 표상들의 의식의 단일함의 표상이다. 의식이 하나가 되게끔 서로 묶이는 (주어진) 인식들이 판단의 질료이며, 서로 다른 표상들이 하나의 의식에 속하는 방식의 규정이 판단의 형식이다. 논리학에서는 오직 판단의 형식만 다룬다. 판단의 논리학적 형식은 양, 질, 관계, 양상 네 가지다. 먼저 양에 준하여 볼 때 판단은 전칭, 특칭, 단칭 판단으로 나뉜다. 질에 따르면 판단은 긍정, 부정, 무한 판단으로 구별되며, 관계에 따르면 단정, 가정, 가름 판단으로 나뉜다. 단정 판단의 질료는 주어와 술어이고, 형식은 계사다. 가정 판단의 질료는 근거와 결과로서 서로 연결된 두 개의 판단이며, 형식은 귀결성이다. 가름 판단에서는 가름의 갈래들이 질료를 이루며, 가름 자체가 형식이 된다. 마지막으로 판단 자체와 인식 능력 사이의 관계가 규정되는 양상에 준하여 보면 판단은 개연적, 실연적, 필연적 판단들로 분류된다. 이와 같이 네 가지 형식에 따른 판단의 여러 종류를 모두 자세히 다룬 이후 판단과 관련된 여러 가지 사항이 덧붙여 설명된다. 설명을 요하는 판단, 이론적 명제와 실사용적 명제의 구분, 증명될 수 있는 명제와 증명될 수 없는 명제의 구분, 기본 명제, 원칙, 원리, 직관적 원칙으로서 공리, 개념적 원칙으로서 아크로아마, 분석명제와 종합명제, 동어 반복 명제, 요청, 문제, 정리, 따름정리, 차용명제, 주석, 지각 판단과 경험 판단의 구분 등이 간명하게 설명된다.

일반 요소론의 셋째 절은 추론과 관련된다. 여기서는 현대의 논리학에서 다루는 사항들을 적지 않게 만날 수 있다. 추론은 한 판단에서 다른 판단을 이끌어내는 것이다. 추론은 직접 추론과 간접 추론으로 분류되고, 또 동시에 지성 추론, 이성 추론, 판단력의 추론으로도 분류된다.

지성 추론은 직접 추론을 말한다. 판단의 질료는 변화되지 않고 그대로 남아 있으면서 단지 판단 형식만 변하는 추론이다. 지성 추론은 판단의 모든 부류의 논리학적 기능에 걸쳐서 일어난다. 그래서 양, 질, 관계, 양상에 따라 지성 추론도 분류된다. 판단의 양과 관련해서는 하위 판단으로 하는 지성 추론이 설명된다. 질과 관련해서는 반대되게 놓인 판단으로 하는 지성 추론이 다뤄진다. 그리고 이것은 다시 모순 대당 판단으로 하는 지성 추론, 반대 대당 판단으로 하는 지성 추론, 소반대 대당 판단으로 하는 지성 추론으로 세분되어 설명된다. 판단의 관계는 환위로 하는 지성 추론과 관련되며, 환위의 일반적 규칙들이 제시된다. 마지막으로 양상과 관련해서는 대우 판단에 따른 지성 추론이 설명된다.

이성 추론은 한 명제의 조건을 주어진 보편적 규칙 아래로 포섭함으로써 그 명제의 필연성을 인식하는 것을 말한다. 이성 추론의 보편적 원리가 제시되고, 또 그것의 본질적 구성 요소 및 질료와 형식이 설명된다. 이성 추론은 관계 계기에 따라 단정, 가정, 가름 이성 추론으로 분류된다. 전통 논리학에서처럼 삼단논법으로도 불리는 단정 이성 추론에 대하여 좀더 많은 설명이 할애된다. 그러나 전통 논리학에서 찾을 수 없는 칸트 자신의 독창적인 추론 설명이 펼쳐진다. 주요 개념(항), 사물의 징표에 들어맞는 것은 사물 자체에도 들어맞는다는 원리, 여덟 가지 추론 규칙, 환위로 하는 혼합 이성 추론에 해당하는 네 격이 도표와 함께 자세히 다루어진다. 이성 추론의 둘째 종류인 가정 이성 추론과 관련해서는 전건 긍정식, 후건 부정식이 설명되며, 이 추론의 원리는 이유율로 규정된다. 셋째 종류인 가름 이성 추론의 원리는 배중률이다. 그리고 이 종류의 추론과 관련하여 딜레마가 설명된다.

추론의 셋째 종류로 제시한 것은 판단력의 추론이다. 판단력은 규정하는 판단력과 되짚는 판단력으로 나뉜다. 그런데 되짚는 판단력의 기능에 의해 특수한 개념에서 일반적인 개념으로 진행해가는 모종의 추론 방식이 나타난다. 판단력의 추론이란 그런 추론 방식을 말한다. 이 추론의 원리는 특이하게도 1770년 『교수취임논문』의 지성계 형식의 원리를 상기시키는 공통 근거 개념으로 제시된다. 판단력의 두 가지 추론 방식에는 귀납과 유추가 해당된다.

세 가지 추론을 설명하고 나서는 추론과 관련된 여러 사항을 덧붙여 다룬다. 단순 이성 추론과 복합 이성 추론, 복합삼단논법적 이성 추론, 전삼단논법과 후삼단논법, 연쇄 추론, 허위 추론, 오류 추론, 궤변, 비약, 선결문제 요구의 오류 등이 여기에 해당한다.

본론의 두 번째 큰 갈래에 해당하는 「일반 방법론」에서는 학문 일반의 형식에 관해, 혹은 갖가지 인식을 학문으로 결합하는 방식에 관해 다룬다. 결국 인식의 논리학적 완전성을 지원해주기 위한 수단이 개진되는 것이다. 이는 다시 두 부분으로 나누어 설명된다. 하나는 개념의 정의와 설명과 기술로 인식의 완전성을 지원하는 일이며, 다른 하나는 개념의 논리학적 분류에 의하여 인식의 완전성을 지원하는 일이다. 전자에서는 주로 여러 가지 방식의 정의, 그리고 정의할 때의 규칙 등을 설명하며, 후자에서는 주로 분류와 분류 규칙들을 다룬다. 일반 방법론 마지막 부분에서는 여러 가지 방법의 분류가 제시된다. 학문적 방법과 대중적 방법, 체계적 방법과 단편적 방법, 분석적 방법과 종합적 방법, 이성 추론으로 하는 방법과 도표로 나타내는 방법, 경청만 허락하는 방법과 질문을 통한 소크라테스식 방법이 제시되며, 마지막으로 곰곰이 생각하는 숙고의 설명으로 이 책은 끝맺는다.

3. 평가

『논리학』은 칸트 생전인 1800년과 1801년에 각각 두 종류씩 네 종류나 출판된다.[40] 그리고 이 책이 출간된 1년 후에는 이 책에 관한 주석서[41]까지 간행된다. 출간되고 나서 이처럼 널리 읽힌 것으로 보이

---

40) Arthur Warda, *Die Druckschriften Immanuel Kants(bis zum Jahre 1838)*, Wiesbaden: Heinrich Staadt, 1919, pp.48-49 참조.

41) Gottfried Immanuel Wenzel, *Canonik des Verstandes und der Vernunft. Ein Commentar über Immanuel Kants Logik,* Wien: Verlag bey Anton Doll, 1801.

는 『논리학』에 대한 동시대인들의 평가는 엇갈린다. 동시대인들은 이 책에 대해 긍정적 평가[42]를 내리기도 하지만 실망감[43]을 드러내기도 한다. 이러한 상반된 평가는 이후에도 이어진다. 하인체는 『학술원판 칸트 전집』의 『논리학』에 관한 '해제'에서, 예셰가 대체로 칸트 사상을 왜곡하지 않고 명확하게 서술했다고 긍정적으로 평가한다.[44] 반면 에르트만은 『논리학』에는 "칸트 자신이 그의 논리학을 완성했을 경우 우리에게 제공되었을 것과는 전혀 다른 것이 담겨 있다"고 주장한다.[45] 왜냐하면 『논리학』이 주로 학생들의 강의 필기에 의존해서 완성되었고, 칸트의 메모는 다만 예셰가 편찬 과정에서 기반으로 삼은 강의 필기들을 컨트롤하는 데 사용되었을 뿐이기 때문이라는 것이다.[46]

에르트만의 주장은 이후 이 책에 대한 부정적 평가가 형성되는 데 많은 영향을 미치게 된다.[47] 이러한 부정적 평가에 영향을 준 사람으로 라이히도 들 수 있다.[48] 그는 『논리학』에 대해 "이 책에는 상당히 애매한 불명료함뿐만 아니라, 예셰가 그에게 주어진 거의 반세기에 걸쳐 생성된 칸트의 강의 메모(『학술원판 칸트 전집』, XVI)를 편찬하면서 그대로 둔 모순도 존재한다"[49]고 주장한다.[50] 그러니까 칸트가

---

42) 자세한 것은 Hinske, *Kant-Index Bd. 2: Stellenindex und Konkordanz zu "Immanuel Kant's Logik" (Jäsche-Logik),* 앞의 책, pp.IX-X 참조.

43) 자세한 것은 Stark, 앞의 글, pp.126-127 참조.

44) Heinze, "Einleitung zu *Logik*", 앞의 책, p.505 참조.

45) Erdmann, "Rezension zu: Die formale Logik Kants in ihren Beziehungen zur transscendentalen. Von Dr. Moritz Steckelmacher", 앞의 책, pp.618-619.

46) 같은 글, pp.617-618 참조.

47) Hinske, 앞의 책, p.XI 참조.

48) Klaus Reich, *Die Vollständigkeit der Kantischen Urteilstafel,* Hamburg: Felix Meiner Verlag, ^{3}1986(^{1}1932).

49) 같은 책, p.21.

50) 심지어 슈툴만-레이스츠는 라이히의 이러한 주장에 동의하면서, 칸트 논

40년 이상에 걸쳐 논리학 교재에 적은 메모에는 이 기간에 끊임없이 발전한 그의 생각이 반영[51]되어 있고 따라서 상이한 시기에 작성된 메모의 내용들 사이에는 모순이 존재할 수 있는데, 예셰는 이러한 모순을 그대로 둔 채 『논리학』을 편찬했다는 것이다.[52] 에르트만과 라이히의 이 책에 대한 부정적 평가는 이처럼 이 책의 성립사에 그 기반을 두었다고 할 수 있다. 이 책의 성립사와 관련해 에르트만이 라이히보다 한층 근본적인 물음을 제기했다고 여겨진다.[53] 왜냐하면 라이히의 경우 예셰가 이 책을 완성하는 데 사용한 1차 자료는 여전히 칸트의 메모이지만, 에르트만에게 칸트의 메모는 다만 2차 자료일 뿐이고 학생들의 강의 필기가 1차 자료에 해당하기 때문이다. 따라서 에르트만이 이 책이 어느 정도로 칸트적인가라는 좀더 근본적인 물음을 던졌다고 할 수 있다.

에르트만의 주장, 즉 예셰가 실제로는 칸트 메모보다는 주로 학생들의 강의 필기에 의존해서 『논리학』을 완성했다는 주장에 따르면,

---

리학에 관한 연구에서 『논리학』을 전거로 인용하지 않을 것이라고 한다. Rainer Stuhlmann-Laeisz, *Kants Logik. Eine Interpretation auf der Grundlage von Vorlesungen, veröffentlichten Werken und Nachlaß*, Berlin/New York: Walter de Gruyter & Co., 1976, p.1(주 1) 참조.

51) 칸트는 자신의 사상을 끊임없이 발전시켜나간 철학자였다(이에 관한 자세한 논의는 이엽, 「칸트 철학 연구를 위한 방법론적 물음. 발전사적 연구 방법을 중심으로」, 『철학연구』 제47집, 철학연구회, 1999, 270-283쪽 참조). 그리고 그가 자신의 사상을 발전시켜나가는 과정에서 획득한 새로운 생각은 저서와 메모(Reflexion) 그리고 강의에 반영된다.

52) 하지만 예셰는 적어도 이러한 모순이 존재할 수 있다는 것을 인식했던 것으로 보인다. 왜냐하면 그가 「머리말」에서 "자료[메모]는 때때로 새로운 생각으로 말미암아 늘어났고, 또 다양한 개별 자료가 끊임없이 교정되거나 개선되었다"고 이야기하기 때문이다(IX 4).

53) 에르트만은 또한 이 책의 성립사에 관한 본격적인 물음을 최초로 제기한 사람이기도 하다.

이 책은 다만 일종의 강의 필기에 불과할 수도 있다. 이러한 견해는 물론 너무 지나친 것으로 보일 수 있다. 왜냐하면 에르트만의 견해를 그대로 따르더라도 어찌되었든 칸트의 메모가 컨트롤하는 역할을 했고, 또 이 책과 칸트의 메모는 적지 않은 곳에서 동일하거나 유사하기 때문이다. 하지만 여기서 우리는 다음과 같은 점을 고려해볼 필요가 있다. 예셰가 편찬 과정에서 사용한 메모는 기본적으로 칸트가 강의를 위해 작성한 것들이다. 칸트는 이 메모에 의존해서 강의를 했다. 따라서 강의 필기에 적혀 있는 내용은 메모에 그 기반을 두었다고 할 수 있다. 이런 까닭에 예셰가 메모를 활용했다고 해서 강의 필기와는 근본적으로 다른 어떤 새로운 자료를 이용했다고 생각할 수는 없다. 『논리학』이 어떤 이유[54]에서든 적지 않은 부분에서 강의 필기에 의존해 완성되었다는 것은 거의 분명해 보일 뿐만 아니라 예셰가 편찬 과정에서 이용한 메모 또한 강의 필기의 근간을 이루는 것이기에, 이 책을 강의 필기와 동일한, 적어도 유사한 종류의 텍스트로 볼 근거는 충분하다고 여겨진다.

『논리학』이 강의 필기와 동일한, 적어도 유사한 종류의 텍스트라고 할 때, 무엇보다도 우선 이 책의 가치에 대한 의문이 생겨나게 된다. 왜냐하면 이러한 종류의 텍스트를 과연 신뢰할 수 있는지 의심이 들기 때문이다. 실제로 강의 필기는 다음과 같은 여러 문제가 있을 수 있다.

① 칸트는 강의에서 당연히 그가 사용한 교재를 설명했어야 했다. 칸트가 사용한 교재[55] 거의 대부분은 볼프학파 학자들[56]이 쓴 책이

54) 그 이유는, 앞에서 논의한 바에 따르면, 단편적인 메모만으로 책 한 권을 편찬하는 것이 불가능했기 때문일 수도 있고 또는 신뢰할 수 있는 강의 필기를 간행하기 위한 것일 수도 있다.

55) 칸트가 사용한 교재 중 『학술원판 칸트 전집』에 수록되어 있는 것을 소개하

었다. 따라서 강의 필기 중 어디까지가 단순한 교재 설명이고 어디서부터가 칸트 자신의 고유한 생각을 전개한 것인지 숙고하지 않은 채 강의 필기에 나오는 교재에 관한 설명을 칸트 자신의 견해로 여기게 되면 오해가 생길 수밖에 없게 된다.

② 대부분 어린 나이였던 당시 대학생들[57]이 과연 칸트의 강의를 충분히 이해할 수 있었는지가 문제가 될 수 있다.

면 다음과 같다. XV에는 바움가르텐(Alexander Gottlieb Baumgarten)의 『형이상학』(*Metaphysica*) 중 「경험 심리학」(Psychologia empirica) 부분이, XVI에는 마이어의 『논리학 발췌본』이, XVII에는 「경험 심리학」 부분을 제외한 바움가르텐의 『형이상학』이, XVIII에는 에버하르트(Johann August Eberhard)의 『대학 강의용 자연 신학 입문』(*Vorbereitung zur natürlichen Theologie zum Gebrauch akademischer Vorlesungen*)이, XIX에는 바움가르텐의 『제일 실천 철학의 기초 원리』(*Initia philosophiae practicae primae*)와 아헨발(Gottfried Achenwall)의 『자연법』(*Iuris naturalis pars posterior*)이, XXVII에는 바움가르텐의 『철학적 윤리학』(*Ethica Philosophica*)이 그리고 XXIX에는 카르스텐(Wenceslaus Johann Gustav Karsten)의 『공익적 자연 지식에 관한 입문서』(*Anleitung zur gemeinnützlichen Kenntniß der Natur*)가 수록되어 있다.

56) 논리학 교재를 예로 들면, 칸트는 『논리학』에서 논리학의 역사를 언급하면서 교재의 저자인 마이어에 대해 다음과 같이 이야기한다. "바움가르텐은 볼프 논리학과 관련해서 공적이 많은 사람으로 볼프의 논리학을 집약했다. 그리고 마이어는 다시 바움가르텐에 주석을 달았다"(IX 21).

57) 칸트는 16세에 대학에 입학하는데, 이것은 당시에는 일반적인 경우에 해당한다. 칸트보다 어린 나이에 대학에 입학한 학생들도 있었다. 세 종류의 칸트 강의 필기를 남긴 도나-분틀라켄(Heinrich Ludwig Adolph zu Dohna-Wundlacken, 1777~1843)은 14세에 대학에 입학한다. 그의 인간학과 논리학 그리고 형이상학에 관한 칸트 강의 필기는 각각 첫 학기인 1791/92년도 겨울학기, 두 번째 학기인 1792년도 여름학기 그리고 세 번째 학기인 1792/93년도 겨울학기에 작성된 것이다. 그러니까 그가 14-15세 때 작성된 것이다. 이 강의 필기들은 다음 책에 수록되어 있다. *Die philosophischen Hauptvorlesungen Immanuel Kants. Nach den neu aufgefundenen Kollegheften des Grafen Heinrich zu Dohna-Wundlacken,* hg. v. Arnold Kowalewski, München, 1924((Nachdruck) Hildesheim: Georg Olms Verlagsbuchhandlung, 1965). 논리학과 형이상학에 관한 그의 강의 필기는 『학술원판 칸트 전집』(XXIV과 XXVIII)에도 수록되어 있다.

③ 판매를 목적으로 하는 전문적인 필경사가 빠진 부분을 보충하기 위해 또는 그밖의 다른 이유로 상이한 연도에 작성된 원본들을 부분적으로 베껴 편집한 경우, 정확한 연대 추정(Datierung)이 불가능할 뿐만 아니라 내용을 이해하는 데 혼란을 겪을 수밖에 없게 된다. 왜냐하면 칸트는 자신의 사상을 끊임없이 발전시켜나갔고, 이러한 사상의 발전에 따라 해마다 강의 내용이 달라졌기 때문이다. 따라서 상이한 시기에 작성된 강의 필기를 부분적으로 모아 편집하게 되면, 내용이 일관되지 못하기에 이해하는 데 혼란을 겪을 수밖에 없게 된다.

④ 강의 필기의 소유자가 칸트 강의의 내용과 상관없이 자기 생각을 첨부한 경우, 이 또한 이해하는 데 혼란을 초래하게 된다.

강의 필기는 이처럼 적지 않은 문제를 지닐 수 있기에, 우리가 과연 이러한 종류의 텍스트를 굳이 읽어야 할 필요가 있겠느냐고 생각할 수 있다. 하지만 이러한 종류의 텍스트에 무슨 문제가 있을지를 알고 조심한다면[58] 강의 필기는 칸트 철학을 연구하는 데 적지 않은 도움을 줄 자료이기도 하다. 논리학 강의 필기의 경우 특히 그렇다.

칸트는 논리학과 형이상학을 위한 정교수였다. 하지만 그가 직접 출판한 수많은 저서 가운데 논리학만을 위한 독자적이고도 포괄적인 저술은 없다고 할 수 있다. 1762년에 출판된 원판 쪽수로 35쪽(『학술원판 칸트 전집』, 쪽수로 16쪽) 분량의 『삼단논법의 네 가지 격에서 나타난 잘못된 정교함』(*Die falsche Spitzfindigkeit der vier syllogistischen Figuren*)이 있으나, 이것은 강의 공고안으로 논리학에 관한 포괄적 저술이라고는 할 수 없다. 그래서 예셰가 편찬한 『논리학』

---

58) 이를테면 강의 필기에 적혀 있는 내용이 교재에 대한 단순한 설명에 불과한 것인지 아니면 교재 내용을 토대로 칸트가 자신의 고유한 생각을 전개한 것인지 알기 위해 해당 교재의 내용을 함께 읽는 것이 요구된다.

과 학생들의 논리학 강의 필기는 칸트가 직접 출판한 저서는 아니지만 칸트 논리학을 이해하는 데 중요한 자료가 될 수 있다. 이처럼 『논리학』은 칸트가 직접 출판한 저서로는 부족한 그의 논리학에 관한 이해를 보충해줄 수 있기에[59] 칸트 철학 내에서 나름대로 가치를 지닐 수 있다. 이 가치는 우리가 일반적으로 생각하는 것 이상으로 높을 수 있는데, 그것은 칸트 논리학에 관한 연구가 그의 핵심 사상을 이해하는 데 중요할 수 있기 때문이다.

칸트 논리학이 왜 그의 사상을 이해하는 데 중요한지에 관해서는 여러 근거를 제시할 수 있지만, 무엇보다도 『순수이성비판』의 주요 목차[60]가 칸트 논리학에 그 기반을 두었다는 점을 들 수 있다. 『순수이성비판』의 주요 목차인 '요소론/방법론'과 '분석론/변증론'[61] 등은 논리학에 그 기반을 두고 있다.[62] 『순수이성비판』의 주요 목차는

59) 『논리학』은 1966년 논리학 강의 필기를 모아놓은 『학술원판 칸트 전집』 XXIV가 출간되기 이전에는, 물론 코바레브스키가 1924년에 펴낸 도나-분틀라켄의 논리학 강의 필기(주 57 참조)가 있긴 했지만, 논리학에 관한 칸트의 견해를 연구하기 위해 의지해야 하는 거의 유일한 저서였다.

60) 『순수이성비판』의 목차는 오랜 기간 숙고한 결과물이었다. 칸트는 여러 번에 걸쳐 『순수이성비판』의 새로운 목차를 짠다. 이것은 무엇보다도 그가 헤르체에게 보낸 1772년 2월 21일자 편지(X 129), 1773년 말경에 쓴 편지(X 145) 그리고 1776년 11월 24일자 편지(X 199)에 잘 드러나 있다.

61) '요소론/방법론'과 '분석론/변증론'은 『실천이성비판』과 『판단력비판』의 주요 목차이기도 하다.

62) 분석론은 개념의 분석론과 원칙의 분석론으로 구분되는데, '개념의 분석론/원칙의 분석론/변증론' 또한 논리학에 그 기반을 두고 있다. 그리고 변증론에 나오는 '오류추리/이율배반/이상'의 구분도 논리학에 그 기반을 두고 있다. 이에 관한 상세한 논의는 Elfriede Conrad, *Kants Logikvorlesungen als neuer Schlüssel zur Architektonik der Kritik der reinen Vernunft. Die Ausarbeitung der Gliederungsentwürfe in den Logikvorlesungen als Auseinandersetzung mit der Tradition,* Stuttgart-Bad Cannstatt: Friedrich Frommann Verlag · Günther Holzboog, 1994, pp.19-24, pp.75-118 참조.

이 책의 핵심 구조에 해당하는 것이고 이러한 구조가 논리학에 그 원천을 두었기에, 『순수이성비판』의 기본 구조와 여기에 담긴 그의 사상을 파악하는 데 칸트 논리학에 관한 연구는 적지 않은 기여를 할 수 있다. 이러한 연구를 가능하게 하는 주요 텍스트 중 하나가 『논리학』이기에, 이것이 일종의 강의 필기에 해당한다고 하더라도, 이 책은 분명 가치가 있다고 할 수 있다.

『교육론』

박찬구 서울대학교 윤리교육과 명예교수

1. 『교육론』의 성립 배경

『교육론』(*Immanuel Kant über Pädagogik*) 번역은 1803년 칸트의 제자 링크(D. Friedrich Theodor Rink)가 편집·출간한 원본을 토대로 했다.[1] 「편집자의 머리말」에서도 알 수 있듯이, 칸트 당시의 쾨니히스베르크대학교 당국은 철학부에 소속되어 있는 교수들에게 교육학을 강의하도록 요구했고, 이에 따라 칸트는 몇 학기에 걸쳐(1774년 겨울학기, 1780년 여름학기, 1783년 겨울학기, 1786년 여름학기) 교육학을 강의했다. 이 책은 칸트가 링크에게 넘겨준 강의 노트들을 링크가 편집해 출간한 것으로, 내용상 차이를 보이는 버전 몇 개를 그냥 묶어 놓은 탓에 구성의 체계성과 개념 사용의 일관성 면에서 미흡한 점이 없지 않다. 이는 칸트 자신이 직접 저술한 책이 아니라는 데에서 오는 어쩔 수 없는 문제로 보인다.

그럼에도 우리는 이 저술에서 그의 교육사상의 기본적인 윤곽은

---

1) 『교육론』을 번역하는 과정에서 옮긴이는 그간 국내에서 간행된 선행연구들에 빚진 바가 크다. 그중에서도 김영래, 『칸트의 교육이론』(학지사, 2003)에서 가장 큰 도움을 받았음을 밝힌다.

파악할 수 있다. 한 걸음 더 나아가 반복해서 읽어볼 경우에는 이 책이 "뚜렷한 일관성과 논지에 따르는 실질적 주장들을 담고 있음"[2]을 알게 된다. 사실, 이 책의 내용을 제대로 이해하기 위해서는 실천철학에 관한 칸트의 다른 저술들, 특히 『실용적 관점에서 본 인간학』(*Anthropologie in pragmatischer Hinsicht*, 이하 『인간학』), 『이성의 오롯한 한계 안의 종교』(*Die Religion innerhalb der Grenzen der bloßen Vernunft*, 이하 『종교론』), 1784년부터 출간된 '역사철학, 윤리학, 정치학에 관한 소논문들', 그의 3대 비판서와 『도덕형이상학』(*Die Metaphysik der Sitten*)의 '방법론'을 참고할 필요가 있다.[3] 이와 같이 전체적으로 조망해볼 때, 우리는 『교육론』이 결코 그의 교육에 관한 단상들만 모아놓은 것이 아니라 전체 실천철학의 구도를 반영하는 내용이라는 것을 알 수 있다.

2. 『교육론』의 내용 요지

서론

칸트는 교육과 교사의 역할을 다음과 같이 규정하면서 논의를

2) 칸트, 조관성 역주, 『칸트의 교육학 강의(증보판)』, 철학과현실사, 2007, 9-10쪽.

3) Erwin Hufnagel, "Kants pädagogische Theorie", in: *Kant-Studien* 79, 1988, S.44. 『실천이성비판』의 '방법론'에서 칸트의 도덕 교육론을 찾아볼 수 있는데, 여기서는 도덕적 동인, 즉 도덕적 동기화가 주요 주제이며 '어떻게 의무에 대한 존경심을 유발할 수 있는가'에 대해 다룬다. 그리고 『도덕형이상학』 「덕론」의 '윤리적 방법론'에서는 윤리적 교습법과 윤리적 수행법을 제시하는데, 전자는 주로 구체적 상황에서의 의무를 알게 하는 문답식 교습법을, 후자는 덕의 실행 방법으로서 금욕을 다룬다(김종국, 『논쟁을 통해 본 칸트 실천철학』, 서광사, 2013, 166쪽 참조).

시작한다. "인간은 오직 교육을 통해서만 인간이 될 수 있다. 인간은 오로지 교육의 산물이다. 인간이 그 역시 교육을 받은 인간을 통해서만 교육된다는 것은 주목할 만한 점이다."[4] 서론의 전반부에서 칸트는 교육(Erziehung)의 개념을 세 가지로, 즉 양육(Wartung, Verpflegung, Unterhaltung), 훈육(Disziplin, Zucht), 육성(Bildung) 또는 교수(Unterweisung)로 나누어 살펴보는데, 여기에는 그 성장 단계로서 각기 유아기, 아동기, 학령기가 해당된다. '양육'은 아이들이 자신의 능력을 해로운 방식으로 사용하지 않도록 하려는 부모의 보살핌을 의미한다. '훈육'은 동물성을 인간성으로 변화시켜주는 것이다. 다시 말해 인간이 자기의 동물적 충동에 따라 자신의 본래 모습, 즉 인간성에서 벗어나지 않도록 지켜주는 것이다. 훈육은 인간의 야만성을 바로잡는 행위라는 점에서 교육의 소극적 부분이라 할 수 있다. 또한 훈육은 어릴 때 해야 한다. 인간은 자유를 향한 애착이 강하여 일치감치 규범에 복종하는 습관을 들이지 않으면 자칫 충동적이고 무법적인 성격을 지니게 되기 때문이다.[5] 반면에 '육성'은 교육의 적극적인 부분이라고 할 수 있는데, 가르쳐주는 교수와 배운 것을 실천하도록 이끌어주는 인도를 포함하며, 그런 한에서 도야(Kultur)에 속한다.[6]

여기서 칸트는 흥미롭게도 '교수'를 담당하는 교사(지식전달자)와 '인도'를 담당하는 가정교사를 구분하면서, 전자가 단지 학교 공부만을 위해 교육한다면 후자는 삶을 위해 교육한다고 말한다. 이러한 구분은 그대로 공교육과 사교육의 구분으로 이어진다. 공교육은 단지 지식 전달에만 관계하며, 규범들의 실천은 주로 사교육 몫이다.

---

4) 『교육론』 IX 443.
5) 같은 책, IX 441-442.
6) 같은 책, IX 452.

그러므로 공교육의 목적은 좋은 사교육을 촉진하는 데에, 다시 말해 가정교육을 완성하는 데에 있다. 가정교육에 비해 공교육의 장점은 숙련과 시민적 자질을 길러주는 측면이다. 반면에 가정교육은 종종 기족의 오류를 낳는다. 공교육(정규교육)은 대략 16세가 될 때까지 지속되어야 한다.[7]

서론 후반부로 가면서 칸트는 단순한 보살핌과 소극적 훈련의 단계인 양육을 제외한 교육의 과제를 좀더 세분하여 서술한다. 첫째, 인간은 훈육(diszipliniert)되어야 한다. 앞서 살펴본 바와 같이, 훈육은 동물성이 인간성을 해치지 않도록 지키려는 노력, 즉 야만성을 제어하는 것을 가리킨다. 둘째, 인간은 도야(kultiviert)되어야 한다. 도야는 숙련을 갖추는 것으로, 예컨대 읽기와 쓰기처럼 인간의 다양한 목적을 달성하는 데 필요한 능력을 갖추는 것이다. 셋째, 인간은 영리함(처세술)을 갖추어야(klug werde) 한다. 이렇게 함으로써 그는 사회에 적응하고 사랑받고 영향력을 지니게 된다. 여기에는 시민화(Zivilisierung)라고 일컫는 도야의 일종이 속하는데, 시민화에는 품행과 예의범절 그리고 어느 정도 영리함이 요구된다. 넷째, 인간은 도덕성을 갖추어야(Moralisierung) 한다. 인간은 온갖 종류의 목적을 달성하는 데 능숙해져야 할 뿐만 아니라, 오직 순수하게 선한 목적들을 선택하는 마음씨도 지녀야 한다. 선한 목적이란 반드시 모든 사람에게 승인되고, 동시에 모든 사람의 목적이 될 수 있는 것을 말한다.[8] 이 마지막 과제야말로 칸트가 지향하는 교육의 최종 목적임은 두말할 것도 없다.

한편, 칸트는 교육으로 한 인간이 점차 그 인간성의 실현을 향해

---

7) 같은 책, Ⅸ 452-453.
8) 같은 책, Ⅸ 449-450.

나아갈 수 있다고 보았을 뿐만 아니라, 이러한 과정을 전 인류의 역사적 진보 과정으로 확대하여 바라보고자 한다. 그에 따르면 "교육은 점점 더 좋아질 것이고, 모든 미래 세대는 인간성의 완성을 향해 한 걸음 더 다가가게 될 것이다. 교육의 배후에는 인간 본성의 완전성이라는 커다란 비밀이 놓여 있기 때문이다. […] 이것이 우리에게 미래의 더욱 행복한 인류에 대한 전망을 열어준다." 그런데 칸트는 인간성의 실현이라는 궁극적인 목표의 달성이 개인적 차원에서는 사실상 거의 불가능하며 오직 인류적 차원에서만 가능하다고 본다.[9)]

자연적 교육과 실천적 교육의 구분

『교육론』의 본론은 교육을 자연적 교육과 실천적(도덕적) 교육으로 나누면서 시작하는데, 전자는 인간이 동물과 공유하는 부분과 관련한 교육인 양육을 가리키고, 후자는 인간을 자유로이 행위하는 존재로 육성하는 교육, 즉 인격성을 위한 교육을 의미한다.[10)]

이러한 칸트의 교육관을 더 잘 이해하기 위해서는 『종교론』에 나오는 다음과 같은 그의 인간학적 견해를 참고할 필요가 있다. 칸트에 따르면, 인간의 실천적 행위와 관련되는 근원적 소질에는 세 가지 종류가 있다. 첫째는 생물로서 인간의 '동물성'(Tierheit)의 소질인데, 이것은 자연적이며 기계적인 자기애로 이성을 필요로 하지 않는다. 둘째는 생물이면서 동시에 이성적인 존재자로서 '인간성'(Menschheit)의 소질인데, 이것은 자연적이면서도 비교하는, 즉 타

---

9) 같은 책, IX 444-445.

10) 같은 책, IX 455. 『교육론』에서 칸트는 '자연적 교육'과 '실천적 교육'이라는 개념을 일관된 의미로 사용하지 않고 때로는 좁은 의미로, 때로는 넓은 의미로 사용하므로 주의해야 한다.

산적 이성이 개입한 자기애를 가리킨다. 이로써 인간은 자기 욕구를 실현하기 위해 앞뒤를 따져보면서 행동하게 된다. 셋째는 이성적이면서 동시에 책임을 질 줄 아는 존재로서 '인격성'(Persönlichkeit)의 소질이다. 이것은 '스스로 의지를 규정하는 충분한 동기'로 도덕법칙에 대한 존경심을 가리킨다. 도덕법칙이란 인간 이성이 스스로에게 명령하는 당위의 규칙, 곧 정언명법이므로 인격성의 소질이란 바로 이것을 받아들이고 자신을 거기에 따르도록 하는 의지의 자유를 의미한다.[11] 여기서 우리는 인간성의 소질은 타산적·도구적 이성을, 인격성의 소질은 도덕적·실천적 이성을 의미한다는 것을 알 수 있다.

이러한 칸트의 인간학적 견해를 참고함으로써 우리는 교육을 자연적 교육과 실천적 교육으로 나누어 접근하는 칸트의 생각을 좀더 쉽게 이해할 수 있다. 자연적 교육은 인간의 '동물성'의 소질과 관련된 교육인 양육으로 대표된다. 실천적 교육은 다시 세 단계로 나뉘는데, 1단계와 2단계는 '인간성'의 소질과 관련되고 3단계는 '인격성'과 관련된다. '본론' 도입부에 나오는 실천적 교육에 대한 설명은 이를 잘 말해준다.

> 실천적 교육은 인격성을 위한 교육, 자유로이 행위하는 존재의 교육이다. 자유로이 행위하는 존재는 스스로를 유지하고[1단계], 사회 속에서 한 구성원을 이루며[2단계], 스스로 내적 가치를 지닐 수 있는[3단계] 존재다.
>
> 실천적 교육은 다음 세 가지로 구성되어 있다. 1) 숙련을 위한 고지식한 기계적 육성, 즉 교습적(didaktisch) 육성(지식전달자), 2) 영

---

11) 『종교론』 IV 26-28.

리함을 위한 실용적(pragmatisch) 육성(가정교사), 3) 도덕성을 위한 도덕적(moralisch) 육성. [···]

기계적 육성은 가장 먼저 이루어진다. 모든 영리함은 숙련을 전제로 하기 때문이다. 영리함은 자기의 숙련된 능력을 인간에게 잘 적용하는 능력이다. 도덕적 육성은 원칙에 근거를 두는데 인간이 그 원칙을 스스로 통찰해야 하므로, 가장 나중에 이루어진다.[12)]

12) 『교육론』 IX 455. 실천적 교육의 세 단계, 즉 '숙련을 위한 교습적 교육, 영리함을 위한 실용적 교육, 도덕성을 위한 도덕적 교육'에 해당하는 실천이성의 세분화를 우리는 『도덕형이상학 정초』(이하 『정초』)에서도 확인할 수 있다. 『정초』에 따르면, 우리가 행위할 때 스스로 세우게 되는 원칙에는 가언명령과 정언명령 두 가지가 있다. 전자는 어떤 정해진 목적을 달성하기 위한 수단이 되는 행위를 명령하는 것이고 후자는 어떤 다른 목적과 관계없이 무조건적으로 그 행위를 명령하는 것이다. 가언명령은 다시 '숙련의 명령'과 '영리함의 명령' 두 가지로 나뉜다. 숙련의 명령에서 목적은 '가능성으로 존재'한다. 여기에서 목적이 가능성으로 존재한다는 것은 아직 구체적인 목적이 정해지지 않았다는 것을 의미한다. 따라서 숙련의 명령은 최종 목적이 어떤 것으로 설정되든 상관없이 해야 할 행위를 지시하는 것이다.(이러한 가언명령을 개연적problematisch 실천원칙이라 한다.) 영리함의 명령에서 목적은 '실제로 존재'한다. 실제로 존재한다는 것은 행위자에게 이미 행위의 목적이 주어져 있다는 것을 의미한다. 그러므로 영리함의 명령은 이미 주어진 목적을 달성하기 위한 수단을 지시하는 것이다.(이러한 가언명령을 실연적assertorisch 실천원칙이라고 한다.) 여기에서 칸트가 이미 주어져 있는 것으로 가정하는 목적은 '행복'이다. 모든 사람은 이처럼 자신의 행복을 추구하려는 목적을 이미 가지고 있으므로 이러한 목적을 달성하기 위한 수단을 선택하는 행위는 '영리한' 행위라고 할 수 있다. 끝으로 도덕성의 명령은 어떤 행위를 함으로써 이루고자 하는 특정한 목적 없이 직접 그 행위를 명령하는 정언명령이다. 이 명령은 행위의 내용이나 결과와 관련되는 것이 아니라 행위 자체가 따르는 형식이나 원칙과 관련된다. 칸트에 따르면 이러한 정언명령만이 진정한 명령이라 할 만한 것이다(이러한 정언명령을 필연적 apodiktisch 실천원칙이라고 한다)(『정초』 IV 414-415).

자연적 교육

양육. 본론의 전반부인 자연적 교육에서 제일 먼저 다루는 내용은 양육이다. 양육은 단지 소극적인 교육이다. "우리는 무엇보다 최초의 교육은 단지 소극적이어야 함을 알아야 한다. 다시 말해 자연이 예비해둔 것에 무엇인가 새로운 것을 보태려 하지 말고, 단지 자연이 방해받지 않게 하면 된다."[13] 이런 취지에서 칸트는 아이를 강보에 싸매는 것이나 요람에 태우는 것, 그리고 걸음마줄이나 보행기 같은 인위적인 장치를 사용하는 것에 모두 반대한다. 이런 장치들은 유기적·이성적 존재인 인간에 깃들어 있는 자연의 목적에 배치되기 때문이다. 따라서 아동에게는 자신의 여러 가지 능력을 스스로 사용하는 법을 배울 수 있는 자유가 주어져야 한다.[14] 이처럼 유아의 보육과 관련한 상세한 주의사항을 열거하는 가운데 칸트는 특히 아동 교육에서 습성이 형성되지 않도록 주의하라고 강조한다. 습성이란 동일한 향유와 동일한 행위를 자주 반복함으로써 그러한 향유와 행위가 굳어진 것을 말하는데, 습성이 많으면 많을수록 인간은 그만큼 덜 자유롭고 덜 독립적이 되므로, 아이에게 어떠한 습성도 생기지 않도록 조심해야 한다는 것이다.[15]

훈육. 자연적 교육의 둘째 주제는 훈육이다. 앞서 언급했다시피 훈육은 동물성을 인간성으로 변화시켜주는 과정으로, 인간의 야만성을 바로잡는 행위라는 점에서 역시 교육의 소극적 부분에 속한다. 칸트에 따르면 훈육은 노예적이어서는 안 된다. 또한 아동이 언제나 자유를 느끼도록 하되, 타인의 자유를 침해해서는 안 된다는 점을 깨닫

13) 『교육론』 IX 459.
14) 같은 책, IX 458-463.
15) 같은 책, IX 463.

게 해주어야 한다.[16] 이를 위해서는 아이가 저항에 직면하도록 해야 하는데, 그렇다고 해서 모욕감이나 수치심을 느끼도록 해서는 안 된다. 응석을 끝없이 받아주는 것도 수치심을 주는 교육보다 나을 것이 없다. 이것은 아이의 고집을 강화해서 건방진 태도를 조장할 뿐이다. 아이가 떼를 써서는 아무것도 얻을 수 없다는 것을 깨닫도록 단호하고 일관되게 교육한다면, 아이는 건방지지 않되 자유롭고, 수줍지 않되 겸손하게 된다.[17]

육성(Bildung) 또는 도야(Kultur). 육성은 자연적 교육의 적극적인 부분이다. 칸트는 먼저 '신체의 육성(도야)'에 관해 언급한다. 이것은 자의적인 운동이나 감각기관의 사용과 관련된다. 운동능력이나 감각능력을 숙련하기 위해서는 신체적 숙련을 강화하면서 동시에 감각의 훈련이 함께 이루어지는 놀이를 권장할 만하다. 이러한 놀이로 신체가 강화되고 단련될수록 아이는 방종의 유해한 결과로부터 안전해지고, 또 지속적으로 무언가에 종사하는 능력을 키울 수 있다. 여기서 칸트는 신체를 육성하는 것과 아울러 사회성도 육성해야 한다고 말한다. 그러나 사회성을 기른다고 해서 아이들에게 예의범절 개념을 주입해서는 안 된다고 경고한다. 그렇게 하기보다는 아이로 하여금 사회 안에서 자신을 스스로 형성해갈 수 있도록 이끌어야 한다는 것이다.[18]

이어서 칸트는 '정신의 육성(도야)'에 관해 언급하는데, 이것 또한 신체의 육성과 마찬가지로 어느 정도는 자연적이라고 말한다. 정신의 자연적 육성은 실천적 육성과는 구별된다. 후자는 다시 실용적인

16) 같은 책, IX 464.
17) 같은 책, IX 464-465.
18) 같은 책, IX 466-469.

것(시민화)과 도덕적인 것(도덕화)으로 나뉜다. 칸트에 따르면, 정신의 자연적 육성은 자유로운 육성과 학술적 육성으로 나눌 수 있는데, 아동에게 전자는 놀이(Spiel)여야 하고 후자는 일(Arbeit)이어야 한다. 아이는 물론 놀아야 하고 휴식하는 시간을 가져야 하지만, 나중에 생계를 꾸려가려면 일하는 것도 배워야 한다.[19]

이제 칸트는 교육의 전체 목적과 그것에 이르는 방법에 관한 체계적인 개념을 제시하면서, 먼저 '마음 능력의 도야'(Kultur der Gemütskräfte)에 관해 언급한다. 이것은 일반적 도야와 특수한 도야로 나눌 수 있다. 일반적 도야는 특수한 지식을 전해주는 특수한 도야와 달리 마음의 능력을 강화하는 것인데, 다시 자연적인 것과 도덕적인 것으로 나뉜다. 전자는 연습과 훈련에 기초한 것으로, 이 경우에 아이들은 준칙을 알 필요가 없고 그저 수동적으로 다른 사람의 지도에 순종하기만 하면 된다. 후자는 훈련이 아니라 준칙에 기초한 것이다. 이 경우에 아동은 습관에 따라 선한 행동을 하는 것이 아니라 자신의 준칙에 따라 선한 행동을 하게 된다. 이는 단순히 선을 행하는 것이 아니라, 그것이 선하기 때문에 행하는 것이다. 행위의 모든 도덕적 가치는 오로지 선의 준칙 안에 존재하기 때문이다.[20]

특수한 도야는 하위 지성능력의 도야와 상위 지성능력의 도야로 구분된다. 하위 능력에는 인식능력, 감각능력, 상상력, 기억력, 주의력, 변별력 등이 해당된다.[21] 칸트에 따르면 하위 능력만 도야하는 것은 별로 의미가 없다. 예컨대 기억력이 아무리 좋아도 판단력이 없다면 그런 사람은 단지 살아 있는 사전에 불과하기 때문이다. 그러므로 하위 능력은 반드시 상위 능력과 관련하여 도야되어야 한다. 상위

---

19) 같은 책, Ⅸ 469-472.
20) 같은 책, Ⅸ 475.
21) 같은 곳.

능력에는 지성(Verstand), 판단력(Urteilskraft), 이성(Vernunft)이 해당된다. "지성은 보편적인 것에 대한 인식이며, 판단력은 보편적인 것을 특수한 것에 적용하는 능력이다. 이성은 보편적인 것과 특수한 것의 결합을 통찰하는 능력이다."[22]

이제 추가로 관심을 가질 만한 부분은 학교의 도덕 교육에 대해 칸트가 언급한 것이다. 칸트는 도덕 교육의 일차적 과제가 품성(Charakter)을 기초하는 일이라고 본다. 품성은 준칙에 따라 행하는 능력이다. 아동은 처음에는 교칙에 따라 행하지만, 나중에는 인간성의 준칙에 따라 행한다. 어린 학생의 품성을 위해 첫째로 중요한 것은 순종이다. 순종에는 지도자의 의지에 무조건 순종하는 것과 그것을 이성적이고 선한 것으로 인정하여 스스로 순종하는 것 두 가지가 있다. 전자가 강제에서 나오는 절대적 순종이라면, 후자는 신뢰에서 나오는 자발적 순종이다. 이러한 자발적 순종은 매우 중요하지만, 절대적 순종도 이에 못지않게 중요하다. 왜냐하면 그것이 아이들에게 장차 시민으로서 따라야 할 법칙을 준수하는 준비가 되기 때문이다.[23] 아동에서 청소년으로 성장하게 되면 이제 의무 개념이 등장해야 한다. 그래서 청소년 초기의 순종은 의무의 규칙 아래 복종하는 것이다. 의무에서 무언가를 행한다는 것은 이성에 복종하는 것을 의미한다. 아동의 품성 형성에서 둘째로 중요한 것은 진실성이다. 진실성은 품성의 특징이며 본질이다. 거짓말하는 사람은 품성이 결여되어 있는 것이다. 아동의 품성에서 셋째로 중요한 요인은 사교성이다. 아동은 다른 아이들과 사이좋게 지내야 하고, 늘 외톨이로 있으면 안 된다.[24]

---

22) 같은 책, Ⅸ 472.
23) 같은 책, Ⅸ 481-482.
24) 같은 책, Ⅸ 483-484.

실천적 교육

지금까지 살펴본 칸트의 『교육론』에서 유아기의 '양육' 단계와 아동 초기의 '훈육' 단계를 제외하고, 주로 학령기에 이루어지는 교육에 주목할 때 우리는 그것을 다음 세 가지로 요약할 수 있다. 개인적 가치의 차원에서 이루어지는 도야(Kultivierung), 사회적 차원에서 이루어지는 시민화(Zivilisierung), 전 인류적 차원의 보편적 가치를 지향하는 도덕화(Moralisierung)가 그것이다.[25] 이제 실천적 교육을 논하는 서두에서 칸트가 그것을 1) 숙련(Geschicklichkeit), 2) 처세술(Weltklugheit), 3) 도덕성(Sittlichkeit)으로 나눈 것도 위의 세 가지에 대응해 이해할 수 있다.[26]

'숙련(숙달된 능력)'은 철저함을 기하는 것이다. 철저함은 사람의 품성에서 본질적인 요소이다. 숙련은 재능에 속한다. '처세술'은 숙련을 사람에게 적용하는 것이다. 즉 우리 의도를 달성하기 위해 사람

---

25) 칸트는 교육을 통한 개인의 발달 과정을 계몽을 통한 인류의 역사적 발전 과정과 동일한 맥락에서 바라본다. 그래서 여기에 언급되어 있는 세 단계도 『세계시민적 관점에서 본 보편사의 이념』에 동일한 용어로 표현되어 있다. "우리는 예술과 학문을 통해 고도로 **도야**(kultiviert)되었으며, 각종 사회적 예의범절에 관한 한 과도하다고 할 수 있을 정도로 **시민화**(zivilisiert)되었다. 그러나 우리 자신이 이미 **도덕화**(moralisiert)되었다고 간주하기에는 아직 많은 것이 부족한 실정이다. […] 도덕적으로 선한 마음씨에 기초하지 않은 모든 좋은 것들은 단지 헛된 가상일 뿐이며 겉만 번지르르한 비참함일 뿐이다"(칸트, 이한구 옮김, 「세계시민적 관점에서 본 보편사의 이념」, 『칸트의 역사철학』, 서광사, 1992, 37쪽). 또한 칸트는 이 세 가지 가치 영역이 상호 위계적 관계에 놓여 있고, 처음의 두 가지 가치 영역과 마지막의 도덕적 가치 차원 사이에는 어떤 질적 단절이 있다고 여겼던 것 같다. 한마디로, 사물의 세계(Sachwelt)를 잘 다루는 것(도야)과 동료인간의 세계(Mitwelt)에서 잘 처신하는 것(시민화)이 교육에서 일반적으로 필요로 하는 것이라면, 윤리적·이성적인 자기규정(도덕화)은 교육에서 절대적 가치를 지니는 궁극 목적에 해당한다고 보았다(Erwin Hufnagel, *op. cit*, S.53-55 참조).

26) 『교육론』 IX 486.

들을 어떻게 이용할 수 있는가에 관한 기술이다. 처세술을 획득하려면 예의범절의 기술을 갖추어야 한다. 처세술은 기질의 문제다. '도덕성'은 품성의 문제다. 품성은 무엇을 행하고자 하는 확고한 결의와 그러한 결의를 실제로 행하는 데 있다. 아이들의 품성을 정초하려면 우선 그들이 행해야 할 의무들을 가능한 한 많은 사례와 지침을 통해 가르쳐주어야 한다. 의무에는 자기 자신에 대한 것과 타인에 대한 것이 있다. '자기 자신에 대한 의무'에는 욕구와 경향성에 맞서 분수를 지키고 절제해야 하는 의무도 있지만, 가장 중요한 것은 자신의 고유한 인격 속에 깃들어 있는 인간 존엄성을 부인하지 않는 것이다. 스스로를 인간 존엄성 이하로 떨어뜨리는 대표적 사례는 거짓말이다. 거짓말은 인간을 일반적 경멸의 대상으로 만들며, 모든 사람이 마땅히 지녀야 할 존경과 신뢰감을 그 자신에게서 빼앗아 가는 수단이다. '타인에 대한 의무'는 무엇보다 인간에 대한 경외와 존경에 있다. 이것은 아동에게 일찍부터 가르쳐야 한다.[27)]

칸트에게 도덕 교육의 목적은 최종적으로 인간의 이성능력을 의무와 법칙의 개념들로까지 높이는 데 있다. 하지만 인간은 이것에 역행하는 모든 악덕을 향한 충동들, 즉 경향성과 본능을 자신 안에 지니고 있다. 따라서 인간은 오로지 덕을 통해서만, 즉 자기 강제에 의해서만 도덕적으로 선해질 수 있다.[28)]

종교 교육

종교 교육과 관련하여 칸트는 아이들에게 일찍이 종교적 개념을 가르쳐야 한다고 말한다. 그렇지 않을 경우에는 자칫 종교에 대한 무

---

27) 같은 책, Ⅸ 486-489.
28) 같은 책, Ⅸ 492.

관심이나 잘못된 이해, 예컨대 신의 권능에 대한 공포심 등을 불러일으킬 것이기 때문이다. 칸트에게 "종교란 한 입법자와 재판관[신]을 통해 우리에게 각인되어 있는 우리 안의 법칙이다. 종교는 신의 인식에 적용된 도덕이다. 우리가 종교를 도덕성과 결합하지 않는다면, 종교는 단지 은총을 얻으려는 수단이 되고 만다. 찬미, 기도, 교회 출석은 오로지 인간에게 새로운 힘을 주고 발전을 위한 새로운 용기를 주는 것이어야 하며, 의무 관념에 의해 고무된 심정을 표현하는 것이어야 한다."[29] 이와 같이 종교의 바탕이 도덕성이므로, 종교는 신학에서 출발하면 안 되며, 오히려 도덕성이 선행하고 신학이 그 뒤를 따라야 한다. 종교 교육에서 중요한 것은 또한 양심의 계발이다. 양심은 우리 안에 있는 법칙이다. 만일 종교가 도덕적 양심을 고양하지 못한다면, 그래서 우리가 양심을 신의 대리자로 생각지 않는다면, 양심의 비난은 아무 효력도 없게 될 것이며 종교는 소용없는 것이 되고 말 것이다. 도덕적 양심이 결여된 종교는 미신적 숭배에 불과하다.[30]

3. 『교육론』의 의의와 영향사

잘 알다시피 칸트는 인간을 현상계(감성계)와 본체계(지성계 혹은 예지계) 두 세계에 동시에 속해 있는 존재로 본다. 그래서 인간은 동물과 공유하는 동물성의 측면과 양자를 넘나드는 인간성의 측면, 그리고 지성계에 속하는 인격성의 측면을 지닌다. 『교육론』에서 유아기의 '양육'이 동물성과 관련된다면, 아동기의 '훈육'은 동물성을 넘

---

29) 같은 책, IX 493-494.
30) 같은 책, IX 494-495.

어 인간성으로 나아가게 해주는 교육에 해당하고, 학령기의 '도야'는 숙련을 통해 개별적 차원의 인간능력을 길러주는 기계적 교육이며, '시민화'는 영리함(처세술)을 갖춤으로써 사회적 차원의 인간능력을 길러주는 실용적 교육이고, '도덕화'는 인간성을 넘어 인격성으로 나아갈 수 있도록 도덕성을 길러주는 도덕적 교육에 해당한다.

이상의 내용에서 우리는 칸트 『교육론』의 의의를 다음과 같이 정리해볼 수 있다. 첫째, 칸트의 『교육론』은 그의 전체 실천철학이 지향하는 바와 동일한 구조를 지니고 있다. 둘째, 그가 지향하는 교육의 목적은 실천이성의 발현, 다시 말해 스스로 세운 도덕법칙에 스스로 복종할 줄 아는 능력인 인격성, 즉 도덕적 품성을 완성하는 데 있다. 셋째, 그는 이러한 목적에 이르기까지의 단계에서 훈육과 육성(도야)의 중요성을 강조하며, 경향성이나 욕망을 절제할 것과 각종 악덕을 지양하고 덕성을 함양할 것을 강조한다. 이와 같은 도야와 시민화 과정을 거쳐야만 규칙을 준수할 줄 아는 품성, 사회에 잘 적응할 수 있는 처세의 지혜를 갖출 수 있다고 보기 때문이다. 그러나 이러한 일종의 덕 교육 혹은 사회성 교육은 어디까지나 도덕화에 이르기 위한 준비과정으로서 의미를 지니는 데 그친다. 도덕 교육의 목적은 오로지 학생 각자가 자기 의지의 결단으로 도덕법칙의 실현을 향해 스스로 내딛는 발걸음을 통해서만 달성되기 때문이다.

끝으로, 칸트의 『교육론』에 관한 후속 논의를 살펴본다. 칸트의 『교육론』은 다음 세대에 이르러 여러 측면에서 도전에 직면했다. 딜타이(W. Dilthey, 1833~1911)는 자신의 역사주의적 관점에 서서, 칸트의 『교육론』이 17~18세기 세계관과 인간관의 영향 아래 형성된 교육학적 개념체계의 보편타당성을 자명한 것으로 전제한다고 지적하면서, 이는 역사성과 문화적 상대성에 대한 무지의 소치라고 비판했다. 또 20세기의 발라우프(T. Ballauff, 1911~95) 같은 이는 칸트의

『교육론』이 선험적 자아의 절대성에 입각하여 이러한 자아의 형성을 추구하는 근대적 기획의 산물일 뿐이라고 비판하면서, 이와 같은 자기중심적 성찰의 틀을 벗어나 우주적 사유지평을 추구하는 '탈자아성'(Selbstlosigkeit)의 교육학을 주장했다. 발라우프의 관점에서 볼 때 자아, 개별성, 의지의 자율, 준칙, 인격 등 칸트 『교육론』의 주요 개념은 더 이상 초역사적 보편타당성을 주장할 수 없으며, 결국 극복되어야 할 근대성의 낡은 개념들일 뿐이다.[31)]

그러나 위와 같은 비판에도 불구하고 오늘날 칸트 철학이 지니는 일반적 가치는 『교육론』에서도 동일하게 빛을 발한다. 이는 무엇보다도 인간의 초경험적 영역을 체계적인 학문적 담론의 영역으로 끌어들였다는 데에서 찾아볼 수 있다. 특히 오늘날처럼 경험주의와 실증주의가 득세하면서 인간을 생리적 · 심리적 조건과 문화적 · 사회적 조건에 종속되어 있는 존재로 규정하는 분위기에서는 인간의 자유와 존엄성을 수호하려는 칸트적인 교육 기획이 더욱 절실하다고 하지 않을 수 없다.

---

31) 김영래, 『칸트의 교육이론』, 학지사, 2003, 185-189쪽 참조.

참고문헌

김영래, 『칸트의 교육이론』, 학지사, 2003.

김종국, 『논쟁을 통해 본 칸트 실천철학』, 서광사, 2013.

박찬구, 「한국의 도덕 교육에서 칸트 윤리적 접근법이 가지는 의의」, 『칸트연구』 제14집, 한국칸트학회, 2004, 115-146쪽.

칸트, 이한구 편역, 『칸트의 역사철학』, 서광사, 1992.

칸트, 조관성 역주, 『칸트의 교육학 강의(증보판)』, 철학과현실사, 2007.

허미화, 「덕은 가르칠 수 있는가: 칸트와 도덕 교육의 방법」, 한국칸트학회 편, 『칸트와 윤리학』, 민음사, 1996, 285-316쪽.

Groothoff, Hans-Hermann (Hg.), *Immanuel Kant. Aufgewählte Schriften zur Pädagogik und ihrer Begründung*, Unter Mitwirkung von Edgar Reimers, Paderborn, 1963.

Hufnagel, Erwin, "Kants pädagogische Theorie", in: *Kant-Studien* 79, 1988, S.43-56.

옮긴이주

『논리학』

1) 니콜로피우스(Matthias Friedrich Nicolovius, 1768~1836). 독일의 출판업자.
2) 폰 마소브(Julius Eberhard Wilhelm Ernst von Massow, 1750~1816). 프로이센의 법률가이자 정치인.
3) 예셰(Gottlob Benjamin Jäsche, 1762~1842). 1799년 쾨니히스베르크대학교에서 교수 자격(Habilitation)을 취득했다. 1802년 도르파트대학교에 철학교수로 초빙되었고 1839년까지 가르쳤다.
4) 사강사(Privatdozent)는 교수 자격은 취득했으나 교수직에 있지 않은 사람으로, 오늘날의 시간강사와 비슷하다고 할 수 있다.

머리말

1) 이 수기(手記)의 성격에 관해서는 다음 단락(「머리말」의 둘째 단락)을 참조할 것.
2) 잘못된 연도다. 이미 1755/56년도 겨울학기부터 칸트는 마이어의 저서를 논리학 교재로 사용했다. Emil Arnoldt, "Möglichst vollständiges Verzeichnis aller von Kant gehaltenen oder auch nur angekündigen Kollegia", in: ders. *Gesammelte Schriften*, Herausgegeben von Otto Schöndörffer, Bd. 5, Berlin: Verlag von Bruno Cassirer, 1909, p.177 참조.
3) 마이어(Georg Friedrich Meier, 1718~77)는 할레대학교의 철학교수였다. 그는 바움가르텐(Baumgarten)의 제자로 볼프학파의 학자였다.
4) 『논리학 발췌본』(George Friedrich Meier, *Auszug aus der Vernunftlehre*, Halle: bey Johann Justinus Gebauer, 1752)은 『논리학』(George Friedrich Meier, *Vernunftlehre*, Halle: bey Johann Justinus Gebauer, 1752)의 중요한 부분을 발췌한 책으로, 『학술원판 칸트 전집』 XVI에 수록되어 있다. 『논리학 발췌본』과 『논리학』에 저자 이름이 게오르게(George)로 인쇄되어 있으나 게오르크(Georg)가 맞는 이

름이다.

5) 게바우어(Johann Justinus Gebauer, 1710~72). 독일의 출판업자.

6) 『1765~1766 겨울학기 강의개설 공고』(*Nachricht von der Einrichtung seiner Vorlesungen in dem Winterhalbenjahre von 1765-1766*).

7) 당시에는 책이 가제본한 상태로 판매되었다. 칸트는 교재의 경우 세본하면서 쪽마다 백지를 끼워넣었다.

8) 『논리학 발췌본』은 563개 항(項, §)으로 이루어져 있다.

9) 이 메모는 『단편』 2838(XVI 540)에 실려 있다.

10) 여기서 '독단적'이라고 옮긴 독일어 'dogmatisch'는 칸트 철학에서 매우 상이하게 사용된 용어다. 한편으로는 '독단적'이라는 부정적 의미로, 다른 한편으로는 '논증적'이나 '연역적'과 같은 긍정적이거나 중립적 의미로 사용되었다. 전자로 사용된 경우가 많았기에 번역의 일관성을 위해 '독단적'으로 번역했으나, 여기서는 후자의 의미로 사용되었다고 할 수 있다. 후자의 의미의 직접적 원천은 칸트의 논리학 강의 교재였던 마이어의 『논리학 발췌본』 421항(XVI 778)과 104항(XVI 275 이하)이라고 할 수 있다. 반면 전자의 의미는 칸트가 부여한 것이다.

11) 'empirisch'. 보통 '경험적'으로 옮긴다. 그런데 이 번역어는 문제를 일으킨다. 'empirisches Urteil'과 'Erfahrungsurteil'을 분명하게 구분하는 것이 칸트 철학에서 중요한 사항임에도(§ 40 참조) 그 번역어를 쓰면 두 용어가 '경험적 판단'과 '경험 판단'이 되어 서로 구별이 잘되지 않기 때문이다. 그래서 여기서는 'empirisch'의 의미를 좀더 빠듯하게 규정할 수 있는 '감각경험적'이라는 번역어를 사용한다.

12) 야콥(Ludwig Heinrich Jakob, 1759~1827)은 할레대학교 철학교수로 『일반 논리학 개요』(*Grundriß der allgemeinen Logik*, Halle: in Komission bei Francke und Bispink, 1788)를 썼다.

13) 볼프(Christian Wolff, 1679~1754).

14) 아리스토텔레스(Aristoteles, 기원전 384~기원전 322).

15) 셸링(Friedrich Wilhelm Joseph Schelling, 1775~1854).

16) 기존에는 'a priori'를 '선천적'이거나 '선험적'으로 번역했다. 번역어에서 비롯되는 오해와 혼란을 방지하기 위해 '아프리오리'로 옮긴다. '아프리오리'는 칸트 철학에서 '모든 경험에서 독립적인'을 그리고 적극적으로 해석할 경우 '이성을 원천으로 해서 전개된'을 의미한다.

17) 바르딜리(Christoph Gottfried Bardili, 1761~1808)는 슈투트가르트에 있는 김나지움 철학교수로 『이제까지의 특히 칸트 논리학의 오류가 정화된, 제1논리학 개요』(*Grundriß der ersten Logik, gereinigt von den Irrtümern bisheriger Logiken überhaupt, der Kantschen insbesondere*, Stuttgart: bei Franz Christian Löflund, 1800)를 출판했다.

서론

1) 근대 자연과학과 철학(예를 들면 스피노자와 볼프 철학)은 수학적(기하학적) 방법을 인식을 확장하는 기관으로 사용했다.

2) 에피쿠로스(Epikuros, 기원전 342/41~기원전 271/70)의 규준학(Kanonik)에 관해서는 Diogenes Laertius, *Leben und Meinungen berühmte Philosophen*, X 30, übersetzt von Otto Apel, Hamburg: Felix Meiner Verlag, [2]1967([1]1921), p.236 참조.

3) 학술원판의 교정: "질료가 아니라 단지 형식에 관한".

4) 독일어 'Doktrin'은 칸트의 이론 철학 영역에서는 '학문적 이론이나 원리'를 의미한다고 볼 수 있다. 기존의 번역어인 '이설'(理說), '교설'(敎說), '교의'(敎義) 등은 이러한 의미에 부합한다고 볼 수 없고, 이러한 의미에 일치하는 용어로 '학리'(學理)를 들 수 있다. 하지만 '학리'는 거의 사용하지 않는 매우 낯선 개념이기에 이 용어의 의미를 어느 정도 무난하게 표현하는 '학설'을 번역어로 사용했다. "[구속력이 있는]"을 첨부한 이유는 Doktrin에는 '구속력이 있는'(verbindlich) 학설이라는 의미가 담겨 있기 때문이다.

5) 여기서 '독단적'으로 옮긴 독일어 'dogmatisch'는 '논증적'이나 '연역적'의 의미로 사용되었다고 할 수 있다. 머리말의 주 10) 참조.

6) 바움가르텐(Alexander Gottlieb Baumgarten, 1714~62).

7) 홈(Henry Home, 1696~1782)은 스코틀랜드 철학자로, 미적 판단의 근거를 탐구한 『비판의 요소』(*Elements of criticism*, 3 Bde., Edindburgh: Andrew Millar and Alexander Kincaid, 1762)를 출판했다.

8) 기존에는 'a posteriori'를 '후천적'이거나 '후험적'으로 번역했다. 번역어에서 비롯되는 오해와 혼란을 방지하기 위해 '아포스테리오리'로 옮긴다. '아포스테리오리'는 '감각이나 경험에 의한'을 의미한다.

9) 학술원판 교정: "질료가 아니라 단지 형식에 관한".

10) 'practischen'. 보통 '실천적'으로 옮긴다. 단지 생각에만 머물지 않고 생각한 것을 실행에 옮긴다는 것이 이 번역어의 원래 뜻일 것이다. 이 번역어에는 생각한 것을 실행에 옮겨야 한다는 혹은 옮겨야 좋다는 일종의 당위나 좋음의 의미가 암묵적으로 들어 있다. 그래서 도덕이나 윤리와 관련된 철학적 성찰을 특징짓는 표현으로 알맞게 쓰일 수 있고 또 그렇게 쓰이고 있다. 그런데 이 책에서 사용되는 'praktisch'라는 말의 의미는 그보다 훨씬 더 넓다. 오히려 도덕 관련성을 뜻하기 위해 그 대신 다른 표현이 사용된다는 것을 우리는 뒤에서 확인할 수 있다. 'pragmatisch'가 그것이다(A 54). 흔히 '실용적'으로 옮기는 말이다. 물론 이 경우에도 이 통상적인 번역어를 그대로 적용할 수 없다. 왜냐하면 그렇게 하면 번역된 문장이 칸트의 도덕철학에 반대되는 뜻이 되어버리기 때문이다. 그래서 여기서는 오히려 'pragmatisch'를 도덕 관련성이 뚜렷한 낱말인 '실천적'으로 옮기고, 그 대신 'praktisch'를 의미 범

위가 매우 넓은 낱말인 '실사용적'으로 옮긴다.

11) 원문에는 '학문적 논리학'(wissenschaftliche Logik)에 해당하는 라틴어 명칭으로 'logica scholastica'(직역하면 스콜라적 논리학)가 병기되어 있다. 'scholastica'는 칸트 철학에서 중세시대의 스콜라 철학을 지칭하는 용어로 사용되기도 하고, '대중적'과는 반대되는 의미의 '학문적'을 의미하는 용어로 사용되기도 한다. 여기서는 물론 후자의 의미로 사용되었다고 할 수 있다.

12) 서론의 주 5) 참조.

13) 람베르트(Johann Heinrich Lambert, 1728~77)의 『새로운 기관, 진리의 탐구와 명칭 그리고 진리와 오류 및 가상과의 구별에 관한 사상』(*Neues Organon, oder Gedanken über die Erforschung und Bezeichnung des Wahren und dessen Unterscheidung von Irrtum und Schein*, 2 Bde., Leipzig: bey Johann Wendler, 1764)을 가리킴.

14) 라이프니츠(Gottfried Wilhelm Leibniz, 1646~1716).

15) 말브랑슈(Nicolas Malebranche, 1638~1715).

16) 로크(John Locke, 1632~1704).

17) 로이슈(Johann Peter Reusch, 1691~1758)는 예나대학교 철학과 신학 교수로 『논리학의 체계』(*Systemata logicum*, Jena: Cröker, 1741)를 썼다.

18) 크루지우스(Christian August Crusius, 1715~75)는 라이프치히대학교 철학과 신학 교수로 『우연적 진리와 대립해 있는 필연적 이성 진리의 기획』(*Entwurf der notwendigen Vernunftwahrheiten, inwiefern sie den zufälligen entgegengesetzt werden*, Leipzig: Johann Friedrich Gleditsch, 1745)과 『인간 인식의 확실성과 신뢰성으로의 길』(*Weg zur Gewißheit und Zuverlässigkeit der menschlichen Erkenntnis*, Leipzig: Johann Friedrich Gleditsch, 1747)을 썼다.

19) 원문은 'historisch'로서 보통 문자 그대로 '역사적'으로 옮기지만, 그럴 경우 원문의 뜻이 잘 전달되질 않는다. 당시의 의미와 현대의 의미가 다르기 때문이다. 여기서는 'historisch'라는 말에 그나마 가장 가까운 표현인 '정보 기록적'으로 옮긴다(칸트, 『순수이성비판』 B 864 및 Christian Wolff, *Discursus praeliminaris de philosophia in genere*, 수록: Wolff, *Philosophia rationalis sive logica*, Frankfurt: officina libraria rengeriana, ^{3}1740(^{1}1730)[수록: Wolff, *Gesammelte Werke*, Abt. II, Bd. 1, Hildesheim: Georg Olms Verlag, 1983], pp.1-3 참조).

20) 『순수이성비판』 B 743 참조. "철학도 수학과 마찬가지로 분량을, 예를 들면 총체성, 무한성 등을 다룬다. 수학도 상이한 성질의 공간인 선과 평면의 차이를 논하기도 한다."

21) 『칸트전집』 간행사업단에서는 'diskursiv'의 번역어로 '추론적'을 제안했으나, 이 용어에는 '추론적' 이외에도 '개념적'과 '논증적'의 의미도 포함되어 있다. 여기서는 문맥상 '개념적'으로 옮기는 것이 더 낫다고 여겨진다.

22) 『순수이성비판』 B 866 참조. '학술 개념'(Schulbegriff)이란 "오직 학문으로만 탐구되는 인식 체계에 관한 개념을, 그러니까 다만 지식의 체계적 통일을 따라서 인식의 논리적 완전성만 목적으로 삼는 인식 체계에 관한 개념"을 의미한다.
23) 『순수이성비판』 B 867의 주 참조. "세상 사람들의 개념(Weltbegriff)이란 누구나 필연적으로 관심을 갖고 있는 것에 관한 개념이다."
24) 여기서 '기량'(Geschicklichkeit)은 서론의 주 22)에서 인용된 『순수이성비판』 B 866에 나오는 '목적'을 이루기 위한 기량을 의미한다. 'Geschicklichkeit'는 보통 '숙련'으로 번역된다. 하지만 '숙련'으로 직역하기보다는 '기량'으로 의역할 경우, 적지 않은 곳에서 칸트의 생각을 더 잘 드러낼 수 있다고 여겨진다.
25) 소크라테스(Sokrates, 기원전 469~기원전 399).
26) 조로아스터(Zoroaster, 기원전 630년경(?)~기원전 553년경(?)). 고대 페르시아의 종교개혁가로 조로아스터교의 창시자다.
27) 젠드아베스타(Zendavesta, Zend-Avesta). 조로아스터교(敎)의 경전인 『아베스타』(*Avesta*)의 주역서(註譯書).
28) 탈레스(Thales, 기원전 624/23년경~기원전 548/44)(표제어: "Thales", *Wikipedia*, https://de.wikipedia.org(2017. 8. 9 접속) 참조).
29) 페레퀴데스(Pherekydes). 기원전 584년에서 기원전 581년 사이에 출생한 그리스 시로스섬 출신의 철학자(표제어: "Pherekydes von Syros", *Wikipedia*(2017. 8. 8 접속) 참조).
30) 크세노파네스(Xenophanes, 기원전 570년경~기원전 470년경)(표제어: "Xenophanes", *Wikipedia*(2017. 8. 9 접속) 참조).
31) 엘레아(Elea)의 제논(Zenon, 기원전 490년경~기원전 430년경)(표제어: "Zenon von Elea", *Wikipedia*(2017. 8. 8 접속) 참조).
32) 피타고라스(Pythagoras, 기원전 570년경~기원전 510년 이후)(표제어: "Pythagoras", *Wikipedia*(2017. 8. 9 접속) 참조).
33) 플라톤(Platon, 기원전 428/27~기원전 348/47).
34) 키티온(Kition)의 제논(Zenon, 기원전 333/32~기원전 262/61)(표제어: "Zenon von Kition", *Wikipedia*(2017. 8. 8 접속) 참조).
35) 클레안테스(Kleanthes, 기원전 331~기원전 232).
36) 크리시포스(Chrysippos, 기원전 281/76~기원전 208/04)(표제어: "Chrysippos von Soloi", *Wikipedia*(2017. 8. 8 접속) 참조).
37) 스페우시포스(Speusippos, 기원전 410/07년경~기원전 339/38)(표제어: "Speusippos", *Wikipedia*(2017. 8. 8 접속) 참조).
38) 아르케실라오스(Arkesilaos, 기원전 315년경~기원전 241/40)(표제어: "Arkesilaos", *Wikipedia*(2017. 8. 8 접속) 참조).

39) 카르네아데스(Karneades, 기원전 214/13~기원전 129/28).

40) 피론(Pyrrhon, 기원전 362년경~기원전 270/75년경)(표제어: "Pyrrhon von Elis", *Wikipedia*(2017. 8. 8 접속) 참조).

41) 여기서 '독단적'(dogmatisch) 모습이란 '학적 명제(dogma)를 정립하는' 모습을 의미한다고 할 수 있다. '독단적'은 칸트 이전에는 주로 '회의적'(skeptisch)과 켤레 개념을 이루면서 철학자의 두 유형을 구분해서 설명하는 분류 개념으로 사용되었다. 회의론자는 판단을 유보하는 철학자를 그리고 독단론자는 '학적 명제를 정립하는'(lehrsatzaufstellend) 철학자를 가리켰다. 회의론자와 독단론자의 이러한 의미는 볼프가 독일어로 집필한 형이상학에서 발견할 수 있다. "사물을 인식하려 노력하고 철학에 매진하는 모든 사람은 성급함 때문에 참된 것 대신 잘못된 것을 파악하지 않기 위해 그리고 오류 속에 빠져들어 가지 않기 위해 어떠한 학설도 받아들이지 않고 모든 것을 의심하리라고 결심한 자이거나 또는 삶 속에 나타나는 것을 설명하기 위해 학설을 이끌어 들이는 것을 감행하는 자다. 사람들은 첫째 부류를 회의론자로, 둘째 부류를 독단론자로 불렀다"(Christian Wolff, *Vernünfftige Gedancken Von Gott, Der Welt und der Seele des Menschen, Auch allen Dingen überhaupt*, Halle im Magdeburgischen: Renger, [11]1751([1]1719), Vorrede zu der andern Auflage(쪽수 표시되어 있지 않음)).

42) 섹스투스 엠피리쿠스(Sextus Empiricus). 생애는 알려지지 않았다. 그의 저작은 기원후 2세기 말경에 쓰인 것으로 간주된다. Simon Hornblower and Antony Spawforth(ed.), *The Oxford Classical Dictionary. The Ultimate Reference Work on the Classical World*, Oxford/New York: Oxford University Press, [3]1999([1]1996), p.1398 참조.

43) 키케로(Marcus Tullius Cicero, 기원전 106~기원전 43).

44) 에픽테토스(Epiktetos, 50년경~138년경)(표제어: "Epiktet", *Wikipedia* (2017. 8. 8 접속) 참조).

45) 안토니우스(Antonius, 121~180). 원문에는 'Antonin der Philosoph'(철학자 안토니우스)라고 쓰여 있다. 'Antonin der Philosoph'는 크루크의 철학사전에 따르면, 다름 아니라 '마르쿠스 아우렐리우스 안토니우스'(Marcus Aurelius Antonius)를 가리킨다. Wilhelm Traugott Krug, *Allgemeines Handwörterbuch der philosophischen Wissenschaften, nebst ihrer Literatur und Geschichte*, 2. Aufl. Leipzig 1832~1834 in 4 Bdn. Nebst 2 Bdn. Suppl. 1838(1. Aufl. in 5 Bdn. 1827~1829)(Nachdruck: Stuttgart-Bad Cannstatt: Friedrich Frommann Verlag, 1969), Bd. 1, p.182 참조.

46) 세네카(Lucius Annaeus Seneca, 기원전 4년경~기원후 65).

47) 소(小) 플리니우스(Plinius der Jüngere, 61/62~113/15년경). 여기서 예셰가 잘못 적은 것으로 보인다. 자연에 관해 기술한 것은 소(小) 플리니우스가 아니

라 대(大) 플리니우스(Plinius der Ältere, 23/24~79)가 남긴다. 대(大) 플리니우스는 37권으로 이루어진 『박물지(博物誌)』(*Historia naturalis*)를 편찬했다(표제어: "Plinius der Jüngere"와 "Plinius der Ältere", *Wikipedia*(2017. 8. 8 접속) 참조).

48) '절충주의자'(Eklektiker) 혹은 '절충주의 철학'(Philosophia eclecitica)에 관해서는, Norbert Hinske, Artikel "Aufklärung", in: *Staatslexikon*, Bd. I, Herausgegeben von der Görres-Gesellschaft, Freiburg, Basel, Wien: Verlag Herder, [7]1985, p.394 참조. "절충주의 철학은 종파주의 철학(sektirische Philosophie)과는 반대로, 진리는 어떤 한 학파의 소유일 수 없고 어느 정도 차이는 있을지언정 모든 사고하는 자에게 나뉘어 있다는 전제에서 출발한다. 이런 이유로 상이한 저자나 학파들에서 참된 사상을 선별해서 진리에 점차 가까이 다가가는 데 자신의 판단을 사용하는 것이 중요시된다. 이러한 프로그램이 형성되는데, 어떤 특정한 학파나 종교에 속하는 것은 주로 삶의 환경적 우연에서 유래한 것이고 깨달음에 도달하려는 자신의 독자적 노력이 오히려 인간 본질에 일치한다는 숙고가 큰 역할을 한 것으로 여겨진다."

49) 베이컨(Francis Bacon, 1561~1626).

50) 데카르트(René Descartes, 1596~1650).

51) 뉴턴(Isaac Newton, 1642~1727).

52) 'klar'.

53) 'dunkel'.

54) 'Deutlichkeit'.

55) 'Undeutlichkeit'.

56) 'Mannigfaltigen'. 보통 '잡다'나 '다양'으로 옮긴다. 그런데 이 번역어들은 칸트의 책을 이해하는 데 별 도움을 주지 못한다. 어쩌면 방해한다고 볼 수 있기도 하다. 'Mannigfaltige'는 칸트가 무척 많이 사용하는 낱말이다. 말하자면 핵심 용어에 해당한다고 볼 수 있다. 그런데 칸트에서 이 낱말은 대부분 'Einheit'라는 낱말과 대비해 사용된다. 따라서 이 두 낱말은 기본적으로 이 대비를 잘 드러낼 수 있는 표현으로 옮겨져야 한다. 'Einheit'는 그 유명한 12개 범주 가운데 하나다. 그런데 칸트는 용어를 매우 까다롭게 사용한다. 말하자면 칸트가 같은 책에서 범주로서 표현할 때의 'Einheit'와 그렇지 않을 때의 'Einheit'를 서로 다른 뜻으로 사용한다는 것은 거의 있을 수 없는 일이다. 물론 범주로서의 'Einheit'의 뜻은 매우 명료하다. '하나' 혹은 '단일성'이라는 뜻이며, '다수성'과 대립된다. 그러므로 'Mannigfaltige'는 하나가 아닌 여럿이라는 뜻을 잘 전달할 수 있는 표현으로 옮겨져야 한다. 그런데 '잡다'는 보통 '정돈'이나 '질서'와 반대되는 말로 볼 수 있고, '다양'은 여러 가지 모양을 띤다는 뜻으로 '단조로움'과 대비되는 말로 볼 수 있다. 물론 이 번역어들이 어느 정도는 '여럿'이라는 뜻을 담고 있기는 하지만, 이는 단지

부차적일 뿐이다. 그래서 여기서는 'Mannigfaltige'를 비교적 여럿이나 다수성만을 전달하는 표현인 '갖가지'로 옮긴다.

57) 'Merkmahle'.
58) 'verworrene'.
59) 'Tugend'. 통상 '덕'으로 옮긴다. 그러나 이 번역어로는 문장이 잘 이해되질 않는다. 우리가 생각하는 '덕'과 칸트가 생각하는 '덕'이 많이 다르기 때문이다. 여기서 언급된 덕 개념은 예로 든 것뿐이어서 임시로 '도덕적 용기'라는 말로 옮긴다.
60) 'reflektieren'. 통상 '반성하다'로 옮긴다. 그러나 이 낱말은 주로 윤리적 맥락에서 사용되어 '뉘우치다'는 뜻으로만 이해될 수 있다. 그래서 그 대신 우리말 '되짚다'로 옮긴다. 명사형 'Reflexion'은 '되짚음'으로 옮긴다.
61) 'Receptivität'.
62) 'Spontaneität'.
63) 'intuitiven'.
64) 'discursiven'.
65) 'ästhetischen [...] Vollkommenheit'.
66) 'logischen Vollkommenheit'.
67) 'Wohlgefallen'. '마음에 듦'으로도 옮길 수 있다.
68) 'Angenehmen'.
69) 'gewiß'.
70) 원문에 '갖가지임'으로 옮길 'Mannigfaltigkeit'라는 낱말은 없다. 그래서 원문대로라면 "감성에는 직관에서의 단일성이 있다"고 옮겨야 하지만, 그럴 경우 칸트의 주장으로 보기 어려울뿐더러 바로 앞의 내용과도 잘 연결되지 않는다. 그런 까닭에 '갖가지임'을 첨가하여 옮긴다.
71) 원문은 'schönen Wissenschaften'이다. 칸트에서는 잘 발견되지 않는 표현이다. 논리학 강의 교재인『논리학 발췌본』에서 마이어는 그것을 이렇게 설명한다. "[…] 아름다움의 학문들은 정보 기록적 인식을 아름답게 만들 때 지켜야 하는 규칙들을 다룬다"(19항(XVI 99)).
72) 'extensive'.
73) 'intensive'.
74) 'Umfang'.
75) 'Gehalt'.
76) 'Horizont'.
77) 'practisch'.
78) 'pragmatisch'.
79) 'Universalkarte'. 아마도 이것은 단순한 세계지도를 뜻하지 않는 듯하다. 왜냐하면 엄연히 그런 의미의 낱말 'Weltkarte'가 있기 때문이다. 추측건대 넓

은 종이 한 장에 세계 각국의 지리정보를 빼곡히 적어놓은 그로스(Johann Gottfried Groß, 1703~68)의 *Orbis in Tabula, d. i. Geographische Universal-Karte*(Nürnberg, 1730과 1780년 사이에 출판된 것으로 추정)와 같은 것을 지칭하는 듯하다(http://mapy.mzk.cz/de/mzk03/001/053/564/2619316951(2017. 7. 8 접속) 참조). 이 인터넷 주소에서 실물 사진을 볼 수 있다.

80) 'Universal-Enzyklopädie'. 당시 독일어권에서 발행된 '보편백과사전'들로는 호프만(Johann Jakob Hofmann, 1635~1706)의 *Lexicon Universale* [...], 1677~1698; 야블론스키(Johann Theodor Jablonski, 1654~1731)의 *Allgemeines Lexikon der Künste und Wissenschaften,* 1721; 체틀러(Johann Heinrich Zedler, 1706~51)의 *Grosses vollständiges Universal-Lexicon Aller Wissenschafften und Künste,* 1732~1754가 있었다(표제어: "Universallexikon", *Wikipedia*(2017. 7. 8 접속) 참조).

81) 달랑베르(Jean-Baptiste le Rond d'Alembert, 1717~83)는 프랑스의 수학자이자 물리학자이며 계몽 철학자였다(표제어: "d'Alembert", *Wikipedia*(2017. 7. 8 접속) 참조. 디드로(Denis Diderot, 1713~84)와 함께 『백과전서』를 편찬했다(같은 곳 참조).

82) 'Unwissenheit'.

83) 'Polyhistorie'. 어원은 '많이 알고 있는 사람'이라는 의미의 그리스어 'polyhistor'다(표제어: "Polyhistor", *Duden–Das große Wörterbuch der deutschen Sprache*[『두덴사전』], Mannheim, 2000 참조).

84) 'Polymathie'. 그리스어 'polymathia'에 어원을 둔 낱말로 '다방면에 걸친 지식'을 뜻한다(표제어: "Polymathie", 『두덴사전』 참조).

85) 'Pansophie'. 코메니우스(Johann Amos Comenius, 1592~1670)에 의해 세워져 16세기와 18세기 사이에 유행했던 종교적이고도 철학적인 학설로 모든 학문을 통합하여 하나의 통합학문을 추구했다고 한다(표제어: "Pansophie", *Wikipedia*(2017. 7. 10 접속) 참조).

86) 'Humaniora'. '더 인간답게 하는 공부'라고 이해할 수 있는 'studia humaniora'에 어원을 둔 낱말이다(표제어: "Humaniora", 『두덴사전』 참조).

87) 'Communicabilität'.

88) 'Urbanität'.

89) 'Humanität'.

90) 'Cultur'.

91) 'Bildung des Geschmacks'.

92) 'Belletrist'. 프랑스어 'belles lettres'(아름다운 말)에서 만들어진 낱말로 특히 아름다움을 추구하는 대중작가를 지칭한다고 이해될 수 있다(표제어: "Belletrist", Johann Christoph Adelung, *Grammatisch-kritisches wörterbuch der Hochdeutschen Mundart*[『아델룽사전』](1793~1801년 제2판의 디지털판, Berlin:

Directmedia, 2001) 제1권, p.845 참조).

93) 'bel esprit'. 프랑스어로 '재치 있는 사람'이라는 뜻이다.

94) 'Dilettante'. 프랑스어 발음 그대로 '딜레탕트'로 옮기는 경우도 있다. '예술이나 학문 따위를 직업으로 하는 것이 아니고 취미 삼아 하는 사람을 이르는 말'이다(표제어: "딜레탕트", 『네이버 국어사전』, http://krdic.naver.com(2017. 7. 11 접속)).

95) 'cultivirt'.

96) 'civilisirt'.

97) 'Pedanterie'.

98) 'Galanterie'.

99) 'Formalienklauber'.

100) 'Gründlichkeit(schulgerechte, scholastische Vollkommenheit)'.

101) 'affectirte Gründlichkeit'.

102) 플라쿠스(Quintus Horatius Flaccus, 기원전 65~기원전 8)는 고대 로마의 시인이다(표제어: "Horaz", *Wikipedia*(2017. 7. 12 접속) 참조).

103) 마로(Publius Vergilius Maro, 기원전 70~기원전 19)는 고대 로마의 시인이다(표제어: "Vergil", *Wikipedia*(2017. 7. 12 접속) 참조).

104) 흄(David Hume, 1711~76)은 스코틀랜드의 철학자다(표제어: "David Hume", *Wikipedia*(2017. 7. 12 접속) 참조).

105) 앤소니 애쉴리 쿠퍼, 섀프츠베리 백작 3세(Anthony Ashley Cooper, 3rd Earl of Shaftesbury, 1671~1713)는 영국의 정치가이자 철학자다(표제어: "Shaftesbury", *Wikipedia*(2017. 7. 12 접속) 참조).

106) 'Kondeszendenz'. '자비롭게도 신이 예수의 모습으로 인간에게로 내려옴'을 뜻하는 기독교 용어다(표제어: "Kondeszendenz", 『두덴사전』 참조).

107) 'die äußere Extension oder die extensive Größe eines Erkenntnisses'.

108) 'die intensive Größe des Erkenntnisses, d. h. ihren Gehalt'.

109) 'Weitläuftigkeit'.

110) 'Grübeley'.

111) 'Dialele'.

112) 'der Satz des Widerspruchs'.

113) 'der Satz des zureichenden Grundes'.

114) 'die logische Wirklichkeit'.

115) 'Rationabilität'. 칸트의 글에서 사용한 예를 거의 찾을 수 없는 표현이다. 『실용적 관점에서 본 인간학』에서 그 낱말과 관련된 라틴어 표현이 있다. "mit Vernunftfähigkeit begabtes Thier(animal rationabile)"(이성능력을 갖춘 동물(rationabile 동물))(VII 321). 이것과 대비되면서 나타나는 구절 "ein vernünftiges Thier(animal rationale)"(이성적인 동물(rationale 동물))을 비교

할 때 'rationabile'는 '이성적인 사고를 할 수 있는' 또는 '추론을 할 수 있는'으로 이해할 수 있겠다.

116) 'die apo[=a]gogische [Schlußart](modus tollens)'.
117) 'principium contradictionis und identitatis'.
118) 'problematische'. '미해결적', '미정적'으로도 옮길 수 있겠다. 예를 들어 '~일 수도 있다'와 같이 판단할 때 확실함의 정도를 말한다.
119) 원문에 '기준'이라는 말은 들어 있지 않다. 『단편』 2176(XVI 259)을 참고하여 첨가했다.
120) 'principium rationis sufficientis'.
121) 'assertorischen'. '확정적', '단정적'으로도 옮길 수 있겠다. 예를 들어 '~이다'라고 판단할 때 확실함의 정도를 말한다.
122) 여기에도 원문에 '기준'이라는 말은 없다. 『단편』의 같은 곳을 참고하여 첨가했다.
123) 'principium exclusi medii inter duo contradictoria'.
124) 여기에도 원문에 '기준'이라는 말은 없다. 『단편』의 같은 곳을 참고하여 첨가했다.
125) 'apodiktische'. '필연적', '명증적'으로도 옮길 수 있겠다. 경우에 따라 '반드시 그렇다고 여길 수밖에 없는 식의'라는 조금 긴 표현으로 옮길 수도 있다.
126) 'Falschheit'.
127) 'Irrthum'.
128) 'Schranken'.
129) 'Schein'.
130) 'die weitere oder engere Bestimmtheit unsers Erkenntnisses(cognitio late vel stricte determinata)'.
131) 'Latitudinarier'. 영어는 'latitudinarian'이다. '폭넓음'을 뜻하는 라틴어 'latitudo'에서 나온 표현이다. 도덕과 관련하여 법칙들을 엄격하게 규정하지 않고 자의적 결정의 여지를 남기는 사람들을 뜻한다(『단편』 2200(XVI 269) 참조).
132) 'Subtilität'.
133) 'nugae difficiles'.
134) 'Grobe'.
135) 'Skrupel'.
136) 'Abgeschmacktheit'.
137) 'Ungereimtheit'.
138) 'deductio ad absurdum'.
139) 칸트가 발표한 글 가운데 이 문장과 직접 관련된 짧은 글이 있다. 『사유 안

에서 방향 정하기란 무엇인가?』(*Was heißt: Sich im Denken orientieren?*, 1786).

140) 'aufgeklärte'. '계몽된'으로 옮길 수도 있다. 그러나 원어의 뜻을 그대로 옮길 때 연이어 나오는 '넓혀진 사고방식' 및 '잘 연결된 사고방식'이라는 표현들과 잘 어울릴 수 있어서 '밝아진'으로 옮긴다.

141) 'die consequente oder bündige Denkart'.

142) 'discursiv'.

143) '식별하다'는 'Kennen'을, '인식하다'는 'Erkennen'을 옮긴 것이다. 두 원어는 서로 밀접하게 연관되어 있지만, 우리말로는 그 연관성이 표현되지 않는다. 연관성을 고려한다면, 전자를 '알다'로, 후자를 '알아내다'로 옮길 수도 있다.

144) 'Partialvorstellung'.

145) 원문에는 강조 표시가 없다.

146) 'Identität oder Diversität'.

147) 'Coordinirte'.

148) 'subordinirte'.

149) 'Aggregat'.

150) 'Reihe'.

151) § 11에서 이 문장의 내용을 자세히 설명한다.

152) 'ausgebreitete'.

153) 'tiefe'.

154) 'Bündigkeit'.

155) 'primitive und constitutive Merkmale(constitutiva, essentialia in sensu strictissimo)'.

156) 'Attribute(consectaria, rationata)'.

157) 'innere Bestimmungen eines Dinges(modi)'.

158) 'dessen äußere Verhältnisse(relationes)'.

159) 'Wesen(complexus notarum primitivarum, interne conceptui dato sufficientium; s. complexus notarum, conceptum aliquem primitive constituentium)'.

160) 'Real- oder Natur-Wesen'.

161) 'Esse rei'.

162) 'Esse conceptus'.

163) 'Klarheit'.

164) 'Lebhaftigkeit'.

165) 'Verständlichkeit'.

166) 'Dunkelheit'.

167) 'Helligkeit'.

168) 'vollständige'.

169) 'vollständig oder complet'. 하나는 독일어, 다른 하나는 라틴어 표현일 뿐이

어서 두 낱말을 똑같이 '완벽하게'로 옮겼다.
170) 'Ausführlichkeit'.
171) 'Profundität'.
172) 'willkürlichen'. 보통 '자의적'으로 옮긴다. 그러나 이 표현이 부정적 의미를 담고 있어서 '자기 마음대로'로 옮긴다.
173) 'Präcision(Abgemessenheit)'.
174) 'Angemessenheit[...](cognitionem, quae rem adaequat)'.
175) 'die vollendete Vollkommenheit eines Erkenntnisses(consummata cognitionis perfectio)'.
176) 'Vorstellen'.
177) 'Wahrnehmen(percipere)'.
178) 'Kennen(noscere)'.
179) 'Erkennen(cognoscere)'.
180) 'Verstehen(intelligere)'.
181) 'concipiren'.
182) 'einsehen(perspicere)'.
183) 'Begreifen(comprehendere)'.
184) 'Fürwahrhalten'.
185) 'Gewißheit'.
186) 'Meinung'.
187) 'Glaube'.
188) 'Meynen'.
189) 'Wissen'.
190) '여전히 의문이 남아 있는 가운데'라는 뜻이다. 앞의 주 118) 참조.
191) '확정적으로'라는 뜻이다. 앞의 주 121) 참조.
192) '반드시 그럴 수밖에 없다고 하면서'라는 뜻이다. 앞의 주 125) 참조.
193) 'vorläufiges'.
194) 'Überzeugung'. 단순히 '납득'이라고만 옮기면 의미가 잘 전달되지 않아 '확실한 납득'으로 옮긴다.
195) 'Evidenz'.
196) 여기서 '이성 인식'은 'Vernunfterkenntnis'다. 근거에 의거하여 추론적으로 도달하게 되는 인식을 뜻한다고 볼 수 있다.
197) 'originarie empirica'.
198) 'derivative empirica'.
199) 'Indemonstrables'.
200) 'contradictorisch oder diametraliter'.
201) 'Demonstration'.

202) 'acroamatischer Beweis'.
203) 'Beweisgrund'.
204) 'Consequenz'.
205) 'überzeugt'.
206) 'dieser moralische Vernunftglaube'. 흔히 'Vernunftglaube'는 '이성신앙'으로 옮긴다. 하지만 종교적 뉘앙스가 강해서 종교와 도덕의 결합이라는 오해를 피하고자 '이성에 의한 도덕적 믿음'으로 옮긴다.
207) 'Ueberredung'.
208) 'Aufschiebung'.
209) 'Zurückhaltung'.
210) 'bestimmenden'.
211) 'definitiven'.
212) 'Widerruf'.
213) 'Anticipationen'. '예취'나 '예료'로 옮기곤 했지만 '예상'이라는 좀더 일반적인 표현을 택했다.
214) 'Vorurtheile'.
215) 'Formeln'.
216) 'Sprüche'.
217) 'κατ' ἐξοχήν'으로서 '탁월한' 혹은 '대단히 뛰어난'이라는 뜻이다. 여기서는 뜻보다는 발음을 옮긴다.
218) 'Sentenzen'.
219) 'Canones'.
220) 'Sprüchwörter(proverbia)'.
221) 퐁트넬(Bernard Le Bovier de Fontenelle, 1657~1757). 프랑스 계몽주의 사상가이자 문학자다(표제어: "Bernard Le Bovier de Fontenelle", *Wikipedia*(2017. 7. 20 접속) 참조).
222) 'Eigenliebe'.
223) 'logischem Egoismus'.
224) 'Wahrscheinlichkeit(probabilitas)'.
225) 'Scheinbarkeit(verisimilitudo)'.
226) 객관적으로 더 클 때를 말하는 듯하다.
227) 『단편』 2603(XVI 436)을 참조하여 의역했다.
228) 'gültig'.
229) 'gleichartig'. '동종적'으로도 옮긴다.
230) 'ungleichartig'. '이종적'으로도 옮긴다.
231) 'numerirt'.
232) 'ponderirt'.

233) 'Zweifel'.
234) 'Einwurf'.
235) 'Skrupel'.
236) 브라헤(Tycho de Brahe, 1546~1601). 덴마크의 천문학자다(표제어: "Tycho de Brahe", *Wikipedia*(2017. 7. 20 접속) 참조).
237) 코페르니쿠스(Nicolaus Copernicus, 1473~1543)는 폴란드의 천문학자다(표제어: "Nikolaus Kopernikus", *Wikipedia*(2017. 7. 20 접속) 참조).
238) 'Hülfshypothesen(hypotheses subsidiarias)'.
239) 'Imperativen'.
240) 'unbedingter'.
241) 'schlechthin'.
242) 'absolut'.

I. 일반 요소론

1) 'einzelne Vorstellung(repraesentat. singularis)'.
2) 'allgemeine[Vorstellung](repraesentat. per notas communes)'.
3) 'reflectirte Vorstellung(repraesentat. discursiva)'.
4) 'Denken(cognitio dscursiva)'.
5) 'Idee'.
6) 'reine Verstandesbegriffe(conceptus puri)'.
7) 'Urbild'.
8) 'constitutives'.
9) 'regulatives'.
10) 'Zusammensetzung'.
11) 'dynamischen'.
12) 'heterogen'. 앞서 등장한 'ungleichartig'의 라틴어 표현이라고 생각하여 똑같이 '이질적'으로 옮긴다. 그렇다면 '동질적'으로 옮긴 'gleichartig'의 라틴어 표현은 'homogen'이 될 것이다.
13) 'Art'.
14) 'Abriß oder Umriß'.
15) 'Rechtswissenschaft'. 흔히 '법(률)학'으로 옮긴다. 그러나 여기서 그 낱말은 단순히 법률에 대한 학문을 뜻한다고 보기 어렵다. 오히려 더 근본적이고 원대한 학문의 이념을 뜻한다. 바로 다음에 등장하는 '인류의 이념', '공화국의 이념', '행복한 삶의 이념'과 같은 맥락에서 이해되어야 하기 때문이다. 독일 사람들은 'Recht'라는 낱말로 세 가지 의미를 한꺼번에 표현한다. '법', '권리', '정당함(혹은 옳음)'이다. 기본적으로 법이나 권리를 정당함으로 이해하는 것이다. 법학이란 단순히 법률 조항을 연구하는 학문이 아니라 사람

들 사이의 정당함을 연구하는 학문이고, 권리 주장이란 단순히 자신의 이권을 주장하는 것이 아니라 정당함을 주장하는 것이다.

16) 'gegebene [Begriff](conceptus dati)'.
17) 'gemachte Begriff(conceptus factitii)'.
18) 'Erfahrungsbegriffe'.
19) 'Notionen'.
20) 'Quelle'.
21) 'Ursprung'.
22) 'conceptus communis'.
23) 『단편』 2851(XVI 546) 참조.
24) 'Comparation, d. i. die Vergleichung'.
25) 'Reflexion, d. i. die Ueberlegung'.
26) 'Abstraction oder die Absonderung'.
27) 'Etwas abstrahiren(abstrahere aliquid)'.
28) 'von Etwas abstrahiren(abstrahere ab aliquo)'.
29) 'Theilbegriff'.
30) 'Inhalt'.
31) 'Umfang'.
32) 'Sphäre'.
33) 'höhere [Begriffe](conceptus superiores)'.
34) 'niedere Begriffe'.
35) 뒤의 주 147) 참조.
36) 어떤 분류 기준에 의해 인간 개념이 말 개념보다 상위 개념이라는 것인지 잘 이해되질 않는다. 『단편』에서도 도움이 될 만한 구절을 찾을 수 없다. 다만 학술원판에서는 에르트만(Benno Erdmann)의 견해에 따라 '말' 대신 '흑인'으로 해놓았다(IX 508 참조).
37) 'Gattung;[원문대로!](genus)'.
38) 'Art(species)'.
39) 'Gesetz der Stetigkeit'. 칸트는 'lex continui'로도 표현했다 (『도덕형이상학』 VI 274). 『순수이성비판』 B 686 이하를 참조하여 '연속의 법칙'으로 옮긴다.
40) 원문에는 '(conceptum summum)'이라는 라틴어 동의어가 첨부되어 있다.
41) 원문에는 '(conceptum infimum)'이라는 라틴어 표현이 첨부되어 있다.
42) 'Wechselbegriffe(conceptus reciproci)'.
43) 'durchgängig bestimmten Begriff(conceptum omnimode determinatum)'.
44) 'allgemeine [Urtheile]'.
45) 'besondre [Urtheile]'.
46) 'einzelne [Urtheile]'.

47) ‘Allgemeinheit’.
48) ‘generalen’.
49) ‘universalen’.
50) 『단편』 3085(XVI 650) 참조.
51) 『단편』 3048(XVI 632) 참조.
52) ‘unendliche [Urtheile]’.
53) 『단편』 3070(XVI 641)을 통해 이 문장을 좀더 명료히 이해할 수 있다. 거기서는 이 문장 앞에 “논리학적인 형식이 바뀌어야 한다면 개념들의 재료, 즉 내용이 바뀌지 않아야 한다(‘사멸하는 존재’에서 ‘사멸하는 존재가 아닌 것’으로 되지 않아야 한다)”는 문장이 놓여 있다.
54) ‘kategorische [Urtheile]’. 흔히 ‘정언 판단’ 혹은 ‘정언적 판단’으로 옮긴다. 여기서 그 유명한 칸트의 ‘정언 명령’도 유래한다. 그러나 사실 일반 사람들은 이 ‘정언’이라는 표현이 무엇을 의미하는지를 잘 모른다. 그래서 여기서는 원어의 의미를 잘 살릴 수 있을 뿐만 아니라 우리가 일상적으로 사용하기도 하는 표현인 ‘단정’ 혹은 ‘단정적’으로 바꾸어 옮긴다. 이 말의 뜻은 예를 들어 “쉽게 단정하지 마라!”라고 말할 때의 그 의미와 같다.
55) ‘hypothetische [Urtheile]’. 흔히 ‘가언 판단’ 혹은 ‘가언적 판단’으로 옮긴다. 앞서 ‘단정’의 경우와 같은 이유로 ‘가정’ 혹은 ‘가정적’으로 바꾸어 옮긴다. 이 말의 뜻은 예를 들면 ‘그것이 옳다고 가정한다면’이라고 말할 때의 그 의미와 같다.
56) ‘disjunctive [Urtheile]’. 보통 ‘선언 판단’ 혹은 ‘선언적 판단’으로 옮긴다. 앞서 ‘단정’과 ‘가정’의 경우와 같은 이유로 ‘가름’으로 바꾸어 옮긴다. 이 말의 뜻은 ‘편을 가르다’에서의 그 의미와 같다.
57) ‘Glied der Eintheilung’.
58) ‘eingetheilten Begriffe’.
59) ‘Copula’.
60) ‘Vordersatz(antecedens, prius)’.
61) ‘Nachsatz(consequens, posterius)’.
62) ‘Consequenz’. 이 표현은 논리학에서 통용되는 용어인 ‘후건’으로 옮겼던 앞의 ‘consequens’와 별반 다르지 않다. 그러나 가정 판단의 형식이라는 의미를 더 잘 전달하기 위해 ‘귀결됨’으로 옮긴다.
63) ‘(modus ponens)’.
64) ‘(modus tollens)’.
65) ‘Ergänzungen(complementa)’.
66) ‘Glieder der Disjunction’.
67) ‘Entgegensetzung’.
68) ‘Disjunction’.

69) 'Trennungsglieder(membra disjuncta)'.

70) 원문은 'jedes des andern Ergänzung zum Ganzen(complementum ad totum)'이다. 그러나 원문이 문법적으로 이해되지 않아서 거의 같은 문장이 서술되어 있는 『단편』 3102(XVI 660)에 따라 괄호의 위치를 고쳐서 옮겼다'(jedes des andern *complementum ad totum*)'.

71) '자신에 대한 표상'은 다음 그림에서 'x'에, '종속적으로 정렬된 다른 표상의 영역'은 '영역 b'에, '자신의 이 상위 개념'은 '영역 a'의 개념에 대응된다고 이해하면서 이 문장을 옮겼다.

72) 원문은 'Vernunftgelehrter'다. 직역하면 '이성학자'다. 무슨 의미인지 알 수 없게 되어 '이성을 사용하여 생각하는 학자'로 옮긴다. 여기서는 '이성'이 '정보 기록적'(historisch)과 대비되어 사용된다는 점을 고려했다(『순수이성비판』 B 864 참조).

73) 『단편』 3096(XVI 658)을 참조하여 원문의 'Einteilung'을 'Einteilungen'으로 고쳐서 옮긴다.

74) 같은 곳을 참조하여 원문의 'alle'를 'aller'로 고쳐서 옮긴다.

75) 'apodiktischen'. 이것을 '반드시 그럴 수밖에 없다는 식의'로 이해하면 뒤의 '필연성'이 단순한 반복으로 보이지 않을 것이다. 앞의 주 125) 참조.

76) 'exponible'.

77) 'theoretischen'.

78) 'spekulativen'.

79) 'Demonstrable'나 'indemonstrable'라는 라틴어 용어를 독일어로 설명하는 문장이어서 동어반복적으로 보일 수 있다.

80) 'Elementar-Sätze'.

81) 'Grundsätze'. 이 문장으로 미루어 '원칙'은 그리 적절하지 않은 번역어임을 알 수 있다. 그 대신 '기본근거명제'라는 번역어를 사용해볼 수도 있다. 그러나 여기서는 기존의 번역어인 '원칙'을 계속 적용할 것이다.

82) 'Principien(Anfänge)'.

83) 'discursive'.

84) 'Axiome(axiomata)'.

85) 'Acroame(acroamata)'. 보통은 혹은 수학적 방법으로 철학을 하고자 했던 철학자들은 이 개념적 원칙들도 '공리'로 일컬을 것이다. 하지만 칸트는 오직 직관적 원칙만 '공리'로 부르려는 의도에서 'Axiome(axiomata)'(공리)와 대구를 이루는 이 용어를 도입한 듯하다. 라틴어 'acroama'는 기본적으로 '귀로 들은 것'을 뜻한다(표제어: "acroama", K.E. Georges, *Ausführliches Lateinisch-Deutsches Handwörterbuch*, 제1권, Hannover: Hahnschen Buchhandlung, 1913(복간: Darmstadt: Wissenschaftliche Buchgesellschaft, 1998), p.89 참조). 이에 상응하여 'Axiom'을 '공리'와 더불어 '자명하게 보이는 명제'로 옮겼다.

86) '부피를 가짐'의 원문은 'Ausdehnung'이다. 보통 '연장'으로 옮기지만 빈번히 오해된다. 그래서 다르게 옮겨본다.
87) 'Bestimmungen(determinationes)'.
88) 'Tautologische Sätze'.
89) 'ausdrückliche(explicita) [Identität]'.
90) 'nicht-ausdrückliche(implicita) [Identität]'.
91) 'Folgeleer'.
92) 'Sinnleeren'.
93) 원문은 'verborgener Eigenschaften(qualitates occultae)'이다. 아마도 당시에 이것과 관련된 논란이 있었던 듯하다. 마이어는 이것을 "우리가 분명하고 명료하게 인식하지 못하는, 그러나 넉넉한 근거 없이 받아들이는 성질"로 설명하면서 그런 것을 받아들이는 사람을 '멍청이'나 '거짓말쟁이'로 공격한다(『논리학 발췌본』, 338항(XVI 688-689)). 한편 칸트가 이와 유사한 의미로 그 용어를 사용한 예는 『인간학』 VII 203에서 찾아볼 수 있다.
94) 원문은 'Postulat'로서 '공준'으로도 옮긴다. 그리고 원문에는 괄호를 사용하여 라틴어 'postulatum'을 표시하지 않았다. 당시에는 이미 독일어로 정착한 듯하다. '요청'이라는 용어가 전문용어임을 보이고자 일부러 넣었다.
95) 'Theoreme'.
96) 'Corollarien'.
97) 'Lehnsätze(lemmata)'.
98) 'Scholien'.
99) 'Erläuterungssätze'.
100) 'Thesis'.
101) 'Wahrnehmungsurtheil'.
102) 'Erfahrungsurtheil'.
103) 'Schließen'.
104) 'Ein unmittelbarer Schluß(consequentia immediata)'.
105) 'Ableitung(deductio)'.
106) 'Verstandesschlüsse'.
107) 'Vernunftschlüsse'.
108) 'Mittelbegriff(terminus medius)'.
109) 'Modi'.
110) 'judicia subalternata'.
111) 원문에는 '(ab Universali ad Particulare valet consequentia)'가 붙어 있으나 내용은 같은 라틴어 표현이어서 생략했다.
112) 'judicia opposita'.
113) 판단의 질은 긍정인지 아니면 부정인지를 말하는 것이므로 질을 바꾸는 것

은 반대로 놓는 것과 다름없을 것이다. 현대 논리학에서는 질을 바꾼다는 뜻의 '환질(換質)'이라는 제목으로 이 부분을 다룬다.

114) 일반적으로 논리학에서 기본적인 명제는 보편적인지 아니면 특수한지, 그리고 긍정인지 아니면 부정인지에 따라 네 가지로 구분된다. 보편적인 긍정 명제(전칭긍정명제)는 'A', 보편적인 부정 명제(전칭부정명제)는 'E', 특수한 긍정 명제(특칭긍정명제)는 'I', 특수한 부정 명제(특칭부정명제)는 'O'로 간단히 표시한다. 그리고 이 네 명제 사이의 관계를 '대당관계(對當關係)'로 부르며, 다음과 같은 그림으로 표현할 수 있다. 여기서 대소 대당 관계를 제외한 나머지 세 종류의 관계가 반대되게 놓는 관계다.

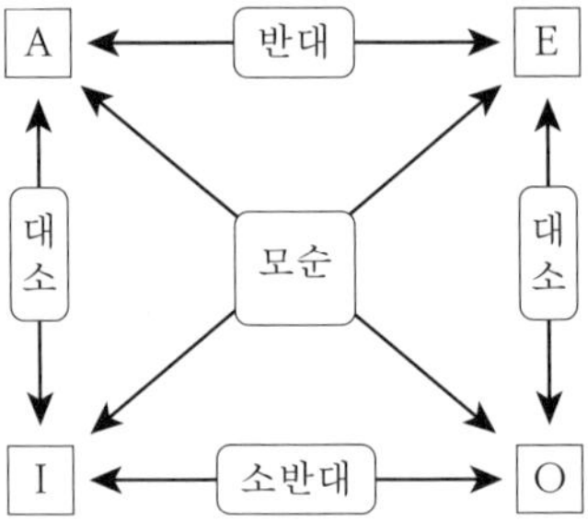

115) 'gleichgeltende Urtheile(judicia aequipollentia)'.
116) 'judicia contradictorie opposita'.
117) 'Princip des ausschließenden Dritten'.
118) 'judicia contrarie opposita'.
119) 'judicia subcontrarie opposita'.
120) 'judicia conversa'.
121) 'conversionem'.
122) 'Umkehrung'.
123) 'conversio per accidens'로서 '제한에 의한 환위'나 '한량환위법(限量換位法)'으로도 부른다.
124) 'conversio simpliciter talis'.
125) 'ein contentum'. '내용'으로도 옮길 수 있어 보인다. 명사화된 이 라틴어 표현은 마치 특별한 전문용어로 사용된 듯 보인다. 그러나 어떤 맥락에서 사용되는 용어인지 잘 모르겠다. 단지 『단편』 5655(XVIII 314)에서 능동적 의미의 'continens'에 대비되어 사용되는 예를 볼 수 있을 뿐이다.
126) 'judicia contraposita'.
127) 원문은 'Kontraposition'으로서 '환질환위법(換質換位法)'으로도 옮길 수 있다.

128) 'Versetzung(metathesis)'. '자위전환(字位轉換)'으로도 옮긴다. 여기서는 '주어와 술어의 위치가 바뀌면서'를 첨가하면서 '전환'이라고 옮겼다.
129) 'Bedingung'.
130) 'Subsumtion'.
131) 원문은 'Rationalität'로서 '합리성'으로도 옮긴다.
132) '(principium rationalitatis s. necessitatis)'라는 라틴어 동의어 표현은 생략했다.
133) 'Obersatz(propositio major)'.
134) 'Untersatz(propositio minor)'.
135) 'Schlußsatz(conclusio)'.
136) 'Vordersätze'.
137) 'Prämissen'.
138) 'Exponent'. 수학에서의 '지수'를 뜻한다. '물가지수'라는 표현에서처럼 어떤 것을 전형적으로 나타내는 것을 의미한다. 여기 이성추리에서는 보편적 조건과 주장의 관계가 단정적인지 아니면 가정적인지를 나타내는 것이라고 보았다 (『순수이성비판』 B 387 참조).
139) 'Schluß'.
140) 'apodiktischen'.
141) 'Hauptbegriffe(termini)'.
142) 원문에 없는 강조 표시.
143) 'Oberbegriff(terminus major)'.
144) 'Unterbegriff(terminus minor)'.
145) 'ein vermittelndes Merkmal(nota intermedia)'. 칸트 특유의 개념이다. 처음에 그는 'Zwischenmerkmal'이라고 표현했다(아래 주 147) 참조).
146) 'Mittelbegriff(terminus medius)'.
147) '(nota notae est nota rei ipsius; repugnans notae, repugnat rei ipsi)'. 단정 이성추론의 원리로 제시된 이 두 문장은 칸트 자신이 독창적으로 생각해낸 명제다. 당시의 논리학 책에서는 이 명제를 찾아낼 수 없다는 뜻이다. 이처럼 주장할 수 있는 이유는 이 명제들의 탄생이 서술된 칸트 자신의 문헌이 있기 때문이다. 1762년에 발표된 『삼단논법의 네 가지 격에서 나타난 잘못된 정교함』이 그것이다. 논리학에서 이성 추론, 즉 이른바 삼단논법을 다루는 지점에 인식론에서나 등장하는 '사물의 징표'라든가 '사물 자체에 들어맞는다'라는 개념들이 나타나고, 더군다나 이런 개념이 들어 있는 문장이 삼단논법의 원리에 해당한다는 주장이 얼마나 낯선 것인지는 지금껏 고대부터 거의 변하지 않고 전해오는 형식 논리학 책을 들춰보면 누구나 금방 알아챌 수 있을 것이다. 그러니까 '단정 이성 추론의 원리'라고 이름 붙여진 이 명제는 그냥 독창적인 정도가 아니라 매우 독창적이다. 그런데 바로 이런 독창성 때문에 이 문장을 이해하기가 매우 어렵다. "징표로서 어떤 것

을 사물과 비교함이 판단함이다. 그 사물 자체는 주어이고, 그 징표는 술어다. 비교는 '…이다'라는 연결사로 표현되며, 이때 이 연결사는 […] 술어가 주어의 징표임을 나타낸다. […] 한 사물의 징표의 징표에 해당하는 것은 그 사물의 간접 징표라고 한다. 예컨대 '필연적'은 신의 직접 징표이고, '불변적'은 필연적인 것의 징표이며 그래서 신의 간접 징표다. 직접 징표가 멀리 떨어진 징표와 사물 자체 사이에서 매개하는 징표(Zwischenmerkmal; nota intermedia) 역할을 한다는 것은 쉽게 알 수 있다. 왜냐하면 오직 매개하는 징표를 통해서만 멀리 떨어진 징표가 사물 자체와 비교되기 때문이다. […] 이제 나는 이성 추론에 대한 나 자신의 실질 정의를 세울 것이다. **간접 징표를 통한 모든 판단은 이성 추론이다.** 혹은 다른 말로 표현하면 이성 추론은 매개하는 징표를 통한 징표와 사물의 비교다. […] 앞서 언급된 것들에 의거하면 모든 긍정 이성 추론의 첫째가는 보편적인 규칙이 '징표의 징표는 사물 자체의 징표다'라는 것, 모든 부정 이성 추론의 첫째가는 보편적 규칙이 '한 사물의 징표에 모순되는 것은 그 사물 자체에 모순된다'라는 것이 인식될 것이다"(같은 책, II 47-49). 이상이 간략하게 요약해본 이 두 명제에 대한 칸트의 설명이다. 여기서 잘 알 수 있듯이 이 두 명제는 여러 용어에 대한 칸트의 새로운 정의를 고려해야만 비로소 이해될 수 있을 것이다.

148) 원문은 'dictum de omni et nullo'로서 보통 '총체 및 개무에 관한 원리'나 '아리스토텔레스의 논리 규칙'으로 부른다. 이것은 "어떤 개념에 관해 전반적으로 긍정, 또는 부정되는 것은 그 개념의 외연에 속하는 모든 개개의 사물에 관하여도 긍정 또는 부정되는 것"을 말한다(표제어: "총체 및 개무에 관한 원리", 『Naver 지식백과』, http://terms.naver.com(2017. 12. 28 접속)). 이 '아리스토텔레스의 논리 규칙'은 말하자면 모든 추론의 최고 원리에 해당한다. 그런데 칸트는 이 원리가 자신이 방금 제시한 '단정 이성 추론의 원리'에서 도출된다고 주장한다. 이로써 칸트는 자신이 새로 제시한 원리가 유효한 추론 원리라는 것을 증명함과 동시에 아리스토텔레스의 원리가 자신의 원리보다 하위 원리라는 것도 증명한다(『삼단논법의 네 가지 격에서 나타난 잘못된 정교함』 II 49 참조).

149) 'ex puris negativis nihil sequitur'.

150) 'ex puris particularibus nihil sequitur'.

151) 이 강조 표시는 아마도 식자 오류인 듯싶다.

152) 'conclusio sequitur partem debiliorem'.

153) '순수한 단정 이성 추론(ratiocinium purum)'이나 '혼합 단정 이성 추론(ratiocinium impurum oder hybridum)'이라는 개념은 기존의 논리학에 등장하지 않는 칸트의 독창적 개념이다. 이 개념을 도입함으로써 머리가 어질어질할 정도로 지나치게 세세한 논리학의 격 이론이 쓸데없는 것임을 밝히

는 것이 『삼단논법의 네 가지 격에서 나타난 잘못된 정교함』의 주제다. 그러나 우리가 지금 보고 있듯 칸트는 논리학 강의에서 강의 교재에 쓰여 있는 격 이론에 대해 설명해야 했다.

154) 'Figuren', 라틴어로는 'figura'다. 원래 모양이나 생김새를 뜻한다.

155) 원문의 라틴어 동의어 '(consequentias immediatas)'는 옮기지 않고 생략했다.

156) 여기서 말하는 '제2격의 규칙'은 일반적으로 논리학에서 다루는 것이 아니라, 앞서 말했던 '단정 이성 추론의 원리'를 제2격의 단정 이성 추론들에 적용했을 때의 규칙을 말하는 것이다(『삼단논법의 네 가지 격에서 나타난 잘못된 정교함』 II 52 참조).

157) 여기서 말하는 '제3격의 규칙'이라는 것도 앞서 '제2격의 규칙'의 경우처럼 이해해야 한다. 한편 이 '제3격의 규칙'은 1726년에 작성된 것과 약간 차이가 있다. "한 사물에 들어맞거나 모순되는 것은 이 사물의 다른 징표 아래 포함된 것들 몇몇에도 들어맞거나 모순된다"(같은 책, II 52).

158) 원문에는 같은 뜻의 라틴어 표현이 덧붙여 있다. '(consequentia immediata demonstrabilis [ex antecedente et consequente] vel quoad materiam vel quoad formam)'. 아마도 강조하기 위해서일 것이다.

159) 『단편』 3265(XVI 747) 참조.

160) 원문은 'rationali'다. 학술원판은 'rationati'의 오류로 보았다. 여기서는 학술원판 견해에 따른다.

161) 'Einteilung'.

162) 'Disjunction'.

163) 'Dichotomie'. '이분' 혹은 '양분'으로도 옮긴다.

164) 'polysyllogistisch'.

165) 'bimembris'.

166) 'membra subdividentia'.

167) 'mambra dividentia'.

168) 'der Grundsatz des auschließenden Dritten'.

169) 'cornutus'.

170) 'Förmliche Vernunftschlüsse(ratiocinia formalia)'.

171) 'versteckte Vernunftschlüsse(ratiocinia cryptica)'.

172) 'verstümmelter'.

173) 'Enthymema'.

174) 'zusammengezogene'.

175) 'bestimmende'.

176) 'reflectirende'.

177) 'empirische Allgemeinheit'.

178) 『단편』 3200(XVI 709) 참조.

179) 'Prinzip'. 다음에 나오는 '근거의 동일함' 개념을 고려하여 '원리'로 옮기지 않았다.
180) 'Induction'.
181) 'Allgemeinmachung'.
182) 'Analogie'.
183) 'Specifikation'.
184) 원문의 'nicht'를 'nur'로 고쳐서 옮긴다. 앞서 "단, 이 규정과 성질이 똑같은 근거에 속하는 한에서"라는 말과 일치하기 위해서도 그렇고, 또 거의 같은 문장이 쓰여 있는 『단편』 3292(XVI 760)를 보아도 그렇고, 또 『판단력 비판』 V 464 각주를 참고하여도 식자 오류로 보는 것이 맞는 것 같다.
185) 'Identität des Grundes(par ratio)'.
186) 원문은 'tertium comparationis'로서 직역하면 '비교의 제3의 것'이다. 백경숙의 좋은 우리말 표현을 빌려 쓴다(「대조수사학」, 수록: 김해연 외 7인, 『담화분석』, 종합출판ENG, 2016, 365쪽).
187) 'generale'.
188) 'universale'.
189) 'Einfache Vernunftschlüsse'.
190) 'zusammengesetzte Vernunftschlüsse'.
191) 'Coordination'.
192) 'Subordination'.
193) 'eine Kette von Vernunftschlüssen(ratiocinatio polysyllogistica)'.
194) 'Episyllogismen'.
195) 'Prosyllogismen'.
196) 'Sorites oder Kettenschluß'.
197) 'progressiv'.
198) 'regressiv'.
199) 'Trugschluß(fallacia)'.
200) 'Paralogismus'.
201) 'Sophisma'.
202) 'sophisma figurae dictionis'로서 '매개념 다의의 오류'로도 부른다.
203) 'fallacia a dicto secundum quid ad dictum simpliciter'.
204) 'sophisma heterozeteseos'. 마이어의 『논리학 발췌본』에는 "영혼이 결코 죽지 않는다는 것을 논증해야 할 때 영혼이 부패하지 않음을 논증하는 경우"가 이 궤변의 예로 들어 있다(405항(XVI 764)).
205) '[sophisma] elenchi ignorationis'. "영혼이 죽을 수 있음을 주장하는 사람에 대한 반박으로 영혼이 영원히 산다는 것을 논증하는 경우"가 이 궤변의 예로 들어 있다(같은 쪽).

206) 'Sprung(saltus)'.
207) 'rechtmäßig(legitimus)'.
208) 'unrechtmäßig(illegitimus)'.
209) 'petitio principii'. '논거 청원'으로도 옮길 수 있다.
210) 'Cirkel im Beweisen'.
211) 'probatio plus [...] probans'.
212) 'probatio [...] minus probans'.

II. 일반 방법론

1) 'Manier(frey)'.
2) 'Methode(Zwang)'.
3) 'Exposition'.
4) 'Definition'.
5) 'abgemessener'.
6) 'Deutlichkeit'.
7) 'Vollständigkeit'.
8) 'Präcision'.
9) 'gegebenen'.
10) 'gemachten'.
11) 'Construction'.
12) '(conceptus factitii vel a priori vel per synthesin empiricam)'. 원래 한 괄호 안에 들어 있는 내용을 이 괄호와 바로 앞의 괄호로 나누어 옮겼다.
13) 'Deklarationen'.
14) 'Erörterungen(expositiones)'.
15) 'Beschreibungen(descriptiones)'.
16) 'Namen-Erklärungen'과 'Nominal-Definitionen' 모두를 '명목 정의'로 옮긴다.
17) 'Sach-Erklärungen'과 'Real-Definitionen' 모두를 '실질 정의'로 옮긴다.
18) 'genetisch'. 『단편』 3001(XVI 609)에는 'Genetische definition'(발생적 정의)이 'dianoëtische'(사유적 정의)와 대비되어 제시되어 있다. "[발생적인 정의 이외의] 다른 모든 정의는 사유적 정의다. 사유적 정의는 단지 잘 알고 있는 개념들과 비교하는 데에만 충분할 뿐이다."
19) 'das Definitum'.
20) 'Wechselbegriffe(conceptus reciproci)'.
21) 괄호 '(genus und differentia specifica)'는 생략했다.
22) 『단편』 2980(XVI 599)에도 거의 같은 문장들이 있지만 약간의 차이도 발견된다.

23) 'circulus in definiendo'.
24) 'der eingetheilte Begriff(divisum)'.
25) 'die Glieder der Eintheilung(membra dividentia)'.
26) 'theilen'.
27) 'eintheilen'.
28) '(conceptum communem)'.
29) 'Nebeneintheilungen'. 제목에 표시된 상응하는 라틴어 표현은 'codivision'이다.
30) 'Untereintheilung(subdivisio)'.
31) 'Dichotomie'. 앞서 '두 갈래 가름'으로도 표현했다(§77 참조).
32) 'Polytomie'. 원문의 발음대로 '폴리토미'로 옮기기도 한다.
33) 원문 'Naturbeschreibung'(자연기술)과 'Naturgeschichte'(자연사), 'Naturkunde'(자연학)는 같은 대상을 지칭하는 다른 표현들이다(표제어: "Naturwissenschaft", *Meyers Großes Konversationslexikon*, 제6권, Leipzig, Wien: Bibliographisches Institut, 1905-1909, p.460(www.woerterbuchnetz.de(2018. 11. 5 접속)) 참조). 옛날에는 물리학과 화학을 자연을 설명해주는 자연과학으로, 동물학과 식물학과 광물학을 자연을 기술하는 자연과학으로 여기면서 자연과학을 두 갈래로 나누었다고 한다(같은 곳 참조).
34) 'Gründlichkeit'.
35) 'Unterhaltung'.
36) 'fragmentarischen'.
37) 'rhapsodistischen'.
38) 'tumultuarischen'.
39) 'aphoristisch'.
40) 『단편』 3343(XVI 789)에는 분석적 방법을 'Erfinden'(찾아내는) 방법으로 부른다면, 종합적 방법은 'fassen'(담는) 방법으로 부를 수 있다는 언급이 있다.
41) 'syllogistische Methode'.
42) 'Tabellarisch'.
43) 'Akroamatisch'.
44) 'erotematisch'.
45) 'dialogische'.
46) 'katechetische'. 질문뿐만 아니라 답변도 미리 정해져 있는 문답법을 뜻한다.
47) 'Katechese'.
48) 'Meditiren'.

『교육론』

1) 복(D. Bock)은 『교육기술 교본』(Lehrbuch der Erziehungskunst)의 저자다.
2) 올리비어(Olivier)는 1781년부터 1801년까지 데사우학교의 교사였다.
3) 링크(D. Friedrich Theodor Rink)는 칸트의 제자다. 만년의 칸트는 교육론 강의 원고를 링크에게 넘겨주었고, 링크가 이 원고를 편집해 칸트가 세상을 떠나기 1년 전인 1803년 책으로 출간했다.
4) 여기서 원어 Erziehung은 '교육'으로, Pädagogik은 '교육론' 또는 '교육학'으로 옮겼다.
5) '양육'에 해당하는 말로 칸트는 Wartung과 더불어 괄호 안에 Verpflegung, Unterhaltung을 병기해놓았다.
6) '훈육'에 해당하는 말로 칸트는 Disziplin과 더불어 괄호 안에 Zucht를 병기해놓았다.
7) 'Unterweisung'은 '가르침' 또는 '지도함' 정도의 의미인데, 이 글에서는 '교수'로 옮겼다.
8) 칸트가 여기서 사용한 Bildung이라는 용어는 그의 시대 후반에 본격적으로 발달하기 시작한 신인문주의의 '도야' 개념(주로 '개별적 인격의 형성'을 의미)과는 차이가 있다는 데 유의해야 한다. 『교육론』에서 Bildung은 독일어의 일반적 용례에 가까운 '인간의 자연적 소질들을 계발하고 발달시키는 것'을 의미한다고 보아 일관되게 '육성'으로 옮긴다. 이 글에서 Bildung과 유사한 의미로 쓰이는 용어로는 Kultur가 있는데, 이것이 인간의 자연적 소질들을 발달시키기 위한 단련 과정을 의미할 때는 '도야(또는 연마)'로 옮기고, 이러한 자연적 소질들을 도야(연마)한 결과를 의미할 때는 '문화'로 옮겼다. 하지만 일부 문맥에서는 Kultur가 Bildung과 의미상 별 차이 없이 혼용되기도 하는데, 이 경우에는 '육성'으로 옮겼다.
9) 'Dasein'은 '존재' 또는 '현존재'로 옮기기도 하는데, 여기서는 '현존재'로 옮겼다.
10) 'Kunst'. 문맥에 따라 '기술' 또는 '기예'로 옮겼다.
11) 바제도(Johann Bernhard Basedow, 1724~90)는 칸트와 같은 해에 태어난 교육 사상가로 계몽주의 시대에 독일의 데사우(Dessau)를 중심으로 일어난 박애주의 교육 운동의 중심인물이다.
12) 'Zivilisierung'은 '문명화'로 옮기기도 하는데, 문맥상 여기서는 '시민화'로 옮겼다.
13) 그로토프(Hans-Hermann Groothoff)의 주석에 따르면, dressieren은 'dirigere'(정돈하다)에서 유래한 단어로, 여기에 나와 있는 칸트의 어원 설명은 틀린 것이다.
14) 데사우학교는 이른바 '박애주의'(Philanthropismus) 교육 운동의 대표자 중

한 사람인 바제도가 1774년 독일 동부지역의 도시 데사우에 세웠던 학교를 말한다.

15) 오타하이트(Otaheite)는 타히티섬의 옛 이름이다.
16) 'Meconium'.
17) 'Waldtungusen'.
18) 'Windeln'은 보통 '기저귀'를 의미하지만 여기서는 문맥상 '강보'로 옮겼다.
19) 'Arcuccio'.
20) 'Gemütsbildung'.
21) 'dreist'.
22) 'drohen'.
23) 'Kultur'.
24) 그리스어 '뮈인다'(μυινδα)는 '눈먼 파리' 또는 '쇠파리'라는 뜻이다.
25) 제크너(Johann Andreas von Segner, 1704~77)는 페터스부르크에서 태어났으며, 괴팅겐대학교의 수학과 자연과학 담당교수로 재직했다.
26) 토비(Toby)는 영국의 소설가 로렌스 스턴(Laurence Sterne, 1713~68)의 풍자소설 『트리스트럼 섄디』(*Tristram Shandy*)에 나오는 주요 등장인물 중 하나다. 우리나라에도 이 책의 번역본이 나와 있다.
27) 'Kultivierung'.
28) 리히텐베르크(Lichtenberg)가 익명의 서한에 답변한 내용이다. 『괴팅겐 매거진』(*Göttingisches Magazin*), 3. Jg., 4. Stück, p.589.
29) 'Witz'.
30) 'Verstand'.
31) 'tantum scimus, quantum memoria tenemus'.
32) 여기서 칸트가 말하는 소설은 문학작품으로서 소설이 아니라 주로 오락소설(연애소설이나 모험소설)을 가리킨다.
33) 'Vergnügung'은 보통 '즐거움'이라는 의미지만, 여기서는 문맥상 '오락'으로 옮겼다.
34) '그려진 세계'(orbis pictus)란 코메니우스(Jan Amos Comenius, 1592~1670)가 1659년에 지은 책 『세계도회』(*Orbis Sensualium Pictus*)를 가리킨다. 이 책은 사물의 명칭을 삽화를 보며 쉽게 배울 수 있도록 꾸며졌으며 당시 아동교육에 많이 사용되었다. 우리나라에도 번역본이 나와 있다.
35) 'Wissen'.
36) 'Können'.
37) 원문에는 괄호 안에 그리스어(αυτοδιδαχτοι)가 병기되어 있다.
38) 'Sitte'는 보통 '도덕'이나 '윤리'를 의미하지만, 여기서는 문맥상 '예의'로 옮겼다.
39) 'Widerstand'는 보통 '저항'을 의미하지만, 여기서는 문맥상 '거절'로 옮

겼다.

40) 'Charakter'는 보통 '성격'을 의미하지만, 여기서는 문맥상 '품성'으로 옮겼다.

41) 'physisch'와 관련하여, 앞에서 physisch와 praktisch를 대비할 때, 즉 '자연적' 교육과 '실천적' 교육 또는 '자연적' 도야와 '실천적' 도야를 대비할 때는 '자연적'으로 옮겼으나 physisch와 moralisch를 대비하는, 즉 '물리적' 처벌과 '도덕적' 처벌을 대비하는 현재 문맥에서는 '물리적'으로 옮겼다.

42) 'indoles servilis'.

43) 'indoles mercenaria'.

44) 앞에서 '자연적'이라는 용어는 physisch에 해당하는 번역어였으나, '자연적인'(natürlich) 벌과 '인위적인'(künstlich) 벌을 대비하는 현재 문맥에서는 natürlich에 해당하는 번역어다.

45) 'Multa tulit, fecitque puer, sudavit et alsit'.

46) 'Geschicklichkeit'.

47) 'Weltklugheit'.

48) 'Sittlichkeit'.

49) 'strenuus'.

50) 'Sympathie'.

51) 'Teilnehmung'. 여기서는 Sympathie와 다름없는 뜻으로 보아 모두 '동정'으로 옮겼다.

52) 'Charakter'는 일반적으로 '성격'을 의미하지만, 이 글에서는 특히 도덕성과 관련될 경우에는 '품성'으로 옮기고, 도덕성과 무관한 중립적 의미일 경우에는 '성격'으로 옮겼다.

53) 'Mitleiden'.

54) 'Horaz'. 라틴어는 'Horatius'(기원전 65~기원전 8). 로마의 시인.

55) 'Vir propositi tenax'.

56) 칸트는 여기서 크루고트(Crugott)의 『설교집』(브레슬라우, 1790) 중 세 번째 설교인 "간접적인 적극적 덕을 고려한 그리스도의 도덕적 본보기 혹은 자기 자신에 대한 의무에 관하여"를 말하고 있다.

57) 'Recht'는 보통 '법'이나 '권리'를 의미하지만, 여기서는 문맥상 옳고 그름을 분별한다는 의미를 살려 '정의'로 옮겼다.

찾아보기

『논리학』

ㅊ

『교육론』

지은이

임마누엘 칸트

1724년 4월 22일 프로이센(Preußen) 쾨니히스베르크(Königsberg)에서 수공업자의 아들로 태어났다. 1730~32년까지 병원 부설 학교를, 1732~40년까지 오늘날 김나지움(Gymnasium)에 해당하는 콜레기움 프리데리키아눔(Collegium Fridericianum)을 다녔다. 1740년에 쾨니히스베르크대학교에 입학해 주로 철학, 수학, 자연과학을 공부했다. 1746년 대학 수업을 마친 후 10년 가까이 가정교사 생활을 했다.
1749년에 첫 저서 『살아 있는 힘의 참된 측정에 관한 사상』을 출판했다. 1755/56년도 겨울학기부터 사강사(PrIVatdozent)로 쾨니히스베르크대학교에서 강의를 시작했다. 『자연신학 원칙과 도덕 원칙의 명확성에 관한 연구』(1764)가 1763년 베를린 학술원 현상 공모에서 2등상을 받았다. 1766년 쾨니히스베르크 왕립 도서관의 부사서로 일하게 됨으로써 처음으로 고정 급여를 받는 직책을 얻었다. 1770년 쾨니히스베르크대학교의 논리학과 형이상학을 담당하는 정교수가 되었고, 교수취임 논문으로 『감성계와 지성계의 형식과 원리』를 발표했다.
그 뒤 『순수이성비판』(1781), 『도덕형이상학 정초』(1785), 『실천이성비판』(1788), 『판단력비판』(1790), 『도덕형이상학』(1797) 등을 출판했다.
1786년 여름학기와 1788년 여름학기에 대학 총장직을 맡았고, 1796년 여름학기까지 강의했다. 1804년 2월 12일 쾨니히스베르크에서 사망했고 2월 28일 대학 교회의 교수 묘지에 안장되었다.
칸트의 생애는 지극히 평범했다. 그의 생애에서 우리 관심을 끌 만한 사건을 굳이 들자면 『이성의 오롯한 한계 안의 종교』(1793) 때문에 검열 당국과 빚은 마찰을 언급할 수 있겠다. 더욱이 중년 이후 칸트는 일과표를 정확히 지키는 지극히 규칙적인 삶을 영위한다. 하지만 단조롭게 보이는 그의 삶은 의도적으로 노력한 결과였다. 그는 자기 삶에 방해가 되는 세인의 주목을 원하지 않았다. 세속적인 명예나 찬사는 그가 바라는 바가 아니었다.

옮긴이

이엽

성균관대학교 철학과 및 같은 학교 대학원을 졸업했다. 독일 트리어대학에서 철학박사 학위를 받았고 청주대학교 철학과 교수와 한국칸트학회 회장을 역임했다.

김창원

성균관대학교 철학과에서 철학을 접한 이래로 줄곧 칸트철학만 공부했다. 아무리 읽어도 무슨 말인지 알 수 없어 어떻게든 이해하려다 보니 그렇게 되었다. 18세기 형이상학을 알아야 『순수이성비판』을 이해할 수 있으리라 생각해 노어베르트 힌스케 교수를 찾아 독일로 갔다. 볼프, 바움가르텐, 크루지우스, 칸트의 세계 개념에 관한 박사 논문을 썼다. 칸트철학 연구를 이어가기 위해 대학 주변 맴돌기를 그만두고 칸트철학연구소를 차려 운영 중이다.

박찬구

서울대학교 철학과를 졸업했고, 인천 박문여자고등학교와 현대고등학교에서 윤리 과목을 가르쳤다. 서울대학교 대학원 윤리교육과에서 석사와 박사 과정을 수료한 후, 독일 튀빙겐대학교에서 철학박사 학위를 받았다. 한국외국어대학교 철학과 교수를 역임했으며, 현재 서울대학교 윤리교육과 명예교수다. 한국생명윤리학회 회장, 한국윤리학회 회장, 한국철학적인간학회 회장을 역임했다.
지은 책으로는 『(개념과 주제로 본) 우리들의 윤리학(개정판)』 『우리들의 응용 윤리학』 『칸트의 《도덕형이상학 정초》 읽기』 『생활속의 응용윤리』 『(사상과 인물로 본) 철학적 인간학』 『청소년을 위한 《생활과 윤리》』(공저)가 있다. 옮긴 책으로는 『윤리학의 다섯 가지 유형』 『도덕과 윤리에 관한 철학적 사유』(공역), 『인간복제, 무엇이 문제인가』(공역), 『윤리학: 옳고 그름의 발견』(공역), 『생명의료윤리의 원칙들』(공역) 등이 있다. 그밖에 중학교 『도덕』(천재교육/천재교과서) 1 · 2 · 3권, 고등학교 『도덕』(천재교육), 고등학교 『윤리와 사상』(천재교육/씨마스)의 대표 집필자이기도 하다.

Immanuel Kant

Immanuel Kants Logik ein Handbuch zu Vorlesungen

Immanuel Kant über Pädagogik

Translated by Lee Yeop, Kim ChangWon, Park ChanGoo

Published by Hangilsa Publishing Co., Ltd., Korea, 2021

칸트전집 13

논리학 교육론

지은이 임마누엘 칸트
옮긴이 이엽·김창원·박찬구
펴낸이 김언호

펴낸곳 (주)도서출판 한길사
등록 1976년 12월 24일 제74호
주소 10881 경기도 파주시 광인사길 37
홈페이지 www.hangilsa.co.kr
전자우편 hangilsa@hangilsa.co.kr
전화 031-955-2000~3 **팩스** 031-955-2005

부사장 박관순 **총괄이사** 김서영 **관리이사** 곽명호
영업이사 이경호 **경영이사** 김관영 **편집주간** 백은숙
편집 노유연 김지연 김지수 최현경 김영길
관리 이주환 문주상 이희문 원선아 이진아 **마케팅** 정아린
디자인 창포 031-955-2097
CTP 출력·인쇄 영림 **제본** 영림

제1판 제1쇄 2021년 11월 12일

값 33,000원
ISBN 978-89-356-7364-3 94160
ISBN 978-89-356-6781-9 (세트)

• 이 『칸트전집』 번역사업은 2013년부터 2016년까지 정부(교육부)의 재원으로
한국연구재단의 지원을 받아 수행된 연구임.
(NRF-2013S1A5B4A01044377)